| 李顿调查团档案文献集 |
主 编 张 生

# 日本外务省藏档（一）

编 者 陈海懿 马海天

南京大学出版社

本书由

国家社会科学基金"抗日战争研究"专项工程
"国外有关中国抗日战争史料整理与研究之一：李顿调查团档案翻译与研究"（16KZD017）

教育部人文社会科学重点研究基地"南京大学中华民国史研究中心"
重大项目"战时中国社会"（19JJD770006）

南京大学人文基金

江苏省优势学科基金第三期

资助

# 编译委员会

**主　编**　张　生
**副主编**　郭昭昭　陈海懿　宋书强　屈胜飞　陈志刚

**编译者**　张　生　南京大学中华民国史研究中心教授
　　　　　王希亮　黑龙江省社会科学院历史研究所研究员
　　　　　郭昭昭　江苏科技大学马克思主义学院副教授
　　　　　陈志刚　西南大学历史文化学院副教授
　　　　　宋书强　中国药科大学马克思主义学院讲师
　　　　　屈胜飞　浙江工业大学马克思主义学院讲师
　　　　　陈海懿　南京大学历史学院助理研究员
　　　　　万秋阳　南京晓庄学院外国语学院日语系讲师
　　　　　殷昭鲁　鲁东大学马克思主义学院副教授
　　　　　孙洪军　江苏科技大学马克思主义学院副教授
　　　　　李英姿　江苏科技大学马克思主义学院副教授
　　　　　颜桂珍　浙江工业大学马克思主义学院副教授
　　　　　黄文凯　广西大学文学院副教授
　　　　　翟意安　南京大学历史学院讲师
　　　　　杨　骏　南京大学历史学院讲师
　　　　　向　明　江苏科技大学马克思主义学院讲师
　　　　　王小强　江苏科技大学马克思主义学院讲师
　　　　　郭　欣　中国药科大学马克思主义学院讲师
　　　　　赵飞飞　鲁东大学马克思主义学院讲师
　　　　　孙绪芹　南京体育学院休闲体育系讲师
　　　　　刘　齐　南京大学历史学院博士后
　　　　　徐一鸣　南京大学历史学院博士研究生

常国栋　南京大学历史学院博士研究生
苏　凯　南京大学历史学院博士研究生
马　瑞　南京大学历史学院博士研究生
菅先锋　南京大学历史学院博士研究生
吴佳佳　南京大学历史学院博士研究生
张圣东　日本明治大学文学研究科博士研究生
张一闻　日本明治大学文学研究科博士研究生
叶　磊　中山大学历史学系博士研究生
史鑫鑫　南京大学历史学院硕士研究生
李剑星　南京大学历史学院硕士研究生
马海天　南京大学历史学院硕士研究生
张雅婷　南京大学历史学院硕士研究生
杨师琪　南京大学历史学院硕士研究生
潘　健　南京大学历史学院硕士研究生
唐　杨　南京师范大学马克思主义学院硕士研究生
郝宝平　江苏科技大学马克思主义学院硕士研究生
陈梦玲　江苏科技大学马克思主义学院硕士研究生
张　任　江南大学马克思主义学院硕士研究生
黎纹丹　西南大学外国语学院硕士研究生
朱心怡　西南大学外国语学院硕士研究生
杨　溢　西南大学外国语学院硕士研究生
孙学良　西南大学外国语学院硕士研究生
孙　莹　西南大学外国语学院硕士研究生
费　凡　浙江师范大学人文学院硕士研究生
竺丽妮　浙江师范大学外国语学院硕士研究生
戴瑶瑶　浙江师范大学外国语学院硕士研究生
杨　越　西安电子科技大学
曹文博　浙江工业大学外国语学院
余松琦　西南大学含宏学院

# 序　言

中国历史的奥秘，深藏于大兴安岭两侧的广袤原野。

明治维新以来，日本企图步老牌帝国主义后尘，争夺所谓"生存空间"；俄国自彼得大帝新政，不断东进，寻找阳光地带和不冻港。日俄竞争于中国东北，流血漂杵；日本逐步占得上风，九一八事变发生，中国面临亡国灭种的新危机。

日本侵华之际，世界已进入全球化的新时代，民族国家成为国际社会的主体，以国际条约体系规范各国的行为，以政治和外交手段解决彼此的分歧，是国际社会付出重大代价以后得出的共识。而法西斯、军国主义国家如德、意、日，昧于世界大势，穷兵黩武，以求一逞。以故意制造的借口，发动侵华战争，霸占中国东北百余万平方公里土地、数千万人民，是日本昭显于世的侵略事实。

国际联盟（League of Nations）应中国方面之吁请，派出国联调查团处理此事。1932年1月21日，国联调查团正式成立。调查团团长由英国人李顿爵士（The Rt. Hon. The Earl of Lytton）担任，故亦称李顿调查团（Lytton Commission）。除李顿外，美国代表为麦考益将军（Gen. McCoy），法国代表为亨利·克劳德将军（Gen. Claudel），德国代表为希尼博士（Dr. Schnee），意大利代表为马柯迪伯爵（H. E. Count Aldrovandi）。为显示在中日间不做左右袒，国联理事会还决定顾维钧作为顾问代表中国参加工作，吉田伊三郎代表日方。代表团秘书长为国联秘书处哈斯（Mr. Robert Haas）。代表团另有翻译、辅助人员。1932年9月4日，代表团完成报告书，签署于中国北平。报告书确认：第一，九一八事变之责任，完全在于日本，而不在中国；第二，伪满洲国政权非由真正及自然之独立运动所产生；第三，申明东三省为中国领土。日本为此恼羞成怒，退出国联，自绝于国际社会。

《李顿调查团档案文献集》就是反映李顿调查团组建、调查过程、调查结论、各方反应和影响的中、日等国相关资料的汇编,对于研究九一八事变和李顿调查团,具有重要的参考价值。

如何看待李顿调查团来东亚调查的来龙去脉?笔者认为应有三个维度的观照:

**其一,在中国发现历史。**

美国历史学家柯文提出的这一范式,相比"冲击—反应"模式,即从外部冲击观察中国历史的旧范式,自有其意义。近代以来,由条约体系加持的列强,对中国社会产生了巨大的影响。中国沿海通商口岸是中国最早接触西方世界的部分,在资本主义全球化的过程中得风气之先,所谓"西风东渐",对中国旧有典章制度的影响无远弗届。近代中国在西方裹挟下步履跟跄,蹒跚竭蹶,自为事实。但如果把中国近代历史仅仅看成西方列强冲击之结果,在理论、方法和事实上,均为重大缺陷。

主要从中国内部,探寻历史演进的机制和规律,是柯文提出的范式的意义所在。

事实上,九一八事变发生、国联调查团来华前后,中国社会内部对此作出了剧烈的反应。在瑞士日内瓦所藏国联巨量档案文献中,中国各界通过电报、快邮代电、信函等形式具名或匿名送达代表团的呈文引人注目,集中表达了国难当头之时中华民族谴责日本侵略、要求国际社会主持公道、收回东北主权、确保永久和平的诉求,对代表团、国联和整个国际社会形成了巨大影响,显示了近代中国社会演进的内在动力。

东北各界身受亡国之痛,电函尤多。基层民众虽文化程度不高,所怀民族国家大义却毫不含糊。东北某兵工厂机器匠张光明致信代表团称:"我是中华民国的公民,我不是'满洲国'人,我不拥护这国的伪组织。"高超尘说:"不少日子以前,'满洲国家'即已成立了,但那完全是日本人的主使,强迫我辽地居民承认。街上的行人,日人随便问'您是哪国人',你如说是'满洲人'便罢,如说是中国人,便行暴打以至死。"辽宁城西北大橡村国民小学校致函称:"逐出日本军,打到[倒]'满洲国',宁做战死鬼,不做亡国民。"陈子耕揭露说:"自事变以后,日本恶势力已伸张入全东北,如每县的政事皆由日人权势下所掌握,复又收买警察、军人、政客等,以假托民意来欺骗世界人的耳目,硬说建设'满洲国'是中华人民的意思,强迫人民全出去游行,打着欢迎建设'新国家'的旗号……我誓死不忘我的中华祖国,敢说华人莫非至心不跳时、血停时,不然一定于[与]他们周旋。"小学生何子明来信说:"我小学生告诉您们'满洲国'成立我不赞成……有一天我在学校,日本人去了,教我们大家一齐说'大日本万岁',我们要不说他就杀我们,把我迫不得已的就说了。其中有一位七岁的小孩,他说'大中华万岁! 打倒小日本!'日本人听了就立刻把那个小同学杀了,真叫我想起来就愁啊。"

经济地位和文化水平较高者,则向代表团分析日本侵占中国东北的深远危害。哈尔滨商民代表函称:"虽然,满洲吞并,恐不惟中国之不利。即各国之经济,亦将受其影响。世界二次大战,迫于眉睫矣。"中国国民党青年团哈尔滨市支部分析说:"查日本军阀向有一贯之对外积极侵略政策,吾人细玩以前田中义一之满蒙大陆政策,及最近本庄繁等上日本天皇之奏折,可以看出其对外一贯之积极侵略政策,即第一步占领满蒙,第二步并吞中国,第三步征服世界是也。……以今日之日本蕞尔岛国,世界各国尚且畏之如虎,而况并有三省之后版图增大数倍,恐不数年后,即将向世界各国进攻,有孰敢撄其锋镝乎?……勿徒视为亚洲人之事,无关痛痒,失国联之威信,而贻噬脐之后悔也。"

不惟东北民众,民族危亡激起了全中国人的爱国心。清华大学自治会1932年4月12日用英文致函代表团指出:中国面临巨大的困难,好似1806年的德国和1871年的法国,但就像"青年意大利"党人一样,青年人对国家的重建充满信心。日本的侵略,不仅危害了中国,也对世界和平形成严重威胁,青年人愿意为国家流尽"最后一滴血"。而国联也面临着建立以来最大的危机,对九一八事变的处理,将考验它处理全球问题的能力。公平和正义能否实现,将影响到人类的命运。他们向代表团严正提出"五点要求":1. 日本从中国撤军;2. 上海问题与东北问题一起解决;3. 不承认日本侵略和用武力改变的现状;4. 任何解决不得损害中国的领土和主权完整;5. 日本必须对此事件的后果负责。南京海外华侨协会1932年3月16日致电代表团:日本进兵东三省和淞沪地区,"违反了国联盟约和《凯洛格—白里安公约》,扰乱了远东地区和世界的和平。

同时,日本一直在做虚假的宣传,竭力蒙蔽整个世界。我们诚挚地请求你们到现场来,亲眼看看日军对中国人民的生命财产进行怎样的恣意破坏。希望你们按照国际法及司法原则,对其进行制裁。如果你们不能完成这一使命,那么世界上将无任何公平正义可言。在这种情况下,为了民族的生存,我们将采取一切手段自卫,决不会向武力屈服。"

除了档案,中国当时的杂志、报纸,大量地报道了九一八事变和国联调查团相关情况,其关切的细致程度,说明了各界的高度投入。那些浸透着时人忧虑、带着鲜明时代特色的文字表明:九一八事变的发生,对当时的中国社会是一场精神洗礼,每个人都从东北沦陷中感受到切肤之痛。这种舆论和思想的汇合,极大地改变了此后中国社会各界的主要诉求,抗日图存成为压倒性的任务,每一种政治力量都必须对此作出回应。

**其二,在世界发现中国历史。**

以中国为本位,探讨中国历史的内生力量,是题中应有之义。但全球化以来,中国历史已经成为世界历史的一部分。仅仅依靠中国方面的资料,不利于我们以更加广阔的视野看待中国历史和"九一八"的历史。

事实上,奔赴世界各地"动手动脚找东西",已经成为中国学者深化中国近现代史,特别是抗战史研究的不二法门。比如,在中日历史问题中占据核心地位的南京大屠杀问题。除中国各地档案馆、图书馆外,中国学者深入美、德、英、日、俄、法、西、意、丹等国相关机构,系统全面地整理了加害者日方、受害者中方和第三方档案文献,发现了大量珍贵文献、图像资料,出版《南京大屠杀史料集》72卷。不仅证明了日军进行大屠杀的残酷性、蓄意性和计划性,也证明南京大屠杀早在发生之时,就引起了各国政府和社会舆论的关注;南京和东京两场审判,进行了繁复的质证,确保了程序和判决的正义;日方细致的粉饰,在中国人民和全世界正义人士的揭露下真相毕露。全球性的资料,不仅深化了历史研究,也为文学、社会学、心理学、新闻传播学、艺术学等跨学科方法进入相关研究提供基础;不仅摧毁了右翼的各种谬论,也迫使日本政府不敢公然否认南京大屠杀的发生和战争犯罪性质。

国际抗战资料,展现了中国抗战史的丰富侧面。如美国驻中国各地使领馆的报告,具体生动地记录了战时中国各区域的社会、政治、军事等各方面情形,对战时国共关系亦有颇有见地的分析;俄、美、日等国档案馆的细菌战资料,揭示了战时日本违反国际法研制细菌武器的规模和使用情况,记录了中国各地民众遭遇的重大伤亡和中国军民在当时条件下的应对,以及暗示了战后美国掩饰"死亡工厂"实情的目的;英美等国档案所反映的重庆大轰炸和日军对中国大中小城市的普遍的无差别轰炸,不仅记录了日本战争犯罪的普遍性,也彰显了战时中国全国军民同仇敌忾、不畏强暴的英勇气概。哈佛大学所藏费吴生档案、得克萨斯州州立大学奥斯汀分校所藏辛德贝格档案、曼彻斯特档案馆所藏田伯烈档案等则从个人角度凸显了中国抗战在"第三方"眼中的图景。

对于李顿调查团的研究,自莫能外。比如,除了前述中国各界给国联的呈文,最近在日内瓦"国联和联合国档案馆"中发现:调查团在日本与日本政要的谈话记录,在中国各地特别是在北平和九一八事变直接相关人士如张学良、王以哲、荣臻等人的谈话记录,调查团在东北实地调查、询问日军高层的记录,中共在"九一八"前后的活动,中国各界的陈情书,日本官方和东北伪组织人员、汉奸的表态,世界各国、各界的反应等。特别是张学良等人反复向代表团说明的九一八事变前夕东北军高层力避冲突的态度,王以哲、荣臻在"九一八"当晚与张学良的联系,北大营遭受日军进攻以后东北军的反应等情况,对于厘清九一八事变真相,有着不可取代的意义。

我们通过初步努力发现,李顿调查团成立前后,中方向国联提交了论证东北主权属于中国的篇幅巨大的系统性说帖,顾维钧、孟治、徐道邻等还用英文、德文进行著述。日方相应地提交了由日本旅美"学者"起草的说帖,其主攻点是中国的抗日运动、东北在张氏父子治下的惨淡、东北的"匪患",避而不谈柳条沟事件的蓄意性。日方资料表明,即使在九一八事变发生数月后,其关于"九一八"当晚情形的说辞仍然漏洞百出、逻辑混乱,在李顿询问时不能自圆其说。而欧美学者则向国联提供了第三方意见,如 *The Verdict of the League: China and Japan in Manchuria*(《国联的裁决:中日在满洲》),哈佛大学法学院教授曼利·哈德森(Manley O. Hudson)著;*Manchuria: Cradle of Conflict*(《满洲:冲突的策源地》),欧文·拉铁摩尔(Owen Lattimore)著;*The Manchuria Arena: An Australian View of the Far Eastern Conflict*(《满洲竞技场:远东冲突的澳洲视角》),卡特拉克(F.M. Cutlack)著;*The Tinder Box of Asia*(《亚洲的火药桶》),乔治·索科尔斯基(George E. Sokolsky,中文名索克斯)著;*The World's Danger Zone*(《世界的危险地带》),舍伍德·艾迪(Sherwood Eddy)著;等等,为国联理解中国东北问题提供了有益的视角。另外,收藏在美国斯坦福大学胡佛研究所的蒋介石日记等也反映了当时国民政府高层的态度和举措。

这次出版的资料中,收集了中国台湾地区的"国史馆"藏档,日本外务省藏档,国联和联合国档案馆S系列藏档等多卷档案。丰沛的资料说明,即使是李顿调查团这样过去在大学教材中只是以一两段话提出的问题,其实仍有海量的各种海外文献可资研究。

可以说,世界各地抗日档案和各种资料,不仅补充了中国方面的抗日资料,也弥补了"在中国发现历史"范式的不足,体现了历史唯物主义对历史研究全面性、客观性的要求,自然地延伸推导出"在世界发现中国历史"的新命题。把"中国的"和"世界的"结合起来,才能更深广、入微地揭示抗日战争史的内涵。

**其三,在中国发现世界历史。**

中国历史,是世界历史的重要组成部分;中国抗战,构成了第二次世界大战的东亚主战场。离开中国历史谈世界历史注定是不周全的。只有充分发掘中国历史的世界意义,世界史才能获得真正的全球史意义。

过往的抗战史国际化,说明了中国抗战的世界意义。研究发现,东北抗联资料不仅呈现了十四年抗战的艰苦过程,也说明了战时东北亚复杂的国际关系。日方资料中的"华北治安战""清乡作战"资料,从反面反映了八路军、新四军的顽强,其牵制大量日军的事实,从另一面说明中共敌后游击战所发挥的中流砥柱作用。1937年12月12日在南京江面制造"巴纳号事件"的日军航空兵官兵,后来是制造"珍珠港事件"的主力之一,说明了中国抗战与太平洋战争的联系。参与制造九一八事变、华北事变和南京大屠杀的许多日军部队,后来在太平洋战场上被美澳等盟国军队消灭,说明了太平洋战场和中国战场的相互支持。中国军队在滇缅战场的作战和在越南等地的受降,中国对朝鲜、马来亚、越南等地游击战和抗日斗争的介入和帮助,说明了中国抗战对东亚、东南亚解放的意义和价值。对大后方英美军人、"工合"人士、新闻界和其他各界人士的研究,彰显了抗日统一战线的多重维度,等等。这对我们的研究富有启发性意义。

李顿调查团的相关资料表明,九一八事变及其后续发展,具有深刻的世界史含义。

麦金德1902年在英国皇家地理学会发表文章,提出"世界岛"的概念。麦金德认为,地球由两部分构成:由欧洲、亚洲、非洲组成的世界岛,是世界上面积最大、人口最多、最富饶的陆地组合。在"世界岛"的中央,是自伏尔加河到长江,自喜马拉雅山脉到北极的心脏地带,在世界史的发展中具有重要意义。其实,就世界近现代史而言,中国东北具有极其重要的地缘战略意义,堪称"世界之砧"——美国、俄罗斯、日本等这些当今世界的顶级力量,无不在中国东北及其周边地区倾注心力,影响世界大局。

今天看来,李顿调查团的组建,是国际社会运用国际规约积极调解大国冲突、维护当时既存的凡尔赛—华盛顿体系的一次尝试。参与各国均为当时世界强国,即为明证。

英国作为列强中在华条约利益最丰的国家,积极投入国联调查团的建立。张伯伦、麦克米伦等知名政治家均极愿加入代表团,甚至跟外交部官员暗通款曲,询问排名情况。李顿在中日间多地奔波,主导调查和报告书的起草,正是这一背景的反映。

美国作为国联非成员国,积极介入调查团,说明了美国对远东局势的关切,其态度和不承认日本用武力改变当时中国领土主权现状的"史汀生主义"是一致的。日美之间的紧张关系,一直延续到珍珠港事变发生。在日美最终谈判中,中国的领土和主权,仍然是美方的先决条件。可以说,九一八事变,从大历史的角度看,是改变日本和美国国运的大事。

苏联在国联未能采取强力措施制止日本侵略后,默认了伪满洲国的存在,后甚至通过对日条约加以承认,其对日本的忍让和妥协,延续到它对日本宣战。但日本关东军主力在苏联牵制下不敢贸然南下,影响了中国抗日战争的形态。

日本侵占中国东北,却始终得不到中国和国际主流社会的承认,乃不断扩大侵略,不仅影响了对苏备战,也使得其在"重庆政权之所以不投降,是因为有英美支持"的判断下,不断南进,最终自取灭亡。2015年8月14日,日本首相安倍晋三在战后70年讲话中承认:"日本迷失了世界大局。满洲事变以及退出国际联盟——日本逐渐变成国际社会经过巨大灾难而建立起来的新的国际秩序的挑战者,前进的方向有错误,而走上了战争的道路。其结果,70年前,日本战败了。"从这个意义上说,九一八事变—李顿调查—退出国联,成为日本近代史的转折点。

亚马孙雨林的蝴蝶振动翅膀,可能在西太平洋引发一场风暴。发生在沈阳一个小地方的九一八事变,成为今天国际秩序的肇因。其故焉在?马克思和恩格斯在《德意志意识形态》中指出:在历史演进的过程中,人的"普遍交往"逐步发展起来,"狭隘地域性的个人为世界历史性的、真正普遍的个人所代替"。近代以来中国人民的历史,与世界历史共构而存续。

回望李顿调查团的历史,我仿佛感受到了太平洋洋底的咆哮呼啸前来,如同雷鸣。

是为序。

张　生

2019年10月

# 出版凡例

一、本文献集所选资料，原文中的人名、地名、别字、错字及不规范用字等，为尊重历史和文献原貌，均原文照录。因此而影响读者判断、引用之处，除个别需说明情况以脚注"译者按"或"编者按"形式标出外，别字、错字在其后以"[  ]"注明正字；增补的字，以"【 】"标明之；因原文献漫漶不清而缺字处，用"□"标识。

二、凡采用民国纪年或日本天皇年号纪年者等，为尊重历史和文献原貌，均原文照录。台湾地区的文献中涉及政治人物头衔和机构名称者，按有关规定处理，在页下一并说明。

三、所选资料均在起始处说明来源，或在文后标注其详细来源信息。

四、外文文献译文中，日本人名从西文文献译出者，保留其西文拼法，以便核对；其余外国人名，均在某专题或文件中第一次出现时标其西文拼法。不同时期形成的中文文献中涉及的外国人名、地名翻译差异较大，为尊重历史和文献原貌，一般不作改动。

五、所选文献经过前人编辑而加脚注注释者，以"原编辑者注"保留在页下。

六、所选资料中原有污蔑中国人民、美化日本侵略之词，或基于立场表达其看法之处，为尊重历史和文献原貌，不改动原文，或在页下特别说明，请读者加以鉴别。

# 本册说明

本册文件集编纂收录的资料主体来自日本亚洲历史资料中心所藏日本外务省档案，主要包括国际联盟中国调查团关系档案（國際連盟支那調査員関係）第一卷和第二卷，主要是记录了日本外务省与驻外各领事馆之间的来往函电，时间段是从1931年12月9日到1932年4月19日。

国际联盟中国调查团关系档案是日本外务省围绕国联调查团，将外务省与驻外使领馆之间的来往函电进行汇总整编的产物，这些驻外使领馆主要包括：驻日内瓦代表处、驻华公使馆、驻美大使馆、驻法大使馆、驻德大使馆、驻南京总领事馆、驻沈阳总领事馆、驻济南总领事馆、驻长春领事馆、驻哈尔滨总领事馆、驻汉口总领事馆、驻旧金山总领事馆、驻夏威夷总领事馆等处。除了外务省与驻外使领馆之间的来往函电之外，还涉及中国驻屯军参谋长与参谋次长、陆军次官、海军次官、军令部次长、关东厅、警视厅、满铁、各县知事等之间的电文通信记录，以及外务省所藏有关国际联盟调查团的行程计划、护卫安排、欢迎辞等文件内容。

国际联盟中国调查团关系档案第一卷和第二卷，主要包含以下四方面内容。第一，国联调查团组建过程中的代表选择和确定。根据本册所搜集的档案记录显示，调查团的五位代表产生过程并不是一蹴而就的，其具体名单经过一段时间的酝酿、讨论和筛选，代表人员在确定过程中几经变化。1931年12月14日，国联理事会起草委员会向日本驻日内瓦代表处所提出来的调查团代表名单是：英国代表麦克米伦（Macmillan）、意大利代表施恩泽（Schanzer）、美国代表海因斯（Hines）、德国代表希尼（Von Schnee）、法国代表吉拉马特将军（Guillaumat）。可以发现只有德国代表是跟最终名单一致的，然而日本偏偏对由希尼出任德国代表表示了不满，要求换成佐尔夫（Wilhelm Solf）。

第二，国联调查团组建过程中的经费、路线等问题。国联调查团的经费如何承担，国联调查团选择什么样的路线前往远东，这些问题在国联调查团组建过程中都是关键性的。在讨论国联调查团的费用支出问题时，日本认为本次经费从性质上看应该由国际联盟负担，但是考虑到国际联盟的财政状况，日本将部分支付。在讨论国联调查团的赴远东路线时，出现向东陆运和向西海运两种交通方式和路线选择，选择陆运的话需要横跨欧亚大陆，可以先抵达中国，并首先调查中国东北；选择海运的话需要横渡大西洋和太平洋，而且远东第一站是日本。调查团最终选择了海运方式。

第三，日本外务省接待国联调查团的准备工作和接待情形。国联调查团从欧洲出发，先行前往美国，汇合了美国代表，然后抵达日本东京。日本政府获得了首先接触国联调查团的机会，档案详细记载了日本外务省为接待调查团，在外务省内部组建了国际联盟中国调查团外务省准备委员会，为调查团制定了详细的日程安排、护卫计划、宴会组织、访谈对象等等。档案还记录了外务大臣与李顿等人的会谈记录、外务省招待宴会的具体情况、调查团的关西之行等核心内容。在外务省的"热情"接待之外，日本舆论媒体亦大肆宣传报道调查团，并对调查团提出各种期待和希望。

第四，国联调查团在上海、南京、汉口、济南、天津、北平等地的调查情形，包括中国政府的接待和因应、日本外交人员的接待和因应、调查团如何进入中国东北等内容。1932年3月14日，国联调查团一行抵达上海，顾维钧和端纳等人出迎，调查团开始了中国之行。这部分涵盖的内容非常广泛，可以分为调查团与中国政府人士的会面（包括中央与地方），以蒋介石、汪精卫、张学良为代表的中国政府高层人士对调查团的呼吁，日本驻华公使重光葵与李顿的会谈，中日新闻报道，调查团具体行程和各地接待情况等等。国联调查团在进入中国东北之前于中国内地的活动情况，可以从中得到很好的认识。

本册编撰的内容还包括一个附录，即《帝国政府对国际联盟中国调查委员会报告书之意见书》，该意见书反映了日本外务省对国联调查团报告书的批判和不接受立场，成文于1932年11月21日。该意见书分为绪论、中国、满洲、9月18日事件及其后的军事行动、"新国家"、结论等六部分内容。意见书的主要目的是表明日本政府不赞成国联调查团报告书的内容，向国联控诉中国对日本造成的"侵害"，抵制调查团报告书对"满洲国"的不承认，要求维持和承认"满洲国"政权，并反对调查团报告书中所提出来的若干提议，批判了调查团报告书中的"十原则"，认为"这些原则实际上并不适用"。

# 目 录

序　言 ·············································································· 1
出版凡例 ·········································································· 1
本册说明 ·········································································· 1

## 一、国际联盟中国调查团关系档案　第一卷 ·············· 1

1. 外务省通商局大阪办事处商务秘书官若松虎雄致外务省通商局长武富敏彦的函电(1931年12月9日) ··············································· 1
2. 驻国际联盟泽田局长致犬养外务大臣的函电(一)(1931年12月15日) ·············································································· 2
3. 驻国际联盟泽田局长致犬养外务大臣的函电(二)(1931年12月15日) ·············································································· 3
4. 驻国际联盟泽田局长致犬养外务大臣的函电(1931年12月15日) ·············································································· 4
5. 驻意大利吉田大使致犬养外务大臣的函电(1931年12月15日) ·············································································· 5
6. 驻加拿大德川公使致犬养外务大臣的函电(1931年12月15日) ·············································································· 6
7. 驻国际联盟泽田局长致犬养外务大臣的函电(1931年12月15日) ·············································································· 6
8. 驻国际联盟泽田局长致犬养外务大臣的函电(1931年12月15日) ·············································································· 8
9. 驻美出渊大使致犬养外务大臣的函电(1931年12月15日) ········· 9
10. 驻国际联盟泽田局长致犬养外务大臣的函电(1931年12月16日) ·············································································· 10

11. 驻国际联盟泽田局长致犬养外务大臣的函电(1931年12月16日) ...... 11
12. 驻国际联盟泽田局长致犬养外务大臣的函电(一)(1931年12月16日) ...... 12
13. 驻国际联盟泽田局长致犬养外务大臣的函电(二)(1931年12月16日) ...... 13
14. 驻英松平大使致犬养外务大臣的函电(1931年12月16日) ...... 14
15. 犬养外务大臣致驻国际联盟泽田局长的函电(1931年12月16日) ...... 14
16. 驻国际联盟泽田局长致犬养外务大臣的函电(一)(1931年12月17日) ...... 15
17. 驻国际联盟泽田局长致犬养外务大臣的函电(二)(1931年12月17日) ...... 16
18. 驻意大利吉田大使致犬养外务大臣的函电(1931年12月17日) ...... 17
19. 犬养外务大臣致驻国际联盟泽田局长的函电(1931年12月17日) ...... 18
20. 驻德小幡大使致犬养外务大臣的函电(1931年12月18日) ...... 20
21. 驻德小幡大使致犬养外务大臣的函电(1931年12月18日) ...... 20
22. 驻比利时芦田代理大使致犬养外务大臣的函电(1931年12月18日) ...... 21
23. 驻国际联盟泽田局长致犬养外务大臣的函电(1931年12月18日) ...... 22
24. 驻美出渊大使致犬养外务大臣的函电(1931年12月20日) ...... 22
25. 驻国际联盟泽田局长致犬养外务大臣的函电(1931年12月22日) ...... 23
26. 驻国际联盟泽田局长致犬养外务大臣的函电(1931年12月23日) ...... 24
27. 驻国际联盟泽田局长致犬养外务大臣的函电(1931年12月23日) ...... 24

28. 驻国际联盟泽田局长致犬养外务大臣的函电(1931年12月24日) ········· 25

29. 驻国际联盟泽田局长致犬养外务大臣的函电(1931年12月24日) ········· 26

30. 驻德小幡大使致犬养外务大臣的函电(一)(1931年12月24日) ········· 26

31. 驻德小幡大使致犬养外务大臣的函电(二)(1931年12月24日) ········· 27

32. 驻国际联盟泽田局长致犬养外务大臣的函电(1932年1月4日) ········· 27

33. 驻法栗山代理大使致犬养外务大臣的函电(1932年1月4日) ········· 28

34. 驻美出渊大使致犬养外务大臣的函电(1932年1月5日) ········· 29

35. 驻国际联盟泽田局长致犬养外务大臣的函电(1932年1月6日) ········· 29

36. 驻国际联盟泽田局长致犬养外务大臣的函电(1932年1月6日) ········· 30

37. 驻土耳其吉田大使致犬养外务大臣的函电(1932年1月7日) ········· 30

38. 驻意大利吉田大使致犬养外务大臣的函电(1932年1月8日) ········· 31

39. 驻国际联盟泽田局长致犬养外务大臣的函电(1932年1月11日) ········· 32

40. 驻国际联盟泽田局长致犬养外务大臣的函电(1932年1月13日) ········· 32

41. 驻法栗山代理大使致芳泽外务大臣的函电(1932年1月13日) ········· 33

42. 驻国际联盟泽田局长致芳泽外务大臣的函电(1932年1月18日) ········· 34

43. 驻法栗山代理大使致芳泽外务大臣的函电(1932年1月18日)
……………………………………………………………………… 35
44. 驻国际联盟泽田局长致芳泽外务大臣的函电(1932年1月19日)
……………………………………………………………………… 35
45. 驻国际联盟泽田局长致芳泽外务大臣的函电(1932年1月21日)
……………………………………………………………………… 36
46. 驻国际联盟泽田局长致芳泽外务大臣的函电(1932年1月21日)
……………………………………………………………………… 37
47. 驻美出渊大使致芳泽外务大臣的函电(1932年1月21日) …… 37
48. 芳泽外务大臣致驻国际联盟泽田局长的函电(1932年1月21日)
……………………………………………………………………… 38
49. 驻国际联盟泽田局长致芳泽外务大臣的函电(1932年1月22日)
……………………………………………………………………… 38
50. 驻国际联盟泽田局长致芳泽外务大臣的函电(1932年1月22日)
……………………………………………………………………… 39
51. 驻国际联盟泽田局长致芳泽外务大臣的函电(1932年1月23日)
……………………………………………………………………… 39
52. 驻德小幡大使致芳泽外务大臣的函电(一)(1932年1月27日)
……………………………………………………………………… 40
53. 驻德小幡大使致芳泽外务大臣的函电(二)(1932年1月27日)
……………………………………………………………………… 40
54. 驻国际联盟泽田局长致芳泽外务大臣的函电(1932年1月28日)
……………………………………………………………………… 41
55. 驻美出渊大使致芳泽外务大臣的函电(1932年1月28日) …… 42
56. 国际联盟调查团一行姓名及简历(1932年1月)……………… 43
57. 驻国际联盟泽田局长致芳泽外务大臣的函电(1932年1月31日)
……………………………………………………………………… 45
58. 驻国际联盟泽田局长致芳泽外务大臣的函电(1932年2月1日)
……………………………………………………………………… 46
59. 驻国际联盟泽田局长致芳泽外务大臣的函电(1932年2月3日)
……………………………………………………………………… 46

60. 驻沈阳森岛代理总领事致芳泽外务大臣的函电(1932年2月4日) ................................................................ 47
61. 驻沈阳森岛代理总领事致芳泽外务大臣的函电(1932年2月4日) ................................................................ 47
62. 驻沈阳森岛代理总领事致芳泽外务大臣的函电(1932年2月4日) ................................................................ 48
63. 驻沈阳森岛代理总领事致芳泽外务大臣的函电(1932年2月6日) ................................................................ 49
64. 驻国际联盟泽田局长致芳泽外务大臣的函电(1932年2月8日) ................................................................ 50
65. 驻厦门三浦领事致芳泽外务大臣的函电(1932年2月9日) ................................................................ 50
66. 驻纽约崛内总领事致芳泽外务大臣的函电(1932年2月10日) ................................................................ 51
67. 驻上海重光公使致芳泽外务大臣的函电(1932年2月11日) ... 52
68. 驻上海重光公使致芳泽外务大臣的函电(1932年2月12日) ... 53
69. 驻旧金山若衫总领事致芳泽外务大臣的函电(1932年2月12日) ................................................................ 53
70. 驻旧金山若衫总领事致芳泽外务大臣的函电(1932年2月13日) ................................................................ 54
71. 外务省关于迎接调查团之决议案(1932年2月12日) ............ 55
72. 接待国际联盟调查团一行外务省省内委员会第一次讨论会议主旨(1932年2月15日) ................................................................ 56
73. 国际联盟调查团在日本停留期间日程表(日期不详) ............ 57
74. 驻美出渊大使致芳泽外务大臣的函电(1932年2月16日) ...... 62
75. 芳泽外务大臣致驻夏威夷岩手总领事的函电(1932年2月17日) ................................................................ 63
76. 驻上海重光公使致芳泽外务大臣的函电(1932年2月18日) ... 64
77. 驻上海重光公使致芳泽外务大臣的函电(1932年2月18日) ... 64
78. 驻夏威夷岩手总领事致芳泽外务大臣的函电(1932年2月18日) ................................................................ 64

5

79. 驻夏威夷岩手总领事致芳泽外务大臣的函电(一)(1932年2月18日) ………………………………………………………………… 65
80. 驻夏威夷岩手总领事致芳泽外务大臣的函电(二)(1932年2月18日) ………………………………………………………………… 66
81. 驻夏威夷岩手总领事致芳泽外务大臣的函电(三)(1932年2月18日) ………………………………………………………………… 66
82. 驻美出渊大使致芳泽外务大臣的函电(1932年2月19日) …… 67
83. 驻夏威夷岩手总领事致芳泽外务大臣的函电(1932年2月19日) ………………………………………………………………………… 68
84. 旅游部长渡边乙兵卫致外务省情报部第三课的函电(1932年2月19日) ……………………………………………………………… 68
85. 永井外务次官致河原田内务次官的函电(1932年2月24日) … 69
86. 永井外务次官致黑田大藏次官的函电(1932年2月24日) …… 70
87. 永井外务次官致久保田铁道次官的函电(1932年2月19日) … 70
88. 国际联盟调查团一行在日本停留期间的日程(草案)(日期不详) ………………………………………………………………………… 71
89. 驻上海重光公使致芳泽外务大臣的函电(1932年2月22日) … 72
90. 驻上海重光公使致芳泽外务大臣的函电(1932年2月22日) … 73
91. 关于为接待国际联盟调查团所支出经费之文件的决议案(1932年2月22日) ……………………………………………………… 73
92. 驻上海重光公使致芳泽外务大臣的函电(1932年2月24日) … 76
93. 驻南京上村代理总领事致芳泽外务大臣的函电(1932年2月24日) ………………………………………………………………… 76
94. 国际联盟调查团一行的警戒护卫计划书(日期不详) ………… 77
95. 久保田铁道次官致外务次官永井松三电(1932年2月25日) … 78
96. 通商二课致国际联盟调查团外务省准备委员会的函电(1932年2月25日) ……………………………………………………… 79
97. 国际联盟调查团一行的行程安排(1932年2月25日) ………… 79
98. 国际联盟调查团一行在日本及支那行程计划书(1932年2月25日) ………………………………………………………………… 80

99. 国联调查团秘书长哈斯抵东京时间的通知(1932年2月25日) ·················································································· 81

100. 杉村公使与国际联盟调查团的会见记录(1931年1月21日) ·················································································· 81

101. 支那调查团来日相关人员(草案)(日期不详) ············ 86

102. 驻国际联盟泽田局长致芳泽外务大臣的函电(1932年2月26日) ·················································································· 89

103. 驻上海重光公使致芳泽外务大臣的函电(1932年2月27日) ·················································································· 89

104. 芳泽外务大臣致驻国际联盟泽田局长的函电(1932年2月28日) ·················································································· 90

105. 驻上海重光公使致芳泽外务大臣的函电(1932年2月29日) ·················································································· 90

106. 驻沈阳森岛代理总领事致芳泽外务大臣的函电(1932年2月29日) ································································· 91

107. 上海国泰饭店金井致芳泽外务大臣的函电(1932年2月29日) ·················································································· 91

108. 芳泽外务大臣致驻美出渊大使等处的函电(1932年2月29日) ·················································································· 92

109. 芳泽外务大臣与李顿爵士的会谈录(1932年2月29日) ········ 93

110. 大阪府知事致芳泽外务大臣的函电(1932年3月5日) ········ 94

111. 外务省情报局致在外公馆的函电(1932年3月4日) ············ 94

112. 驻沈阳森岛代理总领事致芳泽外务大臣的函电(1932年3月7日) ········································································· 96

113. 芳泽外务大臣致京都府知事的函电(1932年3月7日) ········· 96

114. 吉田参典委员致奈良市《大和日报》社长福井甚三的函电(1932年) ······························································································· 97

115. 兵库县知事致芳泽外务大臣的函电(1932年3月10日) ········ 97

116. 兵库县知事致芳泽外务大臣的函电(1932年3月11日) ········ 97

117. 大阪府知事斋藤宗宜致内务大臣中桥德五郎等处的函电(1932年3月11日) ·································································· 98

7

118. 国际联盟调查团一行恳谈茶话会状况之件(1932年3月10日) ……… 99
119. 内外棉花株式会社专任董事冈田源太郎发言之件(1932年3月10日) ……… 102
120. 排日海报(1932年3月10日) ……… 105
121. 关于举办国际联盟调查团一行欢迎晚宴之件(1932年3月10日) ……… 109
122. 大阪府市商工会议所联合举办欢迎会之知事即席欢迎辞(1932年3月10日) ……… 109
123. 大阪府市商工会议所联合举办欢迎会李顿答词之件(1932年3月10日) ……… 110
124. 蜂谷领事致芳泽外务大臣的函电(1932年3月12日) ……… 111
125. 兵库县知事白根竹介致内务大臣中桥德五郎等处的函电(1932年3月12日) ……… 111
126. 神奈川县知事远藤柳作致内务大臣中桥德五郎等处的函电(1932年3月12日) ……… 113

## 二、国际联盟中国调查团关系档案 第二卷 ……… 115

1. 芳泽外务大臣致驻英泽田代理大使的函电(1932年3月14日) ……… 115
2. 驻上海重光公使致芳泽外务大臣的函电(1932年3月15日) … 117
3. 驻南京上村代理总领事致芳泽外务大臣的函电(1932年3月16日) ……… 117
4. 驻上海重光公使致芳泽外务大臣的函电(1932年3月17日) … 118
5. 驻上海重光公使致芳泽外务大臣的函电(1932年3月17日) … 119
6. 驻上海重光公使致芳泽外务大臣的函电(1932年3月17日) … 119
7. 驻上海重光公使致芳泽外务大臣的函电(1932年3月17日) … 120
8. 驻南京上村代理总领事致芳泽外务大臣的函电(1932年3月17日) ……… 121
9. 驻棉兰内藤领事致芳泽外务大臣的函电(1932年3月17日) … 121

10. 驻上海村井总领事致芳泽外务大臣的函电(1932年3月18日)
　　 ································································· 122
11. 驻上海村井总领事致芳泽外务大臣的函电(1932年3月18日)
　　 ································································· 122
12. 芳泽外务大臣致驻上海重光公使的函电(1932年3月18日)
　　 ································································· 123
13. 驻国际联盟泽田局长致芳泽外务大臣的函电(1932年3月19日)
　　 ································································· 124
14. 驻上海重光公使致芳泽外务大臣的函电(一)(1932年3月19日)
　　 ································································· 124
15. 驻上海重光公使致芳泽外务大臣的函电(二)(1932年3月19日)
　　 ································································· 125
16. 驻上海重光公使致芳泽外务大臣的函电(1932年3月19日)
　　 ································································· 126
17. 驻上海重光公使致芳泽外务大臣的函电(1932年3月19日)
　　 ································································· 127
18. 福冈县知事致内务大臣等处的函电(1932年3月19日) ········ 127
19. 驻上海重光公使致芳泽外务大臣的函电(1932年3月20日)
　　 ································································· 128
20. 驻上海重光公使致芳泽外务大臣的函电(1932年3月21日)
　　 ································································· 129
21. 驻上海重光公使致芳泽外务大臣的函电(1932年3月21日)
　　 ································································· 130
22. 驻北平矢野参赞致芳泽外务大臣的函电(1932年3月21日)
　　 ································································· 131
23. 驻上海村井总领事致芳泽外务大臣的函电(1932年3月21日)
　　 ································································· 131
24. 驻济南西田总领事致芳泽外务大臣的函电(1932年3月21日)
　　 ································································· 132
25. 驻国际联盟泽田局长致芳泽外务大臣的函电(1932年3月22日)
　　 ································································· 132

26. 驻上海重光公使致芳泽外务大臣的函电(1932年3月22日)
   ............................................................ 133

27. 驻北平矢野参赞致芳泽外务大臣的函电(1932年3月22日)
   ............................................................ 134

28. 驻天津桑岛总领事致芳泽外务大臣的函电(1932年3月22日)
   ............................................................ 134

29. 驻上海重光公使致芳泽外务大臣的函电(1932年3月23日)
   ............................................................ 136

30. 驻上海重光公使致芳泽外务大臣的函电(1932年3月23日)
   ............................................................ 137

31. 驻上海重光公使致芳泽外务大臣的函电(一)(1932年3月23日)
   ............................................................ 138

32. 驻上海重光公使致芳泽外务大臣的函电(二)(1932年3月23日)
   ............................................................ 139

33. 驻上海重光公使致芳泽外务大臣的函电(三)(1932年3月23日)
   ............................................................ 139

34. 驻上海重光公使致芳泽外务大臣的函电(四)(1932年3月23日)
   ............................................................ 140

35. 驻上海重光公使致芳泽外务大臣的函电(五)(1932年3月23日)
   ............................................................ 141

36. 驻上海重光公使致芳泽外务大臣的函电(六)(1932年3月23日)
   ............................................................ 142

37. 驻上海重光公使致芳泽外务大臣的函电(七)(1932年3月23日)
   ............................................................ 143

38. 驻上海重光公使致芳泽外务大臣的函电(八)(1932年3月23日)
   ............................................................ 144

39. 驻上海重光公使致芳泽外务大臣的函电(九)(1932年3月23日)
   ............................................................ 145

40. 驻上海重光公使致芳泽外务大臣的函电(十)(1932年3月23日)
   ............................................................ 146

41. 驻上海重光公使致芳泽外务大臣的函电(1932年3月23日) ·················· 147
42. 第三舰队参谋长致海军次官、军令部次长的函电(1932年3月23日) ·················· 147
43. 北平辅佐官致参谋次长的函电(1932年3月23日) ·················· 148
44. 三重县知事致内务大臣等处的函电(1932年3月23日) ·················· 148
45. 松冈议员与国际联盟调查团的会谈内容(日期不详) ·················· 149
46. 驻上海重光公使致芳泽外务大臣的函电(1932年3月24日) ·················· 155
47. 驻北平矢野参赞致芳泽外务大臣的函电(1932年3月24日) ·················· 156
48. 驻北平矢野参赞致芳泽外务大臣的函电(1932年3月24日) ·················· 156
49. 驻汉口坂根总领事致芳泽外务大臣的函电(1932年3月24日) ·················· 157
50. 驻南京上村代理总领事致芳泽外务大臣的函电(1932年3月24日) ·················· 157
51. 驻南京上村代理总领事致芳泽外务大臣的函电(1932年3月24日) ·················· 158
52. 芳泽外务大臣致驻沈阳森岛代理总领事的函电(1932年3月24日) ·················· 159
53. 芳泽外务大臣致驻外相关人员的函电(1932年3月24日) ·················· 159
54. 芳泽外务大臣致驻北平矢野参赞的函电(1932年3月24日) ·················· 160
55. 驻上海重光公使致芳泽外务大臣的函电(1932年3月25日) ·················· 160
56. 驻上海重光公使致芳泽外务大臣的函电(1932年3月25日) ·················· 161
57. 驻上海重光公使致芳泽外务大臣的函电(1932年3月25日) ·················· 161

58. 驻上海村井总领事致芳泽外务大臣的函电(1932年3月25日) ………………………………………………………………… 162

59. 驻沈阳森岛代理总领事致芳泽外务大臣的函电(1932年3月25日) ………………………………………………………………… 162

60. 驻汉口坂根总领事致芳泽外务大臣的函电(1932年3月25日) ………………………………………………………………… 163

61. 驻汉口坂根总领事致芳泽外务大臣的函电(1932年3月25日) ………………………………………………………………… 164

62. 驻南京上村代理总领事致芳泽外务大臣的函电(1932年3月25日) ………………………………………………………………… 164

63. 驻上海重光公使致芳泽外务大臣的函电(1932年3月26日) ………………………………………………………………… 165

64. 驻上海重光公使致芳泽外务大臣的函电(1932年3月26日) ………………………………………………………………… 166

65. 驻上海重光公使致芳泽外务大臣的函电(1932年3月26日) ………………………………………………………………… 167

66. 驻南京上村代理总领事致芳泽外务大臣的函电(1932年3月26日) ………………………………………………………………… 167

67. 驻南京菅沼武官致海军次官、军令部次长的函电(1932年3月26日) ………………………………………………………………… 168

68. 驻天津桑岛总领事致芳泽外务大臣的函电(1932年3月26日) ………………………………………………………………… 169

69. 驻上海重光公使致芳泽外务大臣的函电(一)(1932年3月27日) ………………………………………………………………… 170

70. 驻上海重光公使致芳泽外务大臣的函电(二)(1932年3月27日) ………………………………………………………………… 171

71. 驻南京上村代理总领事致芳泽外务大臣的函电(1932年3月27日) ………………………………………………………………… 172

72. 驻南京上村代理总领事致芳泽外务大臣的函电(1932年3月27日) ………………………………………………………………… 172

73. 驻南京上村代理总领事致芳泽外务大臣的函电(1932 年 3 月 27 日) ……………………………………………………………… 173

74. 驻南京菅沼武官致海军次官、军令部次长的函电(1932 年 3 月 27 日) …………………………………………………………… 174

75. 驻长春田代领事致芳泽外务大臣的函电(1932 年 3 月 27 日) ……………………………………………………………………… 174

76. 驻南京上村代理总领事致芳泽外务大臣的函电(1932 年 3 月 28 日) ……………………………………………………………… 175

77. 驻青岛川越总领事致芳泽外务大臣的函电（一）(1932 年 3 月 28 日) ……………………………………………………………… 175

78. 驻青岛川越总领事致芳泽外务大臣的函电（二）(1932 年 3 月 28 日) ……………………………………………………………… 176

79. 驻青岛川越总领事致芳泽外务大臣的函电（三）(1932 年 3 月 28 日) ……………………………………………………………… 177

80. 驻青岛川越总领事致芳泽外务大臣的函电（四）(1932 年 3 月 28 日) ……………………………………………………………… 177

81. 芳泽外务大臣致驻南京上村代理总领事的函电(1932 年 3 月 28 日) ……………………………………………………………… 178

82. 芳泽外务大臣致驻国际联盟泽田局长的函电(1932 年 3 月 28 日) ……………………………………………………………… 179

83. 芳泽外务大臣致驻华重光公使的函电(1932 年 3 月 28 日) …… 182

84. 驻南京上村代理总领事致芳泽外务大臣的函电（一）(1932 年 3 月 29 日) ……………………………………………………………… 182

85. 驻南京上村代理总领事致芳泽外务大臣的函电（二）(1932 年 3 月 29 日) ……………………………………………………………… 183

86. 驻南京上村代理总领事致芳泽外务大臣的函电（一）(1932 年 3 月 29 日) ……………………………………………………………… 184

87. 驻南京上村代理总领事致芳泽外务大臣的函电（二）(1932 年 3 月 29 日) ……………………………………………………………… 184

88. 驻沈阳森岛代理总领事致芳泽外务大臣的函电(1932 年 3 月 29 日) ……………………………………………………………… 185

89. 驻济南西田总领事致芳泽外务大臣的函电(1932年3月29日)
   ………………………………………………………………… 186
90. 驻南京上村代理总领事致芳泽外务大臣的函电(1932年3月29日) ………………………………………………………… 187
91. 国际联盟支那调查团停留日本国日志(1932年3月)
   ………………………………………………………………… 187
92. 国际联盟支那调查团停留日本国日志之附属资料(1932年3月)
   ………………………………………………………………… 189
93. 驻北平矢野参赞致芳泽外务大臣的函电(1932年3月29日)
   ………………………………………………………………… 211
94. 驻南京上村代理总领事致芳泽外务大臣的函电(1932年3月30日) ………………………………………………………… 212
95. 驻南京上村代理总领事致芳泽外务大臣的函电(1932年3月30日) ………………………………………………………… 213
96. 济南中野少佐致参谋次长的函电(1932年3月29日) ………… 213
97. 新闻发布"参考"(1932年3月29日) …………………………… 214
98. 北平辅佐官致总务部长的函电(1932年3月29日) …………… 214
99. 芳泽外务大臣致驻北平矢野参赞的函电(1932年3月30日)
   ………………………………………………………………… 215
100. 外务事务官石川实致外务大臣官房会计课(日期不详) ……… 215
101. 驻汉口坂根总领事致芳泽外务大臣的函电(1932年3月30日)
   ………………………………………………………………… 218
102. 驻南京上村代理总领事致芳泽外务大臣的函电(1932年3月31日) ………………………………………………………… 219
103. 驻南京上村代理总领事致芳泽外务大臣的函电(1932年3月31日) ………………………………………………………… 220
104. 驻南京上村代理总领事致芳泽外务大臣的函电(1932年3月31日) ………………………………………………………… 220
105. 驻济南西田总领事致芳泽外务大臣的函电(1932年3月31日)
   ………………………………………………………………… 221
106. 永井次官致铁道次官的函电(1932年3月31日) ……………… 222

107. 驻沈阳森岛代理总领事致芳泽外务大臣的函电(1932年4月1日) ·················· 222
108. 驻南京上村代理总领事致芳泽外务大臣的函电(1932年4月1日) ·················· 223
109. 芳泽外务大臣致驻长春田代领事的函电(1932年4月1日) ·················· 223
110. 铁道次官久保田敬一致外务次官永井松三的函电(1932年4月1日) ·················· 224
111. 松田条约局长致森冈内务省警保局长的函电(1932年4月1日) ·················· 224
112. 驻上海村井总领事致芳泽外务大臣的函电(一)(1932年4月2日) ·················· 225
113. 驻上海村井总领事致芳泽外务大臣的函电(二)(1932年4月2日) ·················· 226
114. 驻南京上村代理总领事致芳泽外务大臣的函电(1932年4月2日) ·················· 227
115. 驻南京上村代理总领事致芳泽外务大臣的函电(1932年4月2日) ·················· 227
116. 驻南京上村代理总领事致芳泽外务大臣的函电(1932年4月2日) ·················· 228
117. 驻沈阳森岛代理总领事致芳泽外务大臣的函电(1932年4月2日) ·················· 229
118. 驻沈阳森岛代理总领事致芳泽外务大臣的函电(1932年4月2日) ·················· 230
119. 驻沈阳森岛代理总领事致芳泽外务大臣的函电(1932年4月2日) ·················· 230
120. 驻汉口坂根总领事致芳泽外务大臣的函电(1932年4月2日) ·················· 231
121. 驻长春田代领事致芳泽外务大臣的函电(1932年4月2日) ·················· 231

122. 驻汉口坂根总领事致芳泽外务大臣的函电(1932年4月2日)
   ········································································ 232
123. 支那驻屯军参谋长致陆军次官的函电(1932年4月1日) ······· 232
124. 驻汉口坂根总领事致芳泽外务大臣的函电(1932年4月4日)
   ········································································ 233
125. 驻汉口坂根总领事致芳泽外务大臣的函电(1932年4月4日)
   ········································································ 233
126. 驻汉口坂根总领事致芳泽外务大臣的函电(1932年4月4日)
   ········································································ 234
127. 驻汉口坂根总领事致芳泽外务大臣的函电(1932年4月4日)
   ········································································ 234
128. 驻汉口坂根总领事致芳泽外务大臣的函电(1932年4月4日)
   ········································································ 235
129. 驻天津桑岛总领事致芳泽外务大臣的函电(1932年4月4日)
   ········································································ 236
130. 芳泽外务大臣致驻汉口坂根总领事的函电(1932年4月4日)
   ········································································ 236
131. 芳泽外务大臣致驻外使领馆的函电(1932年4月4日) ········· 237
132. 芳泽外务大臣致驻外使领馆的函电(1932年4月4日) ········· 238
133. 驻北平矢野参赞致芳泽外务大臣的函电(1932年4月5日)
   ········································································ 239
134. 驻沈阳森岛代理总领事致芳泽外务大臣的函电(1932年4月5日) ································································· 240
135. 驻沈阳森岛代理总领事致芳泽外务大臣的函电(1932年4月5日) ································································· 240
136. 驻九江领事馆事务代理西田长康致芳泽外务大臣的函电(1932年4月5日) ····················································· 241
137. 驻汉口森冈中佐致参谋次长的函电(1932年4月5日) ········· 243
138. 北平辅佐官致参谋次长的函电(1932年4月4日) ··············· 243
139. 希爱慕致永井外务次官的函电(1932年4月6日) ··············· 244

140. 驻北平矢野参赞致芳泽外务大臣的函电(1932年4月6日) ······ 244

141. 驻汉口坂根总领事致芳泽外务大臣的函电(1932年4月6日) ······ 245

142. 驻汉口坂根总领事致芳泽外务大臣的函电(1932年4月6日) ······ 246

143. 驻汉口坂根总领事致芳泽外务大臣的函电(1932年4月6日) ······ 246

144. 驻汉口坂根总领事致芳泽外务大臣的函电(1932年4月6日) ······ 247

145. 驻广东代理总领事须磨致芳泽外务大臣的函电(1932年4月6日) ······ 248

146. 驻沈阳森岛代理总领事致芳泽外务大臣的函电(1932年4月6日) ······ 249

147. 驻长春田代领事致芳泽外务大臣的函电(1932年4月6日) ······ 249

148. 驻汉口坂根总领事致芳泽外务大臣的函电(1932年4月7日) ······ 250

149. 驻汉口坂根总领事致芳泽外务大臣的函电(1932年4月7日) ······ 251

150. 驻南京上村代理总领事致芳泽外务大臣的函电(1932年4月7日) ······ 252

151. 驻南京上村代理总领事致芳泽外务大臣的函电(1932年4月7日) ······ 252

152. 驻美大使出渊致芳泽外务大臣的函电(1932年4月8日) ······ 253

153. 驻上海重光公使致芳泽外务大臣的函电(1932年4月8日) ······ 253

154. 驻济南西田总领事致芳泽外务大臣的函电(1932年4月8日) ······ 254

155. 驻济南西田总领事致芳泽外务大臣的函电(1932年4月8日) ······ 254

156. 驻济南西田总领事致芳泽外务大臣的函电(1932年4月8日)
................................................................ 255
157. 驻济南西田总领事致芳泽外务大臣的函电(1932年4月8日)
................................................................ 255
158. 驻济南西田总领事致芳泽外务大臣的函电(1932年4月8日)
................................................................ 256
159. 驻南京上村代理总领事致芳泽外务大臣的函电(1932年4月8日) ................................................................ 257
160. 驻沈阳森岛代理总领事致芳泽外务大臣的函电(1932年4月8日) ................................................................ 258
161. 驻沈阳森岛代理总领事致芳泽外务大臣的函电(1932年4月8日) ................................................................ 259
162. 济南中野少佐致参谋次长的函电(1932年4月8日) ············ 259
163. 支那驻屯军参谋长致陆军次官的函电(1932年4月8日) ······ 260
164. 天津军参谋长致参谋次长的函电(1932年4月8日) ············ 261
165. 驻国际联盟泽田局长致芳泽外务大臣的函电(一)(1932年4月9日) ................................................................ 261
166. 驻国际联盟泽田局长致芳泽外务大臣的函电(二)(1932年4月9日) ................................................................ 262
167. 驻国际联盟泽田局长致芳泽外务大臣的函电(三)(1932年4月9日) ................................................................ 263
168. 驻国际联盟泽田局长致芳泽外务大臣的函电(四)(1932年4月10日) ................................................................ 264
169. 驻国际联盟泽田局长致芳泽外务大臣的函电(五)(1932年4月10日) ................................................................ 265
170. 驻沈阳森岛代理总领事致芳泽外务大臣的函电(1932年4月9日) ................................................................ 265
171. 驻沈阳森岛代理总领事致芳泽外务大臣的函电(1932年4月9日) ................................................................ 266
172. 驻天津桑岛总领事致芳泽外务大臣的函电(1932年4月9日)
................................................................ 267

173. 驻济南西田总领事致芳泽外务大臣的函电(一)(1932年4月9日) ……………………………………………………… 267

174. 驻济南西田总领事致芳泽外务大臣的函电(二)(1932年4月9日) ……………………………………………………… 268

175. 芳泽外务大臣致驻长春田代领事的函电(1932年4月9日) ……………………………………………………………………… 269

176. 芳泽外务大臣致驻北京矢野参赞的函电(1932年4月8日) ……………………………………………………………………… 270

177. 芳泽外务大臣致山冈关东厅长官的函电(1932年4月8日) ……………………………………………………………………… 271

178. 内匠头男爵白根松介致外务次官永井松三的函电(1932年4月9日) ……………………………………………………… 271

179. 驻北平矢野参赞致芳泽外务大臣的函电(1932年4月10日) ……………………………………………………………………… 272

180. 驻北平矢野参赞致芳泽外务大臣的函电(1932年4月10日) ……………………………………………………………………… 272

181. 驻天津桑岛总领事致芳泽外务大臣的函电(1932年4月11日) ……………………………………………………………… 273

182. 驻长春田代领事致芳泽外务大臣的函电(一)(1932年4月11日) ……………………………………………………… 274

183. 驻长春田代领事致芳泽外务大臣的函电(二)(1932年4月11日) ……………………………………………………… 275

184. 驻北平矢野参赞致芳泽外务大臣的函电(1932年4月12日) ……………………………………………………………………… 275

185. 支那驻屯军参谋长致陆军次官的函电(1932年4月9日) …… 276
186. 支那驻屯军参谋长致陆军次官的函电(1932年4月10日) … 277
187. 北平辅佐官致陆军次官的函电(1932年4月10日) ……… 278
188. 北平辅佐官致陆军次官的函电(1932年4月10日) ……… 278
189. 中野少校致参谋次长的函电(1932年4月11日) …………… 279
190. 天津军参谋长致参谋次长的函电(1932年4月11日) ……… 279

19

191. 芳泽外务大臣致驻沈阳森岛代理总领事的函电(1932年4月11日) ………………………………………………………… 280
192. 驻美出渊大使致芳泽外务大臣的函电(1932年4月11日) … 280
193. 驻北平矢野参赞致芳泽外务大臣的函电(一)(1932年4月12日) ………………………………………………………… 281
194. 驻北平矢野参赞致芳泽外务大臣的函电(二)(1932年4月12日) ………………………………………………………… 282
195. 驻北平矢野参赞致芳泽外务大臣的函电(三)(1932年4月12日) ………………………………………………………… 283
196. 驻北平矢野参赞致芳泽外务大臣的函电(1932年4月12日) ………………………………………………………… 283
197. 驻北平矢野参赞致芳泽外务大臣的函电(1932年4月12日) ………………………………………………………… 284
198. 驻沈阳森岛代理总领事致芳泽外务大臣的函电(1932年4月12日) ………………………………………………………… 284
199. 驻沈阳森岛代理总领事致芳泽外务大臣的函电(1932年4月12日) ………………………………………………………… 285
200. 驻沈阳森岛代理总领事致芳泽外务大臣的函电(1932年4月12日) ………………………………………………………… 286
201. 驻哈尔滨长冈代理总领事致芳泽外务大臣的函电(1932年4月12日) ………………………………………………………… 287
202. 驻哈尔滨长冈代理总领事致芳泽外务大臣的函电(1932年4月12日) ………………………………………………………… 287
203. 天津军参谋长致参谋次长的函电(1932年4月11日) ……… 288
204. 天津军致参谋次长的函电(1932年4月12日) ……………… 288
205. 芳泽外务大臣致驻长春田代领事的函电(1932年4月12日) ………………………………………………………… 289
206. 芳泽外务大臣致驻长春田代领事的函电(1932年4月12日) ………………………………………………………… 290
207. 芳泽外务大臣致驻北平矢野参赞的函电(1932年4月12日) ………………………………………………………… 290

208. 芳泽外务大臣致驻沈阳森岛代理总领事的函电(1932年4月12日) ················ 291
209. 芳泽外务大臣致驻沈阳森岛代理总领事的函电(日期不详) ················ 292
210. 驻沈阳森岛代理总领事致芳泽外务大臣的函电(1932年4月12日) ················ 292
211. 驻沈阳森岛代理总领事致芳泽外务大臣的函电(1932年4月13日) ················ 293
212. 驻国际联盟泽田局长致芳泽外务大臣的函电(1932年4月13日) ················ 294
213. 驻国际联盟泽田局长致芳泽外务大臣的函电(1932年4月13日) ················ 294
214. 驻北平矢野参赞致芳泽外务大臣的函电(1932年4月13日) ················ 295
215. 驻北平矢野参赞致芳泽外务大臣的函电(1932年4月13日) ················ 296
216. 驻北平矢野参赞致芳泽外务大臣的函电(1932年4月13日) ················ 297
217. 驻北平矢野参赞致芳泽外务大臣的函电(1932年4月13日) ················ 298
218. 满洲海军特设机关首席职员致海军省次官、军令部次长的函电(1932年4月13日) ················ 298
219. 支那驻屯军参谋长致陆军次官的函电(1932年4月12日) ··· 299
220. 支那驻屯军参谋长致陆军次官的函电(1932年4月12日) ··· 299
221. 支那驻屯军参谋长致陆军次官的函电(1932年4月12日) ··· 300
222. 驻沈阳森岛代理总领事致芳泽谦吉外务大臣的函电(1932年4月13日) ················ 301
223. 关东厅警务局长致拓务次官等处的函电(1932年4月13日) ················ 303
224. 驻北平矢野参赞致芳泽外务大臣的函电(1932年4月14日) ················ 304

225. 驻北平矢野参赞致芳泽外务大臣的函电(1932年4月14日) ······ 304

226. 驻北平矢野参赞致芳泽外务大臣的函电(1932年4月14日) ······ 305

227. 驻沈阳森岛代理总领事致芳泽外务大臣的函电(1932年4月14日) ······ 305

228. 驻沈阳森岛代理总领事致芳泽外务大臣的函电(一)(1932年4月14日) ······ 306

229. 驻沈阳森岛代理总领事致芳泽外务大臣的函电(二)(1932年4月14日) ······ 307

230. 驻沈阳森岛代理总领事致芳泽外务大臣的函电(1932年4月14日) ······ 307

231. 驻哈尔滨长冈代理总领事致芳泽外务大臣的函电(1932年4月14日) ······ 308

232. 芳泽外务大臣致驻北平矢野参赞的函电(1932年4月14日) ······ 309

233. 芳泽外务大臣致驻北平矢野参赞的函电(1932年4月14日) ······ 310

234. 满铁总务部长致满铁东京支社长的函电(1932年4月14日) ······ 310

235. 驻北平矢野参赞致芳泽外务大臣的函电(1932年4月15日) ······ 311

236. 驻长春田代领事致芳泽外务大臣的函电(1932年4月15日) ······ 311

237. 驻国际联盟泽田局长致芳泽外务大臣的函电(1932年4月15日) ······ 312

238. 驻上海重光公使致芳泽外务大臣的函电(1932年4月15日) ······ 312

239. 驻北平矢野参赞致芳泽外务大臣的函电(1932年4月15日) ······ 313

240. 驻北平矢野参赞致芳泽外务大臣的函电(1932年4月15日) ………………………………………………………………… 314
241. 驻北平矢野参赞致芳泽外务大臣的函电(1932年4月15日) ………………………………………………………………… 315
242. 驻北平矢野参赞致芳泽外务大臣的函电(1932年4月15日) ………………………………………………………………… 315
243. 驻天津桑岛总领事致芳泽外务大臣的函电(1932年4月15日) ………………………………………………………………… 316
244. 驻沈阳森岛代理总领事致芳泽外务大臣的函电(1932年4月15日) ……………………………………………………………… 317
245. 驻广东代理总领事须磨致芳泽外务大臣的函电(1932年4月15日) ……………………………………………………………… 317
246. 驻长春田代领事致芳泽外务大臣的函电(1932年4月15日) ………………………………………………………………… 318
247. 芳泽外务大臣致驻沈阳森岛代理总领事的函电(1932年4月15日) ……………………………………………………………… 319
248. 北平辅佐官致陆军次官的函电(1932年4月14日) ………… 319
249. 北平辅佐官致陆军次官的函电(1932年4月14日) ………… 320
250. 北平辅佐官致参谋次长的函电(1932年4月14日) ………… 320
251. 驻北平矢野参赞致芳泽外务大臣的函电(1932年4月16日) ………………………………………………………………… 321
252. 驻北平矢野参赞致芳泽外务大臣的函电(1932年4月16日) ………………………………………………………………… 322
253. 驻北平矢野参赞致芳泽外务大臣的函电(1932年4月16日) ………………………………………………………………… 323
254. 驻北平矢野参赞致芳泽外务大臣的函电(1932年4月16日) ………………………………………………………………… 323
255. 驻北平矢野参赞致芳泽外务大臣的函电(1932年4月16日) ………………………………………………………………… 324
256. 驻上海村井总领事致芳泽外务大臣的函电(1932年4月16日) ………………………………………………………………… 324

257. 芳泽外务大臣致驻北平矢野参赞的函电(1932年4月16日)
  ……………………………………………………………… 325
258. 天津军参谋长致参谋次长的函电(1932年4月15日) ……… 326
259. 支那驻屯军参谋长致陆军次官的函电(1932年4月15日) … 326
260. 北平辅佐官致陆军次官的函电(1932年4月15日) ………… 328
261. 北平辅佐官致陆军次官的函电(1932年4月15日) ………… 328
262. 福冈县知事致内务大臣等处的函电(1932年4月16日) …… 329
263. 关东厅警务局长致拓务次官、内阁书记官长等处的函电(1932年4月16日) ………………………………………………… 330
264. 关东厅警务局长致拓务次官等处的函电(1932年4月16日)
  ……………………………………………………………… 332
265. 驻沈阳森岛代理总领事致芳泽外务大臣的函电(一)(1932年4月17日) ………………………………………………………… 333
266. 驻沈阳森岛代理总领事致芳泽外务大臣的函电(二)(1932年4月17日) ………………………………………………………… 334
267. 驻沈阳森岛代理总领事致芳泽外务大臣的函电(1932年4月17日) …………………………………………………………… 335
268. 北平辅佐官致陆军次长的函电(1932年4月16日) ………… 335
269. 支那驻屯军参谋长致参谋次长的函电(1932年4月16日) … 336
270. 北平辅佐官致参谋次长的函电(1932年4月16日) ………… 337
271. 北平辅佐官致参谋次长的函电(1932年4月16日) ………… 337
272. 驻北平矢野参赞致芳泽外务大臣的函电(1932年4月18日)
  ……………………………………………………………… 338
273. 驻北平矢野参赞致芳泽外务大臣的函电(一)(1932年4月18日)
  ……………………………………………………………… 339
274. 驻北平矢野参赞致芳泽外务大臣的函电(二)(1932年4月18日)
  ……………………………………………………………… 339
275. 驻北平矢野参赞致芳泽外务大臣的函电(1932年4月18日)
  ……………………………………………………………… 340
276. 驻沈阳森岛代理总领事致芳泽外务大臣的函电(1932年4月17日) …………………………………………………………… 341

277. 驻北平矢野参赞致芳泽外务大臣的函电(1932年4月18日)
........................................................................ 341
278. 驻北平矢野参赞致芳泽外务大臣的函电(1932年4月18日)
........................................................................ 342
279. 驻北平矢野参赞致芳泽外务大臣的函电(1932年4月18日)
........................................................................ 343
280. 驻北平矢野参赞致芳泽外务大臣的函电(1932年4月18日)
........................................................................ 344
281. 驻沈阳森岛代理总领事致芳泽外务大臣的函电(1932年4月18日) ........................................................................ 344
282. 驻长春田代领事致芳泽外务大臣的函电(1932年4月18日)
........................................................................ 345
283. 驻长春田代领事致芳泽外务大臣的函电(1932年4月18日)
........................................................................ 346
284. 警视总监致内务大臣、外务大臣等处的函电(1932年4月18日)
........................................................................ 347
285. 驻北平矢野参赞致芳泽外务大臣的函电(1932年4月19日)
........................................................................ 347
286. 驻北平矢野参赞致芳泽外务大臣的函电(1932年4月19日)
........................................................................ 348
287. 驻北平矢野参赞致芳泽外务大臣的函电(1932年4月19日)
........................................................................ 349
288. 驻北平矢野参赞致芳泽外务大臣的函电(1932年4月19日)
........................................................................ 350
289. 驻北平矢野参赞致芳泽外务大臣的函电(1932年4月19日)
........................................................................ 350
290. 驻北平矢野参赞致芳泽外务大臣的函电(1932年4月19日)
........................................................................ 351
291. 驻北平矢野参赞致芳泽外务大臣的函电(1932年4月19日)
........................................................................ 351

292. 驻北平矢野参赞致芳泽外务大臣的函电(1932 年 4 月 19 日) ·················· 352
293. 驻北平矢野参赞致芳泽外务大臣的函电(1932 年 4 月 19 日) ·················· 353
294. 驻沈阳森岛代理总领事致芳泽外务大臣的函电(1932 年 4 月 19 日) ·················· 353
295. 驻沈阳森岛代理总领事致芳泽外务大臣的函电(1932 年 4 月 19 日) ·················· 354
296. 驻沈阳森岛代理总领事致芳泽外务大臣的函电(1932 年 4 月 19 日) ·················· 355
297. 山冈关东厅长官致芳泽外务大臣的函电(1932 年 4 月 19 日) ·················· 355
298. 驻沈阳森岛代理总领事致芳泽外务大臣谦吉的函电(1932 年 4 月 19 日) ·················· 356
299. 驻青岛藤原武官致海军次官、军令部次长等处的函电(1932 年 4 月 19 日) ·················· 357
300. 北平辅佐官致陆军次官的函电(1932 年 4 月 18 日) ············ 357
301. 驻北平酒井辅佐官致海军次官、军令部次长等处的函电(1932 年 4 月 19 日) ·················· 358

三、附录:《帝国政府对国际联盟支那调查团报告书之意见书》
·················· 359

索 引 ·················· 399

# 一、国际联盟中国调查团关系档案　第一卷

## 1. 外务省通商局大阪办事处商务秘书官若松虎雄致外务省通商局长武富敏彦的函电（1931年12月9日）

大出普通第二十四号

昭和六年十二月九日

**关于国际联盟派遣调查员沃尔特斯（Walters）上尉来大阪之文件**

  关于本文件，目前来访的国际联盟派遣调查员沃尔特斯上尉，因接受稻畑大阪商工会议所会长的邀请，今早来到大阪，目的是针对时局同当地有实力的实业家交换意见。本日正午于大阪酒店举办午餐会，出席者有主宾沃尔特斯，大阪府知事柴田、稻畑、森、大阪商议正副会长等十余人。本官接受邀请并列席。午餐后稻畑会长用法语向沃尔特斯先生致欢迎辞，并详细说明了这次满洲事变的经过和中华民国方面的态度。对此，作为对欢迎辞的答复，沃尔特斯阐述了他的中心理念："本人当初出发前往日本之际，国际联盟对于日本的态度是十分恶劣的。但最近日本方面将实情判明，因此渐渐开始朝着对日本有利的方向发展。特别是日本方面同意向支那①派遣调查团，因此使国际联盟理事会的氛围得到显著的缓和，并且日本没有给人以轻易无视国际联盟的感觉。日本对于成立国际联盟，在许多方面做出了贡献，希望将来一起拥护国际联盟。我并不是'提议'，而是要求日中双方在遇到冲突时，要采取与国际联盟的主义相一致的方针，因为国际联盟并不是一个虚假的团体，而是一个以日、

---

  ① 编者按："支那"为日文原文，是日本当时对中国的蔑称，包括"日支""支"等词汇。本文献集为存真而选原文直译，请读者加以鉴别。下同。

英、法、德、意等国为成员的实际组织。"

结束上述发言后,沃尔特斯先生和列席者们进行了意见交换,除此之外没有其他的事项。同时,沃尔特斯向本官询问了满洲事变的日支贸易以及影响等问题,本官就此将实情予以简单说明。因为大阪是日支贸易的中心地,本日出席的各位人士对于这次满洲事变的经过,表现出异常的关心。

另外,根据与沃尔特斯同行的国际联盟东京支局局长青木的内部报告,沃氏自访问以来,经过和我国官民的接触,最终了解了日本的真意,并多次向国际联盟发送有利于我方的情报(机密)。

午餐会结束后,沃尔特斯和青木共同接受了大阪《朝日新闻》和大阪《每日新闻》的采访,晚九时二十五分乘坐从大阪发的急行列车前往东京。

报告结束。

资料来源:JACAR(アジア歴史資料センター)Ref. B02030441700(第15画像目から)、満洲事変(支那兵ノ満鉄柳条溝爆破ニ因ル日、支軍衝突関係)/善後措置関係/国際連盟支那調査員関係 第一巻(外務省外交史料館)

## 2. 驻国际联盟泽田局长致犬养外务大臣的函电(一)
### (1931年12月15日)

昭和六年　二二六四四　暗①　巴黎　　　　　　　　　十五日上午发
　　　　　　　　　　　　　　外务省　　　　　　　十二月十六日上午收

第四八三号之一(高度紧急)

一、十四日访问约瑟夫·亚维诺(Joseph Avenol)(此人因起草委员会的事务仍停留在当地)时,事先说明了这是一次非正式会谈。起草委员会在目前阶段有意向大体由如下成员组成支那调查团,想知道日本方面对此的意见。本文件大约截止于后天决定,所以紧急向东京联络,希望得到若干回复。

英国是麦克米伦(Macmillan)②勋爵(司法议员)

---

① 编者按:"暗"是原电报文字,指完全加密的电报。本册所搜集的日文档案资料,日本外务省电报密级计有"暗""略""平"三种。经查,"暗"表示完全加密的意思,"略"表示简单加密的意思,如果未加密,则写作"平"。下同。

② 编者按:原文为 Lord Macmillion,疑误。

意大利是施恩泽（Schanzer）（前外交大臣，华盛顿会议期间的第一全权代表）

美国是海因斯（Hines）（一战期间是美国铁道的总负责人，战后多次担任国际联盟关于经济问题的调查委员）

德国是希尼（Von Schnee）（前东非总督，现为德国殖民协会的领导者）

法国是吉拉马特（Guillaumat）将军（前"莱茵"占领军司令官，八国联军侵华战争时于北京负伤，因为得到日本医生的救治而避免了手臂的截肢，从此以后对日本抱有亲近感）

关于上述内容，本官原本说的是德国方面由佐尔夫（Wilhelm Solf）出任，但亚维诺回答表示说，佐尔夫亲日的倾向过于明显，所以有人提出反对。最终名单变更为前文所述的情况。

资料来源：JACAR（アジア歴史資料センター）Ref. B02030441700（第16画像目から）、満洲事変（支那兵ノ満鉄柳条溝爆破ニ因ル日、支軍衝突関係）/善後措置関係/国際連盟支那調査員関係　第一巻（外務省外交史料館）

## 3. 驻国际联盟泽田局长致犬养外务大臣的函电（二）
（1931年12月15日）

昭和六年　二二六四七　暗　巴黎　　　　　　　十五日上午发
　　　　　　　　　　　　　外务省　　　　　十二月十六日上午收

第四八三号之二（高度紧急）

二、并且，亚维诺在理事会结束前，曾提出非常任理事国方面也要派出调查委员的要求，提议温登（Östen Undén，ウンデン，瑞典前外相）、蒂杜莱斯库（Nicolae Titulescu，チチュレスコ，罗马尼亚人，第十一届和第十二届国际联盟大会主席）、坎博（Cambo，カンボ，西班牙人）作为候补者，结果是似乎非常积极地要将蒂杜莱斯库加入名单中。当被询问到日本方面对此事的态度时，本官表示，日本方面一直以来的希望是名单的人数要少。特别是在刚刚决定了五人名单后，又改成六人，这已经违反了决议。日方很难赞同这种行为。总之，已经将上述问题传达回东京，并请求给予指示。

三、接下来，亚维诺针对调查团的费用问题，提出应由日支两国分担的意见。对此，本官认为既然本次调查团是由国际联盟派遣而来，那么也理应由国际联盟支付其费用。亚维诺称,在希腊、保加利亚纠纷时所组建的调查团,由于要执行理事会的决议,并且存在的期间很短暂,所以费用从国际联盟的经费中支取。这次调查团在性质上被认定为和土耳其、伊拉克问题调查团相同,因此这次应当遵循后者的先例,由当事两国支出费用。此外,亚维诺称,调查团的预算问题目前正在努力研究中,与此同时也要参照调查团在支那停留时间的长短。目前可以确定的是,最终的数字虽难以说明,但至少需要五十万左右瑞士法郎。

关于上述亚维诺谈话的第二点,应尝试以理事会的决议为根据,为维持五人的名单而努力。然而斟酌此问题的同时,针对亚维诺其他两点的回答的指示,请一起尽快回电。

已向驻欧美各大使和支那转发电文。

资料来源：JACAR(アジア歴史資料センター)Ref. B02030441700(第17画像目から)、満洲事変(支那兵ノ満鉄柳条溝爆破ニ因ル日、支軍衝突関係)/善後措置関係/国際連盟支那調査員関係　第一卷(外務省外交史料館)

## 4. 驻国际联盟泽田局长致犬养外务大臣的函电
（1931 年 12 月 15 日）

昭和六年　二二六七七　暗　巴黎　　　　　　　　十五日下午发
　　　　　　　　　　　　　外务省　　　　　　　十二月十六日上午收

第四八五号

关于往电①第四八三号

对支那调查团将于明年春天早早出发一事也必须加以考虑。看到调查团候补者的名单,发现其中通晓支那事情的人非常少。在调查团代表们到达支那之前,从各个方面看来绝对有必要向他们预先传达正确的信息,以作为准备。对此,在各个代表出发之前,应当参照前例,抓住代表们在日内瓦集合会面之类的机会,分发资料。现在,希望将拟交予调查团的关于支那和满洲一般概念的资料、统计、地图、照片、旅行指南等(西文),每样二十份,紧急发送给相

---

① 编者按:"往电"指代先前的来往函电,发送方和接收方需要通过查看"往电"的具体内容才能确定。下同。

关部门。

资料来源：JACAR(アジア歴史資料センター)Ref. B02030441700(第19画像目から)、満洲事変(支那兵ノ満鉄柳条溝爆破ニ因ル日、支軍衝突関係)/善後措置関係/国際連盟支那調査員関係　第一卷(外務省外交史料館)

## 5. 驻意大利吉田大使①致犬养外务大臣的函电
（1931年12月15日）

昭和六年　二二六七五　暗　罗马　　　　　　　十五日下午发
　　　　　　　　　　外务省　　　　　　十二月十六日上午收

第一九七号

十五日，根据驻洛桑冈本的内部谈话，意大利政府大概将向国际联盟申请派遣以下五人作为国际联盟支那视察委员会意大利代表的候补者。

第一候补者马柯迪(Conteluigi Aldrovandi, Marescotti)，前驻德国大使，目前正在待命中，应该会在近日内结束待命期。第一次大战时期在外交大臣索尼诺(Sidney Sonnino)手下担任办公厅主任。意大利方面希望选用此人，并已经向国际联盟提出了申请。驻洛桑的日本方面也多次表示同意此人当选。

第二候补者萨尔瓦戈(Marchese Salvago-raggi)，上议院议员，前驻法大使，前赔偿委员会中的意大利委员，前厄立特里亚总督。(洛桑方面说，在义和团事件时，此人正在北京任职，有在华的经历，并且此人喜欢"简单生活"。对此，本人对于此人成为代表一事表示积极态度)

第三候补者卡洛斯·施恩泽(Carlos Schanzer)，前外交大臣。(洛桑方面说此人因担任首席部长"名誉职务"的关系，长期不在意大利国内。所以本人认为此人当选为代表一事是困难的)

第四候补者维托里奥·切瑞蒂(Vittorio Cerruti)(请参照过往电文)(洛桑方面说，此人为在任大使，并且没有继任者的任命，所以认为因其他任务而变更此人的任职是绝无可能的)

第五候补者德尔格雷科(Delgreco)，海军大校，至今为止担任"利比亚"号舰长。

---

① 编者按：驻意大利吉田大使，指的是吉田茂，下同。

已向法国转电,向英、美、德秘密发送。

资料来源:JACAR(アジア歴史資料センター)Ref. B02030441700(第20画像目から)、満洲事変(支那兵ノ満鉄柳条溝爆破ニ因ル日、支軍衝突関係)/善後措置関係/国際連盟支那調査員関係 第一巻(外務省外交史料館)

## 6. 驻加拿大德川公使致犬养外务大臣的函电
### (1931年12月15日)

昭和六年　二二六六八　暗　渥太华　　　　　　　　　十五日下午发
　　　　　　　　　　　　　外务省　　　　　　　　　十二月十六日上午收

第八八号

从上海太平洋会议返回英国途中,而滞留于本地亲属处的原国际联盟社会部长克罗迪(Dame Rachel Crowdy),近日多次前来与本公使进行交谈。他在谈话中说,在这次旅途中,对东洋现在的事情,特别是关于满洲事变做了详细公正的研究,进而充分正确地理解了日本对支那以及对国际联盟的主张与历史背景。从此人处得知,他作为被巴黎理事会决定派遣的代表候补者之一,得到了白里安的举荐。此事与前记内容一起电报之,以资参考。

已向国际联盟秘书长、英国转发,向美国秘密发送。

资料来源:JACAR(アジア歴史資料センター)Ref. B02030441700(第21画像目から)、満洲事変(支那兵ノ満鉄柳条溝爆破ニ因ル日、支軍衝突関係)/善後措置関係/国際連盟支那調査員関係 第一巻(外務省外交史料館)

## 7. 驻国际联盟泽田局长致犬养外务大臣的函电
### (1931年12月15日)

昭和六年　二二六八六　暗　巴黎　　　　　　　　　十五日下午发
　　　　　　　　　　　　　外务省　　　　　　　　　十二月十六日下午收

第四八六号

关于往电第四八三号

来自芳泽理事

看到调查团的候补名单,先不评论英、美、法、意的代表,德国代表当初被指定为佐尔夫，我方也曾预想此人一定会接受任命，并对德国代表的参加表示了赞赏。但现在推荐恩利克·希尼来代替佐尔夫，我方认为是非常不合时宜的。本来调查团的派遣是以帝国政府的提议为基础而组建起来的，终于到了将要见到其实现的阶段。最终调查团前往支那时，要想尽量使他们做出对我方有利的视察及报告的话，就要在最开始的时候，不能让各代表所属的政府及代表自身，对我方抱有任何不好的态度，为此亦已经采取了各种各样的措施。我方对于调查团名单的选定几乎没有表示出好恶的倾向，我们认为此事是应该这样做的。比如对于德国代表的选定，我方事到如今也没有提出任何抱怨。这期间，我方非常淡然地同意了各个代表的任命，我们认为这是审时度势的体现。尤其是在关于调查团人数从五人增加到六人这件事上，为了不变更理事会的决议，仍将人数限定在五人，对此所付出的辛苦也是理所当然的。并且，当初听闻调查团的经费应由国际联盟方面支出，但时至今日变为当事两国分担，这亦是极其不合时宜的行为。但既然已有先例的存在，并且金额如后来所述并非十分庞大。调查支那的实际情况，同时启发国际联盟，也属我方的意愿。非但如此，最先向理事会提案派遣调查团一事的正是我方。考虑到这些情况，已向秘书处做出回应，要让支那方面支出一半，我方对经费支出方案不存异议。我们认为这是顾全大局的上策。已经对上述内容进行了多次审议。并且，当前预估费用下限最少为五十万瑞士法郎，如果代表们的停留时间延长，或许会出现些许的增额，这样一来费用的计算会变得困难。关于这一点，出于慎重考虑，应预先约定好，将超出的金额固定下来，比如十万瑞士法郎，方为良策。

已向驻欧美各大使、支那转发电文。

资料来源：JACAR(アジア歴史資料センター)Ref. B02030441700(第22画像目から)、満洲事変(支那兵ノ満鉄柳条溝爆破ニ因ル日、支軍衝突関係)/善後措置関係/国際連盟支那調査員関係　第一巻(外務省外交史料館)

## 8. 驻国际联盟泽田局长致犬养外务大臣的函电
（1931年12月15日）

昭和六年　二二六八四　暗　巴黎　　　　　　　　十五日下午发
　　　　　　　　　　　外务省　　　　　　　十二月十六日下午收

第四八七号（火速）

关于阁下第三〇九号电报

一、理事会结束后，德拉蒙德（Eric Drummond，ドラモンド）①返回日内瓦，而亚维诺作为代理秘书长，一直在起草委员会审议有关支那调查团的文件。十四日，本官访问亚维诺，首先和他就阁下电报的中心思想进行了会谈。亚维诺回答说，新闻界所传西蒙（John Allsebrook Simon）外交大臣的言论应为误报。国联理事会主席最初在国联总部就确定调查团的调查范围不能局限于满洲地区。在正式任命调查团之后，将对照理事会的记录进行仔细查阅，并且参考两当事国所提交的有关调查地点及内容的提案，在此基础之上对该调查团的调查内容做出决定。本官向他陈述了芳泽代表将向理事会提出的关于派遣支那调查团的主要内容，以及一直以来日本就此事和支那方面所进行交涉的经过。同时，调查团范围应该是包括满洲在内的支那全境，我方确信理事会在这一点上并没有任何异议。如果实行时出现差错，则会造成颇为严重的后果。之后，对阁下电报中的后半部分进行了进一步说明。正如您所提到的，当我询问亚维诺，如果调查团的人选确定后再决定调查内容的话，是否会有可能发生以下的情况：调查团在理事会上重视保留支那代表的席位；今后由支那方面提出某些申请而导致调查的范围被仅限于满洲导致仅对支那内地做形式上的调查等。亚维诺回避了明确的答复，只是重复之前的言论。因此本官再次向他说明了您来电所指示的内容，并请他按照如下的方式向主席传达如此意向——应设法避免今后发生争议。亚维诺表示接受此事。（除此以外，亚维诺也有请求，希望此行归来之后，对前后经过进行简单的叙述，并和您来电中所指示内容的主旨一同做成书册，送予他）

---

① 编者按：埃里克·德拉蒙德（Eric Drummond，1876—1951），英国政治家和外交家，担任国联首任秘书长（1920—1933）。

二、前述的亚维诺和本官的问答中有难以理解之处。大概因为此人一直以来并未在此事的直接交涉中担任重要职务，我们推测此人一直避免回答与此事有直接关系责任的问题。同时，已经尽快地通过电话向杉村做出了指示，让他将您来电中所指示的内容通报给德拉蒙德。十四日晚，德拉蒙德向杉村说明，决议中规定了支那的保留意见，以及调查团的视察范围不仅局限于满洲地区，还将覆盖支那全境。而主席等人对这一点不存在任何异议。另外，从伊藤处得知，应该也已经向阿列克西·莱热（レジェ，Alexis Léger）[①]通报了来电中所指示的内容。

已向驻欧美各大使、支那转发电文。

资料来源：JACAR（アジア歴史資料センター）Ref. B02030441700（第24画像目から）、満洲事変（支那兵ノ満鉄柳条溝爆破ニ因ル日、支軍衝突関係）/善後措置関係/国際連盟支那調査員関係　第一卷（外務省外交史料館）

## 9. 驻美出渊大使致犬养外务大臣的函电
### （1931年12月15日）

昭和六年　二二六八三　暗　华盛顿　　　　　　　十五日下午发
　　　　　　　　　　　外务省　　　　　　　十二月十六日下午收

第五六〇号（紧急）

关于国际联盟发给阁下的往电第四八（三？）[②]号

十五日，本使在拜访卡斯托（William Castle）时正好收到了来自日内瓦的电报，获悉以下之事，即美国政府方面推荐了海因斯，而且由于此人曾和国际联盟有关系，国际联盟方面也选定了此人。此人原来是法律专家，一直以律师为主要工作，有在圣达菲铁路和其他相关铁路做过会计的经历。在第一次世界大战期间，此人在美国政府中管理全国的铁路，很快就晋升到副总监，取得了显著的成绩。所以此人在美国经济界的确可被称为一流的人物。此人现在是棉纺织协会的总裁，同时是"芝加哥—伯灵顿及昆西"铁路公司的总经理。

---

① 编者按：阿列克西·莱热（レジェ，Alexis Léger，1887—1975），法国外交家，诗人，1929年任法国外交部政策司司长，1932年任外交部总秘书长，直到1940年。

② 编者按：原文如此。

在国际关系方面,依据《巴黎和约》,此人是关于河流航行问题的裁定人,并驻欧洲为国际联盟做了关于莱茵河及多瑙河航行问题的调查。鉴于此人的认知,由于他并没有处理过远东事务,理应会做出公正的观察。关于海恩斯此人经历的详情,请参考美国 1931 年出版的 *Who's Who*(『フーズフウ』)。

向法国转电,向国际联盟转报。

资料来源:JACAR(アジア歴史資料センター)Ref. B02030441700(第 26 画像目から)、満洲事変(支那兵ノ満鉄柳条溝爆破ニ因ル日、支軍衝突関係)/善後措置関係/国際連盟支那調査員関係 第一巻(外務省外交史料館)

## 10. 驻国际联盟泽田局长致犬养外务大臣的函电
(1931 年 12 月 16 日)

昭和六年　二二七四四　暗　巴黎　　　　　　　　十六日下午发
　　　　　　　　　　　　　　外务省　　　　十二月十七日上午收

第四八七号

根据十六日德拉蒙德提出的申请,杉村做出了如下内部报告。

一、支那调查团附属秘书处的成员内定为五人

委派交通部长哈斯(M. Robert Haas,法国人)担任秘书长,情报人员是卡尔利(M. Charrère,意大利人)、派尔脱(Pelt,荷兰人,华盛顿会议时担任过荷兰代表团成员)和万考芝(Von Kotze,德国人,担任杜福尔"Dufour-Feronce"[①]的办公室主任),政治人员是派斯塔柯夫(Pastuhov,捷克斯洛伐克人,杉村公使秘书)。

二、调查团将在代表名单决定下来的至少一个月后出发,德拉蒙德的预想是在一月末或者二月中旬。

三、调查团的行程,先经由美国抵达东京,之后奔赴上海、南京等地。在此之后进行满洲地区的视察。最后是否再一次视察日本或者支那内地,则由代表们自由决定。

四、因为支那方面对调查团进行了积极的宣传,我方也应尽力将政府已经

---

① 编者按:杜福尔(Albert Dufour-Feronce,1868—1945),德国外交官,曾在国际联盟担任常任副部长之一。

能够掌握的、能够出现在最后报告中的正确材料提供给调查团。

向美、支转电，向英、德、意秘发，已向法国转电。

资料来源：JACAR（アジア歴史資料センター）Ref. B02030441700（第27画像目から）、満洲事変（支那兵ノ満鉄柳条溝爆破ニ因ル日、支軍衝突関係）/善後措置関係/国際連盟支那調査員関係　第一巻（外務省外交史料館）

## 11. 驻国际联盟泽田局长致犬养外务大臣的函电
（1931年12月16日）

昭和六年　二二七三九　暗　巴黎　　　　　　　　十六日下午发
　　　　　　　　　　　　　　外务省　　　　　　十二月十七日上午收

第四九〇号（紧急）

关于贵电第三〇九号

十五日，命令伊藤向莱热通报了贵电内容的主旨，并询问其对这件事的看法。莱热表示他已经了解到，之前理事会所决议的调查团调查范围不仅包括满洲，还应覆盖支那全境，这是根据日本方面主张而做出的决定。因此对于此决议没有异议，至少法国方面是一直认可此决议的。正是由于这个决议的形成经过如上所述，所以不可能因为一位理事的言论而被改变。理事会的决议有着所谓合同契约的性质，除非全体成员同意，否则不能够变更。当然，作为最后的结论，莱热再次强调，调查团不应仅在满洲进行调查，还应该视察支那全境。

另外，在十日的理事会上，施肇基表示对此决议持保留意见。芳泽理事就此阐述了和前述莱热意见相同的见解，并据此认为决议案是得到同意而被通过的。同时芳泽还反驳支那方面称，如何解释是支那的自由，并不会加以干涉。

已向驻欧美各大使、支那转发电文。

资料来源：JACAR（アジア歴史資料センター）Ref. B02030441700（第28画像目から）、満洲事変（支那兵ノ満鉄柳条溝爆破ニ因ル日、支軍衝突関係）/善後措置関係/国際連盟支那調査員関係　第一巻（外務省外交史料館）

## 12. 驻国际联盟泽田局长致犬养外务大臣的函电（一）
（1931年12月16日）

昭和六年　二二七五一　暗　巴黎　　　　　　　十六日下午发
　　　　　　　　　　　　　外务省　　　　　十二月十七日上午收

第五〇〇号之一

关于之前第四八三号电文

根据十二月十六日亚维诺对本使的访问写成。

第一，就阿道夫·吉拉马特（Adolphe Guillaumat）将军来说，他本人是希望担任调查委员的。但他的亲属顾及将军的年龄以及健康状况，并不赞成将军的支那之行，因此将军提出退出申请。之后，白里安（Aristide Briand）也表示自己非常失望，事情已经变得无比困难。与陆军大臣交涉的结果是，以里昂军团司令官塞里尼（Serigny，译音）为目前的候补者。

第二，昨天挪威和西班牙两国以书面形式向主席提议，要求务必让一名非常任理事国的代表参加调查团，并提名往电第四八三号中的三人为候补者。对此主席表示，面对各国热切的希望，很难断然拒绝这个提议。同时他提出，请求日本再一次考虑将五名代表增加到六人一事。

关于上述内容的第一条，本使认为如果由吉拉马特将军出任代表，其本身的声望和阅历无可挑剔，我方也将对其表示欢迎。但将军提出辞任一事已成定局，我本人也深感失望。欧美方面选出的都是一流的人物，因此作为调查团的首脑，也必须是如同吉拉马特这样地位的人才能够胜任。当问及塞里尼将军是否满足这样的条件时，亚维诺认为塞里尼将军在第一次世界大战中的地位是肯定不能和贝当（Henri Philippe Pétain）、吉拉马特这样的将军相比的。不过塞里尼现在已经升任军团长，是声望很高的人，之前主持了几次裁军会议。无论如何，像贝当、马克西姆·魏刚（Maxime Weygand）这样的将军是不可能离开法国的，所以不得不让塞里尼将军出任候补者。亚维诺还回答道，关于塞里尼当选的这件事还需要一两日的时间才能有定论。（待续）

资料来源：JACAR(アジア歴史資料センター)Ref. B02030441700(第29画像目から)、満洲事変(支那兵ノ満鉄柳条溝爆破ニ因ル日、支軍衝突関係)/善後措置関係/国際連盟支那調査員関係　第一巻(外務省外交史料館)

## 13. 驻国际联盟泽田局长致犬养外务大臣的函电（二）
（1931年12月16日）

昭和六年　二二七六〇　暗　巴黎　　　　　　　　　　十六日下午发
　　　　　　　　　　　　　外务省　　　　　　　十二月十七日上午收

第五〇〇号之二

本使进而就第二点进行了论述。本来希望的代表人数为三人，但之后增加到了五人，并通过了决议文件。但这之后又要再增加一人，正如泽田局长所说，这是违反决议的行为。亚维诺回答说，虽然确实和决议有些不同，但只要日支两国对此没有异议的话，那么其他的十二个国家也理应会同意。并且，如果变成六人的话，原本应该附属于调查团的专家成员数就会随之减少。本使向他询问，增加到六人后，是否可以确保一定不会出现增加到七人的情况。亚维诺回答说，绝对不会出现这样的情况。本使对此表示，依据最初我方关于调查团的情报，费用方面理应由国联秘书处方面来负担。时至今日，却变成了由两当事国分别承担，而且调查团的人数也屡次增加。因此，首要的问题是，我方十分不满这种如此巨大的方针变动。亚维诺虽然表现出一些厌烦，但仍回答道，就代表人数一事，如果日支双方没有异议的话，就应该开始执行关于这件事决议的修改程序。本使回复道，假设增加了一名代表，本使自身虽然可以向政府方面提出请示，但不能保证一定能得到相应的答复。亚维诺请本使无论如何也要加急请求外务省的指示。

已向驻欧美各大使、支那转发电文。

资料来源：JACAR（アジア歴史資料センター）Ref. B02030441700（第30画像目から）、満洲事変（支那兵ノ満鉄柳条溝爆破ニ因ル日、支軍衝突関係）/善後措置関係/国際連盟支那調査員関係　第一巻（外務省外交史料館）

## 14. 驻英松平大使致犬养外务大臣的函电
（1931年12月16日）

昭和六年　二二七五四　暗　伦敦　　　　　　　十六日下午发
　　　　　　　　　　　　　外务省　　　　十二月十七日上午收
第五二二号

关于国际联盟发予贵大臣第四八三号电报中提到的麦克米伦（Macmillan），经询问该国外交部中并没有此人。此人是财政及产业类刊物《麦克米伦报告》（请参考七月十六日所发的普通第三一七号）的主要负责人，是颇有力(?)①之政治家，同时也是法律专家。但此人已不可能被委任为调查员，目前正在物色其他合适人选。

已向国际联盟转发电文。

资料来源：JACAR(アジア歴史資料センター)Ref. B02030441700（第31画像目から）、満洲事変（支那兵ノ満鉄柳条溝爆破ニ因ル日、支軍衝突関係）/善後措置関係/国際連盟支那調査員関係　第一巻（外務省外交史料館）

## 15. 犬养外务大臣致驻国际联盟泽田局长的函电
（1931年12月16日）

昭和六年十二月十六日六时四十分发

暗第三一九号（超级火速）

**国际联盟调查团之件**

关于贵电第四八三号

一、英、美、法、意、德各国大使调查了各自负责的候补者，并将结果以电报发送。估计会在对这些电报进行了深刻研究后，才能向我方告知其意见。首先关于德国方面的候补者，我方最初的基本方针是不应将德国加入调查团成员之中（往电第二二五号）。在推选出佐尔夫博士之后，我方才认可了这件事。

---

① 编者按：原文如此，添加了问号。

因此（往电第二七八号）我方希望看到佐尔夫博士当选。从驻德国大使发给阁下的第九号电报中前段部分中可以看出，阁下已经和亚维诺进行了诚挚的谈话。

二、难以同意在上述五国代表以外又加入其他小国代表一事。

三、我方对调查团派遣案的提议是，调查团的派遣不能仅仅为了国际联盟的利益而听凭理事会决策者们的怂恿。调查团的职能不只影响日支关系，也涉及一般的国际关系。由于要调查所有情况，所以我们认为调查团的费用理应由国际联盟方面支付，但考虑到国际联盟的穷困状况，我方认为以捐款的形式来支付费用的方案并非没有考虑的余地。这些还需要在进一步研究的基础上，再追电告知。

向英、德、意转电，请向法转电。

已向美国及支那转发电文。

资料来源：JACAR（アジア歴史資料センター）Ref. B02030441700（第32画像から）、満洲事変（支那兵ノ満鉄柳条溝爆破ニ因ル日、支軍衝突関係）/善後措置関係/国際連盟支那調査員関係　第一卷（外務省外交史料館）

## 16. 驻国际联盟泽田局长致犬养外务大臣的函电（一）
### （1931年12月17日）

昭和六年　二二八三二　暗　　巴黎　　　　　　　　十七日下午发
　　　　　　　　　　　　　　外务省　　　　　　十二月十八日上午收

第五〇一号之一

关于贵电第三一三号

十六日晚间，本官访问亚维诺，并进行了深入谈话，内容如下：

一、支那方面强烈反对任命佐尔夫博士一事，亚维诺表示如果当事国的某一方表示难以接受的话，采用佐尔夫就变得非常困难。本官对此认为，从最初理事会开始交涉本问题起，日本方面就一直主张接受德国方面参与此事的条件是由佐尔夫出马。但事到如今却要换人，这让日本方面感到非常失望。本官表示，更换佐尔夫一事，无论如何应该交予理事会主席进行加急处理，并尽力操作以得到令人满意的结果。亚维诺回答说，虽然无法断言成功与否，但会将这件事提交给主席处理。

二、关于小国代表参加调查一事，本官在电文第五〇〇号中向芳泽理事做出了同样的答复，即这是违反决议的行为。不仅如此，在和芳泽理事就调查团经费问题进行讨论之后，芳泽理事已经将两当事国分担调查团经费一事报告给了帝国政府。日本政府方面虽然表示说会对芳泽理事的报告进行一些讨论，但对于代表人数增加从而导致经费也水涨船高一事，政府方面表示不满。（待续）

资料来源：JACAR(アジア歴史資料センター)Ref. B02030441700(第 34 画像目から)、満洲事変(支那兵ノ満鉄柳条溝爆破ニ因ル日、支軍衝突関係)/善後措置関係/国際連盟支那調査員関係　第一卷(外務省外交史料館)

## 17. 驻国际联盟泽田局长致犬养外务大臣的函电（二）
### （1931 年 12 月 17 日）

昭和六年　二二八三三　暗　　巴黎　　　　　　　　十七日下午发
　　　　　　　　　　　　　　　外务省　　　　十二月十八日上午收

第五〇一号之二（紧急）

不论如何，日本政府方面既然已经明确表示了难以同意的意向，在此基础上，本官认为应该消解小国的疑虑，努力阻止此事①。亚维诺接受了这一方案，认为由于当事国方面明确地提出了反对，所以派遣小国代表一事应做停止处理。亚维诺说，正如之前所谈过的那样，关于将军等四人的情况，已经非正式地上报给了起草委员会，以便做出决定。现如今获悉麦克米伦由于存在某些困难而一直闭口不言。同时还没有收到来自美国、意大利政府或是推荐国政府的确定答复。况且，即使收到了推荐国的最终决定，如果当事国提出反对的话，此事依旧不能按照既定决定执行。亚维诺认为此事在最终决定前还会经历许多曲折。另外，关于经费一事，过去宣称至少需要五十万瑞士法郎。后来根据秘书处会计科的报告，经费会随着代表们停留时间的长短发生变化，因此很难断言最终金额。报告说，如果将停留时间预估为五六个月的话，最终大概需要一百万左右瑞士法郎。

已向驻欧美各大使、支那转发电文。

---

①　编者按：即增派小国代表为调查团成员。

资料来源:JACAR(アジア歴史資料センター)Ref. B02030441700(第35画像目から)、満洲事変(支那兵ノ満鉄柳条溝爆破ニ因ル日、支軍衝突関係)/善後措置関係/国際連盟支那調査員関係 第一巻(外務省外交史料館)

## 18. 驻意大利吉田大使致犬养外务大臣的函电
### (1931年12月17日)

昭和六年　二二八五四　暗　　罗马　　　　　　　　　　十七日下午发

　　　　　　　　　　　外务省　　　　　十二月十八日上午收

第一九九号

关于合第一九六二号

（一）夏切尔（シャンチェル,译音）①的个人履历想来您已经知晓,故不在电报中赘述。

（二）十七日来自冈本的消息称,在洛桑的起草委员会进行了内部讨论,有意选定夏切尔。冈本在读了来自美国、意大利大使以及日内瓦的电报后（美、意大使报告说,成员名单还没有确定,推荐夏切尔的是国际联盟意大利委员的个人意见。关于何时才能最终确定,迟迟得不到答复。日内瓦方面称代表的选定是困难的,不过并非无意选用夏切尔）,表示意大利方面依然认为往电第一九七号的第一候选人是合适的人选,德拉蒙德对此持有异议,应会再次提出申报。向冈本问及此人的为人时,冈本告诉我,此人作为一个实干家,并不是"テオリシャン"②,而是一个"和蔼可亲的人",并且冈本相信,选用具有这种性格的人对日本来说是非常合适的。意大利方面希望选用此人的理由是,此人的待命时间将在近期内结束,因此需要在待命期结束时给此人安排新的工作,并且此人在此之后将要退休。此人详细履历请参照往电第一九七号。此人对日支的感情可以说如同白纸一般。

向法国转发电文,向英、美、德秘密发送。

---

①　编者按:原文为日文,无法明确对应出英文,根据往电第一九七号,推测应该是指卡罗·施恩泽(Carlos Schanzer)。

②　编者按:原文为日文,可能原文有误,无法识别意思。根据后文推测,该词应为表示负面评价的某个西文形容词的日文译音。

资料来源:JACAR(アジア歴史資料センター)Ref. B02030441700(第36画像目から)、満洲事変(支那兵ノ満鉄柳条溝爆破二因ル日、支軍衝突関係)/善後措置関係/国際連盟支那調査員関係　第一卷(外務省外交史料館)

## 19. 犬养外务大臣致驻国际联盟泽田局长的函电
（1931年12月17日）

昭和六年十二月十七日

关于往电第三一三号之三

我方调查了希腊与保加利亚之间的纠纷、土耳其与伊拉克之间的国境划定问题、"利比里亚"的奴隶制度等调查先例。根据调查的结果，我方认为从性质上看本次经费应该由国际联盟方面负担。但是考虑到国际联盟的财政状况，我方将支付五十万瑞士法郎中的一半，作为向国际联盟有关基金的捐款，此外还包括如贵电第四八六号末尾所述上限为十万瑞士法郎的超出部分经费。

请向驻欧各大使转发电文。

已向美国及支那转发电文。

### 国际联盟调查团的费用支出问题

关于此次事件的先例陈述如下。

（一）针对希腊和保加利亚之间的纠纷（在两国国境发生了两国军队冲突事件，这与满洲事变类似）而派遣调查团的时候，理事会于1925年根据国际联盟预算第三十三条（预算外经费）决议出资十万。

（二）因土耳其和伊拉克之间的国境纠纷（根据《洛桑条约》等，英国和土耳其之间约定，此次纠纷发生时，应委托理事会处理）而派遣调查团的时候，在理事会做出了这样的决议，"秘书长应提前预支该调查团所需的资金，土伊纠纷时提前支付的经费，应由各相关国家按照比例偿还给国际联盟"。

（三）就利比里亚的奴隶制度一事而派遣调查团时（因为此事是根据美国方面的批评，以及利比里亚自己要求而派遣调查团，所以由美国理事会和利比里亚各派出一名代表），因为利比里亚方面认为应使此调查团独立于"利比里亚"，所以向国际联盟提议经费由国际联盟方面负担。国际联盟方面负担了这次派遣经费。

（四）派遣爱沙尼亚财政调查团时，相关费用的负担问题没有明确规定。鉴于调查团是由国际联盟财政委员会派出（在国际联盟中，其常驻委员会是由各国派遣代表所组成的。例如买卖妇女儿童委员会①，虽由各国负担，但委员并不代表各自的国家，而是根据个人的专长被任命。例如前述的财政委员会，以及依据一般国际条约而设立的部门，处于国际联盟的指挥之下，比如鸦片委员会，其费用是由自身负担），合理的推测是国际联盟方面负担了费用。

在汇集了以上案例的基础上，可以看到如（二）事件中，虽然纠纷的当事国是大国，但除非需求的经费金额非常巨大，大多数情况下还是由国际联盟方面来负担的。决定经费的负担者并不是基于事件的性质和调查团成立的过程，特别是比如利比里亚事件时，当事国为了自身名誉而邀请派遣调查团，国际联盟方面为此就负担了调查团的费用。至于像此次的支那调查团，我方忍受了困难并接受了派遣调查团一事。但因为此次调查不仅限于日中关系，还要对影响到一般国际关系的各种情况进行调查，所以决议不能规定由当事国来负担调查团的费用，我方认为费用由国际联盟方面来负担是理所应当的。然而，本次调查团的费用和前述（一）（三）（四）相比，其所需要的费用明显远远超出。另外，此次事件可适用前述案例（二）的情况，我方可以坚持以此作为理由，强行要求国际联盟方面负担费用，但鉴于作为当事国的我方是常任理事国的关系，我方对其后果进行了考量。经过考量后认为，作为妥协的方案，本次事件的费用表面上由国际联盟负担，而我方自行以捐款的名义来支付，是最能令人接受和最妥当的方式。

另外，国际联盟在负担前述（一）（三）（四）等的调查团的费用时，来自纠纷当事国的"陪同调查人员"的费用通常也包含在其中。

资料来源：JACAR（アジア歴史資料センター）Ref. B02030441700（第38画像目から）、満洲事変（支那兵ノ満鉄柳条溝爆破ニ因ル日、支軍衝突関係）/善後措置関係/国際連盟支那調査員関係　第一卷（外務省外交史料館）

---

① 编者按：应指贩运妇女和儿童问题常设委员会。

## 20. 驻德小幡大使致犬养外务大臣的函电
### （1931 年 12 月 18 日）

昭和六年　二二九二三　暗　　柏林　　　　　　　十八日下午发
　　　　　　　　　　　　　　外务省　　　　　　十二月十九日上午收

第一六九号

关于贵电合第一九六五号

关于恩利克·希尼履历等内容，其主要部分已经在往电第一六〇号中进行了报告，如报告中所说，此人的性格是官僚的。从其他方面也进行了打探，由于此人在萨摩亚、东非以及殖民省等处工作多年的关系，至今其对殖民地有关问题仍保有浓厚的兴趣。通过阅读他的著作，可知此人认为现在以及不远的未来，世界上的任何一个国家都不可能会出现国家主义衰退的情况。由于持有这种思想，此人在一定程度上是能够理解日本的对支策略的。按照此人的理解，他认为当前日本由于人口的增殖，必然对支那采取帝国主义的方针，这是不可避免的。

已向英、意、国际联盟局长转发电文。

经国际联盟向法国转报。

资料来源：JACAR（アジア歴史資料センター）Ref. B02030441700（第 44 画像目から）、満洲事変（支那兵ノ満鉄柳条溝爆破ニ因ル日、支軍衝突関係）/善後措置関係/国際連盟支那調査員関係　第一巻（外務省外交史料館）

## 21. 驻德小幡大使致犬养外务大臣的函电
### （1931 年 12 月 18 日）

昭和六年　二二九二二　暗　　柏林　　　　　　　十八日下午发
　　　　　　　　　　　　　　外务省　　　　　　十二月十九日上午收

第一七〇号

关于调查团代表的人选，东乡于十七日与东方局次长谢恩（シェイン，译音）进行了会谈。谢恩的观点，与往电第一五九号以及第一六〇号中迈耶（マイヤー，译音）向本官阐述的观点相同。与英国、意大利一样，德国为了应对来自国联秘书处的邀请,指定了以佐尔夫为首的三人候选名单。由于最终的决定权在理事会主席、国联联盟秘书长以及日中两国理事的手中,德国方面无论做出何种努力都是很困难的。支那方面在巴黎对"佐尔夫"表示反对,我方曾指出这种反对是毫无道理的。另外佐尔夫应当地媒体的请求,发表了《日中时局观》(已作为十二月二日的往电普通公开第二八七号的附件发送),支那以此为借口对其当选为代表提出了反对。就在今日,本官也向驻柏林的支那代理公使进行了详细的说明,指出支那对这篇论文的反对是毫无道理的。如果把话题挑明来说,就支那方面而言,其针对的不仅仅是佐尔夫,还有军人身份的塞克特(ゼクト,译音)。而且由于希尼对殖民政策抱有浓厚的兴趣,因此被质疑是否把满洲视为一殖民地。由于上述的各种原因,支那的非难一直存在。最终,内部的消息认为支那可能不会撤回对佐尔夫的反对意见。

向英、意、国际联盟转发电文,经由国际联盟向法国转报。

资料来源:JACAR(アジア歴史資料センター)Ref. B02030441700(第45画像目から)、満洲事変(支那兵ノ満鉄柳条溝爆破ニ因ル日、支軍衝突関係)/善後措置関係/国際連盟支那調査員関係　第一卷(外務省外交史料館)

## 22. 驻比利时芦田代理大使致犬养外务大臣的函电
（1931年12月18日）

昭和六年　二二九二五　暗　　布鲁塞尔　　　　　　　十八日下午发
　　　　　　　　　　　　　　外务省　　　　　　　十二月十九日上午收

第七一号

关于国际联盟发往外务大臣的第四八三号电报中末尾处

以佐尔夫赴任驻日大使为契机,下官与时任法国政务局长的拉罗什(ラロッシュ,译音)进行了会谈。会谈时向其询问,为何会对日本方面支持如佐尔夫这样的泛德意志主义者一事抱有不满。对方认为,在法国外交部的内部仍存在着旧帝制派的残党,因此对佐尔夫抱有反感。姑且不论来自支那的反对意见,来自法国的潜在反对也是存在的。以上内容请作为参考。

向国际联盟、德国转发电文,已向英、美、意秘密发送。

资料来源:JACAR(アジア歴史資料センター)Ref. B02030441700(第46画像目から)、満洲事変(支那兵ノ満鉄柳条溝爆破ニ因ル日、支軍衝突関係)/

善後措置関係/国際連盟支那調査員関係　第一巻（外務省外交史料館）

## 23. 驻国际联盟泽田局长致犬养外务大臣的函电
（1931年12月18日）

昭和六年十二月十八日上午到达电

永井次官（自芳泽理事）

对于推荐驻土耳其大使吉田①担任日本方面的"陪同人员"没有异议。

资料来源：JACAR（アジア歴史資料センター）Ref. B02030441700（第47画像目から）、満洲事変（支那兵ノ満鉄柳条溝爆破ニ因ル日、支軍衝突関係）/善後措置関係/国際連盟支那調査員関係　第一巻（外務省外交史料館）

## 24. 驻美出渊大使致犬养外务大臣的函电
（1931年12月20日）

昭和六年　二三〇三二　暗　　华盛顿　　　　　　二十日上午发
　　　　　　　　　　　　　　外务省　　十二月二十一日上午收

第五七一号

关于往电第五六〇号

十七日与国务卿会面之时，向其询问关于海因斯的意见。国务卿称赞此人口碑很好。国务卿还回答道，虽然海因斯迄今为止和远东地区没有任何牵扯，但毫无疑问的是，此人仅凭这一点就可以做出公平的观察。并且，由于顾虑到他这次的任务责任重大，所以在和总统商议时也将附带提到此事。二十日，根据卡斯托所说，确认了总统对于此人也没有异议。因此，国际联盟也于十九日表示出同意任命此人的意向。另外，海因斯本人似乎对本次工作抱有非常浓厚的兴趣，应该会接受此事。

转电法国，并转报国际联盟。

资料来源：JACAR（アジア歴史資料センター）Ref. B02030441700（第47

---

① 编者按：驻土耳其大使吉田，指的是吉田伊三郎。吉田伊三郎担任国联调查团的日本参考员一职。下同。

画像目から)、満洲事変(支那兵ノ満鉄柳条溝爆破ニ因ル日、支軍衝突関係)/善後措置関係/国際連盟支那調査員関係 第一巻(外務省外交史料館)

(以上内容,张一闻 译;叶磊 校)

## 25. 驻国际联盟泽田局长致犬养外务大臣的函电
### (1931年12月22日)

昭和六年　二三一四九　暗　巴黎　　　　　二十二日下午发
　　　　　　　　　　　　　　外务省　　　十二月二十三日上午收

第五〇五号(高度紧急)

关于往电第五〇一号

我方曾于二十二日与国联理事会主席就此事进行接洽,如今的最终结果和当时所得知的信息一样。根据仍停留在当地的秘书处政治部工作人员的内部消息,国际联盟支那调查团的候选成员名单如下文所示。其中,关于法国、意大利、德国的代表人选,代表本人及所属国家政府已经表示认可,只要取得日支两国的认可,即可确定当选。至于英国、美国两国的候选人,还没有得到其本人的确认。主席决定在取得他们的同意之后,便正式开始以此五人为人选向日支两国办理征求同意的手续。

法国:Général Claudel(此人曾为法国大演习总指挥)

意大利:Conte Luigi Aldrovandi(意大利发往阁下处的往电第一九七号中的第一候选人)

德国:Von Schnee(往电第四八三号)

英国:Lord Lytton(曾在第十二届国联大会中担任英国第二全权代表,曾代理印度总督)

美国:Hines(请参考美国发往阁下处的往电第五六〇号)

已向驻欧美各大使、支那转发。

资料来源:JACAR(アジア歴史資料センター)Ref. B02030441800(第48画像目から)、満洲事変(支那兵ノ満鉄柳条溝爆破ニ因ル日、支軍衝突関係)/善後措置関係/国際連盟支那調査員関係 第一巻(外務省外交史料館)

## 26. 驻国际联盟泽田局长致犬养外务大臣的函电
（1931 年 12 月 23 日）

昭和六年　二三二一九　暗　巴黎　　　　　二十三日下午发
　　　　　　　　　　　　　外务省　　　十二月二十四日上午收

第五〇七号

关于往电第五〇五号

克劳德将军目前除往电中所记录的官职以外，还担任殖民地防御委员会的主席一职，现年六十岁，一战前曾在支那驻屯军①中工作过。大战初期在法国战场作为旅长和师长而转战各地，大战末期作为军长在近东战场取得了战功，当前正负责裁军会议的准备工作，是一位风评极佳的将军。他之前在担任大演习总指挥时，特别向我国陆军军官表示了善意。

已向驻欧美各大使、支那转发。

资料来源：JACAR（アジア歴史資料センター）Ref. B02030441800（第 50 画像目から）、満洲事変（支那兵ノ満鉄柳条溝爆破ニ因ル日、支軍衝突関係）/善後措置関係/国際連盟支那調査員関係　第一巻（外務省外交史料館）

## 27. 驻国际联盟泽田局长致犬养外务大臣的函电
（1931 年 12 月 23 日）

昭和六年　二三二二三　暗　巴黎　　　　　二十三日下午发
　　　　　　　　　　　　　外务省　　　十二月二十四日上午收

第五〇八号

从芳泽理事处得到消息。

本使于二十三日空闲时访问了白里安外交部长，期间向他谈起贵电第三〇九号提到的国联支那调查团的调查范围一事。我介绍了日本方面提议此案

---

①　编者按：原日本"清国驻屯军"于 1913 年改称"支那驻屯军"，通称"中国驻屯军"。因长期驻扎华北地区，也称"华北驻屯军"。还因其司令部设于天津，亦被称为"天津驻屯军"。本册文献集遵照日文原文进行翻译。支那驻屯军、天津驻屯军皆有。下同。

的缘由，以及之后的交涉过程。并就上述调查范围应为支那全境一事向白里安进行了确认。白里安认为这些问题是理所应当的，关于这些问题的决议已经白纸黑字非常明了。同时他还表示，不论支那方面对这些问题作何解释，也都不得不按照上述内容来执行。

已向驻欧美各大使、驻支那公使转发。

资料来源：JACAR(アジア歴史資料センター)Ref. B02030441800(第50画像目から)、満洲事変(支那兵ノ満鉄柳条溝爆破ニ因ル日、支軍衝突関係)/善後措置関係/国際連盟支那調査員関係　第一巻(外務省外交史料館)

## 28. 驻国际联盟泽田局长致犬养外务大臣的函电
### （1931年12月24日）

昭和六年　二三三〇一　暗　巴黎　　　　　二十四日上午发
　　　　　　　　　　　　　　外务省　　十二月二十四日下午收

第五〇九号（高度紧急）

关于往电第五〇五号

德国方面依然提名恩利克·希尼为调查团候选者。关于选用佐尔夫博士一事，在往电第五〇一号中本官向亚维诺进行委托，德国发往阁下处的电报第一七〇号结尾处的内容也有相关记录。关于此事，正通过直接委托杉村公使，为选用佐尔夫而努力活动。但国联秘书处方面认为佐尔夫发表了《中日时局谈》(请参考前记德国发往阁下处的电报)等原因，选用此人一事已不可能有所进展，最终决定推举希尼。杉村也认为不得不放弃选用佐尔夫一事。事情如上所述，如果我方仍然固执坚持选用佐尔夫的话，会出现不愉快的结果也未可知。因此国联理事会主席正式将希尼与其他候选者一同提名，并征求我国的同意。虽然之前有种种事情发生，但请对此决定表示同意，并就此问题提前进行讨论。

以上内容是和芳泽理事商议之后提出。

已向驻欧美各大使及支那转发。

资料来源：JACAR(アジア歴史資料センター)Ref. B02030441800(第51画像目から)、満洲事変(支那兵ノ満鉄柳条溝爆破ニ因ル日、支軍衝突関係)/善後措置関係/国際連盟支那調査員関係　第一巻(外務省外交史料館)

## 29. 驻国际联盟泽田局长致犬养外务大臣的函电
（1931年12月24日）

昭和六年　二三三〇七　暗　巴黎　　　　　　　　二十四日下午发
　　　　　　　　　　　　　　外务省　　　　　十二月二十五日上午收

第五一一号（高度紧急）

关于往电第五〇五号

二十四日从秘书处方面传来内部消息称，海因斯已经拒绝了当选国联支那调查团代表一事，因此将物色其他候选者。

已向驻欧美各大使及支那转发。

资料来源：JACAR（アジア歴史資料センター）Ref. B02030441800（第52画像目から）、満洲事変（支那兵ノ満鉄柳条溝爆破ニ因ル日、支軍衝突関係）/善後措置関係/国際連盟支那調査員関係　第一巻（外務省外交史料館）

## 30. 驻德小幡大使致犬养外务大臣的函电（一）
（1931年12月24日）

昭和六年　二三三二三　暗　柏林　　　　　　　　二十四日上午发
　　　　　　　　　　　　　　外务省　　　　　十二月二十五日下午收

第一七四号之一

关于往电第一六九号

我方最希望看到的是，德国方面的调查团代表由佐尔夫当选，因此我认为现在杉村公使应该尝试对德拉蒙德做工作。上述想法已经通过电报，报告给了芳泽理事。但在另一方面，关于希尼此人，不仅如在下所发电报内容所述的那样，之后当地日德协会会长哈斯（ハース，译音）教授在向希尼的两三位友人询问之后也传来了报告，根据该报告，希尼在满洲问题上不仅没有对日本不利的意见。（待续）

资料来源：JACAR（アジア歴史資料センター）Ref. B02030441800（第53画像目から）、満洲事変（支那兵ノ満鉄柳条溝爆破ニ因ル日、支軍衝突関係）/善後措置関係/国際連盟支那調査員関係　第一巻（外務省外交史料館）

## 31. 驻德小幡大使致犬养外务大臣的函电（二）
### （1931年12月24日）

昭和六年　二三三二二　暗　柏林　　　　　　二十四日下午发
　　　　　　　　　　　　外务省　　　　十二月二十五日上午收

第一七四号之二

甚至可以说抱有对日本有利的想法。此外，日本对任命除佐尔夫外其他人选表示不满，因此拒绝德国派遣代表参加的话，德国方面也肯定会很不愉快。不仅如此，在任命之前便对候选人表示不满，我认为实非良策。因此，在很难使佐尔夫当选的情况下，应当直接表示赞成任命希尼。

已向芳泽理事转发。

资料来源：JACAR(アジア歴史資料センター)Ref. B02030441800(第54画像目から)、満洲事変(支那兵ノ満鉄柳条溝爆破ニ因ル日、支軍衝突関係)/善後措置関係/国際連盟支那調査員関係　第一巻(外務省外交史料館)

## 32. 驻国际联盟泽田局长致犬养外务大臣的函电
### （1932年1月4日）

昭和七年　一六〇　暗　巴黎　　　　　　　四日下午发
　　　　　　　　　　　　外务省　　　　　一月五日上午收

第二号（紧急）

关于往电第五〇五号

一、四日，应马西格利(René Massigli，マシグリ)的邀请前去访问，他向我转达了白里安主席的指示。国联支那调查团候选人的名单已经公布，也已经取得候选者本人以及所属各国政府的认可。因此在得到日支两国的同意之后便可以确定。支那方面表示会在一两日以内给出确定回复，请日本也尽快给出回答。

上述名单中公布的候选者，除了美国的海因斯以外，全部如往电记载所示。美国代表改为麦考益(Major-General Frank McCoy，一九二九年担任玻利维亚、巴拉圭两国间纠纷解决调停委员会委员长)。在本官一番询问后，马西格利表示此候选人为美国一流的财政家(?)①以及实业家,在国务卿身边也从事过很多斡旋工作。在海因斯无论如何都不肯接受任命的情况下,考虑到麦考益在日本也广为人知,且是一位对日本持有良好印象和感情的人物,因此最终决定选用此人。

就此事请尽快回电,以便向理事会主席回答。

二、在上述的会谈结束准备离场时,马西格利叫住本官并询问道,日军已经进驻锦州城,日本是否想要长久占据此地?就此我说明道,目前为止还没有从日本政府收到任何指示,日方现在在意的是当地的治安维持问题;以后是否长期驻留要取决于该地的治安状况。马西格利在听到回答后并没有表示出信服的态度,并且从他的语气中流露出感到困扰的意思。

已向驻欧美大使、驻支那公使转发。

资料来源:JACAR(アジア歴史資料センター)Ref. B02030441800(第54画像目から)、満洲事変(支那兵ノ満鉄柳条溝爆破ニ因ル日、支軍衝突関係)/善後措置関係/国際連盟支那調査員関係 第一巻(外務省外交史料館)

## 33. 驻法栗山代理大使致犬养外务大臣的函电
(1932年1月4日)

昭和七年　一七六　暗　巴黎　　　　　　　　　　四日下午发
　　　　　　　　　　外务省　　　　　　　　　　一月五日上午收

第四号(高度机密)

前几年,蒙夏维尔(モンシャルビル,译音)教授在我方的斡旋之下,曾来到日本,并对满洲及其他我国殖民地进行视察。在回去后,写作了有关上述问题的著作,该教授和克劳德将军有不为人所知的交情。在殖民省政治局长的引荐下,本官二月三十一日和克劳德将军进行了会谈。根据将军与本官的谈话,我认为将军是一个聪明的人。他对日本没有任何不利的先入为主的印象,在详细了解了事态之后,认为调查团的任务不应被法律和所谓的道理局限,而是在于正确地观察事实。他还认为,调查的范围理所应当为支那全境,但短时间内充分地进行视察是不可能的。会谈期间,他表现出对日本的善意态度。

---

① 编者按:问号为原文,意思是对"财政家"的表述表示质疑。

已向国际联盟转报。

资料来源：JACAR(アジア歴史資料センター)Ref. B02030441800(第56画像目から)、満洲事変(支那兵ノ満鉄柳条溝爆破ニ因ル日、支軍衝突関係)/善後措置関係/国際連盟支那調査員関係　第一卷(外務省外交史料館)

## 34. 驻美出渊大使致犬养外务大臣的函电
### （1932年1月5日）

昭和七年　二三七　暗　华盛顿　　　　　　　　　五日下午发
　　　　　　　　　　　　外务省　　　　　　　　一月六日上午收

第八号

关于国际联盟发往阁下电第二号

五日，就有美国国务卿任命麦考益一事的说法，但还未接到国际联盟方面的提案。与其说麦考益此人是一名军人，还不如说他更是一名拥有卓越手腕的政治家。国务卿极力推荐此人，称此人在国际纠纷的调停上有丰富的经验，是自己最为信赖的人。

已向国际联盟转发。

资料来源：JACAR(アジア歴史資料センター)Ref. B02030441800(第57画像目から)、満洲事変(支那兵ノ満鉄柳条溝爆破ニ因ル日、支軍衝突関係)/善後措置関係/国際連盟支那調査員関係　第一卷(外務省外交史料館)

## 35. 驻国际联盟泽田局长致犬养外务大臣的函电
### （1932年1月6日）

昭和七年　三〇九　暗　巴黎　　　　　　　　　　六日下午发
　　　　　　　　　　　　外务省　　　　　　　　一月七日上午收

第九号（紧急）

关于往电第二号

根据六日从秘书处传来的情报，支那方面已经向国际联盟回复，对调查团的人选没有任何异议。同日下午，马西格利来电话督促日方也应尽快给予回复。我知道目前正在就此事商议中，如若做出任何决策，请急电告知。

已向驻欧美各大使、驻华公使转发。

资料来源：JACAR(アジア歴史資料センター)Ref. B02030441800(第57画像目から)、満洲事変(支那兵ノ満鉄柳条溝爆破ニ因ル日、支軍衝突関係)/善後措置関係/国際連盟支那調査員関係　第一巻(外務省外交史料館)

## 36. 驻国际联盟泽田局长致犬养外务大臣的函电
（1932年1月6日）

普通联本公第五号
昭和七年一月六日

### 寄送支那调查团候选名单之文件

本月四日法国外交部国际联盟处处长马西格利向本官交付了国联支那调查团候选人名单，特就此事进行报告。谨慎起见，前述名单一同寄送。

本信件向驻英、美、法、意、德、土各大使寄送。

### 附件：国联支那调查团候选人名单[①]

资料来源：JACAR(アジア歴史資料センター)Ref. B02030441800(第58画像目から)、満洲事変(支那兵ノ満鉄柳条溝爆破ニ因ル日、支軍衝突関係)/善後措置関係/国際連盟支那調査員関係　第一巻(外務省外交史料館)

## 37. 驻土耳其吉田大使致犬养外务大臣的函电
（1932年1月7日）

昭和七年　三九六　暗　　伊斯坦布尔　　　　　七日下午发
　　　　　　　　　　　　　外务省　　　　　一月八日上午收

第一号

美国大使于六日除了重复去年往电第六四号的内容以外，还说麦考益是自己的亲密朋友，麦考益虽然身为军人，但时常关心国际关系问题。麦考益为

---

① 编者按：原文为英文，同第五〇五号电报中的名单一致。从略。

人直爽,厌恶共产主义,和史汀生一样是一名现实主义者,是合适派往支那视察的人选。

资料来源:JACAR(アジア歴史資料センター)Ref. B02030441800(第60画像目から)、満洲事変(支那兵ノ満鉄柳条溝爆破ニ因ル日、支軍衝突関係)/善後措置関係/国際連盟支那調査員関係 第一巻(外務省外交史料館)

## 38. 驻意大利吉田大使致犬养外务大臣的函电
（1932年1月8日）

昭和七年　四八〇　暗　罗马　　　　　　　　　八日下午发
　　　　　　　　　　外务省　　　　　　　　一月九日上午收
第三号
关于发往英国的贵电第三号
（一）人物及对日感情等,如去年第一九九号电文中的（二）所示。
（二）去年的第一九七号中的关于阅历的内容,被认为是非常充分的。
此公①是纯粹的外交系统出身,在巴黎和会时担任意大利的秘书长。一九二三年以后以公使和大使的身份任职于阿根廷和德国柏林。在柏林工作期间遭遇了密码被窃一案,触怒了墨索里尼而成为待命人员。上个月十四日待命期结束,不过因为上述事情,外交部内对他抱有同情的人很多。意大利方面频繁地推荐此公,才作为候选人被考察。
特别是如往电所示,此公的个人资料及对日感情已经得到认可,我认为没有问题。
已向国际联盟转发,秘密向英、法、美、德发送。
资料来源:JACAR(アジア歴史資料センター)Ref. B02030441800(第60画像目から)、満洲事変(支那兵ノ満鉄柳条溝爆破ニ因ル日、支軍衝突関係)/善後措置関係/国際連盟支那調査員関係 第一巻(外務省外交史料館)

---

① 编者按:此公指代国联调查团中的意大利代表马柯迪（Aldrovandi）,下同。

## 39. 驻国际联盟泽田局长致犬养外务大臣的函电
### (1932年1月11日)

昭和七年　六七二　暗　巴黎　　　　　　　　　十一日下午发
　　　　　　　　　　　　外务省　　　　　　　一月十二日上午收

第一四号

关于贵电第七号

因马西格利正在旅行,所以十一日通过法国外交部国际联盟处,向国联理事会主席传达了您来电的内容,同时也准备一同通知代理国联秘书长亚维诺。另外根据来自秘书处的情报,调查团的费用将在国联秘书长回到工作岗位后(应于本周内回到岗位)再进行确定。目前估计为八十万瑞士法郎,支那方面对负担一半费用的办法没有异议。关于上述内容,在确定之后会再次发电报报告。

资料来源:JACAR(アジア歴史資料センター)Ref. B02030441800(第64画像目から)、満洲事変(支那兵ノ満鉄柳条溝爆破ニ因ル日、支軍衝突関係)/善後措置関係/国際連盟支那調査員関係　第一巻(外務省外交史料館)

## 40. 驻国际联盟泽田局长致犬养外务大臣的函电
### (1932年1月13日)

昭和七年　八三一　暗　巴黎　　　　　　　　　十三日下午发
　　　　　　　　　　　　外务省　　　　　　　一月十四日上午收

第一七号(紧急)

关于贵电第九号及第一三号

在和日内瓦秘书处进行商议后,杉村根据十三日从亚维诺处听取的内容,做出了如下内部报告。

一、关于国联支那调查团的候选者,在得到了日支两国同意的基础上已开始由各理事国进行商议,结果会在一两日以内得出。因此预定21日在日内瓦召集在欧的各调查员商议,并决定出发的日期,以及旅程安排。

二、除了作为调查团随员被派遣的秘书处成员外,作为法律专家的美国人渥尔脱·杨格(Walter Young,是 *Japan's Special Position in Manchuria* 等著作的作者,目前在北平,已知其非常了解满铁),与作为铁路专家的希爱慕(Hiam,原国际联盟秘书处交通部员工,现在是加拿大"国家铁路"公司职员)应该会一同前往。国际联盟秘书处内部现在还没有适合的法律及铁路专家,因此从别处找到这方面的专家。作为专家顾问,其将拥有特别的权限。

三、调查团的经费预算应会在短期内决定。本来认为日支两国的顾问、秘书处员工及上述专家的费用应该也会被计入预算之中,但报告称各调查员和顾问的费用会一同计算,而随员的费用不包含在预算内。

以上就是国联秘书处目前的内部方案,调查团的经费及调查员的出发日程等在决定之后再行报告。目前状况如前文所述。

已向驻欧美各大使、支那转发。

资料来源:JACAR(アジア歴史資料センター)Ref. B02030441800(第68画像目から)、満洲事変(支那兵ノ満鉄柳条溝爆破ニ因ル日、支軍衝突関係)/善後措置関係/国際連盟支那調査員関係 第一巻(外務省外交史料館)

## 41. 驻法栗山代理大使致芳泽外务大臣的函电
（1932年1月13日）

昭和七年　八二六　暗　　巴黎　　　　　　　　　十三日下午发
　　　　　　　　　　　　外务省　　　　　　　　一月十四日上午收

第二二号(机密)

关于往电第四号

本月四日东京所发的新闻电报称,正在考虑公布有关此事①的文件、文书。往电第(脱)号所报告的内容也请务必于二十一日前一同公布。

请就此给我一些内部情报。

资料来源:JACAR(アジア歴史資料センター)Ref. B02030441800(第70画像目から)、満洲事変(支那兵ノ満鉄柳条溝爆破ニ因ル日、支軍衝突関係)/善後措置関係/国際連盟支那調査員関係 第一巻(外務省外交史料館)

---

① 编者按:"此事"应该指的是有关派遣国联调查团的事情。

## 42. 驻国际联盟泽田局长致芳泽外务大臣的函电
（1932年1月18日）

昭和七年　一一六九　暗　　巴黎　　　　　　　　十八日下午发
　　　　　　　　　　　　　外务省　　　　　　　一月十九日上午收

第一八号

关于往电第一七号第（三）部分

根据国联代理秘书长亚维诺十六日发给本官的信件内容，将其主旨如下文所示进行报告，并请尽快予以回电告知答复内容。

一、国联秘书长说，根据国际联盟会计规则，从国际联盟的流动资金中支付国联支那调查团费用一事，须在下一次的理事会上得到支出方面的认可。就国际联盟目前的财政状态来说，如果不事先得到日支两国承担费用的承诺，秘书处是很难同意从流动资金中支出费用的。

二、国联秘书处方面尽可能地去尝试做出详细的预算，但因还不明确调查的时长，所以只能做出一个大致的估算。目前调查团及其随员（包括日支顾问）的费用约为一百万瑞士法郎，而其中最初几周所需要的费用（调查团的准备及出发费用）估计约为三十五万瑞士法郎。

三、国联秘书长说，在下一次理事会上同日支两国进行商议后，会提议调查团费用的支付方式应为在短时期内分期支付。也就是说：（1）调查团的准备及出发所需要的费用应在两个月以内支付给国际联盟；（2）剩余部分会在近期确定下来，之后应根据预算，并在和秘书长协商的基础上，每月支付当期费用。

四、鉴于此事十分紧要，而且此事会出现在下一次理事会的议程之上，因此希望日本政府就上述几点问题，给予日本代表关于下次理事会的必要指示。

资料来源：JACAR(アジア歴史資料センター)Ref. B02030441800(第70画像目から)、満洲事変(支那兵ノ満鉄柳条溝爆破ニ因ル日、支軍衝突関係)/善後措置関係/国際連盟支那調査員関係　第一巻(外務省外交史料館)

## 43. 驻法栗山代理大使致芳泽外务大臣的函电
### （1932年1月18日）

昭和七年　一一六五　暗　巴黎　　　　　　　　十八日下午发
　　　　　　　　　　　　外务省　　　　　　　　一月十九日上午收

第二八号（机密）

关于贵电第九号

此事能够得到公布，我感到非常欣慰。如去年的电文第五〇〇号所述，鉴于关于此事存在着强烈的质疑，如果可以的话，也应将发往英美两国政府的通告文书的原文进行公布。如果上述事情难以做到的话，应将上述文书及其日期做成电报，发予当事方。在二十一日会面时进行"公开"是最合适的。请就是否要利用此事，尽快进行讨论。

资料来源：JACAR（アジア歴史資料センター）Ref. B02030441800（第71画像目から）、満洲事変（支那兵ノ満鉄柳条溝爆破ニ因ル日、支軍衝突関係）/善後措置関係/国際連盟支那調査員関係　第一巻（外務省外交史料館）

## 44. 驻国际联盟泽田局长致芳泽外务大臣的函电
### （1932年1月19日）

昭和七年　一二三四　暗　巴黎　　　　　　　　十九日下午发
　　　　　　　　　　　　外务省　　　　　　　　一月二十日上午收

第二二号

关于贵电第一三号

这是仅限于国联秘书处内部的方案，即调查团于本月二十七日从瑟堡（シェルブール）前往阿基塔尼亚（アキタニア），并从那里出发，于二月二日抵达纽约。预定当月十一日从旧金山乘坐秩父丸号前往日本。因为不清楚往电第一七号中提及的汇合一事会发生什么样的变化，所以实际上于二十七日出发是很困难的，应会有些许延误。但不管怎样，如果能乘坐日本的轮船渡过太平洋，我认为对我方是有利的。而且，通过与轮船方面进行商议，还可以取得船票打折，并能向调查团提供特别的便利。如果这样可以实现的话，将会在二十一日调查团汇合以前,由轮船方面直接将这一情况传达给国联秘书处。现在正尽可能地努力让国联确定选择日本轮船。

以上将目前已考虑的问题进行了报告。

资料来源:JACAR(アジア歴史資料センター)Ref. B02030441800(第72画像目から)、満洲事変(支那兵ノ満鉄柳条溝爆破ニ因ル日、支軍衝突関係)/善後措置関係/国際連盟支那調査員関係　第一巻(外務省外交史料館)

## 45. 驻国际联盟泽田局长致芳泽外务大臣的函电
（1932年1月21日）

昭和七年　一四〇九　暗　　巴黎　　　　　　　二十一日下午发

　　　　　　　　　　　　　外务省　　　　　　 一月二十二日上午收

第三〇号（高度紧急）

关于贵电第二二号

从国联秘书处的内部消息得知,国联支那调查团中身处欧洲的代表们已于二十一日在日内瓦汇合［美方由吉尔伯特（Gilbert）领事代替麦考益出席］。他们在决定了行程和其他相关事务后就解散,如下文所记:

（一、脱?）①

二、路线决定为经过美国,于二月三日、四日或五日出发的轮船中选择合适的班次出发前往美国。横渡太平洋的话,将在二十五日出发的龙田丸号、二十六日的美元航线号（DOLLAR LINE,ダラーライン）②或二十七日的皇后号（Empress,エンプレス）这三个航班中选择费用最低的。

三、除往电第一七号的第（二）中提及的两名专家以外,若出现需要经济专家的情况,将在当地进行聘用。

四、调查以往返九个月为期,所需预算为九十四万七千五百瑞士法郎。

已向驻欧美各大使、驻华公使转发。

资料来源:JACAR(アジア歴史資料センター)Ref. B02030441800（第73

---

①　编者按:原文如此,意思是指第一点缺失。

②　编者按:即美元轮船航运公司（Dollar Shipping Company）,后发展成为美国总统轮船航运公司（American President Lines, APL）。下同。

画像目から)、満洲事変(支那兵ノ満鉄柳条溝爆破ニ因ル日、支軍衝突関係)/善後措置関係/国際連盟支那調査員関係　第一巻(外務省外交史料館)

## 46. 驻国际联盟泽田局长致芳泽外务大臣的函电
### （1932年1月21日）

昭和七年　一四一一　暗　巴黎　　　　　　　二十一日下午发
　　　　　　　　　　　外务省　　　　　　一月二十二日上午收

第三一号（高度紧急）
关于贵电第一六号
关于往电第三〇号第（二）部分的内容，另有有关折扣船票和其他详细事项的高度紧急电报。
人数为十一或十二人，除外交官可以打折外，还希望能实现团体打折。

资料来源：JACAR(アジア歴史資料センター)Ref. B02030441800(第74画像目から)、満洲事変(支那兵ノ満鉄柳条溝爆破ニ因ル日、支軍衝突関係)/善後措置関係/国際連盟支那調査員関係　第一巻(外務省外交史料館)

## 47. 驻美出渊大使致芳泽外务大臣的函电
### （1932年1月21日）

昭和七年　一四二一　平　华盛顿　　　　　　二十一日下午发
　　　　　　　　　　　外务省　　　　　　一月二十二日上午收

第四七号
麦考益将军于二十日从佐治亚州的亚特兰大来到华盛顿，和国务院、陆军部的领导人进行商议，当天正式向国际联盟回复，接受关于国联支那调查团的任命。至于麦考益将军是先前往欧洲和其他代表汇合后再一同赶赴中国，还是从美国直接前往中国，还不明确。
已向国际联盟转发。

资料来源：JACAR(アジア歴史資料センター)Ref. B02030441800(第75画像目から)、満洲事変(支那兵ノ満鉄柳条溝爆破ニ因ル日、支軍衝突関係)/善後措置関係/国際連盟支那調査員関係　第一巻(外務省外交史料館)

## 48. 芳泽外务大臣致驻国际联盟泽田局长的函电
（1932年1月21日）

昭和七年一月二十一日起草

暗　第二一号

帝国政府方面已经决议指定驻土耳其的吉田大使为国际联盟支那调查团的我方顾问。目前正在办理必要的手续。

请就此先将上述内容向国际联盟方面进行通告。

已向驻美、欧各大使、驻华公使、北平、奉天、上海、南京、广东转发。

资料来源：JACAR（アジア歴史資料センター）Ref. B02030441800（第79画像目から）、満洲事変（支那兵ノ満鉄柳条溝爆破ニ因ル日、支軍衝突関係）/善後措置関係/国際連盟支那調査員関係　第一巻（外務省外交史料館）

## 49. 驻国际联盟泽田局长致芳泽外务大臣的函电
（1932年1月22日）

昭和七年　一四一一　暗　巴黎　　　　　　二十二日下午发
　　　　　　　　　　　　　外务省　　　　一月二十三日上午收

第三二号（紧急）

关于贵电第二二号

如下所记再次进行报告。

得到了内部消息。

一、推荐李顿阁下为调查团团长。

二、①

已向中国转发。

资料来源：JACAR（アジア歴史資料センター）Ref. B02030441800（第84画像目から）、満洲事変（支那兵ノ満鉄柳条溝爆破ニ因ル日、支軍衝突関係）/善後措置関係/国際連盟支那調査員関係　第一巻（外務省外交史料館）

---

① 编者按：原文如此，无内容。

## 50. 驻国际联盟泽田局长致芳泽外务大臣的函电
（1932年1月22日）

昭和七年　一四一一　暗　巴黎　　　　　　　　二十二日下午发
　　　　　　　　　　　　外务省　　　　　　　一月二十二日下午收

第三三号

关于往电第二〇号

应尽力使伊藤和调查团之间的接触变得自然而不生硬。从这个考虑出发，伊藤和各个调查团代表同行一事被认为非常有必要，且得到了认可。共渡大西洋已经无法做到，但横渡太平洋时一定要让伊藤和代表们同船。因此伊藤抵达本国的时间，不应限于往电前半部分所述那样，而是应该和调查团一行人同时到达。请您提前知晓此事。

资料来源：JACAR(アジア歴史資料センター)Ref. B02030441800(第84画像目から)、満洲事変(支那兵ノ満鉄柳条溝爆破ニ因ル日、支軍衝突関係)/善後措置関係/国際連盟支那調査員関係　第一卷(外務省外交史料館)

## 51. 驻国际联盟泽田局长致芳泽外务大臣的函电
（1932年1月23日）

昭和七年　一五七五　暗　日内瓦　　　　　　　二十三日下午发
　　　　　　　　　　　　外务省　　　　　　　一月二十四日上午收

第一号(高度紧急)

关于本官从巴黎所发往电第一八号

国联支那调查团经费一事将在二十五日上午的国联理事会上进行审议。就此如何进行回答请紧急回电告知。

资料来源：JACAR(アジア歴史資料センター)Ref. B02030441800(第86画像目から)、満洲事変(支那兵ノ満鉄柳条溝爆破ニ因ル日、支軍衝突関係)/善後措置関係/国際連盟支那調査員関係　第一卷(外務省外交史料館)

(以上内容，张一闻　译；陈海懿　校)

## 52. 驻德小幡大使致芳泽外务大臣的函电（一）
（1932 年 1 月 27 日）

昭和七年　一八六一　暗　　柏林　　　　　　　　二十七日下午发
　　　　　　　　　　　　　外务省　　　　　　一月二十八日上午收

第一八号之一

二十七日，冯·希尼以问候为名前来拜访，本使与其进行了会谈，谈话内容如下：

首先，本使指出，一劳永逸地解决满洲问题，对改善日支关系，乃至对增进东亚以及世界和平都是很有贡献的一件事，因此调查团的任务是非常重大的。以此为前提，为了探究日支之间冲突的祸根，不能被区区感情和个别的偶发事件所左右，要以透彻的观察力，从更高的角度来对支那进行全面的调查，并且要探明目前支那的混乱状态对于世界经济所带来的影响。总之，这些话的意思是强调公平。我方对希尼作为德国代表参加调查一事感到非常欣慰。日支两国关系恶化的原因是，两国对现有的条约，特别是关于所谓的一九一五年的"二十一条"的效力，存在不同的见解。支那方面主张条约无效，并以此作为对抗武器，不断抵制日货、压迫在支日本人，借此手段在精神上和物质上给予了我方莫大的损害。原本我国对于支那并没有领土上的野心，只要能享受到条约上规定权益就会满足。但支那方面想要否认日本基于上述权益所投入的资本和日本人的努力成果，我方是绝对不会容忍这一点的。（待续）

资料来源：JACAR（アジア歴史資料センター）Ref. B02030441900（第 90 画像目から）、満洲事変（支那兵ノ満鉄柳条溝爆破ニ因ル日、支軍衝突関係）/善後措置関係/国際連盟支那調査員関係　第一巻（外務省外交史料館）

## 53. 驻德小幡大使致芳泽外务大臣的函电（二）
（1932 年 1 月 27 日）

昭和七年　一八六一　暗　　柏林　　　　　　　　二十七日下午发
　　　　　　　　　　　　　外务省　　　　　　一月二十八日上午收

第一八号之二

显而易见的是,只要支那不能认识这种正常的事态,并和日本达成谅解,不论何时日支关系都不可能回到正轨。其结果,必将在以后造成比今日更为严重的纠纷,甚至可能威胁和祸乱东亚和平与世界和平。因此我方对于支那调查团的期待是,充分地考虑上述各点,广泛、深刻研究事态的根源,去除东亚和平的祸根。果然,在明确地提出要注意上述问题之后,希尼一一进行了肯定,并表示德国对于日本,在政治上没有任何利害关系,可以保证完全中立的立场。但在经济上有着相当的利害关系,因此也希望尽力快速恢复支那的秩序。另外,希尼还回答说,从佐尔夫处也听说了类似的东亚方面的情报,将会亲临现场进行考察以回应日方的希望。之后希尼向本使询问,因为上海事变,支那学生的感情变得日益激烈起来,问题也进一步升级,以致影响到满洲问题的解决,这使支那中央政府的立场变得极为困难,对此日方是否感到担心?本使回答道,处理上海问题的方针是在该地区内解决,两国的官员都在进行着努力,无论如何也要和平地解决纠纷。此外,关于支那的学生运动和共产党活动是几乎不可分离的看法是正确的。所以,支那的中央政府顺从学生的势力之时,也就是支那"赤化"之日。总之,紧迫的是我们要鞭策中央政府对学生的盲目运动进行镇压。希尼进而提及了支那哈尔滨巷战,他对满洲问题以及各地战火纷飞的局面表示深刻的担忧。

另外,希尼今年六十四岁,看起来是个非常温和宽厚的人。希尼告知出发时间大约为下个月三日,从汉堡(ハーブル)出发。

已向国际联盟转发电文。

资料来源:JACAR(アジア歴史資料センター)Ref. B02030441900(第 91 画像目から)、満洲事変(支那兵ノ満鉄柳条溝爆破ニ因ル日、支軍衝突関係)/善後措置関係/国際連盟支那調査員関係 第一卷(外務省外交史料館)

## 54. 驻国际联盟泽田局长致芳泽外务大臣的函电
（1932 年 1 月 28 日）

昭和七年　一九五二　暗　　日内瓦　　　　二十八日下午发
　　　　　　　　　　　　　外务省　　　　一月二十九日上午收

第一五号（火速）

关于往电第一号

佐藤理事发

危地马拉代表在二十八日的国际联盟非公开理事会上对支那调查团费用一事的意见，已经在从巴黎发出的往电第一八号中进行了报告。接下来本使对于贵电第四号之（四）部分的内容进行说明。支那代表表示，支那政府对于负担一半经费这件事并没有异议，但目前考虑到经济不振，且银价贬值，马上支出这笔费用是颇有困难的。另外，关于必须追加预算一事，由于调查团要求缩减费用和时间，所以未选择经过西伯利亚的路线，这令支那方面很苦恼，并强烈地表示了不满。不过秘书长向其说明，经过美国的船有折扣，所以费用上与西伯利亚路线并没有不同。最终决议如下："秘书长目前认可了以五十万法郎充当调查团费用一事。但需要确认的是，由日支两国分别支付一半费用，以及理事会要求秘书长做出关于由两国支出费用的协定方案。"

*资料来源*：JACAR(アジア歴史資料センター)Ref. B02030441900(第92画像目から)、満洲事変(支那兵ノ満鉄柳条溝爆破ニ因ル日、支軍衝突関係)/善後措置関係/国際連盟支那調査員関係　第一巻(外務省外交史料館)

## 55. 驻美出渊大使致芳泽外务大臣的函电
（1932年1月28日）

普通公第五三号
昭和七年一月二十八日

**向国际联盟支那调查团美国代表麦考益少将转达参考资料之事**

关于这件事情，您按照我在昭和六年十二月二十二日所递交的附亚一机密第一四五号内容，于一月十九日向我送达的七种出版物，已经通过国务院远东部交付给了麦考益少将。一月二十五日，如附件所示的那样，少将寄来了感谢函。特此报告。

*资料来源*：JACAR(アジア歴史資料センター)Ref. B02030441900(第93画像目から)、満洲事変(支那兵ノ満鉄柳条溝爆破ニ因ル日、支軍衝突関係)/善後措置関係/国際連盟支那調査員関係　第一巻(外務省外交史料館)

## 56. 国际联盟调查团一行姓名及简历（1932年1月）

昭和七年一月

### 国际联盟支那调查团一行姓名及简历

一、代表五名

（一）英国

伯爵"维克多·亚历山大·乔治·罗伯特·李顿"（Victor Alexander George Robert Lytton, 2nd Earl of Lytton）

出生于一八七六年，于一九一六年至一九一九年间历任英国海军参事官、政务次官等职务，一九二〇年就任印度事务次官，一九二二年开始到一九二七年为止担任孟加拉州总督，其间在一九二五年代理印度总督。

在第七次以及第八次国际联盟大会上担任过印度首席全权代表，并在第十二次大会上担任过英国第二全权代表。

现在担任英国枢密院顾问官，和各种社团、组织有着联系。

（二）法国

"亨利·爱德华·克劳德"将军（Général Henri-Édouard Claudel）

出生于一八七一年，从圣西尔军校毕业后，在各地历任过师长、军长，在第一次世界大战期间作为支那驻军的参谋长在支那有过任职。大战初期，作为旅长和师长转战于法国战场，大战末期作为军长在近东战场取得了战功。另外，作为法属印度支那军司令官，有在当地工作的经验。目前担任殖民地防御委员会议长、军事参议官、殖民部队监督等职务，并忙于筹备裁军会议。

（三）美国

"弗兰克·罗斯·麦考益"将军（Major-general Frank Ross McCoy）

出生于一八七四年，毕业于陆军大学。美国占领古巴以后，作为伦纳德·伍德（Leonard Wood）将军的左膀右臂，参与谋划、运筹机要事务。（一九二八年）尼加拉瓜发生动乱时，被美国总统柯立芝命令去监督尼加拉瓜总统大选。（一九二九年）被举荐为玻利维亚、巴拉圭两国间纠纷解决调停委员会的议长。其高超的政治手腕被认可，美国议会根据其功绩，向总统进言提拔此人的官职。最终被任命为少将。

伍德特使访问日本时,麦考益将军作为陆军的随员访问了日本,其间视察了帝国军队和其他一些部门。此外,大正十二年,此人作为菲律宾总统幕僚长,在从美国去菲律宾赴任的途中,为了关东大地震的救援工作,从上海折返到横滨,担任了美国救济委员的指挥者。

(四)德国

"恩利克·冯·希尼"博士(Dr. Heinrich Von Schnee)

出生于一八七一年,是一名殖民政策学家,一九二一年成为德属东非总督,一战时期亦在任。现在作为人民党的众议院议员,担任海外德意志人同盟的委员长。此人有不少与德国殖民相关的著作。

(五)意大利

伯爵"路易吉·阿尔德罗万迪·马柯迪"(Conte Luigi Aldrovandi Marescotti)

出生于一八七六年,一九〇〇年开始了外交官的生涯。一战时期在驻奥地利大使馆工作,在巴黎和会的四巨头会议中担任意大利的秘书长。之后历任驻索菲亚、开罗公使,驻布宜诺斯艾利斯大使等职务。一九二六年开始至一九二九年,为驻德大使。

此外,李顿爵士的秘书:爱斯托(W. W. Astor)

  克劳德将军的军医:助佛兰(P. Jouvelet),法国陆军军医少佐

  麦考益将军的副官:皮特尔(Lieut. Biddle)

  打字员两名:利吉奥斯(Ernest Liegeois)、罗伯茨(David Roberts)

二、随员五名

(一)秘书长"哈斯"(Robert Haas)

法国人,国际联盟秘书处交通部长,年龄四十二岁,法国土木省[①]出身。一九三一年接受中华民国政府的邀请,为了调查交通改良事业一事而访问过支那。

(二)"卡尔利"(E. O. Charrere)

意大利人,国际联盟秘书处情报部员工。

(三)"派尔脱"(Adrianus Pelt)

荷兰人,国际联盟秘书处情报部员工,年龄四十一岁。

(四)"万考芝"(H. V. von Kotze)

德国人,国际联盟秘书处情报部员工。

---

① 编者按:原文如此。

（五）"派斯塔柯夫"（Vladimir Pastuhov）

捷克斯洛伐克人，国际联盟秘书处政治部员工。

三、专家两名

（一）法律专家

"渥尔脱·杨格"（C. Walter Young）

美国人，文学硕士学位，哲学博士学位，明尼苏达大学教授，通晓远东的事务，著有关于满洲的著作，出席了一九二九年第三次太平洋会议以及一九三一年第四次太平洋会议。目前停留在北平。

（二）铁路专家

"希爱慕"（T. A. Hiam）

加拿大人，国际联盟交通部前员工，现为加拿大"国家"铁路公司职员。

（三）经济专家（很可能是由支那方面选用）

资料来源：JACAR（アジア歴史資料センター）Ref. B02030441900（第96画像目から）、満洲事変（支那兵ノ満鉄柳条溝爆破ニ因ル日、支軍衝突関係）/善後措置関係/国際連盟支那調査員関係　第一巻（外務省外交史料館）

# 57. 驻国际联盟泽田局长致芳泽外务大臣的函电
## （1932年1月31日）

昭和七年　二三一〇　暗　　日内瓦　　　　　一月三十一日下午发
　　　　　　　　　　　　　外务省　　　　　二月一日下午收

第二七号

关于支那调查团决定经由美国一事，您已通过过往的数则电文有所了解。出于对支那国内事态变化的顾虑，理事会中一部分人所持有的调查团应该尽快赶赴当地的论调一直在扩散。经由西伯利亚的路线不得不被重新考虑，形势正在向这一趋势变化。目前为止还没有决定任何事情，调查团将在下个月二日于巴黎集合，决定旅程的内容。另一方面，由于理事会今后的形势呈现出不明朗的状态，我想至少应让陪伴调查团的伊藤按照预定计划，和调查团代表们一同乘船渡过太平洋。上述内容，以及当情况有变导致改为其他路线时，在此请示如何处置。

资料来源：JACAR（アジア歴史資料センター）Ref. B02030441900（第

101画像目から)、満洲事変(支那兵ノ満鉄柳条溝爆破ニ因ル日、支軍衝突関係)/善後措置関係/国際連盟支那調査員関係　第一巻(外務省外交史料館)

## 58. 驻国际联盟泽田局长致芳泽外务大臣的函电
### （1932年2月1日）

昭和七年　二三一〇　暗　　日内瓦　　　　　　　　一日下午发
　　　　　　　　　　　　　外务省　　　　　　　　二月二日上午收

第三三号（紧急）

关于贵电第二五号

本官一日访问了亚维诺，将贵电后面段落的内容向他进行了详细的说明，并再三请求其重新考虑。亚维诺说，最初是考虑使用日本的轮船，但顾虑到最近发生的各种事情，接到了很多强烈的要求，这些要求是希望调查团必须尽快到达当地，哪怕比其他线路早一日也好。因此经由西伯利亚的路线被临时内定了。但最近听闻中东铁路南线不通一事，最终考虑三日从法国出发经由美国，这样能够尽早地抵达支那。亚维诺说已内定乘坐本月二十日从西雅图出发的"杰斐逊总统号"，此后变更计划是很困难的。

如上所述，多方努力后也没有选择日本轮船，对此我深表遗憾，望您谅解。

转电英、美。

资料来源：JACAR(アジア歴史資料センター) Ref. B02030441900(第102画像目から)、満洲事変(支那兵ノ満鉄柳条溝爆破ニ因ル日、支軍衝突関係)/善後措置関係/国際連盟支那調査員関係　第一巻(外務省外交史料館)

## 59. 驻国际联盟泽田局长致芳泽外务大臣的函电
### （1932年2月3日）

昭和七年　二七〇五　暗　　日内瓦　　　　　　　　三日下午发
　　　　　　　　　　　　　外务省　　　　　　　　二月四日下午收

第四二号

关于往电第二七号

目前支那调查委员经由西伯利亚的路线已被放弃。3月1日紧急决定经由美国(往电第三三号),三日从法国出发。□□①并且还有关于盟约第十五条的事务,若经由美国的话,伊藤便不可能与代表们一起出航。通过你昨日、今日电文的训导,已经大体明了有关规约第十五条的相关内容,因此我决定让伊藤八日从巴黎出发,经由西伯利亚直接前往东京。请您悉知。

资料来源:JACAR(アジア歴史資料センター)Ref. B02030441900(第106画像目から)、満洲事変(支那兵ノ満鉄柳条溝爆破ニ因ル日、支軍衝突関係)/善後措置関係/国際連盟支那調査員関係 第一卷(外務省外交史料館)

## 60. 驻沈阳森岛代理总领事致芳泽外务大臣的函电
（1932年2月4日）

昭和七年　二七八四　暗　奉天　　　　　　　四日下午发
　　　　　　　　　　　　外务省　　　　　　二月五日上午收

第一九二号

致国际联盟电第四号

听闻国际联盟调查团一行人已经从法国瑟堡出发。满洲事变以来,当地的酒店全部住满,眼下正在为一行人的住宿而伤脑筋。就此,请将调查团一行人的人数以及其他信息通过电报发送给我。

已向外务大臣转发电文。

资料来源:JACAR(アジア歴史資料センター)Ref. B02030441900(第106画像目から)、満洲事変(支那兵ノ満鉄柳条溝爆破ニ因ル日、支軍衝突関係)/善後措置関係/国際連盟支那調査員関係 第一卷(外務省外交史料館)

## 61. 驻沈阳森岛代理总领事致芳泽外务大臣的函电
（1932年2月4日）

昭和七年　二七七一　暗　奉天　　　　　　　四日下午发
　　　　　　　　　　　　外务省　　　　　　二月四日下午收

第一九四号

---

① 编者按:原文如此,意思为原文漏字。

您发给驻支那公使电文第一七号所述的外务省相关准备工作方针,已经向各领事馆转发。不过,此电报对调查报告方面似乎并无特别加以训令之意。本领事馆只有当事方单方面的报告,我认为作为准备工作所使用的资料来说,这些报告还有诸多不充分之处。当前正在循序渐进地准备要提交的总括资料,如果其他各公使馆认为像本馆这样的处理方式得当的话,那么是不是应该再一次就总括资料向驻满洲各领事馆发送电报以做出指示。

另外,本馆内部虽然筹备了比较广泛的调查,但如果相关各公使馆不就事变发生后的各地行政以及其他新设立的机构,特别是有关外国事项的说明等内容进行调查的话,则关于事态真相的探明会遗憾地变得非常困难。因此,针对上述情况,已经将本领事馆内调查资料作为主要内容做了整理,请您知悉。

已向驻满洲各领事馆转发电文。

资料来源:JACAR(アジア歴史資料センター)Ref. B02030441900(第107画像目から)、満洲事変(支那兵ノ満鉄柳条溝爆破ニ因ル日、支軍衝突関係)/善後措置関係/国際連盟支那調査員関係 第一巻(外務省外交史料館)

## 62. 驻沈阳森岛代理总领事致芳泽外务大臣的函电 (1932 年 2 月 4 日)

昭和七年　暗　奉天

　　　　　外务省　　　　　　　　　　　　二月四日下午收

第一九三号

满洲问题研究专家渥尔脱·杨格(Walter Young)于去年十月末在北京停留时,曾来过满洲,其间主要由本领事馆的川崎和杨格进行接触并努力去引导他。如下文所示,将川崎和杨格的谈话中我们认为有必要注意的几点列出,以供参考。

(一)自己①来到本地的最初目的是调查满洲的铁路问题,但现如今事态已经和当初计划研究时大不相同,所以放弃了调查而回到北京。

(二)极端信任一位叫端纳(William Henry Donald)的张学良顾问,被端纳操纵到近乎滑稽的地步。另外,近来出现了流言称其要成为国际联盟调查

---

① 编者按:指杨格。下同。

团美国代表的助手,对此他想要避免。

（三）国际联盟调查团抵达之时,若日支两国的代表沉浸于相互攻击指责,则会变得非常无聊。因此,为了避免这种情况,两国间提前建立起一种绅士约定,将是一种解决方案。

（四）自己对于这次日本在满洲的行动,认为是出于国家存亡的必要性的正当行动,并表示认可。当前的第一要务是建立新政权并全面维持治安。对于这种新政权当以何种形态存在,目前还没有得出结论。

（五）约翰逊公使（Nelson T Johnson）最近对自己说,美国在满洲并没有现实的重大利益关系,仅关心门户开放主义以及九国公约、非战公约。

资料来源：JACAR（アジア歴史資料センター）Ref. B02030441900（第108画像目から）、満洲事変（支那兵ノ満鉄柳条溝爆破ニ因ル日、支軍衝突関係）/善後措置関係/国際連盟支那調査員関係　第一巻（外務省外交史料館）

## 63. 驻沈阳森岛代理总领事致芳泽外务大臣的函电
（1932年2月6日）

昭和七年　二九八七　暗　　奉天　　　　　　　　六日下午发
　　　　　　　　　　　　　　外务省　　　　　　二月六日下午收

第一九六号

国际联盟来电

第一号

关于贵电第四号

一、三日从瑟堡出发的有四名调查团代表、一名克劳德将军的随行军医、三名秘书处事务员、两名打字员,共计十人。这些人员加上应从美国出发的麦考益,停留在支那的两名秘书处事务员、两名或三名专家,以及可能会参加调查的日支两国的顾问等,调查团一行人应该超过二十人。

二、调查团一行人将于三月初到达日本,在日本的去处已经确定。一行人预定何时到达贵处,现在完全不明,因此关于此点以及人数等问题,请求和外务省进行商讨。

本电和贵电请一并向外务大臣及驻华公使转电。

资料来源：JACAR（アジア歴史資料センター）Ref. B02030441900（第

109画像目から）、満洲事変（支那兵ノ満鉄柳条溝爆破ニ因ル日、支軍衝突関係）/善後措置関係/国際連盟支那調査員関係　第一巻（外務省外交史料館）

## 64. 驻国际联盟泽田局长致芳泽外务大臣的函电
（1932年2月8日）

昭和七年　二九八七　暗　　日内瓦　　　　　　　　八日下午发
　　　　　　　　　　　　外务省　　　　　　　　　　二月九日上午收

第五九号（紧急）

支那调查团一行人应于九日午后到达纽约，并于十二日出发直接前往旧金山。依据国务院的斡旋，"柯立芝总统号"的出发时间调整到了十三日。调查团乘坐这艘轮船，预定于三月一日抵达横滨。这就是旅程变更的内容。船中有可往秘书处发报的无线电，先汇报至此。

已向美、支、纽约、奉天转发电文。

请由驻美大使向旧金山转发电文。

资料来源：JACAR（アジア歴史資料センター）Ref. B02030442000（第110画像目から）、満洲事変（支那兵ノ満鉄柳条溝爆破ニ因ル日、支軍衝突関係）/善後措置関係/国際連盟支那調査員関係　第一巻（外務省外交史料館）

## 65. 驻厦门三浦领事致芳泽外务大臣的函电
（1932年2月9日）

昭和七年　三三九〇　暗　　厦门　　　　　　　　　九日下午发
　　　　　　　　　　　　外务省　　　　　　　　　　二月十日下午收

第六三号

关于您发给驻华公使的电文第四四号（于九日收到），数日之前一直很亲密的美国领事傅克林（フランクリン，Lynn W. Franklin）来本领事馆访问时，与其进行了六个小时的开放性谈话。傅克林领事表示，对这次当选国联支那调查团的美国方面代表人物的经历没有任何不满。麦考益将军的当选，对日支两国来说都是值得庆贺的事情。正如满洲之于日本，此将军恰好被派遣到过有类似关系的尼加拉瓜，体会过辛酸，对于妥善处置困难的局面有经验。傅克林领事当时也是派驻在同一个地方,熟知这些事情,很难找到比麦考益还能够更好地了解满洲局势的人物。并且,美国决定对洪都拉斯的政策时,在胡佛、史汀生相继进行了亲自视察和研究之后,为了保险起见又派遣了麦考益将军前往,最终才下发了决定案。麦考益是如此等级的人物,这次视察满洲,非此人不能胜任。另外,公使还说,由麦考益将军提出的报告书将十分重要。只不过美国政府在对待这些国家时,都极力避免使用作为最后手段的强权,比如像对待尼加拉瓜时,隐忍了十几年后才实现成功的控制。公使又补充说,根据强权而制定的政策是落后于时代的。对于这一点,麦考益将军的方针也是反对强权的。然后本官对公使进行了详细的说明,即日本对于满洲已经隐忍自重超过了二十年。公使说,能够去了解这么复杂的事情,除了麦考益以外没有人能够做到。上述内容若有用,请作为参考。

已向驻华公使馆、上海、北平、奉天、南京、广东、福州转发电文。

资料来源:JACAR(アジア歴史資料センター)Ref. B02030442000(第110画像目から)、満洲事変(支那兵ノ満鉄柳条溝爆破ニ因ル日、支軍衝突関係)/善後措置関係/国際連盟支那調査員関係　第一卷(外務省外交史料館)

## 66. 驻纽约崛内总领事致芳泽外务大臣的函电
（1932年2月10日）

昭和七年　三四六八　暗　　纽约　　　　　　　　十日下午发
　　　　　　　　　　　　　外务省　　　　　二月十一日上午收

第二五号

关于贵电文第七号

一、调查团一行人于九日到达纽约时,藤村领事与调查团一行人进行了会面和交流。李顿说,麦考益将军迄今为止还没有参加调查团,也还没有进行一次正式的会面,计划在今后的旅途中商量前往日本和支那的行程。"柯立芝总统号"于二十八日抵达横滨后,要在日本停留至少三周时间,所以届时想要接触一下各界人士。李顿也不清楚到达以后的安排是否会变更,但他表示无论如何在到达之后都想要和日本政府进行诚恳会谈。另外,李顿说如果在今后的旅程中做出了某些决定,会委托旧金山领事以及火奴鲁鲁总领事,向东京进行传达。因此,藤村首先打听到了同行干事派尔脱和驻旧金山总领事馆的联系方式。

二、另外，当天李顿对前来采访的新闻记者说，关于本调查团的设立，国际联盟的决议是相当宽泛的。但本调查团代表着身为各国民众之友人的国际联盟，会秉承不偏向任何人、任何国家的态度，在根据实地调查形成的尽可能广泛的基础之上，去思索、考察日支两国间和平的条件。此外，对于"一·二八"事变，鉴于国际联盟已经设立了特别委员会，本调查团并没有去调查此事变的意向。之后，李顿又说，如果可能的话，调查团报告书将在今年九月提交给国际联盟理事会。

已向驻美大使、旧金山港、火奴鲁鲁转发电文。另外，已将贵电文第四号及第七号向火奴鲁鲁转发。

资料来源：JACAR（アジア歴史資料センター）Ref. B02030442000（第112画像目から）、満洲事変（支那兵ノ満鉄柳条溝爆破ニ因ル日、支軍衝突関係）/善後措置関係/国際連盟支那調査員関係　第一巻（外務省外交史料館）

## 67. 驻上海重光公使致芳泽外务大臣的函电
（1932年2月11日）

昭和七年　暗　　上海　　　　　　　　　　　　　　　　发
　　　　　　　　外务省　　　　　　　　　二月十一日下午收

第一六四号

关于往电第七一号

哈斯还要处理上海事件委员会的相关事务，继续停留在该地，并不急于出发。但此人又想要在短时间内实地考察东京时局的推移、变化，所以商议了乘坐二十日至二十二日之间出发的轮船赶赴东京一事。所乘船次确定之后，会立刻追发电报。

资料来源：JACAR（アジア歴史資料センター）Ref. B02030442000（第114画像目から）、満洲事変（支那兵ノ満鉄柳条溝爆破ニ因ル日、支軍衝突関係）/善後措置関係/国際連盟支那調査員関係　第一巻（外務省外交史料館）

## 68. 驻上海重光公使致芳泽外务大臣的函电
（1932年2月12日）

昭和七年　暗　　上海　　　　　　　　　　　　　　　发
　　　　　　外务省　　　　　　　　　二月十二日下午收

第一七五号

关于往电第一六四号

虽然不知道哈斯是否会因当地委员会的事务而耽误些许日程，但目前的情况应该是此人将乘坐十九日发的"格兰特总统号"向神户进发。

资料来源：JACAR（アジア歴史資料センター）Ref. B02030442000（第115画像目から）、満洲事変（支那兵ノ満鉄柳条溝爆破ニ因ル日、支軍衝突関係）/善後措置関係/国際連盟支那調査員関係　第一巻（外務省外交史料館）

## 69. 驻旧金山若衫总领事致芳泽外务大臣的函电
（1932年2月12日）

昭和七年　三六五九　暗　旧金山　　　　　　十二日下午发
　　　　　　　　　　　　外务省　　　　　　二月十三日上午收

第二二号

关于贵电第三号

从当地的美元轮船航运公司处得到了确认，"柯立芝总统号"预定十三日上午十点起航，二十九日到达横滨。

已向美、纽约、火奴鲁鲁转发电文。

资料来源：JACAR（アジア歴史資料センター）Ref. B02030442000（第121画像目から）、満洲事変（支那兵ノ満鉄柳条溝爆破ニ因ル日、支軍衝突関係）/善後措置関係/国際連盟支那調査員関係　第一巻（外務省外交史料館）

## 70. 驻旧金山若衫总领事致芳泽外务大臣的函电
（1932年2月13日）

| 昭和七年　三七四七　暗　旧金山 | 十三日下午发 |
| 外务省 | 二月十四日下午收 |

第二三号

　　国际联盟支那调查团一行人已经于十三日上午八时到达本地，并于同日十时乘坐"柯立芝总统号"出航。为了向调查团表达敬意，本官和英国、法国、德国、意大利总领事一起，迎接并送别了调查团。在迎接和送别时，得到了和李顿，以及其秘书爱斯托与干事派尔脱进行会谈的机会。李顿说，希望在我国停留三周左右的时间，但自到达纽约以来，一直在乘坐火车，没有任何的空闲时间来整理计划，所以决定在航海的途中进行一些商议。在日本停留的时间，以及抵达日本之后各种事务的变更等，现在还没有决定。李顿说大概会在登船以后再就诸如与我国各界名流会面等事务，和同僚们一起商议后做出决定。我国将会提前筹备，为调查团一行人的旅途提供各种方便，使行程一切顺利。同时下官向李顿表示，若有任何要求，请务必向本领事馆或火奴鲁鲁总领事馆提出。对于我方的善意，他们表示了感谢。从派尔脱和爱斯托的谈话中得知，调查团一行人从日内瓦出发以来，一直处于昼夜兼行的状态，旅途中忙于应付新闻记者和照相合影，因此不仅没有时间举行迎送仪式，和日内瓦方面的联系也不足，无法充分获取关于时刻变化着的时局、形势等信息，所以还没有能够进行任何整理和讨论。对于这一点，本官向其做出了约定，关于日本之行的准备工作，不论有任何要求、委托，只要决定下来，都可以通过船上的无线电通知本官或者火奴鲁鲁总领事馆。

　　另外，调查团一行人中的五名代表、四名书记员、一名医生、一名麦考益将军的副官以及两名打字员，已经心情舒畅地出发了，例如麦考益将军对本官说，他在我国有很多朋友，非常期待着到达我国的那一天。法国、德国、意大利的代表也对我们的迎送表示了感谢。

　　前来迎送的当地人还有当地的市长、商业会议所代表、前文提及的总领事和其他一些熟人。

　　向火奴鲁鲁转发电文，已向美国、纽约秘密发送。

资料来源：JACAR（アジア歴史資料センター）Ref. B02030442000（第

121画像目から)、満洲事変(支那兵ノ満鉄柳条溝爆破ニ因ル日、支軍衝突関係)/善後措置関係/国際連盟支那調査員関係　第一卷(外務省外交史料館)

## 71. 外务省关于迎接调查团之决议案(1932年2月12日)

昭和七年二月十二日起草
昭和七年二月十四日裁定

**高等裁判所方案**

为接待将要来访我国的国际联盟支那调查团一行,在外务省内部设立国际联盟支那调查团外务省准备委员会,以完成迎接以及其他各种事务。

| | |
|---|---|
| 委员长 | 外务次官 |
| 副委员长 | 条约局长 |
| 委员 | 欧美局长 |
| | 通商局长 |
| | 文化事业部长 |
| | 亚细亚局长 |
| | 情报部长 |
| | 斋藤博士 |
| 干事 | 秘书官 |
| | 人事科长 |
| | 吉泽书记官 |
| | 亚细亚局第一科长(森岛书记官) |
| | 条约局第三科长 |
| | □①第二科长 |
| | 情报二科长(筒井书记官) |
| | ……② |

(此人员构成名单是在调查团将要出发前往日本之前制作的,在调查团抵

---

① 编者按:此处为手写体,字迹模糊,无法辨认。
② 编者按:此处为手写体,字迹模糊,无法辨认。

达日本时应另制作一份构成名单。此名单在此列出，以作为参考）

资料来源：JACAR（アジア歴史資料センター）Ref. B02030442100（第123画像目から）、満洲事変（支那兵ノ満鉄柳条溝爆破ニ因ル日、支軍衝突関係）/善後措置関係/国際連盟支那調査員関係　第一巻(外務省外交史料館)

## 72. 接待国际联盟调查团一行外务省省内委员会第一次讨论会议主旨（1932年2月15日）

一、昭和七年①二月十五日于第一会议室召开
出席者
委员长　　外务次官（缺席）
副委员长　条约局长
　　　　　吉田大使
委员　　　欧美局长
　　　　　通商局长
　　　　　文化事业部长
　　　　　亚细亚局长（缺席）
　　　　　情报部长（缺席）
　　　　　斋藤博士（缺席）
干事　　　秘书官
　　　　　人事科长
　　　　　盐崎秘书官
　　　　　亚细亚局第一科长（缺席）
　　　　　条约局第三科长
　　　　　森书记官
　　　　　情报部第二科长
　　　　　河原事务官（亚细亚局代理第一科长）

二、讨论事项
（一）任命条约局第三课长佐藤及森书记官为本委员会常任干事。

---

① 译者按：原文为"昭和六年"，根据前后文判断，应该是"昭和七年"。

（二）今后本委员会的一般事务，将主要由委员长、副委员长以及常任干事负责执行。

（三）决定调查团一行在日本停留时所需的费用由本国支付，包括住宿费、伙食费以及汽车使用费在内。这一决定应通过调查团一行的秘书长哈斯，传达给调查团。

（四）调查团一行将在本国停留大约三周时间，要依据附纸内容展开各种准备工作。

（五）一行抵达横滨时，目前初定的前往迎接者如下：

　　吉田大使

　　伊藤参事官

　　秘书官

　　盐崎书记官

　　条约局第三课长佐藤

　　森书记官

　　联盟协会方面代表

资料来源：JACAR（アジア歴史資料センター）Ref. B02030442100（第124画像目から）、満洲事変（支那兵ノ満鉄柳条溝爆破ニ因ル日、支軍衝突関係）/善後措置関係/国際連盟支那調査員関係　第一卷（外務省外交史料館）

## 73. 国际联盟调查团在日本停留期间日程表（日期不详）

**国际联盟支那调查团一行**

| 职务名称 | 正在前往日本途中 | 正停留在支那 | 合计 |
|---|---|---|---|
| 代表 | 五人 | | 五人 |
| 随员（秘书处员工） | 三人 | 二人 | 五人 |
| 李顿爵士的秘书 | 一人 | | 一人 |
| 克劳德将军的随员（军医） | 一人 | | 一人 |
| 麦考益将军的副官 | | | |
| 专家 | 一人 | | 一人 |
| 打字员 | | 二人或三人 | 二人或三人 |
| | 二人 | | 二人 |
| 合计 | 十三人 | 四人或五人 | 十七人或十八人 |

注：除此以外还有参与调查的日支两国委员各一人及其随员。

## 帝国酒店的客房安排

○上等房间（有温泉浴室）　　七间
　（供五名代表及日支两名参与员居住）
○中等房间（有温泉浴室）　　五间
　（供哈斯、杨格、希爱慕、支那书记官、伊藤居住）
○中等房间（有浴室）　　　　八间
　（供四名秘书处事务员及经济专家、医生、副官、爱斯托居住）
○普通房间（有浴室）　　　　两间
　（供两名打字员居住）
○办公室　　　　　　　　　　一间
　会议室　　　　　　　　　　两间

除上述日程以外应注意的事项：

一、三月二日、三日、四日期间的晋见和陪同就餐

二、猎鸭

三、外务次官的晚餐（日本料理）

四、新渡户博士的招待（茶会）

五、椿山庄

六、观看剧作

七、在秩父宫举行的亲王殿下的招待茶会［在大使馆招待其他的调查代表，在秩父宫仅招待李顿和爱斯托（宫内省安田事务官）。但如需要陪同就餐的话，则暂缓举行］

八、有关调查团一行的广播

至于关西方面的日程还未完全确定，暂且搁置不进行讨论。

## 相关各省及有关方面的协调事项

一、宫内省相关事项：
　　晋见
　　陪同就餐
　　参观离宫

秩父宫、高松宫相关事项

猎鸭

二、大藏省相关事项：

通关

三、内务省相关事项：

警卫

（关于上则内容，应当要求内务省召集神奈川、栃木、大阪、京都、奈良、兵库、长崎各府、县的警察部长，提前完成各种警卫工作的协商工作）

四、铁道省相关事项：

发放免费乘车票

酒店相关事项

五、邮政省相关事项：

联系轮船公司

六、新闻通信公司相关事项：

应由外务次官召集主要新闻及通信公司的干部，进行恳谈

## 支那调查团访日相关人员名单（案）

甲．

一、总理大臣主办宴会的招待客人：

国际联盟支那调查团代表、吉田大使

各阁僚

外务省、陆军省、海军省各次官

枢密院、贵族院、众议院各议长及副议长

内大臣

宫内大臣及次官

式部长官林

联盟协会会长石井

新渡户博士

井上匡四郎子爵

满铁内田总裁

经济联盟会长团

日本银行总裁土方

正金银行总裁儿玉

日本商工会议所会长乡

牧野伯爵

斋藤子爵

二、外务大臣主办宴会的招待客人：

国际联盟支那调查团代表、吉田大使

陆、海军各大臣，及各次官，及各军务局长

内务、大藏、铁道、递信各省次官

阪谷男爵

山川端夫博士

团男爵

日银总裁土方

藤村义朗男爵

井上匡四郎子爵

新渡户博士

石井子爵

式部长官林

松井男爵

币原男爵

田中大使

有吉大使

林大使

贵族院议长德川

外务省各局部长

斋藤博士

松冈洋右

驻日本的英、美、法、德、意各大使

驻日本的支那代理公使

乙．上记以外的政府方面或民间方面的宴会，适合与调查团进行会谈的人员名单。

一、实业家相关：

　　石井健吾（第一银行）

　　星埜章（川崎第百银行）

　　森广藏（安田银行）

　　加藤启三郎（朝鲜银行）

　　串田万藏（三菱银行）

　　结城丰太郎（兴业银行）

　　深井英五（日本银行）

　　安川雄之助（三井物产）

　　门野重九郎（大仓财团）

　　白岩龙平（东亚兴业公司）

　　小田切万寿之助

　　大仓喜七郎

　　大藏公望

　　森贤吾

　　公森太郎

二、外务省相关：

　　牧野伯爵

　　内田伯爵

　　德川公爵

　　斋藤子爵

　　币原男爵

　　松井男爵

　　林男爵

　　埴原正直

　　山川博士

　　田中大使

　　石井子爵

　　新渡户博士

丕平博士（Eugène Pépin，ペパン）①

三、其他：

副岛伯爵

后藤朝太郎

小野塚博士

高柳（贤三）博士

米田（实）博士

前田多门

长尾半平

宫冈恒次郎

立博士

山田博士

高石真五郎（大阪《每日新闻》）

杉村广太郎（《朝日新闻》）

町田梓楼

冈实

下村宏

资料来源：JACAR（アジア歴史資料センター）Ref. B02030442100（第126画像目から）、満洲事変（支那兵ノ満鉄柳条溝爆破ニ因ル日、支軍衝突関係）/善後措置関係/国際連盟支那調査員関係　第一巻（外務省外交史料館）

## 74. 驻美出渊大使致芳泽外务大臣的函电
（1932年2月16日）

昭和七年　三九九六　平　　华盛顿　　　　　　　十六日下午发

　　　　　　　　　　　　　外务省　　　　　　　二月十七日下午收

第一三〇号

一直以来作为美国国务院顾问的克拉克大学教授勃来克斯雷（G. H. Blakeslee，ブレークスリー），现在作为驻华美国公使馆的特别顾问，他将在二

---

① 编者按：丕平（Eugène Pépin，ペパン），法国人，日本外务省的法律顾问。

月末出发前往北平。同时，报告称此人将辅助国际联盟支那调查团美国代表进行调查。

资料来源：JACAR（アジア歴史資料センター）Ref. B02030442100（第135画像目から）、満洲事変（支那兵ノ満鉄柳条溝爆破ニ因ル日、支軍衝突関係）/善後措置関係/国際連盟支那調査員関係　第一巻（外務省外交史料館）

## 75. 芳泽外务大臣致驻夏威夷岩手总领事的函电
（1932年2月17日）

起草于昭和七年二月十七日

### 支那调查团停留东京时期的日程之件

第三号

关于旧金山总领事致本大臣的电报第二三号

调查团一行抵达火奴鲁鲁之后，请将下文的主旨向其进行传达，并在回电中报告对方的答复。

报告说调查团一行人在我国停留的时间大约是三周，大体预定为调查团一行在东京停留两周左右，在关西地区停留一周。关于在东京的总理大臣、外务大臣等政府方面和联盟协会等其他民间的接待工作，日光、箱根等地的游览以及其他计划，现在正在制定中。在完成准备工作的基础上，仍有富裕的时间，调查团在本国的日程规划以及住宿的安排也应当全权交予我方。另外，我方的意思是，在和哈斯进行商议之后，再决定详细内容。

此外，以上述在本国停留三周时间作为前提，形成了一个计划。为了了解远东的事态，应当长时间地停留在我国，我方认为这是必要且有益的。不仅如此，即使延长停留时间，在日程上仍然有充分的宽裕。应将停留的期间选在一个好的时节。抵达的时间仍属三月初，还是比较寒冷的。从三月下旬到四月，天气会很明显地变得舒适，更适合观光。关于上述几点意见，如果可能的话，我建议将停留时间延长两到三周，意下如何？

资料来源：JACAR（アジア歴史資料センター）Ref. B02030442100（第136画像目から）、満洲事変（支那兵ノ満鉄柳条溝爆破ニ因ル日、支軍衝突関係）/善後措置関係/国際連盟支那調査員関係　第一巻（外務省外交史料館）

## 76. 驻上海重光公使致芳泽外务大臣的函电
（1932年2月18日）

昭和七年　四一二六　暗　　上海　　　　　　　　　十八日下午发
　　　　　　　　　　　　　外务省　　　　　　　　二月十八日下午收

第二二八号（高度紧急）

目前从新闻报道处得到的消息称，李顿一行将不经过东京，而直接前往上海（三月四日抵达）。

资料来源：JACAR（アジア歴史資料センター）Ref. B02030442100（第138画像目から）、満洲事変（支那兵ノ満鉄柳条溝爆破ニ因ル日、支軍衝突関係）/善後措置関係/国際連盟支那調査員関係　第一巻（外務省外交史料館）

## 77. 驻上海重光公使致芳泽外务大臣的函电
（1932年2月18日）

昭和七年　四一六一　暗　　上海　　　　　　　　　十八日下午发
　　　　　　　　　　　　　外务省　　　　　　　　二月十八日下午收

第二三三号

关于往电第二二八号

向哈斯进行了确认，往电消息为误报。先前收到了从调查团一行所乘轮船直接发来的电报，该电报称调查团将在日本停留到三月十日。

资料来源：JACAR（アジア歴史資料センター）Ref. B02030442100（第138画像目から）、満洲事変（支那兵ノ満鉄柳条溝爆破ニ因ル日、支軍衝突関係）/善後措置関係/国際連盟支那調査員関係　第一巻（外務省外交史料館）

## 78. 驻夏威夷岩手总领事致芳泽外务大臣的函电
（1932年2月18日）

昭和七年　四二〇〇　暗　　火奴鲁鲁　　　　　　　十八日下午发
　　　　　　　　　　　　　外务省　　　　　　　　二月十九日上午收

第五号

关于贵电第四号如下文所示：

一、爱斯托

二、助佛兰（法国陆军少校军医）

三、皮特尔（麦考益将军少将副官）

四、两名打字员，即利吉奥斯和罗伯茨

资料来源：JACAR（アジア歴史資料センター）Ref. B02030442100（第139画像目から）、満洲事変（支那兵ノ満鉄柳条溝爆破ニ因ル日、支軍衝突関係）/善後措置関係/国際連盟支那調査員関係　第一巻（外務省外交史料館）

## 79. 驻夏威夷岩手总领事致芳泽外务大臣的函电（一）
### （1932年2月18日）

昭和七年　四二四一　暗　　火奴鲁鲁　　　　　　　十八日下午发
　　　　　　　　　　　　　外务省　　　　　　　　二月十九日下午收

第六号之一

关于贵电第三号

调查团一行所乘坐的"柯立芝总统号"轮船，已于今日（十八）上午七时在本地入港。李顿是本官在印度任职时代的老相识，他在轮船抵达本地以前便预先给本官发来了要求商议的电报。今天上午我们得到了机会，都抱有非常开诚布公的态度，在轻松的气氛中进行了只有我们两人的会谈。首先我将您发来电文中的主旨向他进行了传达，李顿就此问题表示完全同意大臣您的意见，他也认为应当在东京停留尽量长的时间，这对了解远东地区的局势不仅是有必要的，而且是有益的。他对我向他传达的意思表示感谢，但去程时在东京停留的时间还是要缩短。

（一）通过在航行中商议，已有结果，确定了前往考察途中停留东京的暂定日程。二十九日抵达横滨以后，到三月八日为止停留在东京，九日前往京都，十日停留在大阪。之后，按预定于十一日乘坐从神户起航的"亚当斯总统号"（プレジデント・アダムス）前往上海，再赶赴南京。（待续）

资料来源：JACAR（アジア歴史資料センター）Ref. B02030442100（第139画像目から）、満洲事変（支那兵ノ満鉄柳条溝爆破ニ因ル日、支軍衝突関

係)/善後措置関係/国際連盟支那調査員関係　第一巻(外務省外交史料館)

## 80. 驻夏威夷岩手总领事致芳泽外务大臣的函电(二)
### （1932年2月18日）

昭和七年　四二四〇　暗　　火奴鲁鲁　　　　　　　　　十八日下午发
　　　　　　　　　　　　　外务省　　　　　　　　　　二月十九日下午收

第六号之二

（二）当然，调查团一行也非常希望能在我国停留更长的时间，以便亲身去研究实情，并得到和朝野名流进行交流的机会。但去程目前暂以前文的预定为准。在南京大约也会停留十日，在此之后希望经北平（从南京或上海前往北平的路线还没有确定下来）尽可能快地前往满洲。之所以决定上述举措，主要是因为首先想了解日支两当事国政府对于当前纠纷的解决办法，以及什么是树立两国之间永远和平的基础，两国对此持有何种见解。同时作为调查团自身来说，对于调查团的调查范围，以及日支两国间的问题，国际联盟到底应当如何去帮助，希望就这些和两当事国政府提前进行一些诚恳的对话。在和两国政府当局就一些一般性重要事项进行了各方面意见交换的基础上，再迅速地前往满洲，进行实地调查之后做出决定，调查团的决定均是以上述想法作为根据的，除此以外没有别的原因。李顿之后又表示，还是想要在我国长时间停留。

资料来源：JACAR(アジア歴史資料センター) Ref. B02030442100(第140画像目から)、満洲事変(支那兵ノ満鉄柳条溝爆破ニ因ル日、支軍衝突関係)/善後措置関係/国際連盟支那調査員関係　第一巻(外務省外交史料館)

## 81. 驻夏威夷岩手总领事致芳泽外务大臣的函电(三)
### （1932年2月18日）

昭和七年　四二三七　暗　　火奴鲁鲁　　　　　　　　　十八日下午发
　　　　　　　　　　　　　外务省　　　　　　　　　　二月十九日下午收

第六号之三

（三）有关调查团在东京的住宿，李顿说已经从美元轮船公司方面得到了介绍，并已经通过此公司在帝国酒店完成了六?① 间房间的预约。李顿进一步发表如下观点：

（四）看到了新闻报道称顾维钧被任命为支那方面顾问，但还没有接到任何正式的通知。调查团希望，不论任命了什么人，支那方面的顾问都应当来到东京与调查团等一行人汇合，之后再一同前往支那。同时他又表示希望吉田大使也能够和自己一行人一同前往南京。

（五）李顿问到上海最近的形势如何。本官回答说，今天早晨的新闻电报中提到，当前日支两军司令官正在就停战进行交涉，并可预见即将达成协议。李顿说，在调查团将要去当地进行调查的时候，两军在上海的战火却日渐激烈，类似这样的情况是最不愿意看到的。他说现在最重要的就是希望停战交涉可以早日成功。在会谈中，本官向其表示会将以上谈话内容尽快以电报转达给外务大臣。此外，本官还向李顿说，调查团应提前向帝国政府发送电报，如有任何要求，都可以向帝国政府进行咨询。李顿对我方的善意深表感谢，并回答说目前除了上述内容以外，没有任何要麻烦我方的事务了。

已向美转发电文。

资料来源：JACAR（アジア歴史資料センター）Ref. B02030442100（第141画像目から）、満洲事変（支那兵ノ満鉄柳条溝爆破ニ因ル日、支軍衝突関係）/善後措置関係/国際連盟支那調査員関係　第一巻（外務省外交史料館）

## 82. 驻美出渊大使致芳泽外务大臣的函电
（1932年2月19日）

昭和七年　四二九五　略　　华盛顿　　　　　　　十九日下午发
　　　　　　　　　　　　　　外务省　　　　　　　二月二十日上午收

第一三九号

一月七日，驻华公使向本使发送的机密公文第一一号及附属的印刷品（八种），已于二月十五日收到。因麦考益将军已经出发，所以无法进行交付。关于此事请您再尽可能地另做筹划。

资料来源：JACAR（アジア歴史資料センター）Ref. B02030442100（第

---

① 编者按：原文有问号，意为不确定房间数量是否为六间。

145画像目から）、満洲事変（支那兵ノ満鉄柳条溝爆破ニ因ル日、支軍衝突関係）/善後措置関係/国際連盟支那調査員関係 第一卷（外務省外交史料館）

## 83. 驻夏威夷岩手总领事致芳泽外务大臣的函电
（1932年2月19日）

昭和七年　四三〇四　平　　　火奴鲁鲁　　　　　　　十九日下午发
　　　　　　　　　　　　　　外务省　　　　　　　　二月二十日下午收

第八号

国际联盟支那调查团团长李顿,十八日经过本港时会见了新闻记者,会见时所说的主要内容如下：

关于本调查团的成立,国际联盟理事会决议文书的主旨涵盖非常广泛。我等具有调查日支之间所产生的任何国际性重要问题的权限。调查团的主要任务,是竭力用最妥善的方法,促成将来日支两国间确立和平关系。诸如判定两国针对当前纠纷所使用的手段是否正当,只不过是附带的问题。我等将亲临当地进行调查,把从日支两国政府当局以及驻两国的各国领事馆处得到的、应作为材料使用的资料进行整合。以我等自身直接的观察为基础而做成的报告书有望在今年九月份提交给理事会。

已向驻美大使转发电文。

资料来源：JACAR（アジア歴史資料センター）Ref. B02030442100（第145画像目から）、満洲事変（支那兵ノ満鉄柳条溝爆破ニ因ル日、支軍衝突関係）/善後措置関係/国際連盟支那調査員関係 第一卷（外務省外交史料館）

## 84. 旅游部长渡边乙兵卫致外务省情报部第三课的函电
（1932年2月19日）

旅第二〇四号
昭和七年二月十九日

### 国际联盟支那调查团一事

敬启

按照您在昨日批示中所做出的委托,现在已将调查团一行人的两种旅程安排各三十份，附于本文件，一同提交给您。

如上述旅程安排B所述，一直到从中岛宫出发前往下关的当天为止，出发之前的时间为自由活动时间，根据您的指示，这是为了前往江田岛。另外，旅程中我方和调查团一行都要在长崎停留，在考虑了酒店设施等问题后决定安排住宿于温泉酒店。敬请知悉。

敬上

资料来源：JACAR（アジア歴史資料センター）Ref. B02030442100（第147画像目から）、満洲事変（支那兵ノ満鉄柳条溝爆破ニ因ル日、支軍衝突関係）/善後措置関係/国際連盟支那調査員関係　第一巻（外務省外交史料館）

## 85. 永井外务次官致河原田内务次官的函电
（1932年2月24日）

昭和七年二月二十四日

条约局第三科机密第七五号

**有关委托向国际联盟支那调查团一行提供警卫与便利一事之文件**

由国际联盟所派遣的支那调查团一行人乘坐的"柯立芝总统号"预定于本月二十九日抵达横滨港，且调查团一行人将在本国稍作停留。停留的时间将在到达之后再做决定。当此重要时局，烦请劳神安排向调查团一行提供警卫以及各种便利，特此提出委托申请。

另外调查团的姓名及简历如附页所示，已附于本文件中。

（附件中附有《国际联盟支那调查团一行姓名及简历》的复印件一份）[①]

资料来源：JACAR（アジア歴史資料センター）Ref. B02030442100（第149画像目から）、満洲事変（支那兵ノ満鉄柳条溝爆破ニ因ル日、支軍衝突関係）/善後措置関係/国際連盟支那調査員関係　第一巻（外務省外交史料館）

---

① 编者按：附件内容可参见前述"国际联盟支那调查团在本国停留期间日程表（日期不详）"。

## 86. 永井外务次官致黑田大藏次官的函电
### （1932 年 2 月 24 日）

昭和七年二月二十四日

条约局第三科机密第一一四号

**有关委托向国际联盟支那调查团一行提供通关及其他各种便利一事之文件**

由国际联盟派遣的支那调查团一行人乘坐的"柯立芝总统号"预定于本月二十九日抵达横滨港，且一行人将在本国稍作停留。烦请劳神安排向上述一行人提供快速通关以及其他各方面的便利，特此提出委托申请。

并且，调查团一行人中除五名代表（请参考附页《名单》）①以外，应还有书记四名、代表秘书两名、医生一名、打字员两名。

另外，作为此调查团秘书长的国际联盟交通部长罗伯特·哈斯现在已经抵达上海，将先于一行人于本月二十四、五日前后来到本国，也烦请劳神安排向此人提供全面的便利。此人的登陆地点和时间一旦确定，会立即通知您。

资料来源：JACAR（アジア歴史資料センター）Ref. B02030442100（第151画像目から）、満洲事変（支那兵ノ満鉄柳条溝爆破ニ因ル日、支軍衝突関係）/善後措置関係/国際連盟支那調査員関係　第一巻（外務省外交史料館）

## 87. 永井外务次官致久保田铁道次官的函电
### （1932 年 2 月 19 日）

昭和七年二月十九日

条约局第三科机密第二二号

**有关委托向国际联盟支那调查团一行提供免费火车票以及其他各种便利一事之文件**

由国际联盟派遣的支那调查团一行人在前往支那的途中，会在经过本国

---

① 编者按：附件内容可参见前述"国际联盟支那调查团在本国停留期间日程表（日期不详）"。

时稍做停留。调查团一行人乘坐的"柯立芝总统号"应于本月二十九日到达横滨。调查团一行人在本国停留期间(虽然停留时间还没有决定,但目前预计的是三周左右),烦请劳神安排向其提供免费火车票和其他各种便利。调查团代表、随员及专家的姓名与简历,以及调查团一行的日程表如附页的甲号与乙号所示,特此提出委托申请。

另外,除附页甲号中所记载的代表及随员、专家以外,同行人员还有秘书、军医、打字员等,也烦请劳神安排对上述人员提供免费火车票。上述人员的姓名一旦确定,会再次汇报给您。

(附页甲号及乙号随本文件一同发送)①

资料来源:JACAR(アジア歴史資料センター)Ref. B02030442100(第153画像目から)、満洲事変(支那兵ノ満鉄柳条溝爆破ニ因ル日、支軍衝突関係)/善後措置関係/国際連盟支那調査員関係　第一卷(外務省外交史料館)

## 88. 国际联盟调查团一行在日本停留期间的日程(草案)
### (日期不详)

**国际联盟支那调查团一行在本国停留期间的日程(草案)**

国际联盟支那调查团外务省准备委员会

|  |  | 上午 | 午餐 | 下午 | 晚餐 |
|---|---|---|---|---|---|
| 二月二十九日 | 周一 | 到达横滨 |  | 入住帝国酒店 |  |
| 三月一日 | 周二 |  | 总理大臣 | 参观市内 |  |
| 三月二日 | 周三 |  | 同天皇就餐(二、三、四内择日) |  | 外务大臣 |
| 三月三日 | 周四 |  |  | 在家中和外相夫人会面(下午四时至六时) | 国际联盟协会 |

---

① 编者按:附件内容可参见前述"国际联盟支那调查团在本国停留期间日程表(日期不详)"。

(续表)

| | | 上午 | 午餐 | 下午 | 晚餐 |
|---|---|---|---|---|---|
| 三月四日 | 周五 | | | | 经济联盟工业俱乐部及其他实业团体(观看戏剧) |
| 三月五日 | 周六 | | 海军大臣 | 与新渡户博士茶会 | |
| 三月六日 | 周日 | 自由(根据要求前往箱根或日光游览) | | | |
| 三月七日 | 周一 | | 陆军大臣(于大臣官舍) | | 外务次官(日本料理) |
| 三月八日 | 周二 | | | 下午一时从东京出发 | 抵达京都,入住京都酒店 |
| 三月九日 | 周三 | 京都 | 京都 | | 在京都酒店住宿 |
| 三月十日 | 周四 | 大阪 | 大阪 | | 在奈良酒店住宿 |
| 三月十一日 | 周五 | | | | 从神户起航 |

资料来源：JACAR(アジア歴史資料センター)Ref. B02030442100(第156画像目から)、満洲事変(支那兵ノ満鉄柳条溝爆破ニ因ル日、支軍衝突関係)/善後措置関係/国際連盟支那調査員関係　第一卷(外務省外交史料館)

## 89. 驻上海重光公使致芳泽外务大臣的函电
### (1932年2月22日)

昭和七年　四四八九　暗　上海　　　　　　　　二十二日下午发
　　　　　　　　　　　　外务省　　　　　　　二月二十二日下午收

第二六三号

关于往电第二〇六号

哈斯和随员泰勒(テーラー,John J. Taylor)一同,将乘坐二十三日起航的"克利夫兰总统号"前往日本,金井将与其同行。

请为哈斯一行人员准备快速通关手续。

资料来源：JACAR(アジア歴史資料センター)Ref. B02030442200(第

159画像目から)、満洲事変(支那兵ノ満鉄柳条溝爆破ニ因ル日、支軍衝突関係)/善後措置関係/国際連盟支那調査員関係　第一卷(外務省外交史料館)

## 90. 驻上海重光公使致芳泽外务大臣的函电
### (1932年2月22日)

昭和七年　四五〇二　暗　上海　　　　　　　二十二日下午发
　　　　　　　　　　　　外务省　　　　　　二月二十二日下午收

第二六七号

关于往电第二六三号

金井将延期一两日出发。

资料来源：JACAR(アジア歴史資料センター)Ref. B02030442200(第159画像目から)、満洲事変(支那兵ノ満鉄柳条溝爆破ニ因ル日、支軍衝突関係)/善後措置関係/国際連盟支那調査員関係　第一卷(外務省外交史料館)

## 91. 关于为接待国际联盟调查团所支出经费之文件的决议案(1932年2月22日)

昭和七年二月二十二日

**高等裁判所方案**

关于为接待国际联盟支那调查团所支出经费之文件

　　由国际联盟派遣的支那调查团一行人在前往支那的途中，会在经过本国时稍作停留。一行人乘坐的"柯立芝总统号"应于本月二十九日到达横滨。在本国停留期间(预计约十日)的接待费用，根据附页中的明细所示，应当支出贰万壹仟八百壹拾元。

　　以上内容已决议。

**支那调查团接待费预算**

第一节　在东京停留期间部分(期限为八日)

| 金额(日元) | 费用名称 | 经费明细① |
|---|---|---|
| 三八八八 | 帝国酒店住宿费 | 八日的房间费用共计三四八八日元<br>上等房间(带有温泉浴室)七间(三十日元　两间　三十六日元　五间)<br>中等房间(带有温泉浴室)五间(各二十日元)<br>中等房间(带有浴室)八间(各二十日元)<br>普通房间(带有浴室)二间(各八日元)<br>办公室　二间(各十一日元)　会议室　一间(十二日元)<br>酒店小费四百日元 |
| 二二八八 | 帝国酒店餐费 | 早餐一次　三日元,午、晚餐各一次　五日元(二十人份)<br>共计早餐一百七十六次,午餐及晚餐三百五十二次 |
| 四三〇 | 日光游览费(当日往返) | 金谷酒店三间房间租金(一间十日元)　　　三十日元<br>二十人份午餐及晚餐(每人每餐五日元)　二〇〇日元<br>游览用汽车十辆(一辆二十日元)　　　　二〇〇日元 |
| 四〇〇 | 观看戏剧费用 | 一等票一人八日元,五十人份 |
| 八〇〇 | 汽车使用费 | 一辆车一日十日元,十辆八日份 |
| 五一五〇 | 宴会费 | (1) 为准备接待工作进行三次宴会,人员八十人,单价十五日元<br>(2) 为和国联联盟秘书处派遣员进行联络进行两次宴会,人员六十人,单价二十日元<br>(3) 为接待调查团一行<br>① 于横滨举行一次接待宴会,人员六十人,单价十日元<br>② 外务次官主办宴会一次,四十人,单价三十日元<br>③ 与新渡户博士进行茶会一次,三十人,单价五日元<br>(4) 此外设小型宴会两次,人员四十人,单价二十日元 |
| 合计　一万二千九百五十六日元 | | |

## 第二节　关西及其他部分

| 金额(日元) | 费用名称 | 经费明细 |
|---|---|---|
| 一三五二 | 酒店住宿费,三日份 | 十八人三日份　合计一一五二日元<br>上等房间(带有温泉浴室　一间一日三十日元)　五间<br>中等房间(带有浴室　一间一日十八日元)　十三间<br>酒店小费　二〇〇日元 |

---

①　编者按:经查明细全部为原文内容,其中可能是有成员住宿变动,住宿费核算不一致。

(续表)

| 金额(日元) | 费用名称 | 经费明细 |
|---|---|---|
| 七〇二 | 餐费(三日份) | 早餐一次三日元,午餐及晚餐各一次五日元(十八人份) 合计早餐五十四次,午餐及晚餐一〇八次 |
| 三〇〇 | 交通费(三日份) | 汽车费用一辆一日十日元,共十辆 |
| 五〇〇 | 陪同人员各种费用 | 陪同人员前往地方出差时,所需住宿费及其他补贴 |
| 合计 二千八百五十四日元 | | |

### 第三节 一般费用

| 金额(日元) | 费用名称 | 经费明细 |
|---|---|---|
| 一〇〇〇 | 杂费 | 小费、新闻杂志费、行李搬运费及其他费用 |
| 五〇〇〇 | 预备费 | |
| 合计 六千日元 | | |
| 总合计 二万一千八百十日元 | | |

## 国际联盟支那调查团一行在本国停留期间的日程方案

| | | 上午 | 午餐 | 下午 | 晚餐 |
|---|---|---|---|---|---|
| 二月二十九日 | 周一 | 到达横滨 | | 入住帝国酒店 | |
| 三月一日 | 周二 | | 总理大臣 | 参观市内 | |
| 三月二日 | 周三 | | 同天皇就餐(二、三、四日内择日) | | 外务大臣 |
| 三月三日 | 周四 | | | 在家中和外相夫人会面(下午四时至六时) | 国际联盟协会 |
| 三月四日 | 周五 | | | | 经济联盟工业俱乐部及其他实业团体(观看戏剧) |
| 三月五日 | 周六 | | 海军大臣 | 与新渡户博士茶会 | |
| 三月六日 | 周日 | 自由(根据要求前往箱根或日光游览) | | | |

（续表）

|  |  | 上午 | 午餐 | 下午 | 晚餐 |
|---|---|---|---|---|---|
| 三月七日 | 周一 |  | 陆军大臣（于大臣官舍） |  | 外务次官（日本料理） |
| 三月八日 | 周二 |  |  | 下午一时从东京出发 | 抵达京都，入住京都酒店 |
| 三月九日 | 周三 | 京都 | 京都 |  | 在京都酒店住宿 |
| 三月十日 | 周四 | 大阪 | 大阪 |  | 在奈良酒店住宿 |
| 三月十一日 | 周五 |  |  |  | 从神户起航 |

资料来源：JACAR（アジア歴史資料センター）Ref. B02030442200（第160画像目から）、満洲事変（支那兵ノ満鉄柳条溝爆破ニ因ル日、支軍衝突関係）/善後措置関係/国際連盟支那調査員関係　第一巻（外務省外交史料館）

## 92. 驻上海重光公使致芳泽外务大臣的函电
### （1932年2月24日）

昭和七年　　四七四〇　　暗　　　上海　　　　　　　　二十四日下午发
　　　　　　　　　　　　　　　　外务省　　　　　　　　二月二十四日下午收

第二八四号

关于阁下发往南京之电报第一三号

支那方面的顾问将由顾维钧担任，他会和调查团一行人在当地汇合，并听取和考察事件原由。从上村处也应有电报发来汇报此事。目前的情况就是这样。

已向南京转发电文。

资料来源：JACAR（アジア歴史資料センター）Ref. B02030442200（第184画像目から）、満洲事変（支那兵ノ満鉄柳条溝爆破ニ因ル日、支軍衝突関係）/善後措置関係/国際連盟支那調査員関係　第一巻（外務省外交史料館）

## 93. 驻南京上村代理总领事致芳泽外务大臣的函电
### （1932年2月24日）

昭和七年　　四八二〇　　暗　　　南京　　　　　　　　二十四日下午发
　　　　　　　　　　　　　　　　外务省　　　　　　　　二月二十五日下午收

第一九八号

关于贵电第一三号

向外交部进行了确认,已经任命顾维钧为顾问。由于顾维钧目前身在上海或者北京,所以当地现在还不能确认他会在何处等候调查团一行。

已同贵电一起向北平转发。

已向支那转发电文。

资料来源:JACAR(アジア歴史資料センター)Ref. B02030442200(第185画像目から)、満洲事変(支那兵ノ満鉄柳条溝爆破ニ因ル日、支軍衝突関係)/善後措置関係/国際連盟支那調査員関係　第一巻(外務省外交史料館)

## 94. 国际联盟调查团一行的警戒护卫计划书(日期不详)

一、进出东京时车站的警戒

东京站　制服警察若干名　丸之内警察署负责

便衣警察十五名
- 丸之内警察署署　三名
- 外事科　三名
- 高等科　二名
- 特高科　二名
- 从事贴身警卫的外事科员　五名

品川站　制服　五名　高轮警察署负责

便衣　四名

其中两名负责联络乘车

二、帝国酒店警戒(常设)

(1) 外部制服巡查五名(两组交替制,需人员十名)

此外监督人警部补一名、巡查部长一名

共十二名　丸之内警察署负责

酒店各入口等五处重要场所的交通梳理负责人交替执勤。晚上十一时至早上七时之间,设三名制服警察站岗,负责酒店周围的警戒,采用轮流休息的方法执勤,另常设一名巡查部长作为监督。

(2) 酒店内部便衣十名、巡查部长一名

配置于酒店正面大堂、客房的一、二、三各层、地下室、宴会厅等酒店内七处重要场所，就酒店的出入人员进行警戒。晚上十一时至早上七时，设三名便衣巡查值班，进行酒店内的检查及警戒。

(3) 负责联络的便衣警部补一名、巡查一名　从早上七时至晚上十一时外事科负责将客房一层的一间房间设为便衣警察官办公室，其中设置直通电话，用来为报告、联络提供服务。

(4) 特别行动队便衣二至四名　高等科、特高科负责随时听候派遣，从事监控检查各种思想团体相关人员的进出。

(5) 待命制服巡查　五名巡查进行休息时作为补充，丸之内警察署负责，前文第一项外部警戒制服警察的轮流休息室将设置于客房的第一层。

三、特别护卫(贴身警戒)便衣五名　外事科负责

针对五名调查团代表，每人身边附设一位指定的警察官，团体出行时警察官与代表乘坐同一车辆进行护卫。

英国李顿　　　　斋藤部长

美国麦考益　　　桑原巡查

法国克劳德　　　药袋巡查

德国希尼　　　　中村巡查

意大利马柯迪　　佐佐木巡查

四、出行目的地警戒所辖警察署负责

根据日程安排，按照当日实际情况配置适当的警卫。

资料来源：JACAR(アジア歴史資料センター)Ref. B02030442200(第187画像目から)、満洲事変(支那兵ノ満鉄柳条溝爆破ニ因ル日、支軍衝突関係)/善後措置関係/国際連盟支那調査員関係　第一巻(外務省外交史料館)

# 95. 久保田铁道次官致外务次官永井松三电
## （1932年2月25日）

官文第三四四号

昭和七年二月二十五日

您于二月二十日通过条约局第三课机密第二二号，向我传达向国际联盟支那调查团一行发放如下文所记免费火车票的指示。我已知晓这一指示。

另外，调查团一行人的旅行日程及其他事项决定之后，会立刻再行通知。

记

一、等级　一等

二、区间　铁道省运营一般线路

三、期间　自二月二十九日至三月十五日

（其中有两名调查团成员的期限为二月二十五日至三月十五日）

资料来源：JACAR（アジア歴史資料センター）Ref. B02030442200（第189画像目から）、満洲事変（支那兵ノ満鉄柳条溝爆破ニ因ル日、支軍衝突関係）/善後措置関係/国際連盟支那調査員関係　第一巻（外務省外交史料館）

（以上内容，张圣东　译；叶磊、马海天　校）

## 96. 通商二课致国际联盟调查团外务省准备委员会的函电（1932 年 2 月 25 日）

昭和七年二月二十五日

### 接待关系

国际联盟支那调查外务省准备委员会

二月二十五日通商二课打来电话，其主要内容是希望对在"日德协会"举办希尼博士、万考芝等人接待会的日程进行协调。

资料来源：JACAR（アジア歴史資料センター）Ref. B02030442300（第199画像目から）、満洲事変（支那兵ノ満鉄柳条溝爆破ニ因ル日、支軍衝突関係）/善後措置関係/国際連盟支那調査員関係　第一巻（外務省外交史料館）

## 97. 国际联盟调查团一行的行程安排（1932 年 2 月 25 日）

昭和七年二月二十五日

### 国际联盟支那调查团一行的行程安排

国际联盟支那调查外务省准备委员会

国际联盟支那调查团一行预定二月二十九日到达日本，在日本停留 3 个星期到 4 个星期，在支那内地停留约 2 个半月，在满洲停留一个月左右，日本到日内瓦的归途需要耗时约一个月，到八月二十日左右回到日内瓦，以上为此次行程的安排。

资料来源：JACAR（アジア歴史資料センター）Ref. B02030442300（第200画像目から）、満洲事変(支那兵ノ満鉄柳条溝爆破ニ因ル日、支軍衝突関係)/善後措置関係/国際連盟支那調査員関係　第一巻(外務省外交史料館)

## 98. 国际联盟调查团一行在日本及支那行程计划书
（1932年2月25日）

昭和七年二月二十五日

**国际联盟支那调查团一行在日本及支那行程计划书**

国际联盟支那调查外务省准备委员会

二月二十九日（抵达横滨）

三月一日—三月下旬（东京及其邻近地区、京都、奈良、大阪、神户、宫岛、别府、长崎）

三月下旬（抵达上海）

三月下旬—四月中旬（约3星期）（以上海为中心，南京等）

四月中旬—五月上旬（约3星期）（上海、香港、广东、上海）

五月上旬—五月下旬（上海、汉口、郑州）

五月下旬—六月下旬（北平、洛阳、济南、青岛）

六月下旬—七月下旬［天津、大连、奉天、长春（万宝山）、吉林、哈尔滨、齐齐哈尔、奉天］

七月下旬从大连出发，经由朝鲜抵达日本，七月二十日左右从横滨出发经由美国前往日内瓦。

资料来源：JACAR（アジア歴史資料センター）Ref. B02030442300（第200画像目から）、満洲事変(支那兵ノ満鉄柳条溝爆破ニ因ル日、支軍衝突関係)/善後措置関係/国際連盟支那調査員関係　第一巻(外務省外交史料館)

## 99. 国联调查团秘书长哈斯抵东京时间的通知
（1932 年 2 月 25 日）

昭和七年二月二十五日

**国联支那调查团秘书长哈斯抵达东京时间的通知**

国际联盟支那调查团外务省准备委员会

调查团一行中的哈斯、泰勒、青木、石川将于二十五日晚上九点二十分搭乘"燕"号舰船抵达东京。

（二十五日下午二时十五分旅游局"Tourist Bureau,ツーリスト・ビューロー"打来电话。）

资料来源：JACAR（アジア歴史資料センター）Ref. B02030442300（第 201 画像目から）、満洲事変（支那兵ノ満鉄柳条溝爆破ニ因ル日、支軍衝突関係）/善後措置関係/国際連盟支那調査員関係　第一巻（外務省外交史料館）

## 100. 杉村公使与国际联盟调查团的会见记录
（1931 年 1 月 21 日）

**杉村公使与国际联盟支那调查团的会见记录**

国际联盟支那调查团外务省准备委员会

一、一月二十一日支那调查团

李顿爵士（英 Lord Lytton）、克劳德中将（法 Genenal Claudel）、麦考益少将（美 Genenal McCoy）、希尼博士（德 Dr. von Schnee）、马柯迪伯爵（意 Adrovandi）等在国际联盟秘书处聚集，推选李顿爵士为团长，举行与调查有关之内部协议。

同日下午,各代表和作为美国委员麦考益将军的代理人出席之吉尔伯特总领事的随员国际联盟秘书处成员派尔脱（荷兰, Pelt）、万考芝（德, Von Kotze）、派斯塔柯夫（捷克, Pastuhov），以及秘书处干部和相关秘书处成员等出席座谈会,就视察的准备工作与其他有关支那的问题进行了约 1 小时的谈话。

二、支那理事颜惠庆向委员提出参加前述座谈会的申请,调查团以此次集会乃有关内部协议,当事国不便参与之理由予以拒绝。由于德拉蒙德的好意关照,本官才能够以政治部长之资格出席座谈会。关于满洲事件之内容,本官没有毫无顾忌地为日本之主张辩护或支持,而不过是间接地说明我方立场,关于此点还望谅解。

三、谈话之要领如下

(1) 支那之事情纷繁复杂,理解并非易事,日本分发给各位委员之参考文件均有极高之价值,旅途中预先获得必要之知识,到达现场方能完成充分之调查。

(2) 关于支那之议论总有偏向一方之嫌,故全面之考察尤为必要。如就地理而言,在上海居住之支那人或外国人不过以上海一地之见闻讨论支那问题,对北方或南方发生之事的认识不过流于表面,对其内部实情关心不深。支那与其称为国家,不如称为大陆更为恰当,各种语言、民族混杂,交通不便,此乃不言自明之理。日支的国民性有异,支那多智者而少人物,日本不擅撰文辩论而富于实干能力,二者虽同为亚细亚人,却有非同一种族之差异。两国人之间相互理解、相互尊重之观念淡薄,其原因应在此。在支那之外国人多持反动保守之倾向,念念不忘二三十年前凭借优势武力、财力对待支那人,并可以随心所欲行使其特权的时期。与之相反,支那青年则抱有恢复国权运动等,预期二三十年后之将来方有望实现的幻想,生硬照搬西欧的民主主义甚至苏维埃制度,有冒进之倾向。如此这般,一方面有外国人留恋于二三十年前之过去,另一方面有支那青年迫切希望马上实现二三十年之后或可期待实现之事。然而直面如今之现实,并以此为基础考察支那与外国之关系的人却不多,此为极其遗憾之事。希望调查团可以忠实地研究这样的现实事态,并据此为基础提出具有实际价值之意见,以助于增进支那及与支那有深切关系之各国利益。

(3) 为达到以上之目的,希望尽可能广泛地考察支那南北各地,同时会见各个阶层、类别之人士,竭力对支那现状及支那今后之走势进行实际的观察。

(4) 支那之经济若能繁荣昌盛,对于支那乃至世界而言都是极为有利之一大市场,此乃不言自明之事实,为实现此目的,不可不恢复其国内秩序与促使其对外关系正常化。

(5) 调查团对于日支两国不可不持公平之立场,视察结束之前切不可随意发表意见。现如今之形势是双方均人心激昂,不易听进他人意见。待经过相当之时日,达到对持公平态度之第三方意见抱有深切敬意之际,方能公开发表意见。

(6) 关于支那的情报,其来源多有不确之处。希望委员们每日开会,能仔细分析情报的来源,然后交换意见,避免观察失之偏颇。

(7) 2月上旬从欧洲出发,3月10日前后抵达东京,希望首先访问芳泽首相并按照日本政府提出的计划进行活动。首先约一星期时间用于访问政府主要部门,然后前往日光市游玩休息二三日,回到东京后再逗留一个星期左右,会见在野政治家(币原男爵、井上前藏相、斋藤实子爵、石井子爵等人)、实业家、名记者等之后前往大阪,在京都、奈良观光,会见与支那贸易有重大利益关系之阪神实业家,经由宫岛,4月中旬或下旬从长崎前往上海,在日本停留期间充分研究眼下经济处于极为困难境地之日本实情与引发满洲问题之日本最近国情。(关于此点依据各种材料给予了详细说明。)

(8) 4月末到达南京后逗留一到两星期,前往上海逗留相当时日,访问广东之计划若因时间原因而不允许,则通过陆路经由北京、天津,当于6月下旬抵达满洲,然后可以奉天为根据地前往各地出差办事,不过考虑到酷暑难当,不如以大连星浦(星ヶ浦)为根据地,每次前往满洲地区考察1个星期或10天左右后返回大连休养,然后再次出差考察,此不失为上策。

(9) 调查员虽然由日支及各国政府任命,其职责却在调查团内部,为了便于与日支两国接触和联络,特定的专门事项应该征求日支两国政府派出专家的意见。

(10) 日本政府将对调查团给予一切便利,满铁或其他民间力量亦将竭力款待,有何要求希望预先提出。

四、以上发言结束后,李顿团长发表了亲切的谢辞,然后对德拉蒙德表示可以大体按照本官的指示行动。

此外,对于日本提供的参考资料,特别是因为在选择时基于公道,没有看到毫无顾忌宣传的痕迹,因而博得广泛的好评。

五、调查团要么是老将军要么就是元老,而并不是政治家,更容易接受整体考察后得出的全局概论而不是琐细的讨论。因此,为了贯彻日本的主张,对于高官或领导者应该从大处着眼来使其正确理解支那问题,琐细的技术性问题则应该由陪同调查团的专家或秘书处成员进行讨论,这样才能取得较大效果。

六、各位委员预计将谒见、出席首相或外相晚宴，详细询问了有关携带大礼服、勋章（有取得我国一等勋章的可能）与其他礼服等种种问题，对此颇感意外。本官的回答是，克劳德将军需携带大礼服，其他委员只需准备燕尾服、长礼服（或是晨礼服）便足矣。

七、委员们都是出于种种不得已之理由承担此次任务，自愿前往支那考察的人一个都没有。为了减轻日支两国负担而不允许委员们的随从同行，委员们似乎深感不满。在委员们搭乘日本船从旧金山至上海上岸为止，以及在满洲旅行的过程中，万望我方在接待上竭力给予照顾，配备向导与仆人等以确保行程畅通无碍。而且，李顿爵士在本官发言结束后的谢辞中表示"希望旅行是有益且愉快的"，并着重提到了"agreeable"一词。由此可知其希望趁此次旅行的机会游览日本各地风光明媚之处，其他委员肯定也持同样想法，希望在接待上特别注意这一点。

八、正如众所周知的那样，我国新闻记者及摄影组将会在外国客人登岸之际进行刨根问底式的采访以获得观点而进行报道，考虑到委员们执行此次任务之立场、与支那关系之微妙，对于以所谓采访为目的的记者应该进行联络，确保其与随员中的情报部成员派尔脱沟通无碍。

九、各代表的履历等情况想必已经由各有关使领馆详细报告，此不赘言，仅略论对各人之感想如下：

（1）李顿。虽然被推举出任团长，却绝不仅仅是领袖之材，与其说能干不如说才子一样的人物，曾作为印度第一代表出席国联大会，公开表示英国对印度之不平，对东洋人之性格多少有所了解，而且处理事情较为通融灵活，擅长高尔夫。

（2）克劳德将军。即所谓殖民主义者，义和团事件时曾加入赴北京救援军，与支那有过联系，此次以支那酷暑与卫生设备不齐全为理由，要求携带一名医官同行，可见其对支那的知识已经大大落后于时代了。秘书处内同情支那的法国人等在将军面前为支那说情，乞求多停留两三天，将军对国际联盟并不亲近，尤其不喜与此等法国人接近，当夜就返回法国了。又，将军不会英语。

（3）马柯迪伯爵。曾是巴黎和平会议时的意大利代表团秘书长，是有才干的外交官，与日本驻德国长冈大使关系密切，虽然初看似乎平凡，但其长处在于做事周全，与其聚餐之时本官力陈日、意同为年轻国家之发展命运，引起其共鸣。他对于支那无任何知识。

（4）希尼博士。与其尚无单独交流之机会，据杜福尔及兰多辛科（レントフィンク，译音）的传言，其对本官的发言似乎甚感兴趣。又德国方面希望扩展对支那之贸易，强烈主张列强采取共同措施以预防支那方面之不法行为，认同遵守门户开放、机会均等之原则进行自由竞争，避免三十年前列强分割支那之方案，希望将支那市场作为整体以促进国际经济之恢复。希望对以上意见予以参考。

十、委员随行之事务局员与专家略论如下，

（1）哈斯，为松田、永井两位大使所熟知，此处略去说明。

（2）派尔脱，荷兰人，情报部成员，以手腕灵活闻名，华盛顿会议之时被荷兰政府临时聘请加入代表团，另近年被邀请出任"Institute of Pacific Rorations"①秘书长，以收入太少予以拒绝，深受外相布洛克兰多（ブロックランド，译音）信任，此次亲赴海牙接受其指示。派尔脱与本官关系相当友好，对日本并无恶意，其与古垣铁郎关系密切。

（3）万考芝，德国事务总长杜福尔之辅弼人员（相当于我方之原田健），好人一个，与我方关系友好。

（4）派斯塔柯夫，作为政治部成员，五年来乃本官之左膀右臂，国籍为捷克，实际上是俄罗斯人，属于旧派。与日本方面关系极为亲密，切望万事一定与此人商量。

（5）专家希爱慕，加拿大人，乃铁道专家，曾在交通部任职数年，说不上与日本方面关系友好，乃沉默寡言之好人。

资料来源：JACAR（アジア歴史資料センター）Ref. B02030442400（第202画像目から）、満洲事変（支那兵ノ満鉄柳条溝爆破ニ因ル日、支軍衝突関係）/善後措置関係/国際連盟支那調査員関係　第一巻（外務省外交史料館）

---

① 编者按：原文如此。

## 101. 支那调查团来日相关人员（草案）（日期不详）

**支那调查团来日相关人员（草案）**

国际联盟支那调查团外务省准备委员会

甲.
一、总理大臣举办宴会邀请宾客
国际联盟支那调查团参与委员、吉田大使
各内阁官员
外务、陆、海军各次官
枢密院、贵族院、众议院各议长
宫内大臣、同次官
林式部长官
石井联盟协会会长
新渡户博士
井上国四郎子爵
内田满铁总裁
团经济联盟会长
土方日本银行总裁
儿玉正金银行总裁
乡日本商工会议所会长
二、外务大臣举办宴会邀请宾客
国际联盟支那调查团参与委员、吉田大使
陆、海军各大臣；陆、海军各次官；陆、海军各军务长
各省次官
阪谷男爵
山川端夫博士
团男爵
土方日银总裁
藤村义朗男爵

新渡户博士

石井子爵

林式部长官

松井男爵

币原男爵

田中大使

有吉大使

林大使

德川贵族议院议长

外务省各局部长

斋藤博士

松冈洋右

英、美、法、德、意各大使

支那驻日本代理公使

乙．此外政府或民间可以参加宴会同调查团会谈之合适人名

一、涉及的实业家

佐佐木勇之助（第一银行）

星埜章（川崎第百）

森广藏（安田）

加藤启三郎（"鲜"银）

串田万藏（三菱）

结城丰太郎（兴银）

深井英五（日银）

安川兄之助（三井物产）

门野重九郎（大仓）

白岩龙平（东亚兴业）

小田切万寿之助

大仓喜七郎

大仓公望

森贤吾

公森太郎

二、外务省联系人员

牧野伯爵

内田伯爵

德川公爵

斋藤子爵

币原男爵

松井男爵

林男爵

古市男爵

植原悦二郎

山川博士

田中大使

石井子爵

新渡户博士

志立铁次郎

丕平博士

巴蒂博士(ベティー,Thomas Baty)

三、其他

小野塚博士

高柳(贤三)博士

米田(实)博士

前田多门

长尾半平

宫冈恒二郎

立博士

山田博士

高石真五郎(大阪《每日新闻》)

杉村广太郎(《朝日新闻》)

町田梓楼

冈实

下村宏

资料来源:JACAR(アジア歴史資料センター) Ref. B02030442500(第212画像目から)、満洲事変(支那兵ノ満鉄柳条溝爆破ニ因ル日、支軍衝突関係)/善後措置関係/国際連盟支那調査員関係 第一卷(外務省外交史料館)

## 102. 驻国际联盟泽田局长致芳泽外务大臣的函电
（1932年2月26日）

昭和七年　五〇一二　暗　　日内瓦　　　　　廿六日下午发
　　　　　　　　　　　　　外务省　　　　　二月廿七日上午收

第一五一号
来自佐藤理事

国联秘书长于二十五日以公文向本使告知,支那调查团近期将抵达远东,调查团任命以后的远东事态发展或可能给调查团的安全造成威胁,希望贵国政府在调查团于现场调查期间,特别注意其安全问题,设法给予保障。同时另外以私信告知,鉴于日本理事屡次在理事会说明满洲铁路沿线附近地区土匪大量出没的情况,在铁路线路及其附近驻有军队的日本政府能够采取一切手段以确保调查员安全不受威胁;又考虑到九月份以来之事态,调查员安全之责任应由日本官方肩负,故仅向日本送出前述公文,还望谅解等因。

希望回电对前述公文进行答复。

资料来源:JACAR(アジア歴史資料センター) Ref. B02030442600(第219画像目から)、満洲事変(支那兵ノ満鉄柳条溝爆破ニ因ル日、支軍衝突関係)/善後措置関係/国際連盟支那調査員関係 第一卷(外務省外交史料館)

## 103. 驻上海重光公使致芳泽外务大臣的函电
（1932年2月27日）

昭和七年　五〇六五　暗　　上海　　　　　廿七日下午发
　　　　　　　　　　　　　外务省　　　　　二月廿七日下午收

第三〇四号

鉴于眼下之事态,金井留在当地负责与各方面联络是绝对必要的。此人接受关东军命令,在东京向国际联盟调查团说明军队之行动(军事除外)。根据从满铁总裁处接到的命令，金井服从外务省指挥而前往东京。希望让此人留在当地，待国际联盟调查团抵达之时与之接触。有关上述情况敬请告知。

资料来源：JACAR（アジア歴史資料センター）Ref. B02030442600（第230画像目から）、満洲事変（支那兵ノ満鉄柳条溝爆破ニ因ル日、支軍衝突関係）/善後措置関係/国際連盟支那調査員関係　第一巻（外務省外交史料館）

## 104. 芳泽外务大臣致驻国际联盟泽田局长的函电
（1932年2月28日）

第六四号

### 关于调查团安全的来往文件

关于贵电第一五一号

致佐藤理事

二十五日秘书长发来之公文答复如下，帝国政府对于调查团一行在当地进行的收集情报活动将尽量提供便利，尤其是安全问题，在我方实力所及之地域内将加以特别之注意。

资料来源：JACAR（アジア歴史資料センター）Ref. B02030442600（第232画像目から）、満洲事変（支那兵ノ満鉄柳条溝爆破ニ因ル日、支軍衝突関係）/善後措置関係/国際連盟支那調査員関係　第一巻（外務省外交史料館）

## 105. 驻上海重光公使致芳泽外务大臣的函电
（1932年2月29日）

昭和七年　五〇六五　暗　上海　　　　　　廿九日上午发
　　　　　　　　　　　　外务省　　　　　二月廿九日下午收

第三二〇号

关于往电第二八四号

在二十八日与松冈的会谈上，顾维钧表示他计划在本地①与国际联盟调

---

① 编者按：即上海。

查团会合,然后随同前往北方。

已转电南京。

资料来源:JACAR(アジア歴史資料センター)Ref. B02030442600(第234画像目から)、満洲事変(支那兵ノ満鉄柳条溝爆破ニ因ル日、支軍衝突関係)/善後措置関係/国際連盟支那調査員関係 第一巻(外務省外交史料館)

## 106. 驻沈阳森岛代理总领事致芳泽外务大臣的函电
（1932年2月29日）

昭和七年　五三一九　暗　　奉天　　　　　　　　二月廿九日下午发
　　　　　　　　　　　　　外务省　　　　　　　　三月一日下午收

第三二九号

关于国际联盟调查班①的情况,请尽快调查以下诸点并复电。

一、抵达满洲的日期;

二、在本地②视察时间;

三、大概人数,驻日本大使馆员等有无随同出发者,以及跟随调查班之通信员等其他人员;

四、关于希望视察的地域或是方式。

已转电公使、北平。

资料来源:JACAR(アジア歴史資料センター)Ref. B02030442600(第234画像目から)、満洲事変(支那兵ノ満鉄柳条溝爆破ニ因ル日、支軍衝突関係)/善後措置関係/国際連盟支那調査員関係 第一巻(外務省外交史料館)

## 107. 上海国泰饭店金井致芳泽外务大臣的函电
（1932年2月29日）

昭和七年　五二二九　平　　上海　　　　　　　　廿九日下午发
　　　　　　　　　　　　　外务省　　　　　　　　二月廿九日下午收

---

① 编者按:原文为"班",指调查团。下同。

② 编者按:即沈阳。

在本地迎接国联联盟调查团,还是尽快前往首都,何者为佳,敬请指示。

资料来源:JACAR(アジア歴史資料センター)Ref. B02030442600(第235画像目から)、満洲事変(支那兵ノ満鉄柳条溝爆破ニ因ル日、支軍衝突関係)/善後措置関係/国際連盟支那調査員関係 第一卷(外務省外交史料館)

## 108. 芳泽外务大臣致驻美出渊大使等处的函电
### (1932年2月29日)

昭和七年二月二十九日
发送方:芳泽外务大臣
接收方:驻美出渊大使
　　　　驻日内瓦泽田国际联盟事务局长
　　　　驻华重光公使

**日本新闻的论调(二十九日)**

合第六五一号

报纸时论调查(二十九日)

国际联盟支那调查团一行在日本停留的时候,主要报纸登载了表示欢迎的社论或报道(调查团一行的行动、履历、照片等),并提出了以下的希望。

《东京朝日》:吾人希望,调查团在知晓支那之前,先理解日本国民,正确了解日本对支那的要求为何。

《报知》:希望调查团一行,公平地透视种种真实情况的同时,以不含偏向性的同情查明诱发事变的根本原因,向国际联盟提出不存在认识缺失的、不带情感的公正无私的报告书。

《时事》:调查团的派遣是由日本向国际联盟提议的,其访日自然最受日本国民的欢迎。对于满洲事变中日本之行动,日本国民当然持有相当强烈的自信,不过难保没有在自己留意范围外的意外失误,对此断不敢包庇扭曲。希望委员诸位先生尽一切办法自由调查,向全世界表明真相。

《中外》:吾人不敢奢望调查团故意做出对我国有利之报告,但求查明事实真相不被支那方面的宣传蛊惑便足矣。

对国际联盟方面请附加"请按照阁下之裁量转电或邮送驻欧各大使"。

资料来源：JACAR（アジア歴史資料センター）Ref. B02030442700（第236画像目から）、満洲事変（支那兵ノ満鉄柳条溝爆破ニ因ル日、支軍衝突関係）/善後措置関係/国際連盟支那調査員関係 第一巻（外務省外交史料館）

## 109. 芳泽外务大臣与李顿爵士的会谈录
（1932年2月29日）

1932年二月二十九日国际联盟支那调查团一行来拜访芳泽外务大臣，团长李顿表示"请发表高见"，芳泽外务大臣回答："实际上日本作为日支纠纷的当事国，只希望贵委员诸位可以公平地从事调查。除此之外，当事方似乎应该竭力避免提出任何要求或干涉。"

做了此番声明后，芳泽外务大臣继续说："如果以上确是诸位委员的希望，鄙人有一句话要说，希望此次支那之行不必拘泥于理论，按照现实的状态实行调查。"

李顿说："完全赞同。理事会的决议亦包含了这一点。"

芳泽外务大臣继续说："日本希望尽快恢复与支那之亲善关系，酿成今日之局面对两国来说均是不幸之事态，我自己正在竭力促使亲善关系之恢复。诱发此次事态的根本原因是，过去数年间国民政府推行所谓'革命外交'，采取以暴力对抗外国而单方面改变条约的态度。直接的原因是，张学良在与南方妥协前同日本是亲善关系，妥协后受革命外交的鼓动，开始夺取日本的权益，结果是导致了种种事件的发生，这对日本国内舆论造成很大的刺激。去年九月事变爆发后酿成今日之事态，上海事件中，在上海的日本居留民受到排日运动的困扰，一月二十八日驻防南京、上海的十九路军率先向我军开枪挑衅，引起日支士兵冲突。当时我陆战队不过3000人，十九路军出动了十倍多的兵力，我方如果不派遣陆军增援，陆战队与居留民将处于极度危险中，不得已出动了陆军予以增援。日本政府不得已才采取措施，并非出于本意。当时发生的种种事情给世界造成了误解，尤其是外务省官员在与各国记者会见之际发表了属于其个人意见的言论，谈到在支那重要开放港口周围设置中立地带的方案，此事被电报发往外国，似乎引起了外国不少疑惑。此等实在遗憾之事至今仍给世间造成种种误解。日本政府正在酝酿促成撤兵区域交涉之成功，以便尽快解决上海问题。望诸委员谅解。"

李顿听完后表示谅解。

（1932年2月29日，芳泽外务大臣口述，守岛记录）

资料来源：JACAR（アジア歴史資料センター）Ref. B02030442700（第245画像目から）、満洲事変（支那兵ノ満鉄柳条溝爆破ニ因ル日、支軍衝突関係）/善後措置関係/国際連盟支那調査員関係　第一巻（外務省外交史料館）

## 110. 大阪府知事致芳泽外务大臣的函电
### （1932年3月5日）

昭和七年　　五七五三　　平　　　　大阪　　　　　　　　　　五日下午发
　　　　　　　　　　　　　　　外务省　　　　　　　　　　　三月五日下午收

关于国际联盟调查团一行的来电敬悉。

十日晚上在府市商工会议所准备晚餐（日本料理），望您知晓。

资料来源：JACAR（アジア歴史資料センター）Ref. B02030442700（第261画像目から）、満洲事変（支那兵ノ満鉄柳条溝爆破ニ因ル日、支軍衝突関係）/善後措置関係/国際連盟支那調査員関係　第一巻（外務省外交史料館）

## 111. 外务省情报局致在外公馆的函电（1932年3月4日）

第一九八号

昭和七年三月四日

### 芳泽外务大臣的演说原文送交之件

在外务大臣举办的国际联盟支那调查团招待会上，芳泽外务大臣的演说原文（日、英文），现送交参考。

### 国际联盟支那调查团招待晚餐会上芳泽外务大臣的演说原文（三月二日）

这次作为国际联盟支那调查团身份、肩负着对国际和平有重大贡献的任务远渡而来的各位委员，能在这里给你们致以欢迎，是本大臣最为荣幸且欣喜之事。

帝国以确保东洋和平作为外交上的根本目标，在国际联盟的多次会议上，无论面对哪个国家，始终抱着爱好和平的精神。然而不幸的是，自明治四十四年的革命以来，我邻国支那陷入内乱的状态，其内政的不统一给远东的国际关系造成了重大威胁。支那的各党派无不为了自己一派的利益，而竭力利用外交问题，以拉拢人心，这个倾向近年来愈演愈烈。尤其是现如今把持国民政府的国民党，把排外作为最为重要的党纲，其实施手法之过激乃众所周知之事实。正如其文字所示，始终实行所谓革命外交。穷极此过激之直接手段，毫无疑问决不会给支那国民带来幸福，不仅如此还给各国带来了很大的困惑，此无需赘言。今日各国在支那的合法权力、利益受到侵害之处不少，而且各国国民在通商上的自由及生命财产之安全也处于屡屡受到威胁的状态。窃以为各国很有必要对此点加以考虑。我国作为支那之邻国，因支那之行动蒙受之影响最为巨大。故日本始终对日支两国的将来抱有忧虑，屡次提醒支那方面注意，但支那方面丝毫听不进去，实在是遗憾。尤其是近年来支那方面的排外风潮波及满洲，该处的不幸事件渐次发生，因而我国朝野的感情受到了严重刺激。

满洲与支那的中心处于隔绝状态，以前其开发落后于其他部分。帝国在明治二十七、八年以及明治三十七、八年两次战争中，几万国民的鲜血流于此地，消耗了巨额国帑，有着永久难忘之记忆。不仅如此，由于地理性与政治性的关系，维持满洲和平对日本来说是绝对必要的。为了发展该地方之文化，我官民投入数亿资本勉力经营，今日满洲与昔日已然完全不同。对于此等拥有特殊关系之接壤地域，我国民怀有甚深之关心，亦为当然之事。近年之满洲当局，无视该地方之开发乃是依赖我国之力这一事实，忘却该地治安主要由我国之手来维持的昔日历史，侮辱我方之宽大态度，或是迫害百万以上之我国侨民，或是违反条约铺设满铁并行线，乃置满铁于死地等，频频蹂躏我国权益，不顾我方屡屡抗议。在这种气氛下，去年九月发生的满洲事变，属于我方出于不得已之自卫考量，而采取的保护我国民生命财产与维护我国权益的手段，该情况我国已屡次向国内外进行声明。因而我国对满洲并无任何领土上的企图，尊重门户开放与机会均等主义，在此不必赘言。总而言之，日支两国现如今处于复杂之关系，如果支那改变其排外态度，恢复两国间关系并非难事，帝国政府也一直切望恢复正轨。贵调查团接下来将前往支那各地及满洲实地调查实际情形，当此之际，本大臣希望各位可以明了前面所说的帝国政府的意思。与此同时，贵调查团开展调查之时，我国官民将尽力给予方便。

让我们为国际联盟调查团各位成员以及其他来宾之健康举杯吧。

资料来源：JACAR（アジア歴史資料センター）Ref. B02030442700（第261画像目から）、満洲事変（支那兵ノ満鉄柳条溝爆破ニ因ル日、支軍衝突関係）/善後措置関係/国際連盟支那調査員関係　第一巻（外務省外交史料館）

## 112. 驻沈阳森岛代理总领事致芳泽外务大臣的函电
（1932年3月7日）

第三六九号

国际联盟调查团在本地停留期间的所需经费想来应该是由该调查团自行负担，与满铁方面沟通后也没有问题。其他需要本领事留意的事项，请尽快指示。

又，关于让满铁方面承担供应特别列车与汽车等所需的花费，希望您与满铁东京分社沟通这个情况后告知结果。

资料来源：JACAR（アジア歴史資料センター）Ref. B02030442700（第273画像目から）、満洲事変（支那兵ノ満鉄柳条溝爆破ニ因ル日、支軍衝突関係）/善後措置関係/国際連盟支那調査員関係　第一巻（外務省外交史料館）

## 113. 芳泽外务大臣致京都府知事的函电
（1932年3月7日）

第五三五二号

**国际联盟支那调查团一行东京出发时间变更之件**

国际联盟支那调查团一行原定于三月八日晚上九点二十五分从东京站出发，九日上午八点五分抵达京都站的时间改变（但九日的行程不变），以上情况请向市及商业会议所等其他方面转告。

资料来源：JACAR（アジア歴史資料センター）Ref. B02030442700（第274画像目から）、満洲事変（支那兵ノ満鉄柳条溝爆破ニ因ル日、支軍衝突関係）/善後措置関係/国際連盟支那調査員関係　第一巻（外務省外交史料館）

## 114. 吉田参典委员致奈良市《大和日报》社长福井甚三的函电（1932年）

第五四零二号

**关于调查团一行在奈良午餐之件**

关于贵地午餐的情况，外务大臣已经给奈良县知事发电报予以委托了，请您与知事详谈。

资料来源：JACAR（アジア歴史資料センター）Ref. B02030442700（第274画像目から）、満洲事変（支那兵ノ満鉄柳条溝爆破ニ因ル日、支軍衝突関係）/善後措置関係/国際連盟支那調査員関係 第一巻（外務省外交史料館）

## 115. 兵库县知事致芳泽外务大臣的函电
（1932年3月10日）

昭和七年　六三二六　平　　神户　　　　　　　　　　十日下午发
　　　　　　　　　　　　　外务省　　　　　　　三月十一日上午收

国际联盟支那调查团一行于十日下午十一点十五分安全抵达本知事管辖之甲子园酒店。

资料来源：JACAR（アジア歴史資料センター）Ref. B02030442700（第277画像目から）、満洲事変（支那兵ノ満鉄柳条溝爆破ニ因ル日、支軍衝突関係）/善後措置関係/国際連盟支那調査員関係 第一巻（外務省外交史料館）

## 116. 兵库县知事致芳泽外务大臣的函电
（1932年3月11日）

昭和七年　六三八〇　平　　神户　　　　　　　　　十一日下午发
　　　　　　　　　　　　　外务省　　　　　　　三月十一日下午收

国际联盟支那调查团一行于本日下午三点十分搭乘"亚当斯总统号"前往上海，一切正常。

资料来源：JACAR（アジア歴史資料センター）Ref. B02030442700（第277画像目から）、満洲事変（支那兵ノ満鉄柳条溝爆破ニ因ル日、支軍衝突関係）/善後措置関係/国際連盟支那調査員関係　第一巻（外務省外交史料館）

## 117. 大阪府知事斋藤宗宜致内务大臣中桥德五郎等处的函电（1932年3月11日）

外密第三一〇号

昭和七年三月十一日

发送方：大阪府知事斋藤宗宜

接收方：内务大臣中桥德五郎　外务大臣芳泽谦吉

　　　　警视厅神奈川、京都、兵库、奈良各厅府县长官

　　　　关东厅警务局长

　　　　上海赤木内务事务官

**关于国际联盟支那调查团一行来大阪之件**

关于国际联盟支那调查团一行来大阪的情况，接到内务省警保局长及相关厅的通报，一直留心。本月十日下午三时十三分调查团一行从奈良抵达大阪，小官及府、市、商工会议所相关人士与本地实业家多人前往迎接，直接乘坐汽车访《大朝》①与《大每》②，寒暄后前往大阪实业家恳谈会会场，即东区北后町三丁目绵业会馆。晚上七点三十分抵达大阪府、市、商工会议所联合举办的欢迎晚宴会场，即东区平野町四丁目堺卯楼。晚上十点四十分从会场坐车经阪神国道前往下榻之甲子园酒店，离开大阪。

执行针对调查团一行的警戒任务时，与警保局长及相关各厅保持联络，加强警戒，并无任何异常。

特报告以上内容。

资料来源：JACAR（アジア歴史資料センター）Ref. B02030442800（第280画像目から）、満洲事変（支那兵ノ満鉄柳条溝爆破ニ因ル日、支軍衝突関

---

① 编者按：即《朝日新闻》（大阪）。后同。

② 编者按：即《每日新闻》（大阪）。后同。

係)/善後措置関係/国際連盟支那調査員関係　第一卷(外務省外交史料館)

## 118. 国际联盟调查团一行恳谈茶话会状况之件
（1932年3月10日）

（一）国际联盟支那调查团一行警备计划表

一行警备从事员数一览表（警部补以下）

| 关系课署 | 警戒要员 | | | | | | | | 合计 |
|---|---|---|---|---|---|---|---|---|---|
| | 制服 | | | | 便服 | | | | |
| | 补 | 部 | □① | 小计 | 补 | 部 | □② | 小计 | |
| 外事课 | — | — | — | — | 2 | 6 | 13 | 13 | 13 |
| 高等课 | — | — | — | — | 1 | 2 | 8 | 8 | 8 |
| 特高课 | — | — | — | — | 1 | 2 | 9 | 9 | 9 |
| 玉造 | 1 | 3 | 50 | 54 | 1 | 1 | 12 | 12 | 66 |
| 高津 | 1 | 1 | 5 | 7 | 1 | 1 | 7 | 7 | 14 |
| 岛之内 | 1 | 3 | 30 | 34 | 1 | 1 | 14 | 14 | 48 |
| 船场 | 2 | 4 | 55 | 61 | 1 | 3 | 26 | 26 | 87 |
| 川口 | 1 | 2 | 10 | 13 | 1 | 1 | 6 | 6 | 19 |
| 天满 | 1 | 4 | 30 | 35 | 1 | 2 | 9 | 9 | 44 |
| 增根崎 | 1 | 2 | 10 | 13 | — | — | 10 | 10 | 23 |
| 福岛 | 1 | 3 | 24 | 38 | 1 | 1 | 10 | 10 | 38 |
| 大和田 | 1 | 2 | 5 | 8 | 1 | — | 4 | 4 | 12 |
| 合计 | 10 | 24 | 219 | 252 | 12 | 20 | 128 | 128 | 381 |

（二）国际联盟调查团一行恳谈茶话会

国际联盟调查团一行于本月十日下午四点二十分之六点十分在绵业会馆召开恳谈会。调查团一行于会前在另外一个房间参观了支那排日海报，引起了他们相当的兴趣。

恳谈会过程中，各委员热心听取日本人一方的意见，让秘书一一速记，并

---

① 编者按：原文模糊，无法辨认。
② 编者按：原文模糊，无法辨认。

认真进行讨论。他们对于日本人方面统一的意见与强硬的态度由衷感动,对以大阪为中心的日支经济关系的重要性有了更深的认识,欣喜于获得了考察日支问题的宝贵材料。

出席者

李顿爵士及调查团成员、随员全体(二十五名)

日本人方面,东洋纺社长阿部房次郎、商工会议所稻畑胜太郎、安宅弥吉、森平兵卫、善积武一郎、大阪商船副社长村田省藏、大日本纺社长菊池恭三、住友总理事小仓正恒、三井物产支店长田岛繁二、内外棉花董事冈田源太郎,其他人员九名。

一、欢迎辞,会长稻畑胜太郎(附件第一)

二、关于日支问题,三井支店长田岛繁二(附件第二)

三、支那之对日经济绝交,内外棉董事冈田源太郎(附件第三)

提要

工商业城市大阪的实业家,最为爱好国际和平,此次日支纷争责任不在我方,是支那无视国际信义、践踏我国正当权益造成的。在此说明这次纷争使我大阪人蒙受了多大的损害,以求得到第三方公正的研究。

小仓住友总理事:"支那不守国际信义给我们造成了极大的困惑,为了促使对方醒悟,到今日为止我们用尽了一切的手段,忍耐了他人无法忍耐之事。然而我们的期待落空,支那的暴虐肆无忌惮。我们已经到达了忍耐的极限,为了国际信义,只能拿起正义之剑。我们实业家抱有一致协助加以讨伐的觉悟。"

李顿:"已了解各位的发言。日本过去所承受的苦难以后将会在调查书里研究。今天接下来想听一听诸位关于以下问题的意见。一、现在处于混乱状态的支那将来应该如何处置?二、将来对付支那的抵制运动有没有合适方法?"

安宅弥吉回答:"支那三千年的历史就是军阀相争的历史,内部相争或让他人相争以取得利益,是支那人的传统性情。支那人将这一套应用到国际关系上,致力于挑动列国相争以取渔夫之利。各国切不可被利用,不可为讨今日支那欢心以求机会均等而抢功。列国应该团结一致对付支那,使支那无可乘之机,此最为重要。最为可恶的行为是,让一国单独得利而排斥他国。关于第二项之抵货运动。最为扰乱日支和平的便是这种抵货运动。日支纷争即为远东纷争,进而扰乱世界之和平。支那的抵货运动是支那政府指令的产物,民众中有些人是职业性的。政府如此的态度,民众这般的职业性,这是万万不可的。希望诸委员在上海实地研究抵货运动的暴虐表现。为了消灭抵货运动,列国必须联合起来指责支那政府,使其认识到错误。"

田岛三井物产分店长:"修改支那的教育制度是第一要务。必须断然删去教科书上使用排日词汇与鼓励抵货的内容。支那的抵货是政府命令,强制实行,违反者加以处罚。普通民众并不喜欢抵货,他们亦非自发参与抵货运动。所以,必须修正政府的错误态度。"

马柯迪(意大利委员):"最近一次抵货是何时?"

安宅弥吉答:"去年七月的万宝山事件。万宝山事件之时,日本合法地推动交涉以求解决,支那却态度冷淡,并未给出令人满意的回答,暗地里命令民众抵货。支那经常这样滥用抵货作为外交手段。"

李顿:"我的问题是,抵货是否违反了条约,将来为了预防是否有必要缔结新条约。"

安宅弥吉、小仓正恒答:"当然违反了条约。对不参与抵制的民众处以拷首、锁足的严厉处罚,已经属于是否违反人道的问题。"

李顿:"支那政府如何处罚人民属于其国内问题,与我们现在处理的国际问题不是一码事。既然抵货违反了条约,日本为何现在才向国际联盟申诉?"

冈田源太郎、田岛繁二:"英国过去也曾遇到严重的排英运动,然而我们也未闻英国将此事向国际联盟申诉。基于同样的理由,日本并未向国际联盟投诉。基于过去之经验,支那惯常无视国际信义,即便将日支问题提交国际联盟,支那也决不会履行承诺。我们非常清楚这个情况,所以才没向国际联盟申诉。"

李顿:"关于这次日支问题,支那先将问题向国际联盟申诉,这又是怎样一回事?"

栗本勇之助:"这次的问题,支那已经无计可施,事态的发展已经对其自身不利,才慌慌张张地向国际联盟提出。然而,如果国际联盟的决议不对其自身有利的话,支那是决不会履行的。"

李顿:"这样的话,为了预防抵货,日支间缔结新条约如何?"

冈田源太郎、安宅弥吉答:"无此必要,如果支那诚心诚意履行现有的条约,问题就解决了。纵使有条约而支那不履行,还是会发生纷争。支那的抵货通常是政府的计划性行动,参看此表(给调查团递交商工会议所编撰的对日抵制次数表),便可判断了。关于此点请充分调查、研究。"

李顿:"今日得以与工商会议所的诸位议员、工商业中心大阪的各中坚实业团体的诸位先生相见,并聆听宝贵的意见,我们深感荣幸。各位的意见我们今后将会认真调查、研究。各位提到大阪是工商业的中心,是和平之都。我们一行也是来自世界和平之都,可谓都是爱好和平的同道。日支纷争历史悠长,罪恶之根深植地下,表面上的解决并无效果,必须要找出其原因加以根除才能真正解决。我们被国际联盟派遣,就是为了找出解决的方法。但问题是,只听一边的意见是无法获得解决的。我们将会调查、研究双方,努力促成根本解决,所以不得不调查两国的历史。为了两国相互间的利益,为了世界的和平,我们从国际联盟的立场出发,将会尽最大的努力。我们很清楚,我们的使命既重且大。访日以来,时常耳闻国际联盟对日支问题认识不足的话语。国际联盟是爱好和平的,无论任何时候都将给诸位提供帮助。这一点,我们将通过自己的专心与努力加以证明。请信任我们的使命与决心,请期待这件事的结果。"

资料来源:JACAR(アジア歴史資料センター)Ref. B02030442800(第285画像目から)、満洲事変(支那兵ノ満鉄柳条溝爆破ニ因ル日、支軍衝突関係)/善後措置関係/国際連盟支那調査員関係 第一卷(外務省外交史料館)

## 119. 内外棉花株式会社专任董事冈田源太郎发言之件
### (1932年3月10日)

**支那之对日经济绝交**

上海事变的主要原因是支那固执地推行对日经济绝交。

北支那的对日经济绝交与一般西方各国理解的单单不买日货运动的性质是完全不一样的。其真实的情况是,与日本断绝一切的经济关系,简而言之就是经济战争。现今的国民政府成立以来,模仿苏俄主义,打倒帝国主义,推行世界革命,国民党的党章成了国民政府的主义、纲领。将来的对外外交不单是企图恢复国权,还要更进一步以实现前述的纲领与主义。排外外交之事,通过夺回汉口、九江英租界及企图单方面废除日支通商条约便可明了。知道以武力手段不可得,他们便通过经济绝交来扰乱他国经济,以达到排外目的。

此次经济绝交之际成立的抗日救国会,是在现今组成国民政府的国民党唆使下的产物。不顾一般经济团体的反对,公然强推反日运动。因此,此运动是单纯的政治运动,日本政府每次强烈抗议,他们都搪塞以"此乃基于国民自由意见的爱国心之表现,政府毫不知情"。日本政府更强烈地抗议之时,国民党表面上糊弄,发表欺骗性的禁止抗日运动令,暗地里教唆彻底推行此运动。

(一)国民政府主席蒋介石去年九月以来数次在公开场合发表极端排日演说。一国政府首脑如此表态,其政府的态度可知。

(二)众所周知,国民政府教育部一直以来图谋对普通国民贯彻排外思想,其国定教科书上更特别列出排外事项,挑拨学生儿童的对外感情。这是骇人听闻之事。这次更是滥用衍生的感受性与宣传性,去年九月二十三日电命国立各大学与各省市教育厅教育局,组织学生开展抗日运动,老师进行排日演说,学生煽动民众。

(三)国民政府不只直接鼓动厉行排货,更要弄种种损害日本经济利益的手段,试举二三种如下。

1. 国民政府铁道部于民国十九年(1930年)一月对山东境内的铁路运费设置内外品的区别,经日本政府抗议,去年八月十日开始修改运费表。但这不过是表面糊弄,实际上把商品设为优良、普通两种,本国产品一律归于普通品,外国产品一律归为优良品,比之前更扩大内外品的区别,对外国产品(包括在支外国工厂产品)收取比本国产品高出三成的运费。这明显违反了一九二二年华盛顿会议上的九国公约第五条"支那铁路的运费对内外品平等收取"的规定。山东进口的外国制品大部分都是日本货,支那的意图为何不言自明。

2. 在青岛等地无视条约,任意以货物税等名义非法征税。我们虽然知道其课税是不当的,但为了继续经营事业不得不缴纳。

(四)作为现在国民政府主体的国民党为了贯彻排货运动,成立抗日救国会,严命国民厉行以下事项:

1. 不买、不卖、不运、不用日货。
2. 不向日本人提供原料等一切物品。
3. 不搭日本船,不通过日本船运货,不为日本货卸货。
4. 拒绝日商银行的纸币,取出存款,停止存入。
5. 不为日本人打工。

6. 不聘请日本人。

7. 不为日本人与日货做广告。

8. 不接待日本人。

然后采取以下暴力手段实行抵货。

1. 对经营日货的人或与日本人有关系的人之货物与财产实行没收、处罚、监禁、游街、放火、私刑、镣铐等手段,以胁迫之。这些被没收货物的一部分经抗日会之手任意处分,其售款之诸多用途不明。许多经营日货的良民被关进天后宫,备尝苦楚,为了避免受苦不得不行贿十多元,连上一次洗手间也需要半元。

2. 在日本人商馆与跟日本人有商贸关系的支那国商店雇员中安插间谍,监视违反抗日会决议的行为。

3. 设置规定扣留没收日货。

4. 设置规定封锁支那商店店内及仓库内的日货。

5. 对违反抗日会规定者处以罚款、监禁与拘禁。

除这些手段之外,还通过报纸、讲演等,极力挑拨国民对日感情。结果导致不买、扣留、抢夺日货,不履行已缔结之契约,此等不必待言,日货检查员还成群结队上街游行,通过印刷品、传单、海报等对日本人进行谩骂、诽谤、施暴以及迫害等,无所不至其极。在支那的日本人居住、营业自由根本得不到保障,乃至到了十月十八日,有数千名匪徒袭击日本人的纺织工厂。更骇人听闻的是,特别法院对工部局逮捕的三人处予罚款三元的轻判。工部局警察再次控告,十二月八日,其中一人被减刑无罪释放,余下两人维持原判罚款三元。

日支两国间的经济关系对于两国而言是极为紧密且重大的。试观支那在日本进出口贸易中的地位,一九三〇年度我国对支出口约四亿三百万元,占我国出口总额(一四六九八五二千元)的三成,进口贸易额约二亿八千三百万元,占进口总额(一五四六零五一千元)的两成有余。观支那各港口进出的船舶,一九三〇年度其总吨位的二成九是日本船。光是上海地区的在留日本人就达三万人,从事的产业投资,比如纺织业达到二亿元,此外还有钢铁、机械制造业、皮革工业、化学工业、玻璃工业、橡胶工业、毛巾工场、罐头食品制造业、酿造业、洋伞工业、石碱工场、油漆工场等,达到了庞大的金额。过去经过了九次经济断交,其受害的程度如何可想而知。

这次抵制日货造成的日货查扣,光是上海、汉口两地就达到了八千万两,加上橡胶、鞋、洋伞、石碱、珐琅、铁器以及其他各种制造工场,去年以来因为抵货运动倒闭的数以百计。此外再看看我国在支纺织业,经济绝交以来过去了五个月,上海、汉口等地不仅没有接到新订单,既有的契约也没有得到履行,尤其到一月份不得已全部关闭。这些已经给企业者造成了很大的损害。我国海运业从业者蒙受损害,经过船主协会调查,运费收入减少了五千五百余万元。一般的进口贸易受到了最严重的打击,以上诸多的损害大概就是日本所受到的打击了吧。

前述过去二十年,日本企业家遭遇了九次严重的排货,对此日本人积攒了怒火,终于酿成了今天的惨剧。不管直接原因为何,真正原因其实就是在这里。

以上尽量忠实地说明了支那抵货运动的相关情况,依此各位应该可以充分了解支那实行的这场运动的真实动机与性质,这等于是没有硝烟的战争。

世间有说法,支那的排货运动实际上是作为自己被施加不法行为的一种报复手段。所以,似乎有人相信满洲事件是这一次抵制日货运动的原因。这种说法是非常本末倒置的。正如我们都知道的那样,满洲事件是日本正当享有的权益不被尊重,日本不得已靠自己的力量去维护而造成的结果。酿成满洲事件的正是支那,这并非报复,诉之于其他手段是毫无道理的。

最后,国际联盟以维持国际和平与促进国际增长为其使命,如果不停止国民政府的革命排外政策与作为此政策实施手段的排货运动,是绝对不可能确保远东和平的。切望各位完成使命,凭借诸位的努力一扫东亚的祸根。

资料来源:JACAR(アジア歴史資料センター)Ref. B02030442800(第293画像目から)、満洲事変(支那兵ノ満鉄柳条溝爆破ニ因ル日、支軍衝突関係)/善後措置関係/国際連盟支那調査員関係 第一卷(外務省外交史料館)

# 120. 排日海报(1932 年 3 月 10 日)

(一七一)反对订立任何辱国表①权条约　　　　大夏抗日会
(二九九)同货登记表、日货检查证　　　　　　同上
(一四八)我等之主张:

---

① 编者按:原文为"表",应该是"丧"。

全国民一致武装,准备对日宣战

宁为刀下鬼,不作亡国奴

　　　　　　　　　　　北京同济大学抗日救国会发行

(一五六)我等同胞希望实行以下措施

一、对日经济彻底绝交

二、要求政府立即出兵

三、全国民一致武装对日宣战

四、打倒日本帝国主义

　　　上海学生抗日委员会发行

(一六六)再运日货、再装日轮就是卖国贼

永远抵制日仆,能置倭奴死命

　　　上海转运报国同业公会制

(一六二)惩戒失职军事、外交长官

(一六四)立即收回已失土地　　　大夏抗日会印

(一五〇)抵制日本货　　　　　　同上

(一七〇)打倒日本帝国主义　　　同上

(一七四)督促政府立即出兵　　　同上

(一六八)打倒日本帝国主义　　　同上

(一七二)无条件收回日租界　　　同上

(一六九)反对不抵抗主义　　　　大夏救国会印

(二〇六)国耻不雪,此恨何极,愿我同胞

　　　　　　　　　　公我绘画研究所抗日救国会印发

(二〇五)日军在东北暴行之惨状,国亡无日同胞速记抵抗,睹忍不惨飞横肉,此系一小部分,尚有大部分,实地照片刊《文笔月刊》第二十四期

　　　　　　　　　　文华公司同人抗日救国会印

(二〇七)《奋斗画报》

造谣生事的痞子!还有何说?在俄军行动时间,日军决不能橄

　　　　　　　　　奋斗画报社

(一九七)《奋斗画报》

反日十诫

1. 不买日货!

2. 不用日货！

3. 不装日货！

4. 不用日币！

5. 不搭日轮！

6. 不与日本人来往！

7. 不替日人作工，不雇用日本人！

8. 不存款日本银行！

9. 不接济日人粮食！

10. 不往日本经商求学！

喂！国难临头还要醉生梦死吗？

只狗不知耻，有子知廉

不要倚时破篱笆，还是提着你的力①杀过去罢！

奋斗画报社

（一九九）国防□□团结起来一致对外

支那国民党上海特别市执行委员会

毋忘国耻，提倡国货，日人最近之暴行

抵制日货为惨死百余人

日本之致命伤，重伤数百人

日本无理占据我东三省，杀我同胞

我们民众唯一对付的方法就是永远勿买日货，组织抗日救国义勇军来救国家，救自己！

上海邮务同人抗日救国委员会宣传队长发

上海邮务工会艺术研究股绘制

（一一九）倭寇在沈阳屠杀我们同胞

（一二四）宁为断头鬼，不做亡国奴

各行业快起来组织救国军，誓死与倭寇拼命，拒绝东洋跑街入店，督促政府出兵御日

上海针织业同业公会

上海百货商店业同业公会

---

① 编者按：原文为"力"，似乎应该为"刀"。

(一三六)党政军机团布告处

亲爱的同胞呵！国难临头了，农、工、商、学、兵快快在支那国民党领导之下联合起来，向我仇敌，兽性的日本，起！起！起！起！

(一四三)日本倭奴奸杀同胞

(一三五)破坏东亚和平的罪魁

(一四六)驱逐日军出境永远对日经济绝交

百货同业公会组织抗日后备军

你看杀人不眨眼的日本，国人快起来预备去抵抗杀我民，占我地，穷凶极恶的日本

(一三〇)同胞起来一致对日

打倒日本帝国主义、永远对日经济绝交

  维兴女校学生抗日救国宣传队

(一六五)反对帝国主义的国际联盟！

  大夏抗日救国会

(一五三)与其锁静局失地，毋宁战死而亡国

  大夏抗日会

(一七六)反对镇静政策

  同上

(一四九)驱逐日帝国主义的海陆军出境

  同上

(一六七)打倒日帝国主义是支那民族的唯一出路

  上海市抗日救国会执行委员会宣传部

(一七五)否认日帝国主义在华一切权利

  大夏抗日救国会

资料来源：JACAR(アジア歴史資料センター) Ref. B02030442800(第310画像目から)、満洲事変(支那兵ノ満鉄柳条溝爆破ニ因ル日、支軍衝突関係)/善後措置関係/国際連盟支那調査員関係　第一卷(外務省外交史料館)

## 121. 关于举办国际联盟调查团一行欢迎晚宴之件
### （1932年3月10日）

　　绵业俱乐部举办的恳谈会结束后，七点三十分在东区平野町四丁目堺卯饭店召开由府商工会议所联合举办的欢迎晚宴，国际联盟委员一行搭乘汽车于七点三十五分抵达，简单休息后进入和式会场，八点（官民七十人）一起入席。小官致欢迎辞后，英国代表李顿代表国际联盟调查团一行致答词。寒暄结束后正式开宴，一同品尝日本料理、日本酒，观赏艺伎舞蹈，感叹其技艺精湛。酒酣耳热之际，李顿等人随着录音机节拍与艺伎一同起舞，陶醉在欢乐的气氛中，喜气洋洋。十时四十分宴会结束，调查团一行渡日以来第一次品味到日本风味，与艺伎依依惜别，乘汽车前往甲子园，离开大阪。

　　资料来源：JACAR（アジア歴史資料センター）Ref. B02030442800（第314画像目から）、満洲事変（支那兵ノ満鉄柳条溝爆破ニ因ル日、支軍衝突関係）/善後措置関係/国際連盟支那調査員関係　第一卷（外務省外交史料館）

## 122. 大阪府市商工会议所联合举办欢迎会之知事
### 即席欢迎辞（1932年3月10日）

　　阁下及诸位先生，在大阪市长、大阪商工会议所会长以及作为大阪府知事的鄙人发起之下，得以在这里欢迎由国际联盟派遣调查支那情况的各位，荣幸之至。

　　众所周知，我大阪之地作为产业大都市，是与外国缔结亲密关系的和平大都市。世界和平的基础在于相互谅解，我坚信，通过推进彼此贸易可以带来繁荣与进步。

　　我衷心希望各位成功完成使命，增进各国民众福祉。在此我敬祝今天的嘉宾——国际联盟使节一行身体健康以及长途旅行的平安。

　　资料来源：JACAR（アジア歴史資料センター）Ref. B02030442800（第315画像目から）、満洲事変（支那兵ノ満鉄柳条溝爆破ニ因ル日、支軍衝突関係）/善後措置関係/国際連盟支那調査員関係　第一卷（外務省外交史料館）

## 123. 大阪府市商工会议所联合举办欢迎会
## 李顿答词之件（1932年3月10日）

昭和七年三月十日

大阪府知事阁下、大阪市长、大阪商工会议所会长及诸位先生。

我调查团一行来到作为商业中心的贵地，受到如此欢迎，在此谨表示深深的谢意。

我们一行访问日本的时间虽然不长，但是接触到了贵国国民生活上的三个重要方面。东京是日本政治的中心，昨日去的京都是文化的心脏，今天来到的贵地是工商业的神经中枢。

我想起了之前我们在东京的经济协会上初次见到实业家之时说的话，工商业只有在和平的环境中才会欣欣向荣，而国际亲善也必须建立在工商业的繁荣之上。

所以，我坚信我们一行的使命一定会获得诸位实业家的共鸣。

我们此行去支那，恐怕也会受到他们的实业家的热情款待。

窃以为，如果从两国的工商会议所推举出全权大使的话，纷争也许会更容易解决。

承蒙诸位先生一晚上的款待，对我们来说是莫大的恩典，从知事阁下表示的厚意中我们也感受到了莫大的热情。

欢迎晚餐会的出席者　　70名
调查团一行及其随员　　35名
在大阪的官员和平民　　45名
大阪府方面
知事、内务部长、警察部长、学务部长、官房主事
大阪市方面
三位助理、秘书课长
商工会议所方面
稻畑会长以及副会长
实业家方面

一、国际联盟中国调查团关系档案 第一卷

八代则彦（住友）、小仓正恒（住友）、矢野勘怡（正金）、村田省藏（商船）、田岛繁二（三井）、冈田原太郎（内外绵）、菊池恭三（日本纺）、阿部彦太郎（东洋纺）、高原操（大朝）、城户元亮（大每）、中山太一、栗本勇之助、岩井胜次郎、加藤小太郎、星野行则、饭尾一二、小畑源之助、荒木和一、津田信吾、平生勘三郎，其他14名。

资料来源：JACAR（アジア歴史資料センター）Ref. B02030442800（第315画像目から）、満洲事変（支那兵ノ満鉄柳条溝爆破ニ因ル日、支軍衝突関係）/善後措置関係/国際連盟支那調査員関係　第一巻（外務省外交史料館）

## 124. 蜂谷领事致芳泽外务大臣的函电（1932年3月12日）

昭和七年　六五四九　略　　晚香坡　　　　　　　　十二日下午发
　　　　　　　　　　　　　外务省　　　　　　　　三月十三日上午收
第二四号

居住在本地的希爱慕（被称为是加拿大国家铁道公司董事长逊敦"ソーントン，译音"的私人顾问）目前作为国际联盟派往支那的调查团中的铁路方面顾问，将于二十六日搭乘"俄罗斯女王号"（エンプレス・オブ・ロシャ，RMS. Empress of Russia）前往日本，出发时间未确定。

转电加拿大、美国。

资料来源：JACAR（アジア歴史資料センター）Ref. B02030442900（第317画像目から）、満洲事変（支那兵ノ満鉄柳条溝爆破ニ因ル日、支軍衝突関係）/善後措置関係/国際連盟支那調査員関係　第一巻（外務省外交史料館）

## 125. 兵库县知事白根竹介致内务大臣中桥德五郎等处的函电（1932年3月12日）

兵外发密第四八八号
昭和七年三月十二日
发送方：兵库县知事白根竹介
接收方：内务大臣中桥德五郎
　　　　外务大臣芳泽谦吉

警保局长森冈二朗

警视厅、神奈川、京都、奈良、大阪各厅府县长官

**关于国际联盟支那调查团的警卫及提供方便之件**

关于国际联盟支那调查团的警卫与提供方便问题,已从外务大臣、内务省警保局长处收到了通知,并按照计划(关于该计划及日程已经在本月九日发送的兵外发密第四七一号中进行了报告)进行了准备。调查团一行于本月十日晚上十时四十分从大阪来到本人管辖下的西宫市外甲子园酒店住宿。十一日上午十时从酒店出发,按照日程登六甲山。然后前往神户市元町民国人居住区域的南京市场,实地考察了日支两国国民和谐安稳的生活。下午两点半登上停泊于第四码头的美国轮船"亚当斯总统号",在船舱内,李顿等各国委员与秘书长哈斯接受了神户联合妇人会会员山本节子等六人赠送的鲜花与意见书。下午三点半出航,汽船正常向上海驶去。还有,与国际联盟调查团会见并送行的著名内外人士的姓名见附录,前述前往南京街的视察给调查团各国委员带来了很好的印象。(关于调查团一行平安乘船出发的情况,电报告知内外大臣)

记

| | |
|---|---|
| 兵库县知事 | 白根竹介 |
| 神户市长 | 黑濑弘忠 |
| 神户商工会议所会长 | 冈崎忠雄 |
| 国际联盟神户支部代表 | 武藤建 |
| 驻神户意大利总领事 | エーガスコー① |
| 驻神户意大利领事 | リィジョリー |
| 驻神户美国领事 | イーアールヂックオウア |
| 纽约国家银行神户分行长 | エーバルブシ |
| 日本编年史周报新闻社社长 | ヂーヂーヤング |

别记

神户联合妇人会

---

① 编者按:未找到对应的历史人物,保留日文。下同。

李顿爵士　　钧启
克劳德将军　钧启
麦考益将军　钧启
希尼博士　　钧启
马柯迪伯爵　钧启
哈斯阁下　　钧启

收信人姓名根据各代表进行填写

资料来源：JACAR（アジア歴史資料センター）Ref. B02030442900（第318画像目から）、満洲事変（支那兵ノ満鉄柳条溝爆破ニ因ル日、支軍衝突関係）/善後措置関係/国際連盟支那調査員関係　第一巻（外務省外交史料館）

## 126．神奈川县知事远藤柳作致内务大臣中桥德五郎等处的函电（1932年3月12日）

外密收第一三九号

昭和七年三月十二日

发送方：神奈川县知事远藤柳作

接收方：内务大臣中桥德五郎

　　　　芳泽外务大臣

　　　　警视总监

　　　　京都、兵库各府县长官

**关于国际联盟支那调查美国代表辅佐官前来日本之件**

美国马萨诸塞州伍斯特克拉克（ウォーセスター・クラーク）大学

历史国际法教授美国人勃来克斯雷

此人是美国的远东通，曾在华盛顿会议时出任美国代表团的顾问，现在是驻支那美国公使馆特别辅佐官。他乘坐"亚姆·艾西亚号"（アム・エシア，译音）于本月十日上午八点从温哥华抵达神奈川。当天前往东京访问美国驻日大使，后赶往神户加入国际联盟支那调查团美国代表麦考益将军一行，预计搭乘"亚当斯总统号"前往支那。

他表面身份是驻华美国公使馆特别辅佐官，事实上由于该公使馆的上海、满洲事务繁忙,其真正任务估计是专门辅佐国际联盟支那调查团之麦考益将军。

特此报告。

资料来源:JACAR(アジア歴史資料センター)Ref. B02030442900(第325画像目から)、満洲事変(支那兵ノ満鉄柳条溝爆破ニ因ル日、支軍衝突関係)/善後措置関係/国際連盟支那調査員関係　第一巻(外務省外交史料館)

(以上内容,叶磊　译;陈海懿　校)

# 二、国际联盟中国调查团关系档案　第二卷

## 1. 芳泽外务大臣致驻英泽田代理大使的函电
（1932年3月14日）

第　号①
昭和七年三月十四日下午发
电信第三四号（密文，极密）

**支那问题（十四日英国大使来访会谈）**

十四日，英国大使来访，其首先询问上海的形势，本大臣回应道："正如此前向贵大使所说的，从日本立场来看，将我军无条件撤离到居留地附近是不可能的。我们的想法是，预先与支那达成关于支那军停止前进及撤离地区的警备等问题的协定之后再开始撤离，以上应该是理所当然的事情。另外，日军撤离到居留地附近后，随着事态的改善还有逐渐撤回到日本的打算。然而，支那方面可能是因为考虑到国联讨论的发展，一直回避与我方开始交涉。直到最近才在贵国公使的牵线下姑且与其联络上了，这实在是一个值得欢迎的现象。"

英国大使略表赞同，然后表示："本日来访之主要目的是为听取关于满洲'新国家'②的意见，若是独立政权的话，在对外关系方面不会有太需担心的事情，但若是'新国家'的话，则将会引发种种困难；首先我们外国，既然承认南京

---

① 译者按：原史料缺号。
② 编者按："新国家"指的是伪满洲国，原文没有双引号，此处双引号为编者所加。下同。

政府,不仅不能承认'新国家',另外还伴随有海关问题、治外法权问题等很多难题,因此关于上述几点想听取阁下的意见。"

针对以上问题,本大臣表示:"如您所知,张学良政权撤逃之后,日本政府因为无望立即与支那开始直接交涉,所以当时对各地成立的治安维持会及其发展持友好的态度。之后这些治安维持会进一步发展演化成民治运动,民治运动又进一步发展为'新国家'的建国运动,最后终于实现了这次'新国家'的诞生。当地的我国侨民也有进行友好援助的,不过那都是成立治安维持会的缘故。'独立国家'这个东西完全是支那人所建立的,与东京政府方面毫无关系。虽然如此,但从日本与满洲的关系上来说当然不能不关心,值此'独立国家'成立之际,日本政府认为有表明态度的必要,并在慎重考量之后做出了决定。我们想要秘密地通告阁下的就是,日本政府至少目前已决定不予承认。此外海关、治外法权等问题,总而言之因为关系到支那与各国间的条约,我们深信应该在此种考虑下进行处理。实际上日本政府有一点是绝对无法容忍的,即南方政权[1]可能会再次出现在满洲的土地上,我方在满洲的巨大权益可能难免会被马上倾覆。"

听完我方意见之后,英国大使表示从自己的个人观察来说也是持同样看法,貌似非常谅解我方的立场。接着,英国大使询问道:"此次国际联盟大会的结果对日本来说应该也不是不愉快的情况吧?"

对此,本大臣首先表示,在这件事上,我们对英国外相的友好努力表示感谢,进而说明道:"在我方看来,第一,上海事件是一个地方性事件,并非日支间的战争,而且满洲事变的处理方针已经由去年的国际联盟理事会决议所决定,因此认为没有适用国际联盟规约第十五条的必要。第二,通过西蒙外相的巨大努力与波利蒂斯(Nicolas Socrate Politis)[2]的斡旋等,终于制订了决议案,日本绝对有必要坚持上述第一点的立场,同时出于希望避免破坏上述友好努力从而带来恶果的目的,在应对大会决议上采取了阁下所知的那种态度。"

英国大使表示十分理解并表达了谢意。对此,本大臣进一步补充说:"关于此前已经有了头绪的日英协调的问题,希望今后逐渐将其深入发展下去。"

---

[1] 编者按:此处应暗指南京国民政府,下同。

[2] 编者按:波利蒂斯(1872—1942),希腊外交家,著名国际法学家,参与草拟国际联盟盟约,协助建立常设国际法庭,鼓吹裁军,当时任希腊驻国际联盟代表。

英国大使表示非常赞同，并回答说过段时间希望就此问题可以有进一步的会谈。

转电国际联盟、美国、支那、奉天、北平、广东，并令国际联盟转报除英国、土耳其外的驻欧各大使，令支那转报南京。

资料来源：JACAR(アジア歴史資料センター) Ref. B02030443200(第6画像目から)、満洲事変(支那兵ノ満鉄柳条溝爆破ニ因ル日、支軍衝突関係)/善後措置関係/国際連盟支那調査員関係　第二卷(外務省外交史料館)

## 2. 驻上海重光公使致芳泽外务大臣的函电
（1932年3月15日）

昭和七年　六六九六　平　　上海　　　　　　　十五日下午发
　　　　　　　　　　　　　　外务省　　　　　　三月十五日下午收

第四六一号

自吉田大使

第三号

国际联盟调查团及本使一行，于十四日夜八时抵达本地。支那方面由顾维钧、吴铁城、端纳等多人前来出迎。

已转电南京、北平、奉天。

资料来源：JACAR(アジア歴史資料センター) Ref. B02030443200(第8画像目から)、満洲事変(支那兵ノ満鉄柳条溝爆破ニ因ル日、支軍衝突関係)/善後措置関係/国際連盟支那調査員関係　第二卷(外務省外交史料館)

## 3. 驻南京上村代理总领事致芳泽外务大臣的函电
（1932年3月16日）

昭和七年　六八三八　略　　南京　　　　　　　十六日上午发
　　　　　　　　　　　　　　外务省　　　　　　三月十七日上午收

第二三八号

据报纸报道，为在国联调查团一行来京之际表示欢迎，以南京市党部为首，警备司令部、警察厅及农工商学会等各团体，将要从下关游行到城内的励志社,目前好像正在准备当中。

　　此外报纸还报道说:调查团一行原定要访问洛阳,但林森为节省调查团一行的时间,近期将亲自来南京与调查团一行会见。

　　已转电支那、北平、奉天。

　　资料来源:JACAR(アジア歴史資料センター)Ref. B02030443200(第9画像目から)、満洲事変(支那兵ノ満鉄柳条溝爆破ニ因ル日、支軍衝突関係)/善後措置関係/国際連盟支那調査員関係　第二巻(外務省外交史料館)

## 4. 驻上海重光公使致芳泽外务大臣的函电
（1932年3月17日）

上海　　　　　　　　　　　　　　　昭和七年三月十七日下午发

外务省　　　　　　　　　　　　　　昭和七年三月十七日下午收

电信第四八三号（暗）

　　支那方面声称已巡回视察很多医院（39所），并了解了详细的情况，希望允许视察我军野战医院及战场。在与军方商议之后，由军医及看守人员陪同他们视察了两所兵站医院及福民医院（医院里也有9名负伤的支那兵）。视察时，勃来克斯雷提到了"达姆弹"的问题，如此前第417号电报里所汇报的，由看守人员对此进行了说明。

　　勃来克斯雷于十日上午视察了医疗船"新罗丸"号，十一日上午预定去视察战线。

　　从此人的态度等来看，估计此人应该是主要视察有关红十字的事务，但此人表示想尽量视察到战线深处。另外，此人虽预定13日从上海出发，但听说此人表示可能会再延期几天（此电报应该是十日发送的电报）。

　　资料来源:JACAR(アジア歴史資料センター)Ref. B02030443200(第9画像目から)、満洲事変(支那兵ノ満鉄柳条溝爆破ニ因ル日、支軍衝突関係)/善後措置関係/国際連盟支那調査員関係　第二巻(外務省外交史料館)

## 5. 驻上海重光公使致芳泽外务大臣的函电
（1932年3月17日）

昭和七年　六八八四　暗　　上海　　　　　　　　　　十七日下午发
　　　　　　　　　　　　外务省　　　　　　　　　　三月十七日下午收

第四八四号

自吉田第六号

十五日，在郭泰祺的主办下，支那方面召开了欢迎国联调查团的午餐会。据悉，李顿爵士在会上的致辞中说道："我等代表国联前来，值此目前的危机，虽然期望能有所援助，但国联不是一个国家，因此对于不需要援助的国家，国联不能强迫它。国联没有对抗暴力的有效手段。国联是与暴力相对的另一个可能的选择项。因此，只有在两国积极主动地接受国联这一选择项并利用其机构的情况下，国联才能对两国提供援助与方便。"此外，调查团于同日还出席了顾维钧的茶会及吴铁城的晚餐会，但支那方面并没有邀请我方人员参加。据悉，英国公使馆馆员向顾维钧询问为何日本的专家顾问没有出席，顾维钧回答说因为在东京的支那代理公使也没受到日方的邀请。

已转电奉天、北平、南京。

资料来源：JACAR（アジア歴史資料センター）Ref. B02030443200（第10画像目から）、満洲事変（支那兵ノ満鉄柳条溝爆破ニ因ル日、支軍衝突関係）/善後措置関係/国際連盟支那調査員関係　第二巻（外務省外交史料館）

## 6. 驻上海重光公使致芳泽外务大臣的函电
（1932年3月17日）

昭和七年　六八八五　暗　　上海　　　　　　　　　　十七日下午发
　　　　　　　　　　　　外务省　　　　　　　　　　三月十七日下午收

第四八五号

自吉田

第七号

十六日，本官与李顿进行了私密交谈。

针对支那希望审查时期限定在一定时期之后的要求，我表示：凡事都有原因结果，不可限定时期；此外还通告不履行条约上的义务的话不得主张权利。有新闻电报说日本将马上承认"满洲国"。回顾芳泽外务大臣的私密谈话，虽然我相信这种事是不可能的，但是万一真承认了的话，调查团代表将会陷入非常困难的境地（对此，本使已说明了致重光的合第七九二号电报）。

如果阁下通过本使做些可以让调查团放心的回应之言，李顿爵士应该会比较满意。

已转电奉天、北平、南京。

资料来源：JACAR(アジア歴史資料センター)Ref. B02030443200(第11画像目から)、満洲事変(支那兵ノ満鉄柳条溝爆破ニ因ル日、支軍衝突関係)/善後措置関係/国際連盟支那調査員関係 第二巻(外務省外交史料館)

## 7. 驻上海重光公使致芳泽外务大臣的函电
（1932年3月17日）

昭和七年　六九三〇　略　　上海　　　　　　　十七日下午发
　　　　　　　　　　　　　　外务省　　　　　　三月十八日上午收

第四九二号

自吉田

第八号

据悉，李顿在十六日由支那方面大学举办的午餐会上表示：国联的任务是，通过保证对抗侵略和维持正义来消除成员国的恐惧之念；同时国联期待各成员国不仅仅只是口头上，更要衷心地爱好和平。一个国家一边对其他国家煽动憎恶与敌意，一边面对由此态度所产生的结果要求国联的干涉和协助，这是不可能的事。

此外，国联调查团于同日还出席了宋子文夫人与孔祥熙夫人的招待会，及英、美、法、意（代理）四国公使的晚餐会。

已转电奉天、北平、南京。

资料来源：JACAR(アジア歴史資料センター)Ref. B02030443200(第12画像目から)、満洲事変(支那兵ノ満鉄柳条溝爆破ニ因ル日、支軍衝突関係)/善後措置関係/国際連盟支那調査員関係 第二巻(外務省外交史料館)

## 8. 驻南京上村代理总领事致芳泽外务大臣的函电
### （1932年3月17日）

昭和七年　六九一二　暗　　南京　　　　　　　十七日下午发
　　　　　　　　　　　　外务省　　　　　三月十七日下午收

第二四一号

本官致支那的电报

第二三九号

关于往电第二三一号的中间部分：

当地英、美领事及德国参赞各自向调查团中的本国代表发出希望调查团停留当地期间，可以下榻于领事馆或公使馆驻当地办事处的电报，但都还未收到回电。据此可以认为，应该是调查团代表们不分开住宿，而是一同住宿到支那方面指定的旅馆。仅供参考。

已转电外务大臣、北平、奉天。

资料来源：JACAR(アジア歴史資料センター)Ref. B02030443200(第13画像目から)、満洲事変(支那兵ノ満鉄柳条溝爆破ニ因ル日、支軍衝突関係)/善後措置関係/国際連盟支那調査員関係　第二巻(外務省外交史料館)

## 9. 驻棉兰内藤领事致芳泽外务大臣的函电
### （1932年3月17日）

昭和七年　六八九六　暗　　棉兰　　　　　　　十七日下午发
　　　　　　　　　　　　外务省　　　　　三月十七日下午收

第一号

十五日,棉兰市支那人总商会及教育协会代表全体旅居苏门答腊的支那人，向南京政府发送了下述内容的电报，并请求转达给国联调查团。

我们欢迎先生们的到来，并期待对于满洲、上海事件做出公正合理的判断。

已转电支那，并密送巴达维亚、苏腊巴亚、孟买、棉兰、荷兰。

资料来源：JACAR(アジア歴史資料センター)Ref. B02030443200(第14

画像目から）、満洲事変（支那兵ノ満鉄柳条溝爆破ニ因ル日、支軍衝突関係）/善後措置関係/国際連盟支那調査員関係　第二巻（外務省外交史料館）

## 10. 驻上海村井总领事致芳泽外务大臣的函电
（1932年3月18日）

昭和七年　六九四四　平　　上海　　　　　　　　　　十八日上午发
　　　　　　　　　　　　　外务省　　　　　　　　　三月十八日上午收

第四八九号

十六日，在支那大学联合会主办的国联支那委员会欢迎午餐会上，作为对联合会会长演说的回应，李顿爵士做了如下内容的演说：

会长说黑暗之中还是可以看到希望之光的。我想说，这希望之光是来自日内瓦，所以，我在此应当指明，国联帮助支那的途径，并说明与此相对的国联对支那的期待。国联的目的是保护成员国免受外部侵略，维护国际正义，以此来消除成员国的恐惧心。然而，作为其条件，国联期待各成员国不仅仅只是口头上，更要衷心地爱好和平。一个国家一边对其他国家煽动憎恶与敌意，一边要求国联帮助解决由此态度所产生的结果，像这样的事是不可能的。国联保障成员国免遭他国侵略，同时也要求各成员国不得侵害他国。

希望由国联转电除土耳其外的驻欧各大使。

已转电国联、北平、奉天、南京。

资料来源：JACAR（アジア歴史資料センター）Ref. B02030443200（第14画像目から）、満洲事変（支那兵ノ満鉄柳条溝爆破ニ因ル日、支軍衝突関係）/善後措置関係/国際連盟支那調査員関係　第二巻（外務省外交史料館）

## 11. 驻上海村井总领事致芳泽外务大臣的函电
（1932年3月18日）

昭和七年　平　　上海
　　　　　　　　　外务省　　　　　　　　　　　三月十八日下午收

第四九三号

十八日，当地《每日新闻》（『デーリーニュース』，*Daily News*）的社论援

引此前第四八九号电报所报告的李顿爵士的演说，评论如下：

李顿爵士早早就感知到了日本所盛行的误解，并表示国际联盟的使命不在裁判而在和解。因感情冲动而产生的宣传等，对于调查团一行的现实性调查不会产生任何影响。此外，比较重要的一点是，李顿爵士强调讨论问题时必须先去除憎恶之念。日支间的纷争是因为两国民间感情上的偏见而导致事件不断恶化。在这一点上，不能只责备两个当事国中的一方。在任何一方培育起来的排外感情，会因敌对国对此采取的对应态度而变得更加强烈。这也导致了如今进行的感情式宣传。面对此种情况，国联调查团来到这里，很高兴能够为平息此种险恶空气做贡献。

已转电美、国联、北平、奉天、南京，并转报公使。

希望国联电告除土耳其外的各大使。

资料来源：JACAR(アジア歴史資料センター)Ref. B02030443200(第16画像目から)、満洲事変(支那兵ノ満鉄柳条溝爆破ニ因ル日、支軍衝突関係)/善後措置関係/国際連盟支那調査員関係　第二巻(外務省外交史料館)

## 12. 芳泽外务大臣致驻上海重光公使的函电
（1932年3月18日）

暗　第一九二号

关于支那招待我方专家顾问之事

**关于贵电第四八四号的主要部分**

本方之所以没有邀请支那代理公使，不仅是因为该公使不是专家顾问，也是因为没有邀请任何其他有关外交团员。我方预见到支那方面专家顾问的今后活动，将为其提供宿舍，并做好了招待其参加所有正式会见的准备。这次，顾维钧以贵电中所述作为理由而不邀请吉田大使，我认为是相当不合道理的。特别是在支那代理公使于东京举行的晚餐会上，吉田大使及盐崎作为专家顾问及其随员还受到过邀请。因此，顾维钧的谈话如若属实，希望贵大使将上述情况向支那方面及调查团方进行适当的说明，并引起他们的注意。

望转电奉天、北平、南京。

资料来源：JACAR(アジア歴史資料センター)Ref. B02030443200(第17

画像目から）、満洲事変(支那兵ノ満鉄柳条溝爆破ニ因ル日、支軍衝突関係)/善後措置関係/国際連盟支那調査員関係　第二巻(外務省外交史料館)

## 13. 驻国际联盟泽田局长致芳泽外务大臣的函电
（1932 年 3 月 19 日）

昭和七年　　七—三三　　平　　　　日内瓦　　　　　　　十九日下午发
　　　　　　　　　　　　　　　　外务省　　　　　　　三月二十日上午收

第三〇六号

关于督促李顿调查团尽早提出报告之事，国联大会主席与理事会主席之间通过秘书长所交换的往来信函（十八日）得到公开，大要如下：

（一）致理事会主席函

依照十七日举行的十九国委员会的委托，该委员会主席援引十一日的国联大会决议第三章（七），向阁下提出：该委员会认为在条件允许的情况下理事会应当尽快取得应由李顿调查团所提交的报告。

十九国委员会特别希望能够尽早获取关于满洲的一般事态的信息。因此，深切期望作为理事会主席的阁下考虑采取适当措施，使该委员会的希望能够尽量得到满足。

（二）致国联大会主席的回函

理事会主席很荣幸地通知收到了（一）的来函。主席将立即将上述来函通知各位理事及李顿调查团。

已转电英、美、法、德、意、支。

资料来源：JACAR(アジア歴史資料センター)Ref. B02030443200(第 19 画像目から)、満洲事変(支那兵ノ満鉄柳条溝爆破ニ因ル日、支軍衝突関係)/善後措置関係/国際連盟支那調査員関係　第二巻(外務省外交史料館)

## 14. 驻上海重光公使致芳泽外务大臣的函电（一）
（1932 年 3 月 19 日）

昭和七年　　暗　　　　上海
　　　　　　　　　　外务省　　　　　　　　　　　　　三月十九日上午收

第四九八号之一
自松冈

十八日，与李顿爵士、克劳德将军及恩利克·希尼进行会见。李顿爵士先提到在（一）上海事件（二）满蒙问题上希望仰仗您的帮助，后又说道："在东京与芳泽外务大臣会见时，芳泽外务大臣告知我，支那方面对停战交涉采取拖延态度，因此希望我们到达上海后进行关于停战交涉的斡旋；可到当地来一看，反倒感觉是日方采取拖延的态度。这样的话会给舆论造成坏印象，于日本不利。因此，希望您能够协助让日方不要拘泥于一字一句，不管怎样先抓紧开始交涉，并希望您将该主旨也转达给重光公使。"对此，鄙人回应道："不能就这样认为日方是在拖延。一开始，日方就反复主张单纯地依据三月四日的国联大会决议尽早开始交涉。尽管如此，支那方面抬出上述决议以外的条件乃至字句，造成白白浪费时日的结果。因此不得已与英国公使举行茶话会，商议的结果是先决定基础条件。关于上述基础条件的备忘录并不是在上述茶话会中制定和决定的，恐怕是茶话会商议结束后由英国公使所做。实际上关于第三项，重光公使也根据在上述茶话会上自己的理解，申请修正。然后，当地的军、政方面与重光公使及东京政府间好不容易进行了意见交换，现在还在进行中，但主要的问题点在于上述基础条件中的措辞。"（李顿爵士插话道："不要把重心过分地放在字句等问题上，无论如何，只要开始交涉了的话，意思不就自然而然明确了吗？"）（待续）

资料来源：JACAR（アジア歴史資料センター）Ref. B02030443200（第20画像目から）、満洲事変（支那兵ノ満鉄柳条溝爆破ニ因ル日、支軍衝突関係）/善後措置関係/国際連盟支那調査員関係 第二巻（外務省外交史料館）

## 15. 驻上海重光公使致芳泽外务大臣的函电（二）
（1932年3月19日）

昭和七年　暗　　上海
　　　　　外务省　　　　　　　　　　　　三月十九日上午收

第四九八号之二

"日本人或许也有过分追求精密之嫌，但对方是支那人。因为支那人是只抓住一件事就会大肆宣传'你食言了'等等，日本自然也会顾及过去的痛苦经历,对于措辞也十分注意,只能努力不给这种恶意宣传留一点余地。简而言之,这是对支那的理所当然的正当防卫。以此来责难日本是在故意拖延是不当的。特别是我方稍微有所忧虑的是:据今晨报纸所报,在日内瓦的颜惠庆反对一月二十八日吴铁城再次确认的声明以及重光公使的修正(以上是实质性问题,而且是事实上郭泰祺姑且已经同意的)。总之,关于此事还没有做出明确答复的并不只是日本,如李顿爵士所言的传闻,即所谓支那方面同意基础条件的传闻,鄙人也听说过,但迄今为止没有接到支那方面的明确答复。然而,另一方面却传来前面所说的有关颜惠庆发言的报道。总之,阁下们如果能够依照日本最初的主张去说服支那方面的话,现在这一瞬间就可以先开始停战交涉了。"鄙人做了如上内容的说明,阐明日本方面绝无故意拖延的意思;并附言道:"另外,估计本日内可以收到日本政府的明确训示。"仅供参考。

此外,由于时间关系,关于满蒙问题定为二十二日上午的会见时进行协商。以防万一,姑且通知一声。

已转电国联、美、北平、奉天、南京、广东,转报上海。

望国际联盟转电或转报各有关驻欧大使。

资料来源:JACAR(アジア歴史資料センター)Ref. B02030443200(第22画像目から)、満洲事変(支那兵ノ満鉄柳条溝爆破ニ因ル日、支軍衝突関係)/善後措置関係/国際連盟支那調査員関係 第二卷(外務省外交史料館)

## 16. 驻上海重光公使致芳泽外务大臣的函电
（1932年3月19日）

昭和七年　七一〇〇　暗　　上海　　　　　　　　　十九日下午发
　　　　　　　　　　　　　　外务省　　　　　　　三月十九日下午收

第五〇一号

自吉田

第一〇号

本使援引去年十二月的国联理事会决议,劝说各代表前往视察广东、汉口等地,但李顿团长说已经了解了支那的情况,希望经由南京、北平前往满洲。已经劝其同意去各地视察,但对方并无意愿,窃以为没有必要强求。

资料来源:JACAR(アジア歴史資料センター)Ref. B02030443200(第24

画像目から)、満洲事変(支那兵ノ満鉄柳条溝爆破ニ因ル日、支軍衝突関係)/善後措置関係/国際連盟支那調査員関係　第二巻(外務省外交史料館)

## 17. 驻上海重光公使致芳泽外务大臣的函电
（1932 年 3 月 19 日）

昭和七年　七〇九四　暗　上海　　　　　　　　十九日下午发
　　　　　　　　　　　　外务省　　　　　　　三月十九日下午收

第五〇八号

自吉田

第十一号

　　调查团方面顾及外面的评论,减少参加支那方面的招待宴会,并与各方人士进行会面。十八日,我方由野村司令长官及盐泽司令官、松冈分别主要就上海事件,与李顿等进行了会谈。此外,李顿在同日由支那方面的工商联合会主办的晚宴上提道:"事件的裁判不能只依靠宴后的演说来进行",在暗讽了支那的宴会政策之后又说道:"支那既然向国联控告,就得信赖国联的决定,并提供相关必要的一切事实。但不可同时要求国联应该做出什么样的决定。"

　　此外,针对李顿的演说,支那的《时事新报》于十八日展开攻讦,评论道:李顿爵士讽刺得宛如日中纷争是由支那方面的憎恶及敌意而造成一样。代表们从今开始抱有如此偏见真是可悲。如果是这样的话,国联所强调的所谓和平也不过是欺瞒之辩,支那当不依赖国联,除自救外别无他法等等。

　　已转电奉天、南京、北平。

　　资料来源:JACAR(アジア歴史資料センター)Ref. B02030443200(第 24 画像目から)、満洲事変(支那兵ノ満鉄柳条溝爆破ニ因ル日、支軍衝突関係)/善後措置関係/国際連盟支那調査員関係　第二巻(外務省外交史料館)

## 18. 福冈县知事致内务大臣等处的函电
（1932 年 3 月 19 日）

特外鲜密第三四四号

昭和七年三月十九日发

昭和七年三月二十三日收

发送方：福冈县知事中山佐之助
接收方：内务大臣犬养毅阁下
　　　　芳泽外务大臣谦吉阁下
　　　　警视厅、神奈川、爱知、大阪、兵库、京都、长崎、广岛、山口各厅府
　　　　县长官阁下

**关于在天津招待国际联盟调查团的准备事宜**

三月十六日由"长江丸号"自天津回到门司港的本县调查员关于上述标题之事探听到的内容如下：

据闻：关于天津事件，因近日国际联盟调查团即将来津，天津市党部及公安局正忙于做招待国际联盟调查团的准备，特别是像铁路运输上也做到了相当的准确，对主要车站进行了修理等。为借此机会使支那方面更加有利，训令各学校及团体将因天津事件所受损害的受损程度及可以作为证据品的物件提交出来。此外，支那方面还在调查团一行所搭乘的列车上满载各种证据物品和其他对支那有利的宣传物品，供调查团一行阅览等等，用支那一流的宣传外交来迎接，不断地谋划如何有利地解决事件。

通报如上。

资料来源：JACAR（アジア歴史資料センター）Ref. B02030443200（第26画像目から）、满洲事变（支那兵ノ满铁柳条沟爆破ニ因ル日、支军衝突関係）/善後措置関係/国際連盟支那調査員関係　第二卷（外務省外交史料館）

## 19. 驻上海重光公使致芳泽外务大臣的函电
（1932年3月20日）

昭和七年　七一九一　暗　　上海　　　　　　　二十日下午发
　　　　　　　　　　　　　外务省　　　　　　三月二十一日上午收

第五二三号

伊藤致谷局长

一、调查团预定大致四月初抵北平，然后开始就满洲问题的细节进行研究，我们打算尽可能地使我方书面材料的提交能够赶上上述时间。

二、上述书面材料中,将相当大的比重放在了关于我方在满蒙所遭受的权益侵害的详细报告上。该文件资料里除了权益受侵害的事实外,尽可能地添附上我方所提出的抗议文及支那方面的回复等公文的全文,应该比较有利(如您所知,欧美人关于此类调查比较注重公文)。已经将要提出的书面材料制作完成了的话,希望将上述公文制成一个附件;如果上述公文可以在驻满领事馆得到的话,请向相关领事馆传达该内容。

三、调查团抵达本地以来,支那方面貌似一直在否认我方在满洲的驻兵权、满铁附属地行政权。鉴于此,十分有必要对日俄战争前俄国在铁路附属地行使的行政的性质及范围等进行尽可能详尽的事实调查,因此烦请将资料发送过来,如果外务省内无适当的材料的话,请令满铁从大连发送过来。

请将上述书面材料送至北平或者奉天。

资料来源:JACAR(アジア歴史資料センター)Ref. B02030443200(第29画像目から)、満洲事変(支那兵ノ満鉄柳条溝爆破ニ因ル日、支軍衝突関係)/善後措置関係/国際連盟支那調査員関係　第二巻(外務省外交史料館)

## 20. 驻上海重光公使致芳泽外务大臣的函电
（1932年3月21日）

昭和七年　七二〇二　暗　　上海　　　　　　　二十一日上午发
　　　　　　　　　　　　　外务省　　　三月二十一日下午收

第五二五号
本使致奉天的第十三号电报
关于阁下第二三四号电报
自盐崎

一、调查团的旅程还没确定。现在连从上海出发的日期都没决定,因此前往满洲的日期现在很难断言。不过,秘书长的意向是,预定二十五、六日由当地出发,经南京、北平等地后于四月中旬进入满洲,大约停留三周。因此,望按照上述秘书长的意向制定大致的旅程之后(希望在大连星之浦留有数日的休息时间),将大略电报告知。

二、调查团到达当地后,连日来遭受到支那方面的连番宴请,反而感到为难,最近一直尽可能地拒绝招待宴会的宴请。鉴于此,望制定的计划,尽量减少在满洲的宴会次数,以说明情况的会见为主。

三、我方虽希望自北平经铁路去奉天,但若绝对不可能的话,不得已可自天津或青岛由海路到大连,自北平出发之日确定之后,当电报告之。

已将阁下电报一道转报大臣。

资料来源:JACAR(アジア歴史資料センター)Ref. B02030443200(第31画像目から)、満洲事変(支那兵ノ満鉄柳条溝爆破ニ因ル日、支軍衝突関係)/善後措置関係/国際連盟支那調査員関係　第二巻(外務省外交史料館)

## 21. 驻上海重光公使致芳泽外务大臣的函电
### (1932年3月21日)

昭和七年　七二〇六　暗　　上海　　　　　　　　二十一日下午发
　　　　　　　　　　　　　　外务省　　　　　　　三月二十一日下午收

第五二六号

奉天致本官的第二三六号电报

致盐崎书记官

关于国际联盟调查团来满日期、停留时间、来满的路径等,无论如何必须早点获知。我方的特殊情况正如致驻支那公使三月十二日的机密电报第四号中所言,因此,虽不难体谅调查团方面的困难,但关于以上诸点,望即刻回电。特别是关于来满的路径,奉山线沿线的治安状况现今尚十分恶劣,凭该线目前的运行状况是绝不可能通过此线路来奉的,因此希望务必决定经由大连来奉(当然,正如您所知,视察日程中包含乘坐特别列车前往锦州的行程)。而且,经由大连的时候,如果不绕道青岛而是经由天津的话,因为客舱的关系,必须要特别准备大型船只。因此,无论如何望特别关照一下,现在就确定从天津出发的日期。其他如调查团的态度、支那方面的招待情形等,望早日尽可能详细地传阅告知(再者,关于视察日程,已邮寄包含视察锦州、哈尔滨两地的大概十五天的新方案。姑且通知一下)。

资料来源:JACAR(アジア歴史資料センター)Ref. B02030443200(第32画像目から)、満洲事変(支那兵ノ満鉄柳条溝爆破ニ因ル日、支軍衝突関係)/善後措置関係/国際連盟支那調査員関係　第二巻(外務省外交史料館)

## 22. 驻北平矢野参赞致芳泽外务大臣的函电
（1932年3月21日）

昭和七年　七二二九　暗　北平　　　　　　　二十一日下午发
　　　　　　　　　　　　外务省　　　　　　三月二十一日下午收

第一三〇号

据谍报所报，张学良正命朱光沐、沈能毅等制作呈交给国联调查团的九一八事件报告书。该报告书将用法文撰写，陈述奉天、锦州、天津等各个事件的原因、经过、损失、现状，在其结论部分列举各个责任之所在、对世界的影响及支那方面所期望的解决办法。

已转电公使、南京、奉天、天津。

资料来源：JACAR（アジア歴史資料センター）Ref. B02030443200（第33画像目から）、満洲事変（支那兵ノ満鉄柳条溝爆破ニ因ル日、支軍衝突関係）/善後措置関係/国際連盟支那調査員関係　第二巻（外務省外交史料館）

## 23. 驻上海村井总领事致芳泽外务大臣的函电
（1932年3月21日）

昭和七年　七三二二　略　上海　　　　　　　二十一日下午发
　　　　　　　　　　　　外务省　　　　　　三月二十二日下午收

第五〇六号

二十二日，作为国民通讯的当地《时事新报》有如下报道：中华民国拒毒会（主席王景岐）向国联调查团提交书面文件，列举日本人一直以来进行毒品走私的事实；其中，关于作为东北事件近因的中村事件，虽然依据了日本人方面的报告，但含有一节认为中村是因为贩卖海洛因事情暴露，才引发该事件。仅供参考。

望自奉天转电吉林。

已转电北平、奉天、南京，并转报支那。

资料来源：JACAR（アジア歴史資料センター）Ref. B02030443200（第33画像目から）、満洲事変（支那兵ノ満鉄柳条溝爆破ニ因ル日、支軍衝突関係）/

善後措置関係/国際連盟支那調査員関係　第二巻(外務省外交史料館)

## 24. 驻济南西田总领事致芳泽外务大臣的函电
（1932年3月21日）

昭和七年　七二五九　暗　　济南　　　　　　　　　　二十一日下午发
　　　　　　　　　　　　　　外务省　　　　　　　　　三月二十二日上午收

第八八号

　　正如累次所报，虽然济南事件之后，当地排日排外的标语或宣传单等相当之多，但其后，特别是韩主席就任以来，除了一般性的对外的东西，大部分都已绝迹，只不过在市外的一两处还留有山东废约会刷在墙上的对日标语。近日来，本官每有机会便提醒注意上述会引发不稳定的内容，韩主席则每次都回应说等有了适当时机就让人去掉。不过，听说从数天前开始，对日本的东西自不消说，一般性的对外标语也全部正在进行抹消。二十一日，韩主席对本官说过：关于国联调查团一行的行动，虽然有来自中央的一般性通知，但是否中途到当地或者临时停车，这其中的具体情况不得而知，不过调查团一行大概预定抵达之后就马上离开当地。对外标语的抹消等，推测应该是来自中央的什么命令，然后趁此机会付诸行动了。仅供参考。

　　望由公使转报上海。
　　已转电公使、北平、青岛、南京，并密送芝罘、天津。

　　资料来源：JACAR(アジア歴史資料センター)Ref. B02030443200(第34画像目から)、満洲事変(支那兵ノ満鉄柳条溝爆破ニ因ル日、支軍衝突関係)/善後措置関係/国際連盟支那調査員関係　第二巻(外務省外交史料館)

## 25. 驻国际联盟泽田局长致芳泽外务大臣的函电
（1932年3月22日）

昭和七年　七三四二　平　　日内瓦　　　　　　　　二十二日下午发
　　　　　　　　　　　　　　外务省　　　　　　　　三月二十三日上午收

第三一三号

　　支那代表与国联秘书长间于十九日往来的信函，于二十一日由常设秘书处通知了十九国委员会及日本代表处。其主要内容如下：

（一）支那代表致函

据宋子文来电，李顿团长为参加所谓的上海问题的审议，可能要延长在上海的停留时间。该调查团的首要任务是调查满洲的事态并就其提交报告。并且据支那政府了解，该调查团被要求将关于满洲一般事态的报告通过理事会尽早提交给十九国委员会，因此支那政府很难赞同此种旅程的变更。李顿团长长期停留上海，明显违背了相关各国对李顿团长所期待的任务，支那政府深切期望李顿团长按照最初的预定早日赶赴满洲。

（二）秘书长回函

关于贵函中所述的见解，我估计，为直接将其反映给李顿团长，支那政府应该已经采取了必要的措施。此外，贵代表指出了调查团被要求向十九国委员会提交关于满洲一般事态的报告这一点，我想提醒注意的是，已经就此采取了通过国联大会主席与理事会主席之间进行往来信函（往电第三〇六号）的措施。此外，关于李顿调查团的任务，十二月十日决议所规定的地方绝无任何变动，这是自不待言的。

已转电英、法、意、德、美、支。

资料来源：JACAR（アジア歴史資料センター）Ref. B02030443200（第35画像目から）、満洲事変（支那兵ノ満鉄柳条溝爆破ニ因ル日、支軍衝突関係）/善後措置関係/国際連盟支那調査員関係　第二巻（外務省外交史料館）

## 26. 驻上海重光公使致芳泽外务大臣的函电
（1932年3月22日）

昭和七年　七二八二　暗　　上海　　　　　　　　二十二日下午发
　　　　　　　　　　　　外务省　　　　　　　　三月二十二日下午收

第五三四号

关于往电第四八三号

勃来克斯雷已于十九日乘坐长崎丸号出发。在上海停留期间，勃来克斯雷与美国红十字会相关人员及拉西曼（Ludwik J. Rajchman）、辛普森（John Hope Simpson）进行联系，并有对上海事件进行全方位调查的迹象。对日支双方的行动都掌握有相当多情报的勃来克斯雷，虽然完全不被看作是偏袒支那的，但支那方面的小额贿赂也确实是起到了作用。而且，勃来克斯雷在当地前后停留三周以上，详细地视察了所有的战线，因此在勃来克斯雷停留我国期间（他说要停留七周左右），需要特别注意。

资料来源：资料来源：JACAR（アジア歴史資料センター）Ref. B02030443200（第36画像目から）、満洲事変（支那兵ノ満鉄柳条溝爆破ニ因ル日、支軍衝突関係）/善後措置関係/国際連盟支那調査員関係　第二巻（外務省外交史料館）

## 27. 驻北平矢野参赞致芳泽外务大臣的函电
（1932年3月22日）

昭和七年　　七三一二　　暗　　北平　　　　　　　　二十二日下午发
　　　　　　　　　　　　　　　　外务省　　　　　　三月二十二日下午收

第一三四号

虽然目前还不知道国际联盟调查团在支那北部的行程，但也有传闻说他们将从南京出发，不经过天津而直接到达本地。所以，当调查团来北平时，我认为届时应劳烦天津驻屯军司令官、第二遣外舰队司令官，还有各参谋长以及天津、济南、青岛各总领事来北平，以招待宴、晚宴的形式，创造一个对各自管理事项进行亲自说明、回答的机会，应该是有益的。若没有异议的话，希望能够使各领事答应此次出差。

关于陆海军司令官等，将同本馆的武官进行商量。

已转电至驻公使、青岛、天津、济南。

资料来源：JACAR（アジア歴史資料センター）Ref. B02030443200（第37画像目から）、満洲事変（支那兵ノ満鉄柳条溝爆破ニ因ル日、支軍衝突関係）/善後措置関係/国際連盟支那調査員関係　第二巻（外務省外交史料館）

## 28. 驻天津桑岛总领事致芳泽外务大臣的函电
（1932年3月22日）

公信第二四五号
昭和七年三月二二日

## 关于欢迎国联调查团的准备及标语一事

本地党部以及民间团体正在进行欢迎国联调查团以及宣传工作的准备。三月十六日,天津市党部经讨论决定了下述的欢迎及宣传办法。

1. 从各个机关、学校、团体中各选出三名代表参加欢迎会,再从这些代表中选拔出十名精通英文及英文对话的人负责接待调查团。

2. 通知各机关、学校、团体,让其在国联调查团到达天津当天一律悬挂国旗,向他们表示欢迎之意。

3. 通知各报社,让其在国联调查团到达天津当天一律在报上发表欢迎辞。

4. 国联调查团到达天津第二天将在市党部举行欢迎大会。

5. 发表宣言,公布日本的一切谬论以及残暴行为。

6. 在各街市道路旁张贴欢迎国联调查团的标语。

7. 函请公安局派遣警官保护调查团一行,以防止意外事故发生。

8. 让宣传科负责办理一切宣传事务,所有宣传文章都要翻译成英文。

另一方面,天津市的商民各界也决定在街头张贴如下欢迎标语:

(一) 欢迎和平使者国联调查团

(二) 欢迎公正严明的国联调查团

(三) 中国民族为争生存而抗日

(四) 中国民族为权护①国际公约而抗日

(五) 抗日绝非排外

(六) 中华人民宁为玉碎不为瓦全

(七) 中华人民宁为抗强权而死,不受强权欺辱而生

(八) 侵我国土日军不撤无谈判余地

(九) 中华人民纯不接受丧权辱国的条件

(十) 上海问题应与东北问题同时解决

(十一) 权护②主张正义,维持和平的国际联合会

(十二) 希望国联调查团主持公道

---

① 编者按:原文如此。可能是"维护"的误写。
② 编者按:原文如此。可能是"维护"的误写。

报告如上。

本信抄送目的地：驻支那公使、北平、上海、天津、奉天。

资料来源：JACAR(アジア歴史資料センター)Ref. B02030443200(第39画像目から)、満洲事変(支那兵ノ満鉄柳条溝爆破ニ因ル日、支軍衝突関係)/善後措置関係/国際連盟支那調査員関係 第二巻(外務省外交史料館)

## 29. 驻上海重光公使致芳泽外务大臣的函电
### （1932年3月23日）

昭和七年　七三五四　暗　上海　　　　　二十三日下午发
　　　　　　　　　　　　外务省　　　　三月二十三日下午收

第五四二号

自吉田

第十二号

因调查团希望视察战场，二十一日在军方带领下，视察了真茹暨南大学，在北火车站听取了陆战队指挥官植松的说明，视察了东方图书馆、商务印书馆烧毁后的废墟，在江湾镇视察了劳动大学以及火车站附近区域，最后视察了吴淞炮台。军方坦诚、恳切地担当向导并予以说明。当天，在李顿团长的希望下，支那方面顾维钧等多人也参加了。

与此相关，二十二日的《大陆报》(『チャイナプレス』，China Press)刊登社论，恶毒攻击我方，"调查团应该深刻认识到了日本军队（在上海）造成了不必要的破坏；如果日本方面足够坦诚，就应该承认日本是为了报复进行抵制运动的支那人而做了上述行为；日本应该做的不是用残暴行为来扩大排日运动，而应该努力排除排日运动的原因；调查团应该知道了日本才是激发憎恶以及敌对心理的罪魁祸首"。

资料来源：JACAR(アジア歴史資料センター)Ref. B02030443200(第42画像目から)、満洲事変(支那兵ノ満鉄柳条溝爆破ニ因ル日、支軍衝突関係)/善後措置関係/国際連盟支那調査員関係 第二巻(外務省外交史料館)

## 30. 驻上海重光公使致芳泽外务大臣的函电
（1932年3月23日）

昭和七年　七三六五　暗　上海　　　　　　　　二十三日下午发
　　　　　　　　　　　　外务省　　　　　　　　三月二十三日下午收

第五四三号

自吉田

第十三号

一、国联调查团预定将于二十六日出发，翌日到达南京，在南京逗留四天，在汉口逗留两天，再在北平逗留数日。因需要在五月一日前向国际联盟提交预备报告书，他们将为了赶上时间而前往满洲，基本内定前后花约三周的时间视察奉天、长春等地后，前往日本听取政府的意见，然后再返回支那征求该国政府的意见，之后前往北戴河或青岛撰写最终报告书。

二、关于本官提议的汉口视察，顾维钧劝说要赶快前往满洲，但面对李顿的反问，顾回答说并不反对前往汉口。

三、关于最终报告书的撰写场所，支那方面建议北戴河，本官主张前往青岛，但调查团倾向于前者。

四、关于进入满洲的路线，本官陈述了京奉线不通的情况（参考重光公使致奉天电报第十三号"致阁下电报第五二五号"），建议经天津或青岛由海路前往满洲。对此，调查团表现出怀疑的样子。顾维钧主张应从山海关开始调查满洲。秘书长哈斯考虑到任务的性质，希望乘坐特别列车。让调查团抱有疑心反而不好，希望在与军部商议后尽量采取利用铁路进入满洲的方式。请紧急明示火车不通的理由及其他指示。

已转电至国际联盟、奉天、北平、天津、青岛、汉口、南京、关东厅长官。

资料来源：JACAR（アジア歴史資料センター）Ref. B02030443200（第43画像目から）、満洲事変（支那兵ノ満鉄柳条溝爆破ニ因ル日、支軍衝突関係）/善後措置関係/国際連盟支那調査員関係　第二巻（外務省外交史料館）

## 31. 驻上海重光公使致芳泽外务大臣的函电（一）
### （1932年3月23日）

昭和七年　七三八八　暗　　上海　　　　　　　　二十三日下午发
　　　　　　　　　　　　外务省　　　　　　　三月二十三日下午收

第五四五号之一

自议员松冈

二十二日，本官与国际联盟调查团会见（只有麦考益将军缺席）。因为提问回答十分复杂，涉及许多方面，所以调查团代表们的提问以及陈述内容除了认为必要的部分，其余予以省略。

上次会见结束时，李顿爵士提出要求，"为了既能保住支那的面子，也能贯彻日本的合法要求，进而圆满地解决满蒙问题，站在第三者的立场上应该如何想办法解决？希望在下次会见前能考虑一下以上想法"，所以这次以李顿爵士的上述要求为出发点进行了会谈。

一、"上次会见以来，我绞尽脑汁也想不出您希望的那种解决方案，只得出了以我的智力是无法想出解决方案的这一结论。满洲的事态已十分严重，我方反击蛮横的支那可能多少有些过激，但那也是常有的事。正如我上次也提到的，我们已经深陷迷宫，要找到走出这一迷宫的路并不容易，恐怕只能让'时间'来找出路。十分遗憾我不能满足您的希望。不过，若您有耐心和时间听一下的话，我将陈述一下我的几点想法，或许会为您理解满蒙问题提供一些参考，可能有所裨益，不知意下如何？"对此，李顿爵士回答说愿意一听。我所陈述的拙见大致如下。（待续）

资料来源：JACAR（アジア歴史資料センター）Ref. B02030443200（第44画像目から）、満洲事変（支那兵ノ満鉄柳条溝爆破ニ因ル日、支軍衝突関係）/善後措置関係/国際連盟支那調査員関係　第二巻（外務省外交史料館）

## 32. 驻上海重光公使致芳泽外务大臣的函电（二）
### （1932年3月23日）

昭和七年　七三九二　暗　　上海　　　　　　　　　　二十三日下午发
　　　　　　　　　　　　　　外务省　　　　　　　　三月二十三日下午收

第五四五号之二

二、"想要了解满蒙问题乃至日本在满蒙的行动，首先需要探明支那的实际情况，还有远东全局的形势，特别是俄罗斯的动向。

（1）"实际上鄙人几乎将支那问题以及东亚问题作为毕生的研究题目。多年以来，在支那将实现统一、得到建设性发展，抑或是灭亡——这两个疑问或结论之间徘徊。但近年来，我得出的结论令人十分遗憾，即支那将不断走向灭亡。现在其灭亡的迹象已十分明显。

（2）"然而苏维埃俄国似乎至今还未放弃世界革命的梦想。迄今为止，在欧美失败、在支那也有一些受挫之感，但仍然想趁着支那处于一片混乱中的状况，在支那贯彻推行共产主义，然后进一步将其魔爪伸向印度，直至将亚洲共产主义化之后再次踏上世界革命之路。外蒙古在数年前就已归俄罗斯所有，现在俄罗斯又活跃于内蒙古。而且俄罗斯不断地侵入支那的心脏，在支那中部，苏维埃政治所及的范围恐怕是日本本土面积的六倍。其与莫斯科的关系十分密切这一点是不容怀疑的。蒋介石等人对此无能为力。还有，俄罗斯在新西伯利亚到塔什干的铁路中占据要冲，跨越帕米尔高原南下的话便直冲印度，穿越支那西边的国境的话便直达新疆。"（待续）

资料来源：JACAR（アジア歴史資料センター）Ref. B02030443300（第46画像目から）、満洲事変（支那兵ノ満鉄柳条溝爆破ニ因ル日、支軍衝突関係）/善後措置関係/国際連盟支那調査員関係　第二巻（外務省外交史料館）

## 33. 驻上海重光公使致芳泽外务大臣的函电（三）
### （1932年3月23日）

昭和七年　七三九四　暗　　上海　　　　　　　　　　二十三日下午发
　　　　　　　　　　　　　　外务省　　　　　　　　三月二十三日下午收

第五四五号之三

"从该铁路的某一地点坐汽车前往新疆的首府乌鲁木齐仅需要两日行程。支那方面想要从天津出发到达该地的话,即便修好了公路,汽车也需要四十日以上。俄罗斯自新疆进入甘肃,再完成著名的海兰铁路,将支那一分为二的同时将势力延伸至江苏省沿岸的海州,面临大海睥睨近在咫尺的朝鲜半岛以及我国九州。即便政体发生变化,俄罗斯依然没有舍弃旧沙皇时代的远大计划。不仅如此,现在正在竭尽全力,专心完成此大计。

"综合支那的灭亡倾向以及俄罗斯的活动来看,特别是想到近来支那方面在满蒙的残暴行为,也就是驱逐日本的行为,我不得不为我国实际上正面临的形势感到战栗。日本对此危机局势,除了自去年秋天以来开始的行动以外还可以采取何种行动?对于这个问题,我相信不仅仅是鄙人,各位有识之士应该也只能得到别无他法的结论。"

三、"可能是鄙人寡闻,但是,无论是对于上述俄罗斯对外蒙古的猎取,还是对在支那中部苏维埃政权不断建立的事实,直到现在,我也未曾听闻国际联盟以及以美国为首的九国公约签署国家提出过抗议,或者是谋求过什么防守手段。国际联盟和美国以及其他列强对于支那和俄罗斯的所作所为,还有以扰乱东亚为目的的俄罗斯的策略采取不闻不问的态度。"(待续)

资料来源:JACAR(アジア歴史資料センター)Ref. B02030443300(第47画像目から)、満洲事変(支那兵ノ満鉄柳条溝爆破ニ因ル日、支軍衝突関係)/善後措置関係/国際連盟支那調査員関係　第二巻(外務省外交史料館)

## 34. 驻上海重光公使致芳泽外务大臣的函电(四)
### (1932年3月23日)

昭和七年　七四〇二　暗　　上海　　　　　　　二十三日下午发
　　　　　　　　　　　　　外务省　　　　　　三月二十三日下午收

第五四五号之四

"而对于日本为了保持其存立以及东亚全局稳定而不得不采取的一点点行为就立即表示异议吗?十分遗憾,对此鄙人无法理解。"

四、"鄙人在过去十年间有七年是在满蒙第一线度过的,特别是山本满铁总裁与鄙人曾极力让步,试着说服他们,尝试和平调节相互间的利害关系,曾经有一段时间已经几乎接近成功了,最终却又失败。自那之后在满蒙的日支关系急速恶化。而这两三年来,支那人毫不掩饰地表现出其想要通过包围线来消灭满铁、将日本从满蒙驱逐出去的策略。最终导致了去年秋天的事变爆发。支那即使本来没有有意识地帮助俄国,但其结果与帮助俄国并无差别。若日本真如支那所希望的那样示弱撤离满蒙,在那一瞬间,俄国将直接侵入至满洲南部,这一点是不容置疑的。我们不仅仅是为了日本的存立,从保持东亚全局稳定这一责任感出发,我们也不得不想办法防止这种事态发生。满蒙是稳定东亚全局的关键所在,满蒙一乱,更会加速东亚全局的崩溃。若是从这一点出发看的话,应该就能明确理解日本在满蒙的行动。"(待续)

资料来源:JACAR(アジア歴史資料センター)Ref. B02030443300(第49画像目から)、満洲事変(支那兵ノ満鉄柳条溝爆破ニ因ル日、支軍衝突関係)/善後措置関係/国際連盟支那調査員関係　第二卷(外務省外交史料館)

## 35. 驻上海重光公使致芳泽外务大臣的函电(五)
### (1932年3月23日)

昭和七年　七四〇三　暗　上海　　　　　　　二十三日下午发
　　　　　　　　　　　　外务省　　　　　　三月二十三日下午收

第五四五号之五

五、"对于满蒙,日本所关心的是政治(广义上包含国防问题)和经济(李顿爵士这样说)两方面的事。在经济上,我国的权利主要基于条约,也有除条约外自然而然发展并在事实上固定下来的权利。在政治上,主要是国防方面的问题。如果在满洲的支那方面接受了日本有关以上两点的理所应当的要求的话,就不会发生去年秋天以来的事态。而且现在也不得不说是这样(因为李顿爵士这样说),但已如鄙人所说,事到如今,恐怕已不可能再返回重来一次了。"

六、"而且,若冷静审视如今的事态同在张作霖和张学良管理下的满蒙事态有何不同,会发现其差别十分表面化,只有独立国这一名称及人物之差。即便是在张作霖的管理时期,满洲实际上也并没有受到中央政府的支配,到了张学良时代也是如此。特别是张作霖在日本的行动,乃至援助下保持其(独立)地位一事在当时便是世人所周知的事实。可是在当时未听闻国际联盟还有美国及其他的九国公约签署国中有任何国家对此有过抗议。参照过去的这些事实,宣统帝在日本的援助及好意下成为现在的统治者一事,无论从哪方面都没有提出异议的道理。(因为,李顿爵士对此提出了更深入的提问),虽然直接帮助张作霖的情况也不是没有,但鄙人并非是用直接帮助这个意思说了这些话。如果日本不维持满蒙的治安,不对张作霖保持友好态度,张作霖应当早就垮台了。"(待续)

资料来源:JACAR(アジア歴史資料センター)Ref. B02030443300(第50画像目から)、満洲事変(支那兵ノ満鉄柳条溝爆破ニ因ル日、支軍衝突関係)/善後措置関係/国際連盟支那調査員関係 第二巻(外務省外交史料館)

## 36. 驻上海重光公使致芳泽外务大臣的函电(六)
### (1932年3月23日)

昭和七年 七三九四 暗 上海 二十三日下午发
外务省 三月二十三日下午收

第五四五号之六

"若日本在满蒙没有影响,或者如支那所希望的那样,日本从满蒙收手的话,满蒙将会重蹈支那本土其他地方的覆辙,迅速陷入混乱,至今可能换过众多统治者了吧。从这一视角来看,张作霖得以保持其地位很明显也是依靠日本庇护。对此,国际联盟以及任何国家从来都没有提出过异议。其次,如果张作霖或张学良可以的话,溥仪(Mr. Henry Pu I)[①]就不可以的论据又在何处?如果只是事实上的独立国与冠以独立国之名的独立国之差的话,那也太过肤浅了。正如之前所坦述,面对东亚的重大危机,特别是满蒙是治是乱,如今维持东亚全局的关键[②]正处于紧要关头,实在是无暇拘泥于这样表面的问题。若是这一关键遭到破坏,只会进一步陷入混乱状态,日本无论如何也不能对其坐视不理。还有,对于广东屡次宣布独立这一事实,鄙人也未曾听闻国际联盟或是列强提出过任何抗议。顺便把这一先例附上。"

七、(李顿爵士问道:"重点是日本是否应该撤军,但若是日本撤军的话,溥仪是否会垮台,还有满蒙的事态又会如何发展,希望一听高见。")故回答道:

---

① 编者按:原文如此,应该是 Mr. Henry Pu-Yi。
② 译者按:此"关键"应该是指伪满洲国的组建。后同。

"如若撤兵，难以预料溥仪是否会立即垮台，或许可能会垮台。但不论如何，满蒙都会陷入混乱状态。这一点如此前所说，应该与支那其他地方没有差别。"（待续）

资料来源：JACAR（アジア歴史資料センター）Ref. B02030443300（第51画像目から）、満洲事変（支那兵ノ満鉄柳条溝爆破ニ因ル日、支軍衝突関係）/善後措置関係/国際連盟支那調査員関係　第二巻（外務省外交史料館）

## 37．驻上海重光公使致芳泽外务大臣的函电（七）
（1932年3月23日）

昭和七年　　七三九五　　暗　　　　上海　　　　　　　　二十三日下午发
　　　　　　　　　　　　　　　　外务省　　　　　　　　三月二十三日下午收

第五四五号之七

"另外，不管撤兵与否，溥仪将来是成功还是失败，都是由时运决定的。总之，国际联盟或者美国和其他列强是乐见一片混乱的满蒙，还是想要看到治安维持得很好的满蒙？彻彻底底地考虑一下的话，问题可以归结于这一点上。满蒙的混乱进一步意味着东亚的混乱，治安良好的满蒙便意味着保持东亚全局稳定的希望。"

八、"总之，日本坚持主张维持东亚地区的和平。国际联盟是支持这一做法还是想要让东亚陷入混乱状态呢？在这一点上，日本同欧洲大陆的法国的处境大体相似。只是法国十分幸运，有着与其有同一目的的同盟国，而日本没有。不仅如此，甚至不能得到充分的理解。只能一边蒙受着所有的诬陷，一边靠一己之力继续拯救东亚的危局。"

九、"在日本，有众多有识之士在逐渐考虑，若是日本的本意及立场、乃至行动始终都得不到国际联盟的理解，不能得到任何同情的话，虽然并非日本所欲，最终也不得不退出国际联盟。"（李顿爵士打断我问道："日本不是有同盟者吗？即，国际联盟没有寻求日本的支持并将日本的安全保障与国联相连的意思吗？换言之，日本是打算舍弃掉这个，独自为日本的安全而战斗吗？"）对此我的回答："日本的有识之士一直都将国际联盟视为伙伴，并且想始终支持国际联盟。"（待续）

资料来源：JACAR（アジア歴史資料センター）Ref. B02030443300（第53

画像目から)、満洲事変(支那兵ノ満鉄柳条溝爆破ニ因ル日、支軍衝突関係)/善後措置関係/国際連盟支那調査員関係　第二巻(外務省外交史料館)

## 38. 驻上海重光公使致芳泽外务大臣的函电(八)
## (1932年3月23日)

昭和七年　七四〇〇　暗　　上海　　　　　　　　二十三日下午发
　　　　　　　　　　　　　外务省　　　　　　　三月二十三日下午收

第五四五号之八

"他们并非想要积极主动地退出国际联盟。但是，如果得出留在国际联盟反而无法得到日本所期待的安全保障，不能保障东亚全局这一结论的话，虽然十分犹豫，恐怕也不得不认真考虑退出国际联盟一事。"

一〇、鄙人在最后表示还有特别想补充的话后，说道：

"(1) 从以国民党为首的支那公然揭示的政纲及主张来看，他们无论如何都要将日本从满蒙驱逐出去。这两三年来，其锋芒在满蒙十分显露，终于导致了去年秋天的事变爆发。国民党除非放弃其主张，否则就没有与日本进行融和、合作之路。假如国民党的主张要在满蒙得以实现，那么日本将不得不重来一次日俄战争。

"(2) 有人说溥仪是日本人的傀儡。虽说支那也是有舆论的，只是总是与欧美各国的表达方式不同而已。如果完全违背了满蒙民众的意愿，那么日本人也无法一直支持溥仪，而且也不可能冒着舆论的反对来推戴溥仪。在上海，甚至有些人十分欢迎仪的出现，反而对没让他做皇帝而不满。像吉林的熙洽这样的满洲人是最欢迎溥仪的。听说臧式毅以及其他人也十分欢迎溥仪。实际上，对于支那本土，也有人说如果天子不出现，支那就无望实现和平统一及发展建设，而且还抱有天子一定会再次出现的预见。"(待续)

资料来源：JACAR(アジア歴史資料センター)Ref. B02030443300(第54画像目から)、満洲事変(支那兵ノ満鉄柳条溝爆破ニ因ル日、支軍衝突関係)/善後措置関係/国際連盟支那調査員関係　第二巻(外務省外交史料館)

## 39. 驻上海重光公使致芳泽外务大臣的函电（九）
（1932年3月23日）

昭和七年　七四〇五　暗　　上海　　　　　　　　二十三日下午发
　　　　　　　　　　　　外务省　　　　　　　三月二十三日下午收

第五四五号之九

"这一思想历经五千年，早已流淌在支那人的血管之中。这种思想是不可能一朝消失的。我们日本人也抱有这种思想。如果诸位是东洋人的话，应该能够对此有直观感受。日本人再厉害，没有这种思想上、感情上的基础的话，不可能推举溥仪。"

一一、（因李顿爵士执拗地抬出满铁并行线的问题，反复问道："日本是否也承认满洲是支那的领土？若是承认的话，像只让满铁继续独占，而不许在支那的领土有并行线的存在，这与支那主权取得协调是不可能的事吧？"）故鄙人回答："这是满洲善后谈判时协定下来的。意义不在满铁独占。而且，无论是什么线，究竟是否是上述协定所说的竞争线，或者是损害满铁利益的支线，都应该基于现实问题来决定。抽象地讨论这些问题是没有用的。这个问题还取决于满蒙的开发程度，比如在二十年前被认为是并行线的线路，从其之后的开发进展来看，现在不一定还能说是并行线。此外，即便承认满洲是支那的领土，但完全不能将满洲与支那本土同等看待。在满洲的主权与在本土的主权，其内容并不相同。满洲在汉朝①统治下时是'皇室土地'，或者说不过是'个人封地'。仅在二十几年前或许可以说由支那合并了，满洲人可能会说'不'。如果即使是有这个协定，还讨论（如李顿爵士所说的）怎么能调和支那的主权与该问题的话，那真是和现在支那人所说的一样了。"（待续）

资料来源：JACAR（アジア歴史資料センター）Ref. B02030443300（第56画像目から）、満洲事変（支那兵ノ満鉄柳条溝爆破ニ因ル日、支軍衝突関係）/善後措置関係/国際連盟支那調査員関係　第二巻（外務省外交史料館）

---

①　译者按：此处应指清朝。

## 40. 驻上海重光公使致芳泽外务大臣的函电（十）
（1932年3月23日）

昭和七年　七三九三　暗　　上海　　　　　　　　二十三日下午发
　　　　　　　　　　　　外务省　　　　　　　三月二十三日下午收

第五四五号之一〇

"单方面断然废除所谓的一切不平等条约的呼吁，乃至不承认大正四年的日支条约的主张等都如出一辙。事实上，有看法认为，可以说支那人这种主张的最终产物就是满洲事变。不知国际联盟是否甚至有意对大正四年的日支条约的效力进行干涉、议论？若是有此意向的话，将会引发严重事态。这一点，也就是阁下所说的，是直接关系到条约是否神圣论的问题。假若真如支那人所主张的那样，任由他们单方面废除所谓的不平等条约的话，远东将会立即陷入混乱状态。"

再者，关于以上会谈，鄙人向调查团方面补充说道，对于以上诸点敏感问题，鄙人只是以无任何责任的个人身份十分坦率地向诸位陈述事实，并且已与调查团方面商定将本日会谈的内容全部作为极密事项。还望知晓。

在会见结束时，鄙人对代表们说道："鄙人的旧友，同时也是远东问题权威专家的布朗森·瑞亚（Bronson Rea，译音）前日将即将刊登在他主办的《远东评论》（The Far Eastern Review）三月号上的论文的校正版寄给了我。鄙人昨晚大概读了一下，虽然发现有一些难以赞同地方，但该论文大体上强调并明晰地表达了我想说的话，是让人十分满意的文字。希望调查团代表们能将其仔细阅读"，将"The Highway to Hostilities"以及"Japan walks into Trap"这二篇论文亲手交给了李顿爵士。另外，已安排将该论文散发一万份。

已转电至奉天，密送至国际联盟、美国、驻欧各大公使、纽约、哈尔滨、吉林、南京、天津、北平、济南、青岛、汉口、广东。

资料来源：JACAR（アジア歴史資料センター）Ref. B02030443300（第57画像目から）、満洲事変（支那兵ノ満鉄柳条溝爆破ニ因ル日、支軍衝突関係）/善後措置関係/国際連盟支那調査員関係　第二巻（外務省外交史料館）

## 41. 驻上海重光公使致芳泽外务大臣的函电
（1932 年 3 月 23 日）

昭和七年　七四一一　暗　　上海　　　　　　　二十三日下午发
　　　　　　　　　　　　　外务省　　　　　　三月二十三日下午收

第五四七号

自吉田

第一四号

二十二日（在当天由本地实业家进行说明时），由我方向调查团团长出示了交通部天津航政局，在不知道东海轮船公司为日本公司的情况下，命令其进行排日行动的证据文件（由天津总领事在上海进行报告之物）。对此，李顿团长表示满意，并说会就此事同支那方面进行谈话。

资料来源：JACAR(アジア歴史資料センター)Ref. B02030443300(第 59 画像目から)、満洲事変(支那兵ノ満鉄柳条溝爆破ニ因ル日、支軍衝突関係)/善後措置関係/国際連盟支那調査員関係　第二巻(外務省外交史料館)

## 42. 第三舰队参谋长致海军次官、军令部次长的函电
（1932 年 3 月 23 日）

机密第七〇〇号

昭和七年三月二三日

发送方：第三舰队参谋长

接收方：海军次官

　　　　军令部次长

　　　　（一遣司令官、二遣司令官）

国际联盟调查团一行预定行动如下：

二十六日从上海出发，第二天到达南京。在南京停留四天，在汉口停留二日，然后前往北平停留数日。因为要在五月一日前向国际联盟提交有关满洲问题的预备报告书，预定在此时间之前前往奉天、长春等地，前后花大约三周时间视察主要地方。

资料来源：JACAR(アジア歴史資料センター)Ref. B02030443300(第60画像目から)、満洲事変(支那兵ノ満鉄柳条溝爆破ニ因ル日、支軍衝突関係)/善後措置関係/国際連盟支那調査員関係　第二巻(外務省外交史料館)

## 43. 北平辅佐官致参谋次长的函电（1932年3月23日）

密　陆同文①

北平第四九五号（其一至二）

昭和七年三月二三日

张学良方面正在大力为欢迎国联调查团而做准备。根据公使馆获得的与之相关的情报，鉴于李顿等人基本上严守公正立场，不会相信支那方面极端的虚假宣传，支那方面在北平将招待他们并带他们四处游览，以此努力获得他们的好感，还决定在日支事件宣传方面，对北支事情只进行简单介绍，而倾全力宣传满洲事件。以上有些东西根据一般的形势是可以预想到的，并且由外务省提交给调查团的文件也进行了十分详细的记述，所以本官在支那北部以提供局部材料为主，提供排日宣传的资料。天津驻军也希望给调查团提供与军队有关的明显不法行为的资料。

已转电至关东、天津、上海。

资料来源：JACAR(アジア歴史資料センター)Ref. B02030443300(第61画像目から)、満洲事変(支那兵ノ満鉄柳条溝爆破ニ因ル日、支軍衝突関係)/善後措置関係/国際連盟支那調査員関係　第二巻(外務省外交史料館)

## 44. 三重县知事致内务大臣等处的函电
### （1932年3月23日）

特密发第四八五六号

昭和七年三月二三日

---

①　编者按："陆同文"为日文原文，应该是天津军参谋长致参谋次长的同时，也发给陆军省同一电报。日本陆军省掌管军政，参谋本部负责军令，此电文在呈报参谋本部的同时，也呈报给陆军省，"陆同文"应为略语。下同。

发送方：三重县知事广濑久忠

接收方：内务大臣犬养毅

外务大臣芳泽谦吉

警视厅、神奈川、爱知、京都、大阪、兵库，各厅府县长官

**关于欢迎国际联盟调查团一行人之件**

据在三重县志摩郡鸟羽町经营珍珠养殖场的原贵族院议员御木本幸吉所说：国际联盟调查团一行为调查此次日支事变的事实，本月上旬经由我日本帝国前往上海的途中下榻于京都宾馆。该氏于此期间访问了一行人。调查团一行人结束在支那的调查后将于今年七月左右再次经由日本各自归国，届时将会参拜伊势大庙，该氏想借此机会带领一行人参观珍珠养殖场，并召开国际性的欢迎宴会，已取得了一行人的同意。以上谨供参考。

通报如上。

资料来源：JACAR(アジア歴史資料センター)Ref. B02030443400(第62画像目から)、満洲事変(支那兵ノ満鉄柳条溝爆破ニ因ル日、支軍衝突関係)/善後措置関係/国際連盟支那調査員関係　第二卷(外務省外交史料館)

# 45. 松冈议员与国际联盟调查团的会谈内容（日期不详）

此为本月内松冈议员在重光公使三月二十三日的来电基础上添笔修改所作。

自松冈议员

二十一日上午与国际联盟调查团进行了一小时二十分的会见(只有麦考益将军缺席)。要点如下。因提问回答十分复杂，涉及许多方面，所以调查团代表们的提问以及陈述内容除了认为必要的部分，其余予以省略。

上次会见结束时，李顿爵士提出要求："为了既能保住支那的面子也能贯彻日本的合法要求而圆满解决满蒙问题的话，站在第三者的立场上应该如何想办法解决？希望在下次会见前能考虑一下以上想法。"所以这次以李顿爵士上述的希望为出发点进行了会谈。

一、"上次会见以来，我绞尽脑汁也想不出您希望的那种解决方案，只得出

了以我的智力是无法想出解决方法的这一结论。满洲的事态已十分严重,我方反对蛮横的支那可能多少有些过激,但那也是常有的事。正如上次临别时我提到的,我们已经深陷迷宫,要找到走出这一迷宫的路并不容易,恐怕只能让'时间'来找出路。十分遗憾我不能满足您的希望。不过,若您有耐心和时间听一下的话,我将陈述一下我的几点想法,或许会为您理解满蒙问题提供一些参考,可能有所裨益,不知意下如何?"对此,李顿爵士回答说愿意一听。我所陈述的拙见大致如下:

二、"想要了解满蒙问题乃至日本在满蒙的行动,首先需要探明支那的实际情况,还有远东全局的形势,特别是俄罗斯的动向。(1) 实际上鄙人几乎将支那问题以及东亚问题作为毕生的研究题目,多年以来,在支那将实现统一、得到建设性发展,抑或是灭亡——这两个不同的疑问或结论之间徘徊。但近年来,我得出的结论令人十分遗憾,即支那将不断走向灭亡。现在其灭亡的迹象已十分明显。(2) 然而苏维埃俄国似乎至今还未放弃世界革命的梦想。迄今为止,苏俄在欧美失败,在支那也有一些受挫之感,但仍然想趁着支那处于一片混乱中的状况,在支那贯彻推行共产主义,然后进一步将其魔爪伸向印度,直至将亚洲共产主义化之后再次踏上世界革命之路。外蒙古在数年前就已归俄罗斯所有,现在俄罗斯又活跃于内蒙古。而且俄罗斯不断地侵入支那的心脏,在支那中部,苏维埃政治影响所及的范围恐怕是日本本土面积的六倍。其与莫斯科的关系十分密切这一点是不容怀疑的。并且蒋介石等人对此无能为力。还有,从新西伯利亚到塔什干的铁路已经建成。本来塔什干占据要冲,跨越帕米尔高原南下的话便直冲印度,穿越支那西边的国境的话便直达新疆。从该铁路的某一地点坐汽车前往新疆的首府乌鲁木齐仅需要两日行程。即便支那方面修好了从天津到乌鲁木齐的公路,从天津到该地汽车也需要四十日以上。虽然现在苏维埃俄国在新疆的活动主要在于经济方面,但俄罗斯若有心,哪怕明日吞并新疆也不是难事。而支那却对此无可奈何。俄罗斯自新疆进一步进入甘肃再完成著名的海兰铁路①,将支那一分为二的同时将势力延伸至江苏省沿岸的海州②,面临大海睥睨近在咫尺的朝鲜半岛以及我国九州。即便政体发生变化,俄罗斯依然没有舍弃掉旧帝政时代的远大计

---

① 编者按:即陇海铁路。
② 编者按:海州,连云港的古称。

划。不仅如此,现在正在竭尽全力、专心完成此大计。

"综合支那的灭亡倾向以及俄罗斯的活动来看,特别是想到近来支那方面在满蒙的残暴行为,也就是驱逐日本的行为,我不得不为我国实际上正面临的局面感到战栗。日本对此危机局势,除了自去年秋天以来开始的行动以外还可以采取何种行动?对于这个问题,我相信不仅仅是鄙人,各位有识之士应该也会得到别无他法的结论。"

三、"可能是鄙人寡闻,但是,无论是对于上述俄罗斯对外蒙古的割取,还是在支那中部不断建立苏维埃政权的事实,直到现在,我也未曾听闻国际联盟以及以美国为首的九国公约签署国家提出过抗议,或者是谋求过什么防止手段。国际联盟和美国以及其他列强关于俄罗斯对支那的所作所为,还有以扰乱东亚为目的的俄罗斯的策略采取不闻不问的态度。而对于日本为了保持其存立以及东亚全局稳定而不得不采取的一点点行为也会立即表示异议吗?十分遗憾,鄙人对此无法理解。"

四、"鄙人在过去十年间有七年是在满蒙第一线度过的,特别是山本满铁总裁与鄙人曾极力让步,试着说服他们,尝试和平调节相互间的利害关系,曾经有一段时间已经几乎接近成功了,最终却又失败。自那之后在满蒙的日支关系急速恶化。而这两三年来,支那人毫不掩饰地表现出其想要通过包围线来消灭满铁,将日本从满蒙驱逐出去的策略。最终导致了去年秋天的事变爆发。支那即使本来没有有意识地帮助俄国,但其结果与帮助俄国并无差别。若日本真如支那所希望的那样示弱而撤离满蒙,在那一瞬间,俄国将直接侵入至满洲南部,这一点是不容置疑的。我们不仅仅是为了日本的存立,从保持东亚全局稳定这一责任感出发,我们也不得不想办法防止发生这种事态。"

五、"对于满蒙,日本所关心的是政治(广义上包含国防问题)和经济(李顿爵士这样说)两方面的事。在经济上,我国的权利主要基于条约,也有除条约外自然而然发展并在事实上固定下来的权利。在政治上,主要是国防方面的问题。如果在满洲的支那方面接受了日本有关以上两点的理所应当的要求的话,就不会发生去年秋天以来的事态。而且现在也不得不说是这样(因为李顿爵士这样说),但已如鄙人所说,事到如今,恐怕已不可能再返回重来一次了。"

六、"而且,若冷静审视如今的事态同在张作霖和张学良管理下的满蒙事态有何不同,会发现其差别十分表面化,只有独立国这一名称及人物之差。即便是在张作霖管理时期,满洲实际上也并没有受到中央政府的支配,到了张学良时代也是如此。特别是张作霖在日本的好意乃至援助下保持着其独立地位一事在当时便是世人所周知的事实。可是在当时未听闻国际联盟还有美国及其他的九国公约签署国中有任何国家对此有过抗议。参照过去的这些事实，对于宣统帝在日本人的援助及好意下成为现在的统治者一事，无论从哪方面都没有提出异议的道理。（因为，李顿爵士对此提出了更深入的提问），虽然直接帮助张作霖的情况也不是没有，但鄙人并非是用直接帮助这个意思说了这些话。如果日本不维持满蒙的治安，不对张作霖保持友好态度，张作霖应当早就垮台了。若满蒙没有日本的影响，或者如支那所希望的那样，日本从满蒙收手的话，满蒙将会重蹈支那本土其他地方的覆辙，迅速陷入混乱，至今可能换过众多统治者了吧。从这一视角来看，张作霖得以保持其地位很明显也是依靠日本庇护。对此，国际联盟以及任何国家从来都没有提出过异议。其次，如果张作霖或张学良可以的话，溥仪（Mr. Henry Pu-Yi）就不可以的论据又在何处？如果只是事实上的独立国与冠成独立国之名的独立国之差的话，那也太过肤浅了。正如之前所坦述，面对东亚的重大危机，特别是满蒙是治是乱，如今这一维持东亚全局的关键正处于紧要关头，作为日本，实在是无暇拘泥于这样表面的问题。若是这一关键遭到破坏，东亚只会进一步陷入混乱状态，日本无论如何也不能对其坐视不理。

还有，对于广东屡次宣布独立这一事实，鄙人也未曾听闻国际联盟或是列强提出过任何抗议。顺便把这一先例附上。"

七、（李顿爵士问道："重点是日本是否应该撤军，但若是日本撤军的话，溥仪是否会垮台，还有满蒙的事态又会如何发展，希望一听高见。"）故回答道："如若撤兵，难以预料溥仪是否会立即垮台，或许可能会垮台。但不论如何，满蒙都会陷入混乱状态。这一点如此前所说，应该与支那其他地方没有差别。另外，不管撤兵与否，溥仪将来是成功还是失败，都是由时运决定的。总之，国际联盟或者美国和其他列强是乐见一片混乱的满蒙，还是想要看到治安维持得很好的满蒙？彻彻底底地考虑一下的话，问题可以归结于这一点上。满蒙的混乱进一步意味着东亚的混乱，治安良好的满蒙便意味着保持东亚全局稳定的希望。"

八、"总之，日本坚持主张维持东亚地区的和平。国际联盟是支持这一做法还是想要让东亚陷入混乱状态呢？在这一点上，日本同欧洲大陆的法国的处境大体相似。只是法国十分幸运，有着与其有同一目的的同盟国，而日本没有。不仅如此,甚至不能得到充分的理解。只能一边蒙受着所有的诬陷,一边靠一己之力继续拯救东亚的危局。"

九、"在日本,有众多有识之士在逐渐考虑,若是日本的本意及立场,乃至行动始终都得不到国际联盟的理解,不能得到任何同情的话,虽然并非日本所欲,最终也不得不退出国际联盟。"(李顿爵士打断我问道:"日本不是有同盟者吗? 即,国际联盟没有寻求日本的支持并将日本的安全保障与国联相连的意思吗? 换言之,日本是打算舍弃掉这个,独自为日本的安全而战斗吗?")对此我回答:"日本的有识之士一直都将国际联盟视为伙伴,并且想始终支持国际联盟。他们并非想要积极主动地退出国际联盟。但是,如果得出留在国际联盟反而无法期待日本的安全保障,不能保障东亚全局这一结论的话,虽然十分犹豫,恐怕也不得不认真考虑退出国际联盟一事。"

一〇、(鄙人在最后表示还有特别想补充的话后,说道:)

"(1) 从以国民党为首的支那公然揭示的政纲及主张来看,他们无论如何都要将日本从满蒙驱逐出去。这两三年来,其锋芒在满蒙十分显露。终于导致了去年秋天的事变爆发。国民党除非放弃其主张,否则就没有与日本融和、合作之路。假如国民党的主张要在满蒙得以实现,那么日本将不得不重来一次日俄战争。

(2) 有人说溥仪是日本人的傀儡。虽说支那也是有舆论的,只是总是与欧美各国的表达方式不同而已。如果完全违背了满蒙民众的意愿,那么日本人也无法一直支持溥仪,而且也不可能冒着舆论的反对来推戴溥仪。甚至在上海,有些人十分欢迎溥仪的出现,反而对没让他做皇帝而有些不满。像吉林的熙洽这样的满洲人是最欢迎溥仪的。听说臧式毅以及其他人也十分欢迎溥仪。实际上,对于支那本土,也有人说如果天子不出现,支那就无望实现和平统一及发展建设,而且还抱有有朝一日天子一定会再次出现的预见。这一思想历经五千年,早已流淌在支那人的血管之中。这种思想是不可能一朝消失的。我们日本人也抱有这种思想。如果诸位是东洋人的话,应该能够对此有直观感受。日本人再厉害,没有这种思想上、感情上的基础的话,不可能推举得了溥仪。"

一一、(因李顿爵士执拗地抬出满铁并行线的问题,反复问道:"日本是否也承认满洲是支那的领土? 若是承认的话,像只让满铁继续独占,而不许在支那的领土有并行线的存在,这与支那取得主权协调是不可能的事吧?")故鄙人回答:"这是满洲善后谈判时协定下来的。意义不在满铁独占。而且,无论是什么线,究竟是否是上述协定所说的竞争线,或者是损害满铁利益的支线,都应该基于现实问题来决定。抽象地讨论这些问题是没有用的。这个问题还取决于满蒙的开发程度,比如在二十年前被认为是并行线的线路,从其之后的开发进展来看,现在不一定还能说是并行线。此外,即便承认满洲是支那的领土,但完全不能将满洲与支那本土同等看待。在满洲的主权与在本土的主权,其内容并不相同。满洲在汉朝①统治下时是'皇室土地',或者说不过是'个人封地'。仅在二十几年前或许可以说由支那合并了,满洲人可能会说'不'。如果即使是有这个协定,还说(李顿爵士所说的)怎么能调和支那的主权与该问题的话,那真是和现在支那人所说的一样。单方面断然废除所谓的一切不平等条约的呼吁,乃至不承认大正四年的日支条约的主张等都如出一辙。事实上,有看法认为,可以说支那人这种主张的最终产物就是满洲事变。不知国际联盟是否甚至有意对大正四年的日支条约的效力进行干涉、议论?若是有此意向的话,将会引发严重事态。这一点,也就是阁下所说的这一点,是直接关系到条约是否神圣论的问题,假若真如支那人所主张的那样,任由他们单方面废除所谓的不平等条约的话,远东将会立即陷入混乱状态。

再者,关于以上会谈,鄙人对调查团方面补充说,对于以上诸点敏感问题,鄙人只是以无任何责任的个人身份十分坦率地向诸位陈述事实,并且已与调查团方面商定将本日会谈的内容全部作为极密事项。还望知晓。"

在会见结束时,鄙人对调查团代表们说道:"鄙人的旧友,同时也是远东问题权威专家的布朗森·瑞亚(Bronson Rea,译音)前日将即将刊登在他主办的《远东评论》(The Far Eastern Review)三月号上的论文的校正版寄给了我。鄙人昨晚大概读了一下,虽然发现有一些难以赞同地方,但该论文大体上强调并明晰地表达了我想说的话,是让人十分满意的文字。希望代表们能将其仔细阅读",将"The Highway to Hostilities"以及"Japan walks into Trap"这二篇论文亲手交给了李顿爵士。

资料来源:JACAR(アジア歴史資料センター)Ref. B02030443400(第63画像目から)、満洲事変(支那兵ノ満鉄柳条溝爆破ニ因ル日、支軍衝突関係)/善後措置関係/国際連盟支那調査員関係 第二卷(外務省外交史料館)

---

① 译者按:此处应指清朝。

## 46. 驻上海重光公使致芳泽外务大臣的函电
（1932年3月24日）

昭和七年　暗　　上海
　　　　外务省　　　　　　　　　　　　三月二十四日下午到

第五五一号

本官致奉天电报

第一五号

金井清希望向特务部长驹井转达如下内容：暂且先不论在国联调查团出发之后，国联调查团明显希望在他们逗留期间，事态不再急剧变化。关于海关问题的处理，希望对以下几点给予特殊考虑。目前南京方面正在权衡由福本传达给税务总司的方案。南京的意见是："虽然关税因不可抗力而被扣押是无可奈何的。但无法容许将'新国家'势力所不及的大连海关的关税的一部分主动送往'新国家'。而且，不可响应'新国家'的任何交涉。"但是，另一方面，为了保全关税制度，推动承认该方案的运动也在不断进行。从与国际联盟的关系及其他方面考虑，若是南京拒绝的话，"新国家"立刻就接收除大连以外的满洲各海关的话并不是上策。应该暂且先扣押关税，允许海关保持现状。这样的话，南京政府或许会将这些海关封锁起来，那时南京方面就会背上破坏海关组织的指责。而"新国家"则可免于遭受指责。该方案的实施顺序如下：

（一）"新国家"对大连及其他满洲税务司做如下通知：

在满洲各海关（包括大连）的关税应全部归属于"满洲国"，承诺将满洲应负担的部分外债汇至总税务司。但是在大连海关协定改正以前不扣押大连关税。作为暂行办法，为充抵大连关税中"新国家"应扣押的部分，将大连海关以外的在满洲各海关的税收，除去经费以外全部扣押。整个满洲的汇款总额以及没收金额将在大连协定改定后清算。

（二）大连自不必说，其他各海关机构、人员、税制暂时不做变更。

（三）进出口税率、国内转运税率暂且依照现行规则。

（四）不将同中华民国之间的贸易视为与外国进行贸易（视民国的态度决定对策）。

此外，（一）查清山海关及大连的腹地有哪些市不设置海关。同时，

(二)①将与总税务司关系做暧昧化处理,对海关的一切命令全部经由海关监督下达较为妥当。

已转电至外务大臣、北平,转报至上海、南京。

资料来源:JACAR(アジア歴史資料センター)Ref. B02030443500(第96画像目から)、満洲事変(支那兵ノ満鉄柳条溝爆破ニ因ル日、支軍衝突関係)/善後措置関係/国際連盟支那調査員関係　第二巻(外務省外交史料館)

## 47. 驻北平矢野参赞致芳泽外务大臣的函电
### (1932年3月24日)

昭和七年　七四八二　北平　　　　　　　　二十四日下午发
　　　　　　　　　外务省　　　　　　　三月二十四日下午到

第一四二号

拉加德(ラガルド)②改变了预定计划,已于二十四日南下。据闻是因为公使韦礼德(ウィルデン,Henry Auguste Wilden)③生病。

已转电至公使。

资料来源:JACAR(アジア歴史資料センター)Ref. B02030443500(第98画像目から)、満洲事変(支那兵ノ満鉄柳条溝爆破ニ因ル日、支軍衝突関係)/善後措置関係/国際連盟支那調査員関係　第二巻(外務省外交史料館)

## 48. 驻北平矢野参赞致芳泽外务大臣的函电
### (1932年3月24日)

昭和七年　七四九七　北平　　　　　　　　二十四日下午发
　　　　　　　　　外务省　　　　　　　三月二十四日下午到

第一四三号

本官致支那电报

---

① 编者按:(二)为编者所加。
② 译者按:法国公使馆参赞。
③ 译者按:即法国驻华公使。

第九八号

致吉田大使

关于大臣致本官的电报第四三号，想请教您的意见。

已转电至外务大臣、青岛、天津、济南。

资料来源：JACAR(アジア歴史資料センター)Ref. B02030443500(第98画像目から)、満洲事変(支那兵ノ満鉄柳条溝爆破ニ因ル日、支軍衝突関係)/善後措置関係/国際連盟支那調査員関係　第二巻(外務省外交史料館)

## 49. 驻汉口坂根总领事致芳泽外务大臣的函电
### （1932年3月24日）

昭和七年　七四八八　汉口　　　　　　　二十四日下午发
　　　　　　　　　　外务省　　　　　　三月二十四日下午到

第二三〇号

本地报纸刊载：汉口市商会以及汉口市钱业公会于本月二十二日各自通过上海市长向国际联盟调查团一行发送了长文电报，向其申诉日本的残暴行为，希望他们仔细进行实地调查。（电文翻译后电送）

资料来源：JACAR(アジア歴史資料センター)Ref. B02030443500(第99画像目から)、満洲事変(支那兵ノ満鉄柳条溝爆破ニ因ル日、支軍衝突関係)/善後措置関係/国際連盟支那調査員関係　第二巻(外務省外交史料館)

## 50. 驻南京上村代理总领事致芳泽外务大臣的函电
### （1932年3月24日）

昭和七年　七四六八　南京　　　　　　　二十四日下午发
　　　　　　　　　　外务省　　　　　　三月二十四日下午到

第二五四号

本官发往支那电报第二五三号

二十三日，范汉生及沈观鼎向本官提出："据闻日本多名报社记者将与国际联盟调查团同行。从南京、汉口经京奉线游览内地的话，我们对于日本报社记者的安全保障持担心态度。并且日本各报社在各地都有特派员，应该不会出现难以通信的情况。所以日本最好能主动中止报社记者随行的计划。"本官回应道:"报社记者与调查团一行人随行,在旅行中应该基本上都会共用船车,所以在保护他们的问题上应该不会太困难。"对此,沈观鼎坦白道:"事实上,在调查员视察上海的战迹时,日本军部也曾严格限制支那报社记者的同行,所以反对日本记者与调查员同行的议论也开始日渐抬头。不仅如此,调查员也并未同意日本记者同行,所以外交部也因为国内的反对声而十分为难。"对于以上理由,本官做了适当反驳,"报社记者都是从日本内地便开始同行了。贵司长对于日本报社记者的相关情况应该也很了解,都是特别麻烦的家伙,没有正当理由的情况下想让他们打消同行的想法,是十分困难的。不仅如此,如果凭难以令人信服的理由便拒绝记者们同行的话,会演变成外交部针对日本新闻界全体而引起事端,外交部应该也会陷入相当的窘境。另一方面,支那希望调查员视察的地方也允许日本记者进行视察、报道的话,这反而对支那有利。总之,舍弃与报刊为敌的愚念,将其朝好的方向引导才会对支那有利",以此敦促支那进行反省。沈回答说以他个人的立场是认为没有必要拒绝日本记者同行的,但还是需要认真考虑。

依本官印象,我认为此事应该不会再发酵下去。但是可能会出现实际上对日本记者区别对待等问题。因此,望您对上述原委有所了解。此外,若您对此事有任何意见的话,请电报告知。

已转电至外务大臣、北平、奉天、天津、青岛、济南、汉口、广东。

资料来源:JACAR(アジア歴史資料センター)Ref. B02030443500(第99画像目から)、満洲事変(支那兵ノ満鉄柳条溝爆破ニ因ル日、支軍衝突関係)/善後措置関係/国際連盟支那調査員関係　第二巻(外務省外交史料館)

## 51. 驻南京上村代理总领事致芳泽外务大臣的函电
（1932年3月24日）

昭和七年　七五三五　　南京　　　　　　　　　　二十四日下午发
　　　　　　　　　　　　外务省　　　　　　　　　三月二十五日下午到

第二五八号
本官致支那电报
第二三六号

贵电第一九六号及第一九八号已于十六日通告外交部。

资料来源：JACAR（アジア歴史資料センター）Ref. B02030443500（第101画像から）、満洲事変(支那兵ノ満鉄柳条溝爆破ニ因ル日、支軍衝突関係)/善後措置関係/国際連盟支那調査員関係　第二卷(外務省外交史料館)

## 52. 芳泽外务大臣致驻沈阳森岛代理总领事的函电
（1932年3月24日）

第一四七号

昭和七年三月二十四日

**国际联盟调查团经铁路进入满洲一事**

关于吉田大使来电第一三号之四

尽可能满足调查团的希望，准备特别直达列车等事，请在与当地军方商量后立即将结果以及目前列车不通的理由一起通过电报发往吉田大使。

已转电至国际联盟、公使、北平、天津、南京。

资料来源：JACAR（アジア歴史資料センター）Ref. B02030443500（第102画像から）、満洲事変(支那兵ノ満鉄柳条溝爆破ニ因ル日、支軍衝突関係)/善後措置関係/国際連盟支那調査員関係　第二卷(外務省外交史料館)

## 53. 芳泽外务大臣致驻外相关人员的函电
（1932年3月24日）

合第八五一号

昭和七年三月二十四日

发送方：外务大臣芳泽

接收方：驻日内瓦局长泽田

　　　　驻支那公使重光

　　　　驻北平参赞矢野

　　　　驻南京代理总领事上村

　　　　驻天津总领事桑岛

### 国际联盟调查团经铁路进入满洲一事

本大臣致奉天电报第一四七号

资料来源：JACAR（アジア歴史資料センター）Ref. B02030443500（第104画像目から）、満洲事変(支那兵ノ満鉄柳条溝爆破ニ因ル日、支軍衝突関係)/善後措置関係/国際連盟支那調査員関係　第二卷（外務省外交史料館）

## 54. 芳泽外务大臣致驻北平矢野参赞的函电
### （1932年3月24日）

暗第四三号

### 天津总领事等出差北平之事

关于贵电第一三四号

让调查团方感到太大张旗鼓了也不好，因此本大臣认为只派天津总领事赴北平为妥。关于到时候的人员安排，望与吉田大使相协商。

转电公使、青岛，并让青岛转电济南。

望转电天津。

资料来源：JACAR（アジア歴史資料センター）Ref. B02030443600（第105画像目から）、満洲事変(支那兵ノ満鉄柳条溝爆破ニ因ル日、支軍衝突関係)/善後措置関係/国際連盟支那調査員関係　第二卷（外務省外交史料館）

## 55. 驻上海重光公使致芳泽外务大臣的函电
### （1932年3月25日）

昭和七年　七五七九　暗　　上海　　　　廿五日下午发
　　　　　　　　　　　　　外务省　　　三月廿五日下午收

第五六一号

本使发往北平的电报

第二〇号

自吉田

第一号

关于贵电第九八号

按照大臣发至贵官第四三号电报内容即可。

已转电至外务大臣、青岛、济南。

资料来源：JACAR（アジア歴史資料センター）Ref. B02030443600（第106画像目から）、満洲事変（支那兵ノ満鉄柳条溝爆破ニ因ル日、支軍衝突関係）/善後措置関係/国際連盟支那調査員関係　第二卷（外務省外交史料館）

## 56. 驻上海重光公使致芳泽外务大臣的函电
（1932年3月25日）

昭和七年　七五八九　平　　上海　　　　　　　　廿五日下午发
　　　　　　　　　　　　　外务省　　　　　　　三月廿六日上午收

第五六二号

致北平第二一号

自吉田第二号

森、好富、木村、陈将于二十七日出发，经由大连、天津直达贵地。

已转电至外务大臣、奉天、关东厅、天津。

资料来源：JACAR（アジア歴史資料センター）Ref. B02030443600（第106画像目から）、満洲事変（支那兵ノ満鉄柳条溝爆破ニ因ル日、支軍衝突関係）/善後措置関係/国際連盟支那調査員関係　第二卷（外務省外交史料館）

## 57. 驻上海重光公使致芳泽外务大臣的函电
（1932年3月25日）

昭和七年　七五八八　略　　上海　　　　　　　　廿五日下午发
　　　　　　　　　　　　　外务省　　　　　　　三月廿六日上午收

第五六三号

本使发往南京的电报

第二〇八号

自吉田

第一号

廿六日,本使、盐崎、渡、澄田、佐藤、汤野川、贵布根将乘轮船,丕平将经由杭州前往贵地。

已转电至外务大臣、北平、奉天。

资料来源:JACAR(アジア歴史資料センター)Ref. B02030443600(第107画像目から)、満洲事変(支那兵ノ満鉄柳条溝爆破ニ因ル日、支軍衝突関係)/善後措置関係/国際連盟支那調査員関係　第二巻(外務省外交史料館)

## 58. 驻上海村井总领事致芳泽外务大臣的函电
### (1932年3月25日)

昭和七年　七五五五　平　　上海　　　　　　　　廿五日下午发
　　　　　　　　　　　　外务省　　　　　三月廿五日下午收

第五二一号

关于从国际联盟发至阁下的第三一三号电报

依宋子文的训电,颜惠庆就国际联盟调查团停留上海而对国际联盟发出抗议一事,被报道登载于二十四日的当地报纸。对于此,二十五日郭泰祺发出声明称:"中国政府并未对颜代表发出过如此训电,国际联盟调查团受到上海各方面的欢迎。不过,中国政府虽焦虑于东三省的情势变化,但颜代表果真提出了上述抗议的话,应该是电报上出了什么差错。"仅供参考。

已转电至联盟、英、美、北平、奉天,并转报公使。

资料来源:JACAR(アジア歴史資料センター)Ref. B02030443600(第107画像目から)、満洲事変(支那兵ノ満鉄柳条溝爆破ニ因ル日、支軍衝突関係)/善後措置関係/国際連盟支那調査員関係　第二巻(外務省外交史料館)

## 59. 驻沈阳森岛代理总领事致芳泽外务大臣的函电
### (1932年3月25日)

昭和七年　七五四三　暗　　奉天　　　　　　　　廿五日下午发
　　　　　　　　　　　　外务省　　　　　三月廿五日下午收

第四五二号(紧急)

本官致支那电报

第二四九号

关于致外务大臣处贵电第五三四号,将以下内容传达至盐崎秘书:

推荐国联调查团经大连来满洲是因为,若经奉山线则有不少不便与危险,此外也是基于考虑到从大连出发的话会比较方便制定视察计划。不过,奉山线最近的运行状况稍有恢复,虽然据闻锦州以南区段的夜间通行仍不可能,但近期山海关至奉天间的昼间直通列车将可以通车。因此,若调查团一行即便需要忍耐一些危险与不便,仍希望经奉山线前来的话,可以安排早上乘坐特别列车从山海关出发,夜晚抵达奉天。届时中途在锦州停留一天并在当地视察,也是一个方案。另外,若决定采用以上方案时,关于是从奉天开始视察,还是直接经过当地在星之浦稍做休养的问题,望回复。

已转电至外务大臣、南京、北平、天津。

资料来源:JACAR(アジア歴史資料センター)Ref. B02030443600(第108画像目から)、満洲事変(支那兵ノ満鉄柳条溝爆破ニ因ル日、支軍衝突関係)/善後措置関係/国際連盟支那調査員関係 第二巻(外務省外交史料館)

## 60. 驻汉口坂根总领事致芳泽外务大臣的函电
（1932 年 3 月 25 日）

昭和七年　七五七一　暗　　汉口　　　　　　廿五日下午发
　　　　　　　　　　　　外务省　　　　三月廿五日下午收

第二三五号

关于往电第二三〇号

据二十五日的中文报纸所报:外交部电训湖北省政府,因国际联盟调查团一行将于二十七日抵达,停留四日后经汉口赴北京,故命当地市政府做好欢迎准备工作,并对代表及其随员加以慎重保护。据闻,顾维钧也给省政府主席发送了同样内容的电报。因此,公安局正在奋力清洗市内墙壁上张贴的各种传单标语(正如之前报告所说,已按照我方要求先除去反日宣传物)。据闻,平汉铁路当局最近也全部清除满洲事件发生时由该铁路特别党部在各站站内、车辆仓库内张贴的众多排日传单和海报。

依照开头往电的通转对象,已转电秘密发送。

资料来源：JACAR（アジア歴史資料センター）Ref. B02030443600（第109画像目から）、満洲事変（支那兵ノ満鉄柳条溝爆破ニ因ル日、支軍衝突関係）/善後措置関係/国際連盟支那調査員関係　第二巻（外務省外交史料館）

## 61. 驻汉口坂根总领事致芳泽外务大臣的函电
（1932年3月25日）

昭和七年　七五七五　暗　　汉口　　　　　　　　　　廿五日下午发
　　　　　　　　　　　　　　外务省　　　　　　　　三月廿五日下午收

第二三七号

本官致支那的电报

第五五号

望将以下内容传达至吉田大使处。

关于国际联盟调查团一行经汉口赴北平事项，目前仅止于中文报纸登载欢迎口号的程度，尚未有需注意的评论等内容。本次，调查团一行除了前往上海、南京外，还溯江前往视察汉口，更沿平汉线进行旅行。愚以为，此事最理想的是可以使调查团一行正确了解中部支那，而且对汉口自身来说，在将来可能也会带来好的影响。因此，今后将努力使其能得到无误地落实，另外彼时将与支那方面做好联络，按照当地风气，以本官或汉口日本侨民的名义，提出起码要在我馆或日本人俱乐部招待调查团一行一次。关于调查团一行来汉口的其他准备，如果本官有需事先注意的事项，还望尽快指示。

已转电至外务大臣、北平、南京。

资料来源：JACAR（アジア歴史資料センター）Ref. B02030443600（第110画像目から）、満洲事変（支那兵ノ満鉄柳条溝爆破ニ因ル日、支軍衝突関係）/善後措置関係/国際連盟支那調査員関係　第二巻（外務省外交史料館）

## 62. 驻南京上村代理总领事致芳泽外务大臣的函电
（1932年3月25日）

昭和七年　七五四六　暗　　南京　　　　　　　　　　廿五日上午发
　　　　　　　　　　　　　　外务省　　　　　　　　三月廿五日下午收

第二五七号

关于致公使往电第二五三号。

二十四日，范汉生来访。日本记者已被允许与调查团同行，对于我方提出的关于对新闻记者的保护以及提供方便等要求（参照公使致本官第二三六号电报），范汉生再次口头代表外交部表示："将按条约给予理所当然的保护，关于在支那内地的通行事项会提供必要的便利"。在此基础上，范汉生提出，虽然称不上是交换条件，因为从南京也有数名支那新闻记者与调查团一行同行，但希望在满洲对这些记者提供保护及方便。因此，本官对其表示：阁下的请求我会尽快向相关方面传达，只要是与我方相关的，估计我方都会尽力地提供方便，但是对于和"满洲国"政府相关的，阁下只能直接与其进行交涉。范汉生反复表示：虽不会与满洲政府直接交涉，但也很难想象满洲政府会对新闻记者进行妨碍，所以，只要日本方面尽可能提供方便就很满足了，希望能马上传达给相关方面。

另外，范汉生表示目前同行支那记者的数量尚未确定，决定之后将立刻通知。鉴于此，可以看出，这是紧急想出的方案，目的是为了缓和反对日本记者随行一事的声音，并进行表面掩饰。

鉴于本件的经过，对于对方的上述要求，本官认为以"我方将提供力所能及的方便"作为回应是比较好的。但还务请立即做些指示。

已与往电第二五三号一同发至关东厅。

已将本官致公使第二三六号电报转电至大臣。

已转电至公使、北平、奉天、天津、青岛、济南、汉口、广东、关东厅。

资料来源：JACAR（アジア歴史資料センター）Ref. B02030443600（第111画像目から）、満洲事変（支那兵ノ満鉄柳条溝爆破ニ因ル日、支軍衝突関係）/善後措置関係/国際連盟支那調査員関係　第二巻（外務省外交史料館）

## 63. 驻上海重光公使致芳泽外务大臣的函电

（1932年3月26日）

昭和七年　暗　　上海
　　　　外务省　　　　　　　　　　　　　三月廿六日上午收
第五六六号

有关满洲海关问题，李顿爵士于二十三日私信吉田委员提出了相关要求。其内容如别电第五六七号所报。对于此，本官想按照别电第五六八号的内容进行回答。务请做些指示。

已与别电一同转电至北平、奉天、安东、南京、英、美、国际联盟，并转报上海。

望国际联盟转电除英、土外的驻欧各大使。

资料来源：JACAR（アジア歴史資料センター）Ref. B02030443600（第113画像目から）、満洲事変(支那兵ノ満鉄柳条溝爆破ニ因ル日、支軍衝突関係)/善後措置関係/国際連盟支那調査員関係 第二巻（外務省外交史料館）

## 64. 驻上海重光公使致芳泽外务大臣的函电
（1932年3月26日）

昭和七年　七六三一　暗　　上海　　　　　　廿六日下午发
　　　　　　　　　　　　外务省　　　　　　三月廿六日下午收

第五七三号

本使致南京电报

第二一〇号

关于贵电第二六二号

考虑到各家报社的平衡，新闻记者在人数上难以减员，因此最终决定所有新闻记者不去南京。此决定与阁下致外务大臣第二五三号等电报无任何关系。特此告知。

已转电至外务大臣。

资料来源：JACAR（アジア歴史資料センター）Ref. B02030443600（第114画像目から）、満洲事変(支那兵ノ満鉄柳条溝爆破ニ因ル日、支軍衝突関係)/善後措置関係/国際連盟支那調査員関係　第二巻（外務省外交史料館）

## 65. 驻上海重光公使致芳泽外务大臣的函电
（1932年3月26日）

昭和七年　七六五四　暗　　上海　　　　　　　　廿六日下午发
　　　　　　　　　　　　　外务省　　　　　　　三月廿七日上午收

第五七六号

本使发至奉天电报

第一七号

关于贵电第二四九号

自盐崎有如下要求：

希望乘坐奉山线的理由在于，可以进行沿途路上的视察及可以尽早地进入满洲。不换乘而直通奉天果真无望吗？另外，如要换乘的话，请紧急发报至南京，告知将从北平发车的时间、火车的搭乘时间。

已转电至外务大臣、北平、天津、南京。

资料来源：JACAR（アジア歴史資料センター）Ref. B02030443600（第114画像目から）、満洲事変（支那兵ノ満鉄柳条溝爆破ニ因ル日、支軍衝突関係）/善後措置関係/国際連盟支那調査員関係　第二巻（外務省外交史料館）

## 66. 驻南京上村代理总领事致芳泽外务大臣的函电
（1932年3月26日）

昭和七年　七六七三　略　　南京　　　　　　　　廿六日下午发
　　　　　　　　　　　　　外务省　　　　　　　三月廿七日上午收

第二六三号

（引用电报号码遗漏？）①

根据外交部人员所言，在当地的日程已大致决定如下：

二十七日，抵达南京。

二十八日，上午访问当局，与行政院长共进午餐，与外交部长共进晚餐。

---

① 编者按：原文如此。

二十九日,上午与当局会谈并谒见国民政府主席,与国民政府主席共进晚餐。

三十日,与蒋介石共进晚餐。

三十一日,上午游览名胜,与中央委员共进午餐。

此外,据报纸报道,中央党部、行政院、外交部、市党部及军警各机关代表已商定对调查团一行的欢迎办法,主要内容如下:

(一)在英、意两国代表抵达南京时,外交部、市政府、军政部、海军部各派一名代表至下关栈桥迎接。

(二)海军军乐队于栈桥处奏乐。

(三)除上述前往迎接的机动车外禁止其他车辆通行。

(四)民众可以在路边欢迎,但不得持旗、喊口号或奏乐、张贴海报。

(五)美、德、法代表从杭州抵达南京时,除上述(一)中代表迎接外,不许民众参加。中央军官学校军乐队于励志社门前奏乐。

(六)关于调查团一行的接待及与调查团一行的交涉,由外交部全权负责。任何团体不得直接应对。

已转发至支那、北平、奉天、汉口。

资料来源:JACAR(アジア歴史資料センター)Ref. B02030443600(第115画像目から)、満洲事変(支那兵ノ満鉄柳条溝爆破ニ因ル日、支軍衝突関係)/善後措置関係/国際連盟支那調査員関係　第二卷(外務省外交史料館)

## 67. 驻南京菅沼武官致海军次官、军令部次长的函电
### (1932年3月26日)

昭和七年三月二十六日

发送方:驻南京菅沼武官

接收方:海军次官

军令部次长

(三舰队参谋长、马要·一·二遣·司令官、驻支各地武官、奉天特务机关)

第四八号电

一、因上海停战会议的进展及国际联盟调查团随员办公的关系,领事馆人

员和陆海武官将于今二十六日返回城内的各自办事处。

二、云阳丸暂时预定在南京待命。

资料来源：JACAR（アジア歴史資料センター）Ref. B02030443600（第117画像目から）、満洲事変(支那兵ノ満鉄柳条溝爆破ニ因ル日、支軍衝突関係)/善後措置関係/国際連盟支那調査員関係　第二巻（外務省外交史料館）

## 68. 驻天津桑岛总领事致芳泽外务大臣的函电
（1932年3月26日）

机密第二五一号
昭和七年三月廿六日

**关于支那方面应对国际联盟调查团的对策一事**

随着国际联盟调查团一行来支之日临近，支那方面为给一行留下良好印象，在极力优待、欢迎的同时，也在压制反日运动，不断想要捏造、收集对自己有利的资料。即，天津市政府一接到取缔民间反日宣传和传单标语，以及对调查团进行优待欢迎的中央命令后，就在三月三日召集天津公安局及其他的驻津各机关协商办法，将街上张贴的反日传单悉数清除，并不断收集天津事变给中国造成的损失及与该事变原因相关的证据。另一方面，北宁铁路局也命该路各站特别注意列车服务员及各客车厕所等，并且正在准备一辆优待列车以及车内宣传资料等。

此外，据闻，天津市党部于三月五日接到"为接待国联调查团，从党费中支出五千元，望万无一失"的中央党部命令，让委员邵华负责接待事务，并在天津名士中招聘精通外语者，让他们负责接待；同时正在准备届时需要提出的文件及参考资料。三月六日召集了天津工、商、学各界代表，命他们调查并报告天津事变中各界所蒙受的损失及其原因，以及其他可做参考的事实。另外据悉，天津的各业工会、救国会于三月八日召开了代表会议，协商招待方法，预定派出两名代表会见调查团一行，将《日本的中国侵略事实调查书》翻译成英、法、意语，准备赠予对方。

报告如上。

本信抄送至驻支那公使：北平、上海、南京、青岛、汉口、济南。

资料来源：JACAR（アジア歴史資料センター）Ref. B02030443600（第118画像目から）、満洲事変（支那兵ノ満鉄柳条溝爆破ニ因ル日、支軍衝突関係）/善後措置関係/国際連盟支那調査員関係 第二巻（外務省外交史料館）

## 69. 驻上海重光公使致芳泽外务大臣的函电（一）
### （1932年3月27日）

昭和七年　七七〇七　暗　　上海　　　　　　　廿七日下午发
　　　　　　　　　　　外务省　　　　　　三月廿七日下午收

第五七九号之一

自国际联盟调查团一行抵沪以来，已与其有过会谈机会。因廿三日招待调查团一行共进晚餐时，在会谈中代表们涉及了如下对最近支那的看法与思考，故特发电报告知。

李顿爵士问道："统一后稳固又繁荣的支那与混沌的支那，日本希望是哪一个支那？还有，支那成为强大的国家对日本而言有利吗？"对此，本使回答："实际上在很久以前，尤其是日俄战争之前，确实有人认为统治力强的支那对日本来说是危险的。但在这之后，日本已经充分相信自己的实力，至少在其位者不用多说，连一般人也都非常明白，支那的统一繁荣不仅对日本没有丝毫危险，还能对日本的繁荣做出贡献。也正如您所知，日本政府为了支那的统一和繁荣也是努力做了很多贡献。"李顿爵士在表明自己已了解上述情况后，表示自己在日本从各方面听到了对支那不满的声音，他说道："支那不遵守条约，其政治上的无政府状态对日本的通商及其他权益造成损害，尤其是在满洲发生的上述情况，事关日本生死成败的问题，不可等闲视之。若日本不能维持秩序，则邻国①恐怕会立刻渗透进来。关于上述情况我已经听取了说明。这自然是理所当然的，不过，若能改变支那现今的这种状态，令支那成为统一繁荣，并且守条约、负责任的支那的话，日本的期望也便达成了。为了这一目的，国际联盟帮助支那，应该也是符合日本的期望。"

对此，本使表示："作为理论上的问题，完全如您所说。然而，至于其实现方法，却不得不感到困难。迄今为止，国际联盟对支那实行的援助方法，是向

---

① 编者按：暗指苏联。

支那政府提供技术方面的顾问。但支那方面至今是如何利用这些顾问的,以及这些帮助究竟取得了怎样的成绩?"(待续)

资料来源:JACAR(アジア歴史資料センター)Ref. B02030443600(第120画像目から)、満洲事変(支那兵ノ満鉄柳条溝爆破ニ因ル日、支軍衝突関係)/善後措置関係/国際連盟支那調査員関係　第二巻(外務省外交史料館)

## 70. 驻上海重光公使致芳泽外务大臣的函电(二)
（1932年3月27日）

昭和七年　七七〇六　暗　　上海　　　　　　　　二十七日下午发
　　　　　　　　　　　　外务省　　　　　　　　三月二十七日下午收

第五七九号之二

"除了国际联盟,美国等也派遣了众多顾问。这当中虽然有凯默勒委员会(ケメラー委員会、Edwin W. Kemmerer's Commission)这样的存在,但因为支那政局不安定,没有负责任的政府,谁都没有做出任何成绩。这些机构全都只不过被支那利用成为某种对外宣传的工具。如支那这般拥有顽固的民族、漫长的历史和习俗的国家,当处在崩溃(disintegration)的过程中时,仅靠支那政府统制下的外国顾问的力量,当然无能为力。关于控制支那的方法,比如国际联盟委任某国对支那进行 A 方式或 B 方式之统治,这种情况下或许多少能有成功的希望。但若要对支那整体实行的话,因其所必需的武力和经费等关系,则有相当大的困难。或者只能从某个省等开始尝试。日本是否能认可邻近的支那土地接受别国的委任统治,这又需要站在别的立场上进行考虑。在日本,有很多人抱着极不满意的态度看待国际联盟对支那的举措。满洲问题发生以来的事暂且另当别论,在此之前也是如此,比如国际联盟向支那提供技术顾问的时候,国际联盟总是故意地将日本的影响排除在外。这样下去,被送到支那的顾问又在支那做了什么？他们中有人完全被支那的氛围所感化,为不负责任的当局进行政治活动,做出比支那人还要排日的行动。这些都是不争的事实。不难想象,与支那有重大利害关系的日本人是如何看待这种情况的。总而言之,我们相信依靠国际联盟等派遣顾问来拯救支那,是基本没有希望的。"

已转电至国际联盟、美、奉天、北平、南京、广东。

望国际联盟转电至除土耳其外的驻欧各大使。

资料来源：JACAR（アジア歴史資料センター）Ref. B02030443600（第121画像目から）、満洲事変（支那兵ノ満鉄柳条溝爆破ニ因ル日、支軍衝突関係）/善後措置関係/国際連盟支那調査員関係　第二巻（外務省外交史料館）

## 71. 驻南京上村代理总领事致芳泽外务大臣的函电
（1932年3月27日）

昭和七年　七七三一　略　南京　　　　　　　　廿七日下午发
　　　　　　　　　　　　　外务省　　　　　　三月廿八日上午收

第二六七号
自吉田大使
第一六号
国际联盟调查团一行于今（廿七）日上午十时抵达南京。
已转电至支那、奉天、北平、天津、汉口。

资料来源：JACAR（アジア歴史資料センター）Ref. B02030443600（第123画像目から）、満洲事変（支那兵ノ満鉄柳条溝爆破ニ因ル日、支軍衝突関係）/善後措置関係/国際連盟支那調査員関係　第二巻（外務省外交史料館）

## 72. 驻南京上村代理总领事致芳泽外务大臣的函电
（1932年3月27日）

昭和七年　七七三二　暗　南京　　　　　　　　廿七日下午发
　　　　　　　　　　　　　外务省　　　　　　三月廿八日上午收

第二六八号
国际联盟调查团英、意两国代表及吉田大使一行于二十七日上午乘轮船从上海抵达南京。以外交部长为首，军政部次长、宪兵司令等前来栈桥迎接。

再者，二十七日的《新民报》发表社论说道："调查团在上海表示，不消除两国间的敌对情绪，即使请求国际联盟的援助也没有什么用。我们表示并不否定这种看法，但我们的仇敌仍不满足于每日吸取着我们的血液，直至想要我们头盖骨"，以此表示难以消除敌对情绪，并评论道："对调查团一行，我们不期望他们能给中国带来什么利益,但求能冷静地给出公平的判断。"

此外,《新京日报》在满洲及上海事件上非难日本后表示:支那最爱和平,最遵守条约,付出了最大牺牲,而日本破坏条约,获得了最大利益;这当中的是非曲直,即使不经调查也一目了然。因此,调查团一行的责任便是将这次纷争的责任更加明白地展示给世人,同时铲除对未来世界和平造成阻碍之物。

已转电至北平、奉天、青岛、济南、汉口、广东、天津。

资料来源:JACAR(アジア歴史資料センター)Ref. B02030443600(第123画像目から)、満洲事変(支那兵ノ満鉄柳条溝爆破ニ因ル日、支軍衝突関係)/善後措置関係/国際連盟支那調査員関係　第二巻(外務省外交史料館)

## 73. 驻南京上村代理总领事致芳泽外务大臣的函电
### (1932年3月27日)

昭和七年　七七三三　暗　南京　　　　　　　　二十七日下午发
　　　　　　　　　　　外务省　　　　　　　　三月二十八日上午收

第二六九号

本官致汉口电报第七号。

自吉田?①

关于致上村领事"合第二一六号"电报

目前,大概预定在四月一日左右从本地出发前往贵地,在停留一两天后沿铁路北上。由于调查团的意向是要尽量避开宴会,故希望阁下取消招待宴会,在与调查团进行访谈时,会请阁下等介绍说明贵地方面的情况,特别是排日运动、旧租界接收前后的行政状态比较、共产党的运动等,希望做好准备。

已转电至外务大臣、支、北平。

资料来源:JACAR(アジア歴史資料センター)Ref. B02030443600(第124画像目から)、満洲事変(支那兵ノ満鉄柳条溝爆破ニ因ル日、支軍衝突関係)/善後措置関係/国際連盟支那調査員関係　第二巻(外務省外交史料館)

---

① 编者按:原文如此。

## 74. 驻南京菅沼武官致海军次官、军令部次长的函电
（1932年3月27日）

第五十号

昭和七年三月二十七日

发送方：驻南京菅沼武官

接收方：海军次官、军令部次长（一、二遣、马要司令官及驻支那各地武官）

二十七日上午九时，国际联盟调查团一行抵达本地。

支那方面出迎人员中，已知有罗文干、陈仪、谷正林①等人。众多学生及一般人代表聚集到从下关到城内的道路两旁表示欢迎。

写着"抗日绝不是排外"的海报特别显眼。

资料来源：JACAR（アジア歴史資料センター）Ref. B02030443600（第126画像目から）、満洲事変（支那兵ノ満鉄柳条溝爆破ニ因ル日、支軍衝突関係）/善後措置関係/国際連盟支那調査員関係　第二巻（外務省外交史料館）

## 75. 驻长春田代领事致芳泽外务大臣的函电
（1932年3月27日）

昭和七年　七六九八　暗　　长春　　　　　　二十七日下午发

　　　　　　　　　　　　　外务省　　　　　三月二十七日下午收

第九一号（绝密）

自大桥总领事

本官将在国联调查团来满洲之后回国，在此之前我想继续留在本地，从事有关"新国家"的工作。望即刻批准并公布本官辞职之事。另外，家属本应立即回国，旅费计算上算作本官辞职前已回国，望就其计算方法进行审议。

资料来源：JACAR（アジア歴史資料センター）Ref. B02030443600（第127画像目から）、満洲事変（支那兵ノ満鉄柳条溝爆破ニ因ル日、支軍衝突関係）/善後措置関係/国際連盟支那調査員関係　第二巻（外務省外交史料館）

---

① 编者按：原文有误。应是谷正伦。

## 76. 驻南京上村代理总领事致芳泽外务大臣的函电
### （1932年3月28日）

| 昭和七年 | 七七五六 | 略 | 南京 | 二十八日下午发 |
| | | | 外务省 | 三月二十八日下午收 |

第二七〇号

关于往电第二七八号

美、德、法等调查团代表一行从杭州乘汽车,已于二十七日傍晚抵京。

此外,正如往电第二六三号所报,调查团一行来京之时,严禁一般民众张贴海报。但当天突然在显眼处又挂出了以支那文或英、法文大书特书的"欢迎严明公正的和平使者调查团""中华民国不接受丧权辱国的条约""愿为民族生存而玉碎""抗日绝不是排外""上海问题需要和东北问题同时解决"等大幅标语。据经过杭州的丕平所言,调查团一行人在松江就收到过与上述海报标语完全相同内容的传单。因此,可认为以上均是国民党党部等所为。此外,当天在市内还挨户悬挂国旗表示欢迎。

已按开头往电所示转电各处。

资料来源：JACAR（アジア歴史資料センター）Ref. B02030443600（第127画像目から）、満洲事変（支那兵ノ満鉄柳条溝爆破ニ因ル日、支軍衝突関係）/善後措置関係/国際連盟支那調査員関係　第二巻（外務省外交史料館）

## 77. 驻青岛川越总领事致芳泽外务大臣的函电（一）
### （1932年3月28日）

| 昭和七年 | 七七八八 | 暗 | 青岛 | 二十八日下午发 |
| | | | 外务省 | 三月二十九日上午收 |

第六八号之一（绝密）

自伊藤

廿六日下午在上海华懋饭店,本官应赫斯特（ハースト,Hearst,译音）的请求与其进行二次会谈（闻赫斯特预定于廿九日出发前往南京）。

（一）调查团赴满洲的第一任务是,给出有关满洲形势的报告。而且据闻,提交期限应尽可能在五月一日以前。关于报告的制作方式,意见大体已达一致。调查团一行眼下主要根据九月三十日的决议,记述在满洲日本人的生命安全、财产保护是否得到确保,以及基于以上事实的日军向铁道附属地内的撤兵情况,并附加上日支两国参与人员对上述情况的说明(诚如所知,李顿爵士从东京出发前曾请求阁下提交我方说明书),由此制作出简单的报告书,同时调查团对上述内容不陈述任何意见。(后续)

(希望由南京传达至吉田大使处)

已转电至支那、南京、北平、奉天、国际联盟。

资料来源:JACAR(アジア歴史資料センター)Ref. B02030443600(第128画像目から)、満洲事変(支那兵ノ満鉄柳条溝爆破ニ因ル日、支軍衝突関係)/善後措置関係/国際連盟支那調査員関係 第二卷(外務省外交史料館)

## 78. 驻青岛川越总领事致芳泽外务大臣的函电(二)
### (1932年3月28日)

昭和七年　七七八二　暗　　青岛　　　　　　　　　二十八日下午发
　　　　　　　　　　　　外务省　　　　　　　　　三月二十九日上午收

第六八号之二

(二)自东京以来已屡次听取日本的说明:关于满洲问题,日本所担忧的主要在政治及经济两方面。经济方面相关的问题较为容易,而最为困难的是国防上的问题。赫斯特问帝国政府关于这点具体来说有何种期望?对此,本官回答道:"本官并不知道政府决定的方针。但综合从各方面闻及的信息,我认为满洲的国防须由我国之手负担,为此有必要在三四个地点驻扎军队。"赫斯特提议:"这样的权利想依据国际协定来获得承认是最为困难的。如果日本在国防上主要担忧的是,一方面要防止张学良卷土重来,另一方面则要抵抗来自俄国压迫的话,我认为,或许依靠互不侵犯条约,或者基于法国陆军在国际联盟长年研究的相互援助条约的形式,会不会更为恰当?"本官举出各种理由说明,两种方法在现实情况下想要实行都颇为困难。但赫斯特则一再请求,希望特别就这点进行研究。(后续)

资料来源:JACAR(アジア歴史資料センター)Ref. B02030443600(第129画像目から)、満洲事変(支那兵ノ満鉄柳条溝爆破ニ因ル日、支軍衝突関

係)/善後措置関係/国際連盟支那調査員関係　第二卷(外務省外交史料館)

## 79. 驻青岛川越总领事致芳泽外务大臣的函电(三)
### (1932年3月28日)

昭和七年　　七七七六　　暗　　青岛　　　　　　　二十八日下午发
　　　　　　　　　　　　　　　外务省　　　　　　三月二十九日上午收

第六八号之三

(三)赫斯特问道:"我还不明白,帝国政府对于支那的整体方针究竟是赞成还是反对支那统一及确立国内和平繁荣。关于这一点,如果你能告知我们的话,我们会方便得多。"本官回答:"关于这一点,我认为帝国政府的方针数年来一直都是认为支那恢复秩序、和平繁荣是符合我国利益的,是帝国政府所期望。"赫斯特接着问道:"这样的话,如果为使支那统一、和平繁荣而需要国际合作的时候,帝国政府是否会积极参加呢?"本官回答:"本问题不是理论性的问题,而是现实性问题,应当取决于国际合作究竟会采取何种形式。"赫斯特回答说:"首先要谋划改良支那内地的交通系统,以便支那的行政统一与商业发展。同时在另一方面也要整理外债,将支那的对外信用置于稳固基础之下。这两个事业在支那眼下状况中是当务之急。为此先要让国际联盟拟定派遣专家的计划,借由各国援助使之实行。如此支那的和平统一便能更容易。"对上述内容,本官回答:"对我方来说,就算支那有中央政府,若是其继续实行像国民党一直以来实行的那样的政策的话,日本是完全不可能合作的。"(后续)

资料来源:JACAR(アジア歴史資料センター)Ref. B02030443600(第130画像目から)、満洲事変(支那兵ノ満鉄柳条溝爆破ニ因ル日、支軍衝突関係)/善後措置関係/国際連盟支那調査員関係　第二卷(外務省外交史料館)

## 80. 驻青岛川越总领事致芳泽外务大臣的函电(四)
### (1932年3月28日)

昭和七年　　七七八一　　暗　　青岛　　　　　　　二十八日下午发
　　　　　　　　　　　　　　　外务省　　　　　　三月二十九日上午收

第六八号之四

"并且，由国际联盟派遣专家这样的行为，如果又造成派遣人员像从前那样成为支那方面的宣传机器的结果的话，日本必然反对。而且，像上述这种以国际合作来援助某个政府的事，一定会被责难为干涉内政。关于支那的现状，如果如日本人所见，眼下正在向解体发展的话，想实现这些国际合作是最为困难的。"赫斯特说："总之，关于这几点，需要更加深思熟虑的拟案。至少我也十分理解，如果没有帝国政府的积极合作，任何方案都很难实行。"

（四）赫斯特关于与上述（二）（三）两点的提问及意见，与之前廿三日重光公使举办的晚宴上，邻座的李顿爵士与重光公使的谈话基本相同。因此，小官也自然进行了与公使基本相同的回答。本官认为这或许大体表示了调查团目前的意向，因此再与重光公使协商后，特此电报。

因此，就以上诸点如果还有认为应该向调查团方面说明的，劳烦电训告知。

（请从南京传达至吉田大使处）

已转电至公使、南京、北平、奉天、国际联盟。

资料来源：JACAR（アジア歴史資料センター）Ref. B02030443600（第131画像目から）、満洲事変（支那兵ノ満鉄柳条溝爆破ニ因ル日、支軍衝突関係）/善後措置関係/国際連盟支那調査員関係　第二卷（外務省外交史料館）

## 81. 芳泽外务大臣致驻南京上村代理总领事的函电
（1932年3月28日）

第二〇四号

昭和七年三月廿八日

**关于支那方面新闻记者随同国际联盟调查团一事**

关于贵电第二五七号

让支那方面通过书面（致驻支公使贵电第二三六号我方通告也理解为通过书面）委托我方对同行的支那新闻记者在满洲提供保护和方便。对此我方回答，只要与日本相关（即除了公开场合上属于"满洲国"的责任而与我国无关的之外），日本会提供保护与方便。同时，如果支那方面因报社及记者未定而未在上述委托书上附上名单的话，请在我方的回答中附加一句话，"上述名单确定之后请立即通知我方,我方在收到通知之后将通知相关各方"。

已与陆军省协商。

已转电至公使、北平、奉天、天津、青岛、济南、汉口、广东、关东州。

请转报吉田大使。

资料来源:JACAR(アジア歴史資料センター)Ref. B02030443600(第133画像目から)、満洲事変(支那兵ノ満鉄柳条溝爆破ニ因ル日、支軍衝突関係)/善後措置関係/国際連盟支那調査員関係　第二巻(外務省外交史料館)

## 82. 芳泽外务大臣致驻国际联盟泽田局长的函电
（1932年3月28日）

暗第一二五号(绝密)

昭和七年三月二十八日下午发

**对国际联盟大会的方针**

　　一、向来,帝国政府就对国际联盟的事业精诚合作,一直努力增进国际联盟的权威。因此帝国政府希望,为确保远东和平,国际联盟能以健全的途径和合理的方法做出充分贡献。对此,我方有认真合作的觉悟一事应该无须赘言。实际上,去年春季在讨论国际联盟援助支那建设事业问题的时候,帝国政府向国际联盟忠告,应先从技术方面着手再渐渐进展至政治方面,并说明了其理由。这完全是基于上述精神,防止国际联盟搞错将来在远东进行长久活动时的出发点而进行的忠告。

　　二、然而不幸的是,去年秋季满洲事件爆发。国际联盟陷入了还未做任何准备就遭遇了有关支那的最重大且复杂的政治问题,在立场上出现了我方之前就有所忧虑的困难事态。在帝国政府看来,国际联盟若要攻破上述难关,永远保持在远东的地位,则不能为眼前的事件而焦虑,应该先充分理解远东的整体事态才是最重要的。之前由我方主动提倡的支那调查团派遣案,也是基于上述精神提出的。上述我方提案幸运地被理事会采纳,而该调查团也已到达远东,顺利地推进着其事业。而此时,在上海偶然发生的地方性事件给了支那方面进行策动的机会。虽然我方反对,但大会最终得以召开。

三、①然后,在大会上,在远东并没有现实的利害关系,对远东的特殊事态尤其是支那的实情并不知晓的多数代表的纯粹理论性的主张非常占优势。而我方基于实际情况的主张总是被无视,结果,三月十一日的决议获得通过。该决议如前所述,支那调查团已抵达远东,正顺利开展事业。此外,满洲地区自今年年初以来未发生任何新的战斗行为,形势逐渐出现平静的征兆(不能将"新国家"成立归为我方责任的理由,如致俄罗斯往电第一二五号所述)。尽管如此,虽有西蒙外交大臣等一些现实政治家的努力,还是有像是故意将满洲问题适用于盟约第十五条之下,而且还想适用同条第四项这样的过于脱离现实的举动。因此,我方代表在阐明我方立场的同时,保留了对适用第十五条的异议,采取了不参加投票的态度。

四、然而,作为我方来说,我期待因上海事件爆发而导致的世界舆论的一时激昂会在事态明了后逐渐归于冷静,同时在各友好国斡旋的相辅相成下,上述决议可以得到慎重而妥当的运用。但是,另一方面,看大会十九国委员会的讨论经过,像上述那样认识不足的单纯理论貌似依然势头旺盛,可以推测有人会策动在下次大会上对满洲问题进行深入干涉的审议。如果真是如此的话,在如前文所说满洲形势出现逐渐归于平静的征兆,且支那调查团的事业也稳健进展的今天,上述行为无异于对事态进行不必要的扰乱,违背了我方对运用三月十一日决议的期待。同时,再顾及我方虽就适用盟约第十五条问题持异议,但在上海事件上仍有与国际联盟方面精诚合作的协调的态度,我方对此感到非常遗憾。

五、日本赌上存亡赢得了两大战争,战后也付出了莫大努力,才在满洲地区拥有了政治上、经济上极其重要且复杂的特殊地位。这在世界上是明显的事实。而且如今日本国民已确信,上述在满地位于精神上和物质上都与我国国民生活密不可分,即其消长意味着帝国国运之兴衰。然而,热衷于排外运动和回收权利的支那方面无视国际联盟盟约及非战公约的精神,采用各种不法且毒辣的手段打算倾覆我方的正当地位,最终造成了本次满洲事变。鉴于我方在满地位的重要性、复杂性以及日本国民对此地位的确信,再对照内部无稳固的统一政府,对外又无尊重国际约定之诚意的支那的现状,想要期待国际联盟的一般性纯理论来圆满解决满洲事变,本来就不可能。我方已多次主张,解决以上情形的唯一方法只有充分反省考虑上述各种特殊情况,采取基于现实

---

① 编者按:原档案缺少编号"三",编者添加。

的实际措施。总而言之,关于满洲事变,若有第三者逼迫我国采取脱离现实的举措,无论付出何种牺牲,我国也定会断然将其排除。此实为我国民之信念。以上之信念,任何政府都无法左右(以上为我国政府对于满洲问题,反对适用第十五条的重要理由)。

六、或许国际联盟方面担心,上述关于满洲问题的处理方式,可能会对将来欧洲或南美等地发生的纷争造成不好的先例。不过以上完全是杞人忧天。本来,日本在满洲所有的特殊地位是很明显的,在其他国际联盟成员国中任何地方都不存在。而且,如支那的现状一般,国家组织瓦解且无尊重国际约定的诚意的国家,在其他国际联盟成员国中也是找不到的。正因为如此,满洲问题是世界上唯一的一个特例。还有,对于支那本土,日本主要是重视经济利益,尤其是重视贸易的可能性(日本的这一立场应该与其他列国极其相似)。上述日本对满洲的立场与对支那本土的立场存在根本差异。这一点需要相关各国给予充分的谅解。我方相信,这方面的消息会随着李顿调查团的调查逐渐明了。

七、固然,我方相信在下次大会上,在各大国和其他稳健分子的斡旋下,"常识"与"政治家风范"获得胜利是必然的。但是,鉴于有上述一部分极端论者的策动,大会上万一出现超过九月三十日及十二月十日的理事会决议的情况,通过了像附加我军撤离期限等(这期间日本军一旦撤离,满洲将立刻陷入混乱状态,进而酿成"赤化"的祸根)具体束缚我方行动的决议时,帝国政府也会顾及上述日本国民的信念,已经不能只停留在不参加投票的这种妥协态度上,我们只能让我方代表退席,之后静观国际联盟态度,并向着自己坚信的正确方向前进。

八、然而,如此不幸的事态的发生,对于向来信赖国际联盟,并确信同国际联盟的合作也是为了确保世界和平、增进人类幸福的帝国政府来说,这是甚为痛苦之处。同时,做出以上重大国策的变更,也需要帝国政府下莫大决心。另一方面,我方认为国际联盟方面也需要以充分时间来慎重周密地考量。因此,我方在此没有任何对国际联盟加以威胁的想法,完全是出于避免最坏事态发生的诚意,对主要列国及同情我方的各国代表坦率地吐露帝国政府的苦衷,劳烦大家深思熟虑。

资料来源:JACAR(アジア歴史資料センター)Ref. B02030443700(第138画像目から)、満洲事変(支那兵ノ満鉄柳条溝爆破ニ因ル日、支軍衝突関係)/善後措置関係/国際連盟支那調査員関係　第二巻(外務省外交史料館)

## 83. 芳泽外务大臣致驻华重光公使的函电
（1932年3月28日）

亚普通第二三号
昭和七年三月二十八日

**关于国际联盟支那调查团美国代表助理勃来克斯雷赴支之事**

据闻，原美国国务院顾问职员，克拉克大学教授乔治·H. 勃来克斯雷，此次将作为驻支那美国公使馆"特别助理"赴支。之前有报道称他将辅助国际联盟支那调查团美国代表的工作。询问美元轮船航运公司东京办事处后得知，勃来克斯雷于三月十日抵达横滨，已于十一日自神户搭乘"亚当斯总统号"与调查团一行同行。

本信抄送至：（参照别表）

资料来源：JACAR（アジア歴史資料センター）Ref. B02030443700（第145画像目から）、満洲事変（支那兵ノ満鉄柳条溝爆破ニ因ル日、支軍衝突関係）/善後措置関係/国際連盟支那調査員関係　第二巻（外務省外交史料館）

## 84. 驻南京上村代理总领事致芳泽外务大臣的函电（一）
（1932年3月29日）

昭和七年　七八九二　略　　南京　　　　　　　廿九日下午发
　　　　　　　　　　　　　　外务省　　　　　　三月三十日上午收

第二七三号之一（别电）

一、汪精卫的演说要领

日本军队一直在杀害支那人民和破坏支那土地，将我们在文化、经济上的建设化为一片灰烬。各位来到上海后已经视察了这些战斗过的遗迹。从弹雨下逃出的难民无家可归，学生休学，劳动者失业，战争造成尸横遍野，遗属遍布，社会问题日益严重。这正是自一月二十八日以来，上海一带因日本的侵略战争而蒙受战火的一幅写生图。各位可以由此想象一下东北的情形。日支两国同为国际联盟缔约国，有遵守盟约、维护和平、避免战争的义务。我在此要特别声明,这次两国间不幸地发生了真正的战争行为,而支那方面实属受到日本不断攻击而不得不做出正当防卫之情形,支那方面没有任何责任。自去年九月十八日日本占领东北以来,虽然支那方面带着诚意接受了理事会的决议,日本却悍然违背,也不顾最近国际联盟大会的决议。这不仅破坏了支那的领土主权,也破坏了国际联盟盟约。国民政府奉总理遗嘱,努力追求支那的自由平等,但请大家注意,以上实为国家及民族生存的必要条件,其意义与排外是完全不同的。也就是说,支那不仅全无排外之意,还尊重与各国的条约。我方固然要求废除不平等条约,但并无单方面废除条约的想法。废除不平等条约与缔结平等条约,不仅对支那的生存是必要的,也关系到相关各国的共同利益,我方相信各国必将对此予以援助。(后续)

资料来源:JACAR(アジア歴史資料センター)Ref. B02030443700(第146画像目から)、満洲事変(支那兵ノ満鉄柳条溝爆破ニ因ル日、支軍衝突関係)/善後措置関係/国際連盟支那調査員関係　第二卷(外務省外交史料館)

## 85. 驻南京上村代理总领事致芳泽外务大臣的函电(二)
### (1932年3月29日)

昭和七年　七八九四　略　　南京　　　　　　　廿九日下午发
　　　　　　　　　　　　　外务省　　　　　　三月三十日上午收

第二七三号之二

　　试举一例的话,这次日本将上海租界作为军队登陆及作战的根据地,致使支那在防御上相当不利。但是,支那尊重条约,始终没有危害租界的安全,面对日本军队的攻击也没有进行反击。各位在日本或许听闻了许多支那人民排日的事,但这些事是由日本侵略支那的行为激起的。民国四年的"二十一条"问题、民国十七年的济南惨案时的排日亦是如此。自去年九月十八日以来,支那人民对日本的厌恶感随着日本的侵略行为不断加深。因此,停止排日的唯一方法是日本停止其侵略行为。支那人民原本没有排日的意思。支那人民现在对时局期望的是保证领土及主权的完整。因此,对最近出现的东北傀儡政府,支那人民认为这和日本灭亡朝鲜是同一套路,断然无法接受。为了东北的经济开发,支那人民乐于与各友邦相互提携,希望能实现和平发展。

　　二、李顿的致辞

日支事变发生后，支那政府始终信赖国际联盟，国际联盟也表示深切同情。我敢断言，国际联盟在处理纷争时，决不会破坏或违背国家行政独立、领土完整的原则。若有违背此原则者，国际联盟绝不会承认这种行为。

资料来源：JACAR（アジア歴史資料センター）Ref. B02030443700（第148画像目から）、満洲事変（支那兵ノ満鉄柳条溝爆破ニ因ル日、支軍衝突関係）/善後措置関係/国際連盟支那調査員関係　第二巻（外務省外交史料館）

## 86. 驻南京上村代理总领事致芳泽外务大臣的函电（一）
### （1932年3月29日）

昭和七年　七八九三　略　　南京　　　　　　　　　　廿九日下午发
　　　　　　　　　　　　　外务省　　　　　　　　　三月三十日上午收

第二七四号之一（别电）

一、罗文干的演说要领

诸君在支那历史上最为悲惨的时期来到了这里。诸君从欧洲出发时，东北事变已发展到危及支那领土完整的程度了。在这之后，日本在上海的军事行动更是危及了支那的社会及政治组织的基础。支那对为实现共和之新理想所面对的种种障碍都有心理准备，但至少希望无外来危险，也希望得到各国尤其是邻邦的同情与援助。然而不曾想到会有一邻邦既无事先预告，也不依据国际公法和日支条约上所规定的国际纷争的和平解决方法，突然以军事力量攻击我国。即，先袭击东北，再攻天津，接下来又攻击了上海。吾人对此邻邦，向来遵循互相尊重独立主权的原则，希望以诚意进行合作。（后续）

资料来源：JACAR（アジア歴史資料センター）Ref. B02030443700（第149画像目から）、満洲事変（支那兵ノ満鉄柳条溝爆破ニ因ル日、支軍衝突関係）/善後措置関係/国際連盟支那調査員関係　第二巻（外務省外交史料館）

## 87. 驻南京上村代理总领事致芳泽外务大臣的函电（二）
### （1932年3月29日）

昭和七年　七八八八　略　　南京　　　　　　　　　　廿九日下午发
　　　　　　　　　　　　　外务省　　　　　　　　　三月三十日上午收

第二七四号之二（别电）

却不曾想到他们会做出如此不寻常的举动。我曾希望通过和平态度来改变他们的侵略行为，但也化为泡影。诸君在上海想必已收集了一月二十八日以来有关事变经过的信息，以公平之眼了解了和平、无辜的一般民众所遭受的痛苦。吾人为保证领土完整，对侵略者向来是抵抗的。今后也会为自卫而继续抵抗。话虽如此，吾人希求和平，希望以国际联盟决议案和现行条约中公平的方法来解决时局，并深深信赖诸君的调查结果及诸君对国际联盟的建议。

二、李顿的致辞

国际联盟是世界和平的柱石，一定会负责任解决这次日支间不幸的问题。支那从旧国家一变成为新国家①，在这期间肯定会遇到各种困难。但万众一心一齐努力的话，一定能迅速取得预期的成功。

资料来源：JACAR（アジア歴史資料センター）Ref. B02030443700（第150画像目から）、満洲事变（支那兵ノ満鉄柳条溝爆破ニ因ル日、支军衝突関係）/善後措置関係/国際連盟支那調査員関係　第二卷（外務省外交史料館）

## 88. 驻沈阳森岛代理总领事致芳泽外务大臣的函电
（1932年3月29日）

昭和七年　七八三九　暗　　奉天　　　　　　　廿九日下午发
　　　　　　　　　　　　外务省　　　　　　　三月廿九日下午收

第四七三号

本官致南京电报第一号

致盐崎参赞

关于驻支公使来电第一七号

（一）奉山铁路方希望北宁铁路方的调查员专列（含食堂车）直接开至奉天，因此只要北宁铁路方同意，则可以无换乘直达奉天。奉山铁路方可能也会与北宁铁路方进行交涉，但希望在天津也就此事与北宁铁路方进行一下交涉（如按前述情形，届时将在山海关更换机车与乘务员）。

（二）如若上述交涉没有取得成功，奉山铁路方将会调派特别列车至山海

---

① 编者按：此处新国家并不是指伪满洲国。

关。如往电所报，该地以北可直通。

（三）不管结果如何，都需要早上从山海关出发。因此，须下午八时从北平出发（事件前的百一列车）。出于警备考虑，应该会从山海关用装甲列车进行运送。

（四）锦州视察一事若到奉天再折回来则显麻烦，希望定为来奉途中进行视察。

（五）奉山铁路方出于准备需要，希望尽早，最迟一周前告知确定的计划。
已转电至外务大臣、支那、北平、天津。

资料来源：JACAR（アジア歴史資料センター）Ref. B02030443700（第151画像目から）、満洲事変（支那兵ノ満鉄柳条溝爆破ニ因ル日、支軍衝突関係）/善後措置関係/国際連盟支那調査員関係　第二巻（外務省外交史料館）

## 89. 驻济南西田总领事致芳泽外务大臣的函电
（1932年3月29日）

昭和七年　七八七七　暗　济南　　　　　　　　　廿九日下午发
　　　　　　　　　　外务省　　　　　　　　　　三月三十日上午收

第九四号

本月二十九日上午，京奉线一列空车（两辆机车连接其他一二等车十七节）发车南下。据本馆谍报人员从津浦铁路方获得的情报，该列车将开往浦口，搭载现在正在南京的国际联盟调查团，将其运至北平。该调查团一行预计于三十一日左右通过本地。

调查团是将原定途经汉口改为了由津浦线北上，还是只是随行人员等调查团的一部分人员从南京北上，尚不明了。但在本地，韩主席已令闻市长进行欢迎的准备。

暂报如上。

望公使转电至上海。

已转电至支那、北平、南京、青岛、奉天、天津、汉口，并密送至芝罘。

资料来源：JACAR（アジア歴史資料センター）Ref. B02030443700（第152画像目から）、満洲事変（支那兵ノ満鉄柳条溝爆破ニ因ル日、支軍衝突関係）/善後措置関係/国際連盟支那調査員関係　第二巻（外務省外交史料館）

## 90. 驻南京上村代理总领事致芳泽外务大臣的函电
（1932 年 3 月 29 日）

昭和七年　七八八七　略　南京　　　　　　　　　廿九日下午发
　　　　　　　　　　　外务省　　　　　　　　　三月三十日上午收

第二七二号

关于往电第二七〇号

据报纸报道，各国调查团代表于二十八日上午访问了林森、罗文干、汪精卫、蒋介石后，出席了在铁道部由汪精卫举办的午餐会，晚上又出席了在华侨招待所由罗文干举办的晚餐会（我方有吉田大使，支那方面有各部部长及次长等众多要人陪席）。在上述午餐及晚餐会上的主办方及李顿的致辞已发表在报纸上，其主要内容如别电第二七三号、第二七四号所报。

已转电至支那、北平、奉天、天津、青岛、济南、汉口、广东。

资料来源：JACAR（アジア歴史資料センター）Ref. B02030443700（第153 画像目から）、満洲事変（支那兵ノ満鉄柳条溝爆破ニ因ル日、支軍衝突関係）/善後措置関係/国際連盟支那調査員関係　第二巻（外務省外交史料館）

## 91. 国际联盟支那调查团停留日本国日志（1932 年 3 月）

时间：昭和七年三月

记录方：条约局第三课　石川事务官

二月二十九日（周一）

上午，乘坐"柯立芝总统号"抵达横滨，上陆后直接进京，入住帝国酒店。

三月一日（周二）

出席总理大臣的午餐会（官邸）。

三月二日（周三）

莅临报社团的午餐会（帝国旅馆）。

出席外务大臣的晚餐会（官邸）。

三月三日（周四）

上午，谒见并陪餐。

下午，出席外相夫人的家宴（「アットホーム」，at home）。

在工业俱乐部接受国际联盟协会的晚餐招待。

三月四日（周五）

下午，出席经济联盟、工业俱乐部及其他实业团体的茶会。之后出席上述团体的晚餐会，并接受该团体招待前往歌舞伎剧场观剧。

三月五日（周六）

出席海军大臣的午餐（该大臣官邸）。

下午，接受太平洋问题调查会在东京俱乐部的茶会招待。

三月六日（周日）

出席支那公使馆的晚餐会。

三月七日（周一）

出席陆军大臣的午餐（该大臣官邸）。

出席外务次官在红叶馆的晚餐。

三月八日（周二）

上午，在滨离宫猎鸭，在离宫受赐午餐。

下午九时二十五分，乘坐东京出发列车前往京都。

三月九日（周三）

上午八时，抵达京都，直接入住都酒店。

上午十时，出酒店，参观御所、二条离宫、金阁寺。

下午访问修学院离宫，在离宫受赐茶点。

莅临京都府知事、京都市市长及商工会议所主办的晚餐会，在都酒店住一晚。

三月十日（周四）

上午从京都出发赴奈良。参观春日神社、大佛等后，前往鹿群聚集地，出席在奈良宾馆由该县官民共同举办的招待午餐会。下午二时，乘坐大阪电气轨道前往大阪。下午三时抵达大阪后立刻访问大阪每日及大阪朝日两家报社。之后前往绵业会馆会见大阪实业家，主要就支那的排斥日货问题听取实业家方面的意见。

出席大阪府知事、大阪市市长及商工会议所在堺卯主办的晚餐会，之后入住甲子园宾馆。

三月十一日（周五）

上午,登六甲山,出席兵库县知事在六甲宾馆举办的午餐会。

下午三时半,乘坐"亚当斯总统号"前往上海。

资料来源:JACAR(アジア歴史資料センター)Ref. B02030443800(第154画像目から)、満洲事変(支那兵ノ満鉄柳条溝爆破ニ因ル日、支軍衝突関係)/善後措置関係/国際連盟支那調査員関係　第二卷(外務省外交史料館)

## 92. 国际联盟支那调查团停留日本国日志之附属资料①
### (1932年3月)

(第一)犬养首相在国际联盟调查团招待午餐会上的致辞

(第二)芳泽外相在国际联盟调查团招待晚餐会上的致辞

(第三)大角海相在国际联盟调查团招待午餐会上的致辞(英文)

(第四)荒木陆相在国际联盟调查团招待午餐会上的致辞

(第五)石井子爵在国际联盟协会主办调查团招待晚餐会上的致辞(英文)

(第六)同上(法文)

(第七)李顿调查团团长对以上致辞的答词(英文)

(第八)总理大臣主办午餐会的待客名簿

(第九)外务大臣主办晚餐会的待客名簿

(第十)海军大臣主办午餐会的待客名簿

(第十一)陆军大臣主办午餐会的待客名簿

(第十二)外务次官主办晚餐会的待客名簿

(第十三)外务大臣夫人家宴的待客名簿

(第十四)国际联盟协会主办晚餐会的待客名簿

(第十五)经济联盟、工业俱乐部及其他实业团体主办茶会的待客名簿(英文)

(第十六)同上晚餐会的待客名簿(英文)

(第十七)调查团一行与大阪实业家团体的会见

---

① 译者按:附属资料包括日文和英文,本文献集所译资料均为日文资料,英文从略。

**(第一)犬养首相在国际联盟调查团招待午餐会上的致辞(1932年3月1日)**

时间:昭和七年三月一日

演讲者:首相　犬养毅

此次贵代表们作为国际联盟支那调查团成员,带着重大任务来到我国,为的就是对世界,特别是对远东和平做出贡献,对此,本大臣衷心表示满足,同时对能在此欢迎贵代表们,感到欣幸之至。

帝国外交的根本在于保持远东和平。日支两国的和平友谊实为此政策的基调。帝国政府为此在过去数十年间付出诸多牺牲,不断努力到现在。然而不幸的是,近年支那国内的形势及其对帝国的态度缺乏正调,尤其在满洲等地不愉快事件频发,最终到了酿成今日事态的地步。本大臣对此深表遗憾。

想来,满洲是帝国的所谓生命线,是能在政治上、经济上,以及社会上左右国民生存的,具有特别紧密关系的地域。只要考察过去的历史,就可以明白这些。而如果不考量这些事实,本大臣相信是无法捕捉到这次事变的真实原因的。另外,支那国内秩序紊乱,尤其是专事排外,无视列国条约上的权益,由此引发了种种问题,对于世界和平来说是可悲的。帝国政府切实希望,能迅速调整这不正常的事态,使日支两国关系能恢复常规。

调查团诸君代表着这个世界上最权威的和平机构。毋庸置疑,诸君向国际联盟理事会提交的报告将有助于世界和平。本大臣确信,诸君会充分洞察支那的实情,完成最公正的报告。帝国政府也希望为调查团能完成此重大任务而尽最大努力地合作。

在此,举杯祝愿代表诸贤以及各位来宾身体健康!

**(第二)芳泽外相在国际联盟调查团招待晚餐会上的致辞(1932年3月2日)**

时间:昭和七年三月二日

演讲者:外务大臣　芳泽谦吉

此次,贵代表一行以国际联盟支那调查团的身份,带着为国际和平做贡献的重大任务,远渡重洋而来。我能在此欢迎贵代表一行,是本大臣最为荣幸欣喜之处。

帝国以确保东洋和平作为外交上的根本宗旨,在国际联盟的各个会议上爱好和平的精神也不输给任何国家。抱着真挚、热心的态度,始终如一。然而不幸的是，我之邻国支那自明治四十四年的革命以来，内乱接连不断，其内政上的不统一甚至对远东的国际关系形成了重大的威胁。

支那的各党派，无论哪个都为了自己的利益而致力于利用外交问题收揽人心，其倾向逐年愈演愈烈。特别是现在支配着国民政府的国民党，以排外为党的最重要方针，而且其实行方法之过激，也是众所周知的事实。始终推行着正如字面意思的所谓革命外交。这种过激的直接手段，不用说最终对支那国民来说并非幸事，更不用说这还让列国极其为难。如今列强在支那的合法权益受到了诸多侵犯，并且列国国民在通商上的自由及生命财产的安全也屡受威胁。本大臣认为这是列国都需要考虑的地方。我国因为是支那的邻国，列国中蒙受支那的这种行动影响最大的是我国。这是我们一直以来为日支两国的将来所忧虑的地方，我们也屡屡唤起支那方面的注意，但非常遗憾的是，支那方面置若罔闻。尤其是近年，支那方面的排外风潮波及满洲，导致在满洲不幸的事件接连发生。所以，我方朝野的感情也进一步受到刺激。

本来满洲与支那的中心相隔绝，过去它的开发程度也比其他地方明显落后。帝国在明治二十七、八年及明治三十七、八年两次战争中，数万国民在此地流淌了碧血，消耗了巨额的国币，才得以保证本国的存立。我们不仅有着难以忘怀的记忆，而且从其他地理上、政治上的因素看，维持其和平对日本来说是绝对必要的。为了此地区的文化发展，我官民投入了数亿资本，勤勉努力，才让今日满洲焕然一新。我国民对这个拥有特殊关系的接壤地域抱有深切的关心，不得不说是理所当然的。然而，近年满洲的当局者无视该地区的开发是依靠我国之力这一事实，同时忘记了该地区的治安也主要是由我国来维持的这一历史，因我方的宽大胸襟而得寸进尺，或是迫害该地区百万以上的我国侨民，或是铺设违反条约的满铁并行线，欲致满铁于死地等等，频频蹂躏我方权益，也对我方的多次抗议视而不见。正如我方屡次向中外所声明的一样，在这种气氛下所爆发的去年九月满洲事变中，我方不得已采取自卫措施来保护我国民的生命财产，也不得不采取维护我方权益的手段。而且，在此也不用重复多说了，我国在满洲没有任何领土上的企图，并且尊重门户开放、机会均等主义。总之，日支两国目前处在复杂的关系中，如果支那方面改正其排外的态度并表示反省的话，恢复两国关系也并非难事。帝国政府切实希望，日支关系能尽快恢复常规。我们希望调查团从现在起实地调查支那各地及满洲的实情之时，能了解帝国政府意之所在。同时也在此确信调查团在调查之时，我官民会尽可能提供便利。

在此，举杯祝福各位国际联盟调查团团员以及诸位来宾身体健康！

**（第四）荒木陆相在国际联盟调查团招待晚餐会上的致辞（1932年3月7日）**

时间：昭和七年三月七日

演讲者：陆军大臣　荒木贞夫

国际联盟支那调查团一行为给世界的和平、人类的福祉做贡献，不远万里来到远东。今天我能在此欢迎一行，深感光荣。

调查团一行自抵京以来，百忙之中难得一闲，人马困乏，要务繁多。我们能请一行前来齐聚一堂并一睹殊容，深感荣幸欣喜。

之前简单说过，想必诸位也都知道，仁爱、公明，以及拥有在无言之中诚实执行的强大意志，为我日本的国民性。我国国民凭借此发展了数千年的精神，在明治维新以来的半个世纪，特别是最近三十年来为维持远东之地的和平，付出了巨大牺牲，做出了贡献。而且还请不要忘记，我陛下之军在这种仁爱与公明之精神的大理想下，以发挥实力克复和平为己任。

我在此特别说明，我军不是过去在世界各处可见的为战争而存在的军队，实则为忠实地实施陛下即国家之道德的军队。

不幸的是，邻国多年的纷乱使其难以组建国家机构。其军队无外乎武装匪贼。因此，作为多年的友邦，以及作为同文同种的民族，我们一直期望支那健全发展。但最终事与愿违，不得不经常忍受可悲的苦难，实在是遗憾至极。而且，二十年的苦痛与忍耐可以说已到达极点，因邻邦暴戾侮日、践踏条约而导致爆发实属遗憾。值得庆贺的是，如今满洲也回归和平，上海的不幸事件也平静下来。热切期望在此基础上通过唤起支那的诚意，以此早日解决纷争。

而且祈求，无论在历史上、地理上、国防上，还是经济上为了日本都不该忘记的满洲，作为日支间密切联系的和平之钥的满洲，以此次事变为机，今后永远和平。没有满洲的和平，就没有东洋的和平；没有满洲的和平，就没有日支的亲善。不仅如此，如刚才所说，作为我国防线、生命线，国民出于过去的深刻记忆，已无法离开满洲。

日本以东洋之和平为使命和责任，以国民全体的意见，举国家总意之力向神明祈祷，对和平现实抱有坚定的思想准备。若是与日本关系最近的满洲之和平再次受到扰乱，国民是无论如何也无法忍受的。为了使其和平持续下去，国民的决心是十分强大的。这些也希望能充分给予谅解。

祈求此次作为和平使者来日的各位，能够充分调查远东形势、日本立场，特别是支那实情，为东洋的未来和平乃至世界的和平而做出贡献。

最后举杯祝愿一行健康，也祈愿一行成功！

**（第八）总理大臣主办午餐会的待客名簿（1932年3月1日）**

时间：昭和七年三月一日

地点：官邸

调查团：

李顿爵士

马柯迪伯爵

克劳德中将

麦考益少将

希尼博士

随员：

哈斯

吉田参与委员

各阁僚

外务次官、陆军次官、海军次官

枢密院议长

贵族院议长

众议院议长

宫内大臣

宫内次官

林式部长官

石井子爵

新渡户博士

内田满铁总裁

团经济联盟会长

土方日本银行总裁

乡日本商工会议所会长

**(第九) 外务大臣主办晚餐会的待客名簿(1932 年 3 月 2 日)**

时间：昭和七年三月二日
地点：官邸
调查团：
李顿爵士
阿尔德罗万迪·马柯迪伯爵
克劳德中将
麦考益少将
希尼博士
随员：
哈斯
派尔脱
万考芝
派斯塔柯夫
爱斯托
助佛兰
皮特尔
约翰·J.泰勒


吉田参与委员
小矶陆军次官
左近司海军次官
河原田内务次官
久保田铁道次官
堀切拓务次官
山川博士
团男爵
乡男爵
井上匡四郎子爵

新渡户博士

永田市长

德川贵族院议长

石井子爵

林男爵

松井男爵

田中大使

林大使

永井外务次官

岩城政务次官

松田局长

松岛局长

有田公使

高桥参与官

武富局长

坪上局长

谷局长

白鸟部长

斋藤博士

伊藤参事官

盐崎书记官

岸秘书官

巴蒂博士(ベティー, Thomas Baty)

丕平博士

**(第十)海军大臣主办午餐会的待客名簿(1932年3月5日)**

时间:昭和七年三月五日

地点:官邸

调查团:

爵士,维克托·亚历山大·乔治·罗伯特·李顿

伯爵,路易吉·阿尔德罗万迪·马柯迪

陆军中将，亨利·爱德华·克劳德
陆军少将，弗兰克·罗斯·麦考益
阿尔伯特·恩利克·希尼
随员：
哈斯
派尔脱
万考芝
派斯塔柯夫
陆军军医少校助佛兰
陆军中尉皮特尔
约翰·J.泰勒

外务次官，永井松三
外务省条约局长，松田道一
特命全权大使，吉田伊三郎
大使馆参事官，伊藤述史
陆军步兵大佐，渡久雄
陆军炮兵中佐，澄田赉四郎
小计十八名

主人、海军大臣，大角岑生
海军大将，博恭王
海军次官，左近司政三
海军中将，高桥三吉
海军参与官，西村茂生
海军少将，及川古志郎
同上，丰田贞次郎
同上，坂野常善
海军大佐，佐藤市郎
同上，汤野川忠一
海军大佐，高桥伊望

海军大佐,小池四郎
同上,高崎武雄
海军中佐,小林秘书官
总计三十二名

另有缺席者
客方：
爱斯托
主人方：
海军政务次官伯爵,堀田正恒

**(第十一) 陆军大臣主办午餐会的待客名簿(1932年3月7日)**

时间：昭和七年三月七日
地点：官邸
主人,荒木陆军大臣
国际联盟调查团,李顿爵士
同上,马柯迪伯爵
同上,克劳德中将
同上,麦考益少将
同上,希尼博士
同上,随员哈斯
同上,派尔脱
同上,万考芝
同上,派斯塔柯夫
同上,爱斯托
同上,助佛兰
同上,皮特尔
同上,泰勒

陪客：
外务次官,永井松三

大使,吉田伊三郎

条约局长,松田道一

外务书记官,盐崎观三

海军大佐,汤野川忠一

同,佐藤市郎

法国大使馆附属武官,巴朗(カミーユ・ノエール・フェルナン・バロン,Camille Noel Fernand Baron)

美国大使馆附属武官,马克罗伊(マキロイ,J G Mcllroy)

英国大使馆附属武官,西姆森(シムソン,Simson)

陆军方(陆军省):

〇 政务次官,若宫贞夫

次官、中将,小矶国昭

〇 参与官、子爵,土岐章

军务局长、少将,山冈重厚

军事调查委员长、少将,西尾寿造

军事课长、大佐,永田铁山

新闻班长、大佐,古城胤秀

高级副官、大佐,河村董

〇 调查班长、中佐,坂他义朗

军务局课员、中佐,铃木贞一

同上、中佐,土桥勇逸

秘书官、中佐,栎渊煊鎧一

同上、少佐,青木重诚

调查班员、少佐,原守

陆军方(参谋本部):

次长、中将,真崎甚三郎

第一部长、少将,古庄干郎

第二部长、少将,桥本虎之助

总务部长、少将,梅津美治郎

课长、大佐,渡久雄

同上,吉本贞一

部员、中佐,澄田赉四郎

○ 表示缺席

**(第十二) 外务次官主办晚餐会的待客名簿(1932年3月7日)**

时间:昭和七年三月七日
地点:红叶馆
调查团:
李顿爵士
马柯迪伯爵
克劳德中将
麦考益少将
希尼博士
随员:
哈斯
派尔脱
万考芝
派斯塔柯夫
爱斯托
助佛兰
皮特尔
泰勒
吉田(伊三郎)大使
渡陆军大佐
澄田陆军中佐
佐藤海军大佐
井之川海军大佐
森贤吾
前田多门
斋藤良卫
赤松祐之

青木节一
高岛诚一
油谷恭一
渡边铁藏
田中大使
有吉大使
林大使
有田公使
伊藤参事官
松田条约局长
松岛欧美局长
岩城政务次官
高桥参与官
武富通商局长
坪上对支文化事业部长
谷亚细亚局长
白鸟情报部长
吉泽书记官
盐崎书记官
三谷课长
守岛课长
佐藤课长
森书记官
筒井课长
鹤见事务官
马濑事务官
好富事务官
门胁事务官
石川事务官
岸秘书官

(第十三) 外务大臣夫人家宴的待客名簿(1932年3月3日)

时间：昭和七年三月三日
地点：官邸
主夫人，芳泽外务大臣夫人
国际联盟支那调查团一行：
团长：李顿爵士
代表：马柯迪伯爵
　　　克劳德中将
　　　麦考益少将
　　　希尼博士
随员：哈斯
　　　派尔脱
　　　万考芝
　　　派斯塔柯夫
　　　爱斯托
　　　助佛兰
　　　皮特尔
　　　泰勒
驻京外交团全员：
德川公爵及其夫人
铃木侍从长及其夫人
樱井顾问官及其夫人
林长官
松井男爵及其夫人
德川侯爵及其夫人
三井男爵及其夫人
松平式部次长及其夫人
相马式部官及其夫人
渡边直达及其夫人
牧野伯爵及其夫人

石井子爵及其夫人
关屋次官及其夫人
河井侍从次长及其夫人
前田侯爵及其夫人
武井式部官及其夫人
山县外事课长及其夫人
原田男爵及其夫人
新渡户博士及其夫人
宫冈恒次郎及其夫人
西邑清及其夫人
本野久子
萩原纯子
冈部子爵及其夫人
门野重九郎及其夫人
大角海军大臣及其夫人
荒木陆军大臣及其夫人
山本农林大臣及其夫人
伯爵前田利南及其夫人
团男爵及其夫人
福井菊三郎及其夫人
坂井德太郎及其夫人
日美协会：
副会长桦山伯爵
主事武井圆治及其夫人
日德协会：
理事长入泽达吉及其夫人
日法协会：
名誉副总裁古市男爵及其夫人
理事长曾我子爵
副理事长杉山直治郎及其夫人
理事木岛孝藏及其夫人

日英协会：

斋藤子爵及其夫人

财部彪及其夫人

日法会馆：

副理事长富井男爵及其夫人

日德文化协会：

会长大久保侯爵及其夫人

理事长高楠顺次郎及其夫人

主事友枝高彦及其夫人

大仓男爵及其夫人

高木多都雄

落合たか①

本多熊太郎及其夫人

大久保利贤及其夫人

武内金平及其夫人

梶原仲治及其夫人

小笠原伯爵

有马伯爵及其夫人

二荒伯爵及其夫人

渡陆军步兵大佐

佐藤海军大佐

澄田陆军炮兵中佐

汤野川海军大佐

青木节一

外务省相关（二等官以上）：

田中大使及其夫人

小幡大使夫人

长冈大使夫人

有吉大使及其夫人

---

① 编者按：原文为假名，为避免误译，直接引用。后同。

广田大使夫人

林大使及其夫人

川岛公使夫人

青木公使及其夫人

德川公使夫人

矢田部公使夫人

斋藤特约顾问及其夫人

备注：归国大使、公使、参赞作为本省勤务人员，将同本省本部的局、课长等一同另通过传阅通知邀请。

鹤见事务官

门胁事务官

石川事务官

马濑事务官

丕平

巴蒂博士

巴蒂小姐

### （第十四）国际联盟协会主办晚餐会的待客名簿（1932年3月3日）

时间：昭和七年三月三日

地点：工业俱乐部

赞助者：

赤司鹰一郎、古河虎之助、乡诚之助、土方久征、石井建吾、盐崎小弥太、各务镰吉、加藤敬三郎、三井八郎右卫门、涩泽敬三、清水钉吉、菅原通敬

妇人部委员：

石井玉子、山胁房子

东京方面：

青木节一

外务省：

永井松三、白鸟敏夫、天城笃治、筒井洁、鹤见宪、松岛肇、冈本季正、盐崎观三、马濑金太郎、谷正之、喜多长雄、守岛伍郎、武富敏彦、佐藤庄四郎、石川实、门胁季光、坪上贞二、三谷隆信、松宫顺、岩仓松、森乔、伊藤述史、吉田伊

三郎

其他：

木村久寿弥太、小田切万寿之助、渡边铁藏、安川雄之助、藤泽亲雄

评议员：

安部矶雄、秋月左都夫、姉崎正治、麻生正藏、马场恒吾、伊达源一郎、藤原银次郎、藤村义朗、藤泽利喜太郎、船越光之亟、冈特利特·恒子（ガントレット恒子，Gauntlett Tuneko）、花冈敏夫、埴原正直、秦丰助、林登未夫、今井五介、稻垣三郎、井上雅二、井上秀子、井上一次、井上匡四郎、板仓卓造、伊东米次郎、岩永裕吉、泉哲、门野重九郎、门野りよ子、贺来佐贺太郎、镰田荣吉、上山万之进、加藤正治、神崎一作、川村竹治、儿玉谦次、驹井静江、小村俊三郎、近藤干郎、町田忠治、米田实、前田多门、丸山鹤吉、松原一雄、松井庆四郎、美浓部达吉、宫岛干之助、森贤吾、武藤山治、永井柳次郎、永田秀次郎、中野正刚、中山龙次、西野惠之助、大口喜六、大桥新太郎、大久保利武、小野塚喜平次、太田正孝、斋藤良卫、佐野善作、佐佐木惣一、佐藤昌介、斯波贞吉、币原喜重郎、志立铁次郎、信夫淳平、白岩龙平、盐泽昌贞、曾我祐邦、末广严太郎、末广重雄、铃木文治、铃木梅四郎、立作太郎、髙岛平三郎、田中都吉、田中馆爱橘、东乡安、庆次竹次郎、富谷鉎太郎、友枝高彦、塚本はま子、上田贞次郎、植原悦二郎、若槻礼次郎、矢田千代子、矢作荣藏、山室军平、筑田钦次郎、结城丰太郎、膳桂之助、渡久雄、澄田四郎、佐藤市郎、古垣铁郎、三枝义智、岩村成允

协会董事：

德川、井上、坂本、深井、石井、神川、关屋、团、阪谷、近卫、下村、江口、山川、串田、田川、大仓、赤间、松田、田村、赤松、荒木、宫冈、内崎、福井、本野、若宫、二荒、中岛、山田、林、新渡户、吉冈、穗积、冈、头本

调查团及随员：

佛兰克·洛斯·麦考益少将

希爱慕

爱斯托

李顿爵士

马柯迪伯爵

亨利·克劳德中将

哈斯

助佛兰

派尔脱

恩利克·希尼博士

卡尔利

皮特尔

万考芝

渥尔脱杨格

派斯塔柯夫

外国人：

拜厄斯(Mr. Hugh Byas)

科维尔(Mr. J. H. Covell)

唐斯(Mr. Darley Downs)

沃尔泽(Rev. T. D. Walser)

贝瓦尔德(Herrn Baewald)

贡德特(Dr. W. Gundert)

托马斯(Mr. A. F. Thomas)

丕平

鲍尔斯(Dr. Gilbert Bowles)

斯特拉瑟斯(Mr. J. Struthers)

(第十七)在国际联盟日支问题调查团一行于大阪的恳谈会席上，李顿爵士及其一行与大阪实业家间交换问答的综合要旨及补充(1932年3月10日)

时间：昭和七年三月十日

地点：绵业会馆

(A) 李顿爵士提问要旨：

第一：如何才能拯救支那混乱的状态？

第二：如何才能根除支那的联合抵制？

大阪实业家对以上问题的回答要旨：

支那三千年来基本重复着治乱兴废的历史，其内部斗争到现在也未停止。除非支那政府获得其所缺的统一性的权力，废除其扰乱国际和平的打倒帝国主义政策，纠正其错误的排外教育，普及对一般民众的普通教育，成为统一的文明国家；否则，我们认为是很难根除联合抵制这一东亚和平之祸根的。这实在是前路遥遥之事。为了使支那沿此般道路进步，我们要做的只有一件事，即列国间的协调与在支那的机会均等。这是去除东洋之祸根，使支那进步的唯一途径。过去，列国的外交不能不遗憾地说在此有欠缺。而且这是最终让任何国家都无法得利，也使得支那发展到如今可悲事态的绝对因素。我们大阪的实业家特此呼吁这一点，请求调查团一行予以考虑，并为世界和平、东洋和平以及支那的繁荣，祈愿今后在对支那问题上列国务必外交协调。

（B）李顿爵士提问要旨：

（1）你们认为抵制日货是违反日支条约吗？

（2）如果只能认定并不违反既存的日支条约的话，为预防将来出现如此情况，你们认为日支间有必要缔结特别条约吗？

大阪实业家对以上问题的回答要旨：

一、支那的联合抵制，明显违反了日支通商条约。不仅如此，还是破坏国际和平所依存的国际信义的明显不法行为。

二、因此，没有必要新设日支间特别条约来禁止这些。支那只要能遵守既存条约上的一切义务便足够了。

三、即使就联合抵制重新缔结特别条约，但本来抵制日货或者经济绝交就是无视既存条约义务、为了破坏我正当条约权益的惯用手段，因此我们确信，支那是不可能完全遵守这种特别条约的。

备注：支那的联合抵制，尤其是近年屡屡发生的"经济绝交"，与欧美人一般所想象的单纯的排斥日货或者拒买同盟的性质完全不同。其内容正如冈田氏朗读的文件及田岛氏展示的联合抵制年表中详述的一样，明显是对国际信义和日支通商条约的根本破坏。不仅如此，国民政府公然宣扬打倒日本，并采取"经济绝交"的手段，明显是对日本的敌对行为。

（C）李顿爵士的提问要旨：

为何日本不把过去屡屡发生的联合抵制向国际联盟申诉？

大阪实业家对以上问题的回答要旨：

（1）将联合抵制的痛苦告诉第三者的话，日本害怕会愈发助长支那的这种行为，成为支那利用此申诉作为我国侵害其权益、支那不履行其义务的工具。因此，即使在本国新闻上，也尽量节制对公开所受痛苦和损害之事的报道，只待支那自身的觉醒及日本政府的交涉。

(2)特别是我们大阪的实业家(同联合抵制有最密切的利害关系的大阪实业家),时常牵挂和平解决问题;同时也明白,支那内政的不统一状态也是联合抵制的原因之一。此外,我们也认为支那自身经济无法承受联合抵制造成的损害,迟早会自然消失(但这种想法错误的是,近年国民政府已公然宣布用"经济绝交"作为打倒日本的新战术。我们才醒悟到过去的同情与期待是完全错误的)。

(3)即使把这些向国际联盟申诉,支那也会像这次事变一样,在自己需要时利用国际联盟,不利于自己时就像平日那样不遵从国际联盟的规范统制。我们认为向国际联盟申诉是无意义的,因此只向我政府当局进行了申诉。

再者我们认为,国际联盟平日对东洋的情况不甚了解,从国际联盟自身的机能来说,也很难对联合抵制这样的情况做出迅速、恰当的处置。

(4)而且,从英国曾经在支那深受联合抵制所害之际同样未向国际联盟申诉,而只通过英支两国政府的直接交涉来解决问题的事实来看,也能证明以上考虑的无误。

### 联合抵制的直接原因及间接原因

内部原因:

一、支那的民族性(一、利己心;二、事大心理;三、中华民国的自豪;四、为达目的不择手段)。

二、大部分支那民众没有接受过文明国民所受的普及教育。

三、支那的现状是,内部尚未设立一个完全的统一权力,国内军阀间争斗不休。

四、支那在其国内的法制及其运用上没有作为文明国家的资格。在对外国际关系上也并未达到完全遵守国际义务的文明国家的程度。

五、为将内部并未统一的国民的视线转向国外,缓和内斗,故意煽动起了国权回收的热潮。

六、接受了近代教育的支那学生,不去注意支那自身尚未充分具备作为完全的文明国家的内部要素,而是只注重伸张国权,忘记了要回收国权必须做好作为文明国家的内部整备、充实的工作,被激进的国权回收热潮与排外思想冲昏了头脑。

七、(一)把本国看作大国、把日本看作小国的侮日心理作为传统而浸透于支那上下。

（二）日本对支那的借款、投资、贸易额及侨民、在支工厂的数量是最多的，且条约上的关系也是最多的。两国间的利害关系事项也自然比别国更多。

八、政府首脑及党部领袖为维护自身立场，迎合民众的国权恢复热潮，常常夸大事实，故意煽动民众的敌忾心，将联合抵制当作践踏既存权益、改废既存条约义务的便利道具。

九、出于前项的目的，而对一般民众施以特殊的排外教育。

一〇、在过渡期，蒋氏及其一党常被反对派非难攻击为违反了支那革命政府鼻祖孙中山的革命理想的异端。为掩饰自身立场，蒋氏及其一党更有必要采取排外政策。

一一、之后，南京政府公然将打倒帝国主义的纲领作为其政策，以打倒日本为目的进行了联合抵制。

一二、国民党部同抗日会以及指挥他们的一部分人，通过联合抵制会享受到金钱利益。

一三、通过联合抵制，部分国产制造商能获得利益。此外，部分支那商人因无法进口的商品的涨价而得以获利。

外部原因：

一、主要列国在对支问题上，外交方针虽为支持门户开放、机会均等的原则，但近年各国转移到独自的外交政策上，已无法看到列国外交的充分协调。此事与后面列举的二、三、四、五、六项一起，使得支那更加滥用其传统以夷征夷主义的排外政策。

二、九国公约为了世界和平，一方面让相关各国负担起尊重支那主权领土完整的义务；另一方面，却疏于注意有必要抑制支那以联合抵制或实行打倒帝国主义的经济绝交等武力以外的战斗行为攻击他国，扰乱世界和平。因此，支那获得了不用承担义务的权利。一九二二年以后，支那的联合抵制日益恶化，且愈发频繁，很大程度上是因为九国公约的片面义务的缺陷。

三、九国公约当初只顾及了支那的利益及对其的保护，另一方面，对于支那享有并行使这些正当条约上的权利时是否具备不可或缺的，像是遵守国际信义及其他条约上一切义务等作为文明国家的必要条件，则缺乏注意。其结果便是，支那在事实上几乎没有履行任何义务，只是完全享有了九国公约上的权利。即，一九二二年以后，支那实际上在国际信义和国际联盟上没有受到任何约束,只是通过九国公约确保了其绝对的权利。在如此事态下,支那实行打倒帝国主义、打倒日本等政策,若无其事地重复着对日经济绝交这种扰乱世界和平的行动,可以说是完全可以预想到的。

四、现行国际联盟盟约上的两大缺陷

(一) 对于支那这种平日不遵守既存国际条约义务的国家,在平时除了当事方直接交涉以外,国际联盟没有任何灵活且有效确切的强制手段来使其履行义务。

(二) 支那这种平日不遵守既存国际条约义务的国家,不受任何限制,为了自己的利益随时会上诉至国际联盟。国际联盟对此与对待其他遵守条约上义务的国家一样,不得不完全按盟约来行动。

以上两项现行国际联盟盟约上的缺陷,更加助长了支那对其不法手段的利用。

五、(一) 受联合抵制所害的英国、日本等国向来认为,把联合抵制问题的解决寄希望于向国际联盟申诉,反倒会助长支那抵制。而且即使向国际联盟申诉,国际联盟也缺少灵活有效的裁决方法。此外,我们清楚知道,即使国际联盟实施了恰当的裁决,支那为了自己利益需要也会向国际联盟申诉,但对自己不利时则不会遵守国际联盟的管辖。另一方面,我们对支那内政上的状况多少有些同情,一直努力寻求接触当事国政府来和平解决的方法,这反倒使支那愈发傲慢,使联合抵制更加恶化。

(二) 而像这样,日英等受害国自我克制,没有将这些诉诸世界舆论。这反而又使得除受害国以外的世界列国,没有得到正确认识支那联合抵制特殊性的机会。因此,世界舆论对于会成为世界和平之祸根的支那联合抵制特殊性的重大危害比较冷淡。这反过来使支那更为傲慢,终于让国民政府公然将打倒帝国主义、打倒日本列入其政策,心安理得地采取排日及经济绝交这些极端的非国际性的敌对行为了。

六、国际联盟没有认清作为其一员的支那的实际情况,将其看作一个完全的文明国家,并将支那的联合抵制误认为是被国际法所允许的一般的联合抵制。为了世界和平,为了实现国际联盟的目的,对支那多年反复进行的非国际性的破坏和平的不法手段,应该要给予抑制和防止,但国际联盟对此一直缺乏关注。

资料来源:JACAR(アジア歴史資料センター)Ref. B02030443900(第

157画像目から)、満洲事変(支那兵ノ満鉄柳条溝爆破ニ因ル日、支軍衝突関係)/善後措置関係/国際連盟支那調査員関係　第二巻(外務省外交史料館)

## 93. 驻北平矢野参赞致芳泽外务大臣的函电
（1932年3月29日）

昭和七年　　暗　　　北平

　　　　　　外务省　　　　　　　　　　　三月廿九日上午收

第一四七号

　　根据谍报，最近国民政府要求张学良提交证明溥仪的"满洲国"成立完全是由日本策动的事实报告，作为给国际联盟调查团的说明资料。张学良列举了以下各项进行回答：

　　一、溥仪进入满洲，是因为土肥原的胁迫引诱。

　　二、溥仪离开天津后，被日本军方保护。费用也由日本方面提供。

　　三、"满洲国"的建立虽是由地方自治指导部进行的，但该部与日本人的组织有关，主要成员也都由本庄司令官派遣。

　　四、参加建国运动的各□代表均为日本收买……①，公正的士绅人民并没有参与。少数有参加的也是由于受到胁迫。

　　五、溥仪就任执政时，侍从及保护者大部分是日本人。当时日本军部也动用飞机进行祝贺"满洲国"成立的宣传和散布宣言书。

　　六、"满洲国"成立后，东北各法团陆续发表反对通电。

　　七、在东北各地层出不穷的义勇军，均发布了不承认"满洲国"的声明。

　　已转电至支那、南京、奉天。

　　资料来源：JACAR（アジア歴史資料センター）Ref. B02030444100（第228画像目から)、満洲事変(支那兵ノ満鉄柳条溝爆破ニ因ル日、支軍衝突関係)/善後措置関係/国際連盟支那調査員関係　第二巻(外務省外交史料館)

---

①　译者按：原文模糊，无法识读。

## 94. 驻南京上村代理总领事致芳泽外务大臣的函电
（1932年3月30日）

昭和七年　七九七二　略　南京　　　　　　三十日下午发
　　　　　　　　　　　　外务省　　　　　三月三十一日上午收

第二七九号

关于往电第二七二号

据报纸报道，调查团一行在二十九日上午访问国民政府主席林森，下午在铁道部长官邸与汪精卫、蒋介石、罗文干、陈铭枢、陈公博、陈绍宽、顾维钧等人会谈，就日支问题和调查范围交换了意见。

当晚，国民政府方面还举行了由林森招待调查团一行人的晚会，我方吉田大使、支那方面各院院长等出席。席间，林森代表国民政府及支那人民致欢迎辞，并发表致辞。致辞大意为：希望调查之后，通过公正且永久的解决方法，处理好日支关系，保持远东和平，以此不只使日支两国，也让相关各国受益。

此外，报纸在报道调查团决定前往汉口的同时，又报道说上海和北平方面的支那人希望他们一行不去汉口而是直接去满洲。三十日《中央日报》刊登社论表示："九月十八日的事件发生在东北，而不是在汉口，事件发生已过去六个月，调查团任命后已过去三个多月，如果调查团现在提前一个月来的话，日本人援助的伪政府还未成立，调查比较容易且效果更好。但调查团还要经过和东北问题无关的汉口，并在那里耽搁十天甚至两周时间，这是给日本人充分时间以毁掉证据并制造假证据，让人不胜担忧"，极力反对调查团一行人的汉口之行。

已经转电至支那、北平、奉天、天津、青岛、济南、汉口、广东。

资料来源：JACAR（アジア歴史資料センター）Ref. B02030444200（第231画像目から）、満洲事変（支那兵ノ満鉄柳条溝爆破ニ因ル日、支軍衝突関係）/善後措置関係/国際連盟支那調査員関係　第二巻（外務省外交史料館）

## 95. 驻南京上村代理总领事致芳泽外务大臣的函电
（1932年3月30日）

昭和七年　暗　　南京
　　　　　　外务省　　　　　　　　　　　　三月三十日下午收
第二五六号
关于贵电第二四号
自吉田大使
第一八号

上海出发前，古垣（朝日）、岩村（联合）、横山（时事）等数名记者希望和国联调查团同行，得到了支那方面的同意。然而，二十四日，李顿团长表示上海到北平之间没有会议，所以希望减少日方随员。我方也在研究减员方案，正如往电报所示，已经决定让一部分随员直接前往北平。鉴于平汉线当面情势不稳，在劝告之下，报纸记者们放弃南京之行，所有人直接前往北平。致上村的阁下电报第二四号的训令与人数有关，我方和上村商定：如果对方没有更进一步的要求，我们就暂时先按那样做。

已转电至公使、北平、奉天、天津、青岛、济南、汉口、广东、关东厅。

资料来源：JACAR（アジア歴史資料センター）Ref. B02030444200（第233画像目から）、満洲事変（支那兵ノ満鉄柳条溝爆破ニ因ル日、支軍衝突関係）/善後措置関係/国際連盟支那調査員関係　第二巻（外務省外交史料館）

## 96. 济南中野少佐致参谋次长的函电（1932年3月29日）

密　陆同文　第一三五号
　　　　　　　　　　昭和七年三月二十九日下午九时〇〇分发
　　　　　　　　　　　　　　　三月三十日上午二时三〇分收
济南第一三五号

据省政府王秘书所说，国际联盟调查团一行在南京分成两组，一组乘坐津浦线、一组乘坐平汉线北上。

另外据津浦线职员的报告，在天津准备好的该团专用车在今（二十九）日经过当地，驶向浦口，预定三十一日经过济南。

已转电关东军、北平、天津、上海。

资料来源：JACAR（アジア歴史資料センター）Ref. B02030444200（第234 画像目から）、満洲事変（支那兵ノ満鉄柳条溝爆破ニ因ル日、支軍衝突関係）/善後措置関係/国際連盟支那調査員関係　第二卷（外務省外交史料館）

## 97. 新闻发布"参考"（1932 年 3 月 29 日）

三月二十九日发　某所来电综合

从上海出发后的国际联盟调查团一行的消息以及支那方面的接待情况如下：

一、蒋介石在私宅招待调查团一行人，每天请他们吃饭，最后向调查团一行诉说了日本在长江一带，特别是在上海的侵略野心，以及国民政府出于自卫而迫不得已应战的原委，并详细说明了支那在物质、精神上蒙受的巨大损害。调查团一行人表示，在上海已经从领事团、各国公使和侨民那里详悉此事，在结束东北视察并回到日内瓦后，将负起责任通告日本政府。

二、调查团一行人预定在南京分成两组，一组乘坐津浦线、另一组乘坐平汉线，搭乘支那方面提供的专用车，偕同许多接待员和护卫队一同北上。

三、张学良任命了许多接待员，并且任命排日巨头高纪毅为主任，制作关于满洲事变的宣传书。

资料来源：JACAR（アジア歴史資料センター）Ref. B02030444200（第235 画像目から）、満洲事変（支那兵ノ満鉄柳条溝爆破ニ因ル日、支軍衝突関係）/善後措置関係/国際連盟支那調査員関係　第二卷（外務省外交史料館）

## 98. 北平辅佐官致总务部长的函电（1932 年 3 月 29 日）

火速，陆同文

昭和七年三月二十九日下午五时〇〇分发

三月二十九日下午七时三三分收

北平第五一九号

有得到张学良方面向国联调查团提供的宣传书的方法，可否以两千日元左右买下来？望火速回电。

资料来源：JACAR（アジア歴史資料センター）Ref. B02030444200（第237画像目から）、滿洲事変（支那兵ノ滿鉄柳条溝爆破ニ因ル日、支軍衝突関係）/善後措置関係/国際連盟支那調査員関係　第二巻（外務省外交史料館）

## 99. 芳泽外务大臣致驻北平矢野参赞的函电
### （1932年3月30日）

暗第四八号

昭和七年三月三十日发

### 向国际联盟调查团照会一事

关于青岛致本大臣第六八号电报

致吉田大使

对于上述伊藤参赞电报的末尾，我本应该做些指示的。总之目前希望阁下和该参赞在商量好的基础上，将本大臣致日内瓦的往电第一二五号（致北平合第八七三号）的主要内容，分别由阁下告知李顿等人，由伊藤参赞告知哈斯，希望大家共同再接再厉，让调查团做出切合实际的报告，以资缓和日内瓦的气氛。

已转电支那、奉天、南京、国联，并令支那转电汉口。

资料来源：JACAR（アジア歴史資料センター）Ref. B02030444200（第239画像目から）、滿洲事変（支那兵ノ滿鉄柳条溝爆破ニ因ル日、支軍衝突関係）/善後措置関係/国際連盟支那調査員関係　第二巻（外務省外交史料館）

## 100. 外务事务官石川实致外务大臣官房会计课
### （日期不详）

### 国际联盟支那调查团接待费、收支账单

外务大臣官房会计课　公启

一、收入　　四千元
二、支出　　二千六百六十五元十五钱

结算余额　一千三百三十四元八十五钱

以上确认无误

外务事务官　石川实

一、帝国酒店支付　　　　　　　　　　　　　九八四元二四钱

明细如下：

| 外务省办公室(两间)房费(一个房间一日十一元共八日) | 一七六元〇〇钱 |
| --- | --- |
| 外务省办公室各项费用(电话费、信差、报纸、车费、餐费、其他) | 三一二元五八钱 |
| 为国联调查团预备专用服务员五人(一人一日三元) | 一三五元〇〇钱 |
| 外务省支付的酒店小费 | 四五元〇〇钱 |
| 吉田大使房费(一日二十四元共九日) | 二一六元〇〇钱 |
| 吉田大使使用杂费 | 二元九一钱 |
| 吉田大使支付的酒店小费 | 二一元八〇钱 |
| 吉田大使餐费 | 一九元八九钱 |
| 盐崎秘书官房费(一日八元共六日) | 四八元〇〇钱 |
| 盐崎秘书官使用杂费 | 六钱 |
| 盐崎秘书官支付的酒店小费 | 四元八〇钱 |
| 盐崎秘书官餐费 | 二元二〇钱 |

二、京都都酒店支付　　　三零八元三七钱

明细如附页所示

三、甲子园酒店支付　　　二二零元六六钱

明细如附页所示

四、宴会费　　　　　　　九九零元五七钱

明细如下所示

| 随员招待宴会费(于中川) | 四二七元五五钱 |
| --- | --- |
| 外事务局员招待哈斯的宴会费(新喜乐) | 二九九元〇七钱 |
| 各相关官厅、相关官员招待慰劳宴会费(筑地锦水) | 二一八元九七钱 |
| 佐藤秘书官使用部分 | 四四元九八钱 |

（明细如附页所示）

五、迎接哈斯、约翰·J.泰勒二人所需费用　　　　　　四二元三五钱
明细如下所示

| 三宫至东京特别快车票两张 | 十二元〇〇钱 |
| 车内餐费及小费 | 四元九〇钱 |
| 车内茶费 | 九五钱 |
| 电报费 | 三〇钱 |
| 在神户的出租车费 | 三元〇〇钱 |
| 行李搬运费 | 四元五〇钱 |
| 东方酒店小费以及三宫站车站搬运工小费 | 三元五〇钱 |
| 车内晚餐费和小费 | 七元二〇钱 |
| 火车服务员小费 | 四元〇〇钱 |
| 东京站车站搬运工小费 | 二元〇〇钱 |

六、杂费　　　　　　　　　　　　　　　　　　　　一一八元九六钱

| 从外务省搬运书籍 | 四元〇〇钱 |
| 帝国酒店服务员小费 | 一 |
| 帝国酒店招待舞会时的服务员小费 | 六元〇〇钱 |
| 至京都时东京站的车站搬运工小费 | 七元〇〇钱 |
| 帝国酒店搬运工小费 | 十五元〇〇钱 |
| 至京都列车服务员小费 | 十九元五〇钱 |
| 京都站车站搬运工费用 | 七元〇〇钱 |
| 京都都酒店搬运工小费 | 十三元〇〇钱 |
| 甲子园酒店搬运工小费 | 十三元〇〇钱 |
| 从都酒店向甲子园酒店的呼出电话费（四回） | 二元〇〇钱 |
| 在神户的观光导游使用的车费 | 五元〇〇钱 |
| 从东京发往都酒店的电报费 | 九〇钱 |
| 奈良春日神社捐赠费（御神乐料） | 十元〇〇钱 |
| 垫付爱斯托的电报费 | 十六元五六钱 |

总合计　　　　　　　　　　　　　　　　　　　　　二六六五元一五钱

资料来源：JACAR（アジア歴史資料センター）Ref. B02030444200（第244画像目から）、満洲事変(支那兵ノ満鉄柳条溝爆破ニ因ル日、支軍衝突関

係)/善後措置関係/国際連盟支那調査員関係 第二卷(外務省外交史料館)

## 101. 驻汉口坂根总领事致芳泽外务大臣的函电
（1932年3月30日）

机密第二九〇号
昭和七年三月三十日

**中文报纸发表劝告国际联盟调查团中止来汉口的社论一事**

关于国际联盟调查团来汉口，还没有看到任何新闻论调。昨（二十九）日发行的《武汉公论日报》上发表了题为《调查团应该中止来汉、赶快视察满洲》的社论。其要点如下记译文所示。

记

自从去年秋天暴日侵略我国辽吉地方以来，我国被夺走四百万方里领土，多达三千万人民陷入敌手之中。尽管自那以来已过半年，政府没有采取任何善后政策，日本越发按其预定计划，效仿吞并朝鲜的经验，勾结我国不良分子，设立非法机构，想要永远控制我国东三省。

我们本渴望国际联盟调查团以公平的态度，早日来华，以实地见闻来判断是非曲直。但意料之外的是，调查团在行装上耽误了时间，而且花费时日绕远路从北美经东京到上海视察。目前，到达南京，据说预计在该地停留四日后前往汉口以及北平，但我们认为他们完全没有必要来汉。因为他们在上海已经听说了外部的形势，从京沪最高当局那里有许多认识、了解我方态度的机会。况且武汉一带是日本与中国人之间极其安稳平安的地方，没有什么值得了解的地方，地方当局和人民的态度也和京沪地方是一样的。

调查团舍弃津浦铁道这条近道而乘坐平汉线只是在白白浪费时间，没有任何益处。而且，他们晚一天到达满洲，数百万方里的领土就多一天遭到暴日的蹂躏，就会给狡猾的他们消灭证据的机会，所以希望国际联盟调查团中止此次来汉计划，赶快北上。等等。

以上谨供参考。

本信抄本发送至：

公使、上海、北平、奉天、天津、济南、青岛、南京、广东。

资料来源：JACAR（アジア歴史資料センター）Ref. B02030444200（第247画像目から）、満洲事変(支那兵ノ満鉄柳条溝爆破ニ因ル日、支軍衝突関係)/善後措置関係/国際連盟支那調査員関係　第二巻(外務省外交史料館)

## 102. 驻南京上村代理总领事致芳泽外务大臣的函电
### （1932年3月31日）

昭和七年　八〇三一　略　　南京　　　　　　　三十一日下午发
　　　　　　　　　　　　　外务省　　　　　　三月三十一日下午收

第二八一号

别电（一）

蒋介石的致辞要旨

我和调查团一行共同游历各处，虽然想更热烈地欢迎您们，但目前日支两国间发生了不好的事情，且各位责任重大，故不宜因此而耽误时日。支那一直以来都是仁义之国，以忠厚真诚为交友的基础。而且，这不仅仅限于个人间的交际，国际间也是如此。支那有古老的历史及优美的文化，人多地广，且正处在从旧国家转变为新国家①的时期，虽然进步得比较慢，但政府和人民都有决心，前途有着无限希望。对于各位游历各地，我方政府会给大家各种方便，关于各位的调查，我们想要尽力提供材料。

（二）李顿的致辞

我们认为蒋委员长是现今支那的英雄，在来支那以前，就已听闻大名。想来是因为蒋委员长不只是支那的现代英雄，还是世界上屈指可数的军事家，同时还是有名望的政治家。这次我们一行人负责调查东北问题，会竭尽全力，以期不负使命。

资料来源：JACAR（アジア歴史資料センター）Ref. B02030444200（第250画像目から）、満洲事変(支那兵ノ満鉄柳条溝爆破ニ因ル日、支軍衝突関係)/善後措置関係/国際連盟支那調査員関係　第二巻(外務省外交史料館)

---

① 编者按：此处"新国家"是指中国从旧社会转向新社会，不是指代伪满洲国的"新国家"。

## 103. 驻南京上村代理总领事致芳泽外务大臣的函电
（1932 年 3 月 31 日）

昭和七年　八〇四〇　略　南京　　　　　　　三十一日下午发
　　　　　　　　　　　　外务省　　　　　　　三月三十一日下午收

第二八五号

关于往电第二七九号

据报纸报道，调查团一行于三十日午（脱）①于铁道部再次会见支那方面要员，就日支问题进行了意见交换。支那方面有汪精卫、蒋介石、罗文干、陈昭宽、朱家骅、陈铭枢、宋子文、陈公博、朱培德等人出席。

本月三十一日的报纸报道：三十日晚，蒋介石夫妇在励志社招待一行人用晚餐，各院长、部长等也都陪席。席上主客的致辞要领如别电二八一号所报。

另外，据报纸报道，由国民政府向调查团提供的正式意见书在本日将由顾维钧交给李顿爵士。

已与别电一同转电至支那、北平、天津、青岛、济南、汉口、广东。

资料来源：JACAR（アジア歴史資料センター）Ref. B02030444200（第251画像目から）、満洲事変（支那兵ノ満鉄柳条溝爆破ニ因ル日、支軍衝突関係）/善後措置関係/国際連盟支那調査員関係　第二巻（外務省外交史料館）

## 104. 驻南京上村代理总领事致芳泽外务大臣的函电
（1932 年 3 月 31 日）

昭和七年　八〇九二　平　南京　　　　　　　三月三十一日下午发
　　　　　　　　　　　　外务省　　　　　　　四月一日上午收

第二八六号

自吉田

第十九号

调查团一行决定在一日夜晚或二日早晨从当地出发，四日到达汉口，停留

---

① 编者按：原文如此。

两天后，在五日晚顺江而下于七日早晨回到南京，直接从浦口由铁路前往北平。（当初预定从汉口由平汉线北上，但由于支那方面声称途中桥梁破损等并不安全，所以调查团一行决定乘坐津浦线北上。）

转电至：公使、汉口、北平、天津、奉天、关东厅、满铁。

资料来源：JACAR（アジア歴史資料センター）Ref. B02030444200（第252画像目から）、満洲事変（支那兵ノ満鉄柳条溝爆破ニ因ル日、支軍衝突関係）/善後措置関係/国際連盟支那調査員関係　第二巻（外務省外交史料館）

## 105. 驻济南西田总领事致芳泽外务大臣的函电
### （1932年3月31日）

昭和七年　八〇三一　暗　济南　　　　　　　　三十一日下午发
　　　　　　　　　　　　外务省　　　　　　　　三月三十一日下午收

第九五号

关于往电第九四号

昨（三十）日，驻本地英国总领事科布（コンブ，译音）请求本官，说是听闻二十九日通过本地南下的北宁线空列车停留在徐州，等待中央的指令，将被送至浦口或汉口，调查团一行是从汉口经平汉线北上还是从南京直接去北平还没确定下来，如果我方了解清楚了的话，希望通知他。对此，本官回答道，虽然有消息说调查团一行人预定从汉口北上，但还没有确切消息，一有消息就会通知您。

另外，今（三十一）日，本地市政府蒋科长对本官说，支那方面不希望调查团一行人乘坐平汉线，调查团一行大概预定先去一次汉口再回到浦口，然后乘坐津浦线在下个月六日通过本地，但还没有从中央政府接到确切消息。

望由公使转报上海、由南京转报吉田大使。

已照开头往电那样转电。

资料来源：JACAR（アジア歴史資料センター）Ref. B02030444200（第252画像目から）、満洲事変（支那兵ノ満鉄柳条溝爆破ニ因ル日、支軍衝突関係）/善後措置関係/国際連盟支那調査員関係　第二巻（外務省外交史料館）

## 106. 永井次官致铁道次官的函电（1932年3月31日）

条三机密第三七号

昭和七年三月三十一日发

望发给国际联盟支那调查团随员希爱慕铁路免费乘车券一事

此次，国际联盟支那调查团随员希爱慕（加拿大人，原国际联盟交通部职员，现加拿大国家铁路公司职员）在前往支那途中，会顺便来我国。他乘坐四月七日抵达横滨的"俄罗斯女皇号"来日本，要在本国逗留约一个星期。因此，特此请求，望在希爱慕停留日本期间，发给其铁路免费乘车券。

资料来源：JACAR（アジア歴史資料センター）Ref. B02030444200（第256画像目から）、満洲事変（支那兵ノ満鉄柳条溝爆破ニ因ル日、支軍衝突関係）/善後措置関係/国際連盟支那調査員関係　第二巻（外務省外交史料館）

## 107. 驻沈阳森岛代理总领事致芳泽外务大臣的函电（1932年4月1日）

昭和七年　八一二七　暗　　奉天　　　　　　　　一日下午发
　　　　　　　　　　　　　外务省　　　　　　　四月一日下午收

第四八九号

关于对国际联盟调查团的铁道问题的说明方针，说是已经和外务省商量好，三月七日由陆军省向当地军参谋长发来了说明案的电报。陆军省又在三十一日向当地驻军参谋长下达了同满铁理事村上商议后电送说明案的指示。本官和军方以及大桥司长已预先商议好：关于铁道问题，除了一直以来的经过以外，只回答正在协议吉会、长大两线的铺设问题，不触及其他点。希望即刻训示外务省的方针。

资料来源：JACAR（アジア歴史資料センター）Ref. B02030444200（第257画像目から）、満洲事変（支那兵ノ満鉄柳条溝爆破ニ因ル日、支軍衝突関係）/善後措置関係/国際連盟支那調査員関係　第二巻（外務省外交史料館）

## 108. 驻南京上村代理总领事致芳泽外务大臣的函电
（1932年4月1日）

昭和七年　八一五三　略　　南京　　　　　　　　　一日下午发
　　　　　　　　　　　　　外务省　　　　　　　四月一日下午收

第二八九号

关于往电第二八〇号

调查团一行在昨（三十一）日上午游览中山陵和其他名胜，之后出席中央党部在中山公园主办的午餐会。据闻，中央党部秘书长叶楚伧在席上代表党部致欢迎辞，同时引用孙总理的遗辞说：支那民族爱好和平，除万不得已的自卫以外不会轻易动武。对此，李顿爵士致辞称赞道：孙文是伟大的政治家，建设了今日的支那。

另外，听说调查团一行人该日午后在铁道部与支那当局进行了第三次会见。

还有，据报纸报道，当地教育及农工商各界还有国民外交协会的代表等于该日上午在励志社访问了调查团一行人，控诉：（一）抗日不是排外；（二）联合抵制运动是民众的爱国运动；（三）"满洲国"由日本一手扶植；（四）日本破坏支那文化机构、惨杀无辜良民等事，希望调查团一行赶快北上调查东北的真相。

依照开头往电要求转电各处。

资料来源：JACAR（アジア歴史資料センター）Ref. B02030444200（第257画像目から）、満洲事変（支那兵ノ満鉄柳条溝爆破ニ因ル日、支軍衝突関係）/善後措置関係/国際連盟支那調査員関係　第二巻（外務省外交史料館）

## 109. 芳泽外务大臣致驻长春田代领事的函电
（1932年4月1日）

暗　电信第二四号
　　　　　　　　　　　　　　　　　　　昭和七年四月一日下午发

#### 支那方面专家顾问入满一事

关于往电第九〇四号

往电所说是否属实，望即刻调查之后，电报我方及驻支那公使：南京、汉口、北平。

希望作为训令转电至奉天。

资料来源：JACAR（アジア歴史資料センター）Ref. B02030444200（第258画像目から）、満洲事変（支那兵ノ満鉄柳条溝爆破ニ因ル日、支軍衝突関係）/善後措置関係/国際連盟支那調査員関係　第二巻（外務省外交史料館）

## 110. 铁道次官久保田敬一致外务次官永井松三的函电
### （1932年4月1日）

官文第六〇二号

昭和七年四月一日

三月三十一日条三机密第三七号所照会关于发给国际联盟支那调查团随员希爱慕铁路免费乘车券一事，我方已知晓。已按下记发行并装入信封，请查收。

记

一、等级　一等

二、区间　（铁道）一般省线

三、期限　自四月七日至四月三十日

资料来源：JACAR（アジア歴史資料センター）Ref. B02030444200（第259画像目から）、満洲事変（支那兵ノ満鉄柳条溝爆破ニ因ル日、支軍衝突関係）/善後措置関係/国際連盟支那調査員関係　第二巻（外務省外交史料館）

## 111. 松田条约局长致森冈内务省警保局长的函电
### （1932年4月1日）

机密第一三七号

昭和七年四月一日发

### 望给予国际联盟支那调查团随员希爱慕人身保护一事

此次,国际联盟支那调查团随员希爱慕(加拿大人,原国际联盟交通部职员,现加拿大国家铁路公司职员)在前往支那途中,会顺便来我国。乘坐四月七日抵达横滨的"俄罗斯女皇号"来日本,需要在我国逗留数日。因此,特此请求,望在希爱慕停留日本期间,确保其人身安全。

资料来源:JACAR(アジア歴史資料センター)Ref. B02030444200(第260画像目から)、満洲事変(支那兵ノ満鉄柳条溝爆破ニ因ル日、支軍衝突関係)/善後措置関係/国際連盟支那調査員関係 第二卷(外務省外交史料館)

## 112. 驻上海村井总领事致芳泽外务大臣的函电(一)
### (1932年4月2日)

| | | | |
|---|---|---|---|
|昭和七年|八二三八|平|上海|二日上午发|
| | |外务省| |四月二日下午收|

第五五五号之一

二十八日在南京举行的李顿欢迎午宴上,汪精卫的演说(参考从南京发给大臣的电报)中说到支那没有排外的意思并尊重条约等等,引起了当地外国人的极大关注。当地各报的主要评论如下:

一、三十日《上海泰晤士报》(『上海タイムス』):行政院长的演说至少显示出了支那政府领导人关于支那与外国关系的想法的变化,这值得注意。虽然我难以赞同他争辩道支那在过去所进行的收复国权运动是正当行为,而不能说是什么排外运动,但主要的事实是支那政府要员现在热心于尝试说服国联调查团一行,使其相信支那过去并没有进行排外行动。可以看出,这是由于支那十分清楚将这次事件的处理提请国际联盟解决时,支那过去的排外行动将会使自己处于不利地位。在此,我无意对支那在过去的行动再进行批评,现在支那政权当局要员的发言中有承认过去的排外运动是错误的意思,我为此而感到高兴。为了支那,我衷心希望支那要员改变过去的态度,做出建设性的努力。(待续)

资料来源:JACAR(アジア歴史資料センター)Ref. B02030444200(第261画像目から)、満洲事変(支那兵ノ満鉄柳条溝爆破ニ因ル日、支軍衝突関

係)/善後措置関係/国際連盟支那調査員関係　第二巻(外務省外交史料館)

## 113. 驻上海村井总领事致芳泽外务大臣的函电(二)
### (1932年4月2日)

昭和七年　八二三八　平　　上海　　　　　　　二日下午发
　　　　　　　　　　　　外务省　　　　　　　四月二日下午收

第五五五号之二

二、三十一日的《大陆报》:最近,以备国联调查团会来日所制作的日方宣传册,无一例外都在攻击支那的排外教育。这些宣传册将爱国心与排外主义混为一谈。支那教学生过去的历史,培养他们的爱国心,有什么不当的吗?比如,未曾听闻英国抗议过美国的学校教学生独立战争的历史。日本不也教学生日清、日俄这两场战争的历史,并让他们去满洲修学旅行来努力培养他们的爱国心吗?因为支那的爱国教育会妨碍其帝国主义侵略,所以日本才一直反对支那的爱国教育。

三、一日的《字林西报》(『ノース、チャイナデイリー』, North China Daily):颜代表在给国际联盟秘书长的备忘录中通告说:在支那,政府没有排外政策,民间也没有排外主义;试图反驳日本的主张。这一通告在日内瓦的影响先不说,对居住在支那的外国人应该也产生不了任何影响。在支那,自从外国人来了之后,排外运动就从未停止过,这是众所周知的事实。据来自支那内地的本报特派员的通讯,很明显在内地也正在进行这样的排外运动。另外本报此前已通过列举支那学校教科书中的排外材料,揭示了支那政府正在培养排外主义的事实。支那政府在治外法权委员会或这次国联调查团来访的时候,突然隐藏排外运动,但在出于政治上的考量认为排外运动是有利时,又会突然再次煽动排外运动。另外,虽然支那把排外运动狡辩为爱国心的显现,但有必要区分发自爱国之心的国家主义或爱国主义与煽动对外国人的憎恶心所形成的排外主义。总而言之,颜代表说支那没有排外主义的这一激烈反驳,是说服不了知道事实的人的。

已转电至北平、奉天、南京、汉口、广东。

资料来源:JACAR(アジア歴史資料センター)Ref. B02030444200(第262画像目から)、満洲事変(支那兵ノ満鉄柳条溝爆破ニ因ル日、支軍衝突関

係)/善後措置関係/国際連盟支那調査員関係　第二卷(外務省外交史料館)

## 114. 驻南京上村代理总领事致芳泽外务大臣的函电
### （1932年4月2日）

昭和七年　八二四二　略　　南京　　　　　　　　二日下午发
　　　　　　　　　　　　外务省　　　　　　　　四月二日下午收

第二九六号

关于往电第二七九号

调查团一行已乘坐一日晚上出发的英国船前往汉口。

据报纸报道，调查团一行人在一日下午于铁道部与支那当局进行第四次会见。另外当地支那新闻记者在一日上午访问调查团一行人，亲手将《敬告和平使者国际联盟调查团》一文（主要内容是陈述日本侵略满洲，获得了无数粮食、森林、矿物，还计划在支那北部和中部扩张势力，企图实现其大陆政策。同时，将满洲作为世界战争的根据地，以备应对军事上、经济上的封锁；此外占领上海是为了将世界的视听从东北转移，破坏支那的文化及经济中心，迫使支那承认屈辱的条件，妨碍各国的长江贸易。满洲及上海事件及其他一切日支纷争的责任都在日本方面），和一本记录日军在东北和上海的暴行的照片集交给调查团，并提出了别电第二九七号的问题。李顿爵士的回答大意如别电第二百九十八号所报。详细内容通过邮报呈送。

已和别电一起转电至公使、北平、奉天、天津、青岛、济南、汉口、广东。

资料来源：JACAR（アジア歴史資料センター）Ref. B02030444200（第263画像目から）、满洲事变（支那兵ノ满铁柳条沟爆破ニ因ル日、支军衝突関係)/善後措置関係/国際連盟支那調査員関係　第二卷(外務省外交史料館)

## 115. 驻南京上村代理总领事致芳泽外务大臣的函电
### （1932年4月2日）

昭和七年　八二四八　略　　南京　　　　　　　　二日下午发
　　　　　　　　　　　　外务省　　　　　　　　四月三日上午收

第二九七号

（别电）

记者团的提问要领

一、十二月十日理事会决议后日支关系是好转还是恶化？

二、是否将上海事件和东北事件看作同一个问题？

三、对于由日本人一手制造的"满洲国"意见如何？

四、调查团到达满洲后会和伪政府进行接触吗？

五、日支纷争是否在每次理事会决议后依然在扩大？对于决议案的破坏者，国际联盟有怎样的制裁方法？

六、东北的伪政府及人民在日本的暴力压迫下完全没有自由，在这种情况下，调查团打算如何推进调查？

七、在"满洲国"的满洲人不到总人口的十分之一，这种情况下，能否将其认为是民族自决？

八、是否承认东北义勇军是由爱国人民自发组织的抗日军队，另外，是否承认联合抵制是日本侵略支那的结果而不是原因？

九、汉口之行的理由是什么？

资料来源：JACAR（アジア歴史資料センター）Ref. B02030444200（第264画像目から）、満洲事変（支那兵ノ満鉄柳条溝爆破ニ因ル日、支軍衝突関係）/善後措置関係/国際連盟支那調査員関係　第二巻（外務省外交史料館）

## 116. 驻南京上村代理总领事致芳泽外务大臣的函电
（1932年4月2日）

昭和七年　八二五〇　略　　南京　　　　　　　　二日上午发
　　　　　　　　　　　　　外务省　　　　　　　四月三日上午收

第二九八号（别电）

李顿爵士答记者问的要领

诸君的提问事项中，关于汉口之行的问题过一会儿回答，其他事项在调查结束前无法具体回答。但如果要说概括性的意见的话，提问事项中最重要的是国际联盟的制裁能力问题。日支纷争的是非曲直，想必贵国人十分清楚，但国际联盟必须根据法定手续处理。调查团前往东北也是因为这个原因。现在世界舆论已经表示应对日支纷争做出相应制裁。这种制裁虽绝不是武力，但若舆论制裁没有什么效果的时候,国际联盟应该会依据调查报告在认为有必要的情况下采取诉诸实力的措施。我相信本调查团的忠实报告一定能诉之于世界舆论,或还会引用国际盟约第十六条并让其发挥实际效果。对于诸君的提问中我能立即回答的问题,我的回答是:

(一)十二月十日理事会决议后日支关系毋庸置疑是恶化了的,东北问题尚未解决,又发生了上海事件。

(二)上海问题是日支纷争的一部分,我认为国际联盟应该基于支那的提议,引用国际盟约第十一条及十五条来进行总体讨论。

(三)调查团是否会和"满洲政府"交涉,应以到时具体情况而定。

(四)联合抵制是日支纷争的原因还是结果这一问题是历史性问题,如果没有充分研究,无法得出结论。

(五)尽管外界对于我们的汉口之行颇有误解,但调查团应该前往职务上认为有必要去的地方。

资料来源:JACAR(アジア歴史資料センター)Ref. B02030444200(第265画像目から)、満洲事変(支那兵ノ満鉄柳条溝爆破ニ因ル日、支軍衝突関係)/善後措置関係/国際連盟支那調査員関係 第二巻(外務省外交史料館)

## 117. 驻沈阳森岛代理总领事致芳泽外务大臣的函电
(1932年4月2日)

昭和七年　八二四七　暗　　奉天　　　　　　　二日下午发
　　　　　　　　　　　　外务省　　　　　　　四月二日下午收

第四九八号

本官发往汉口的电报第三号

伊藤致吉田大使

本官与森、好富、木村、陈于二十九日到达大连,又同前二人在一日来奉,好富因为要商量调查团接待方案等事,于是同木村、陈一起在五日从大连出发,前往北平。森因为在满洲做调查准备等原因,本官让其在满洲迎接调查团。望您同意。

已转电至外务大臣、支那、北平、天津、关东厅长官。

资料来源:JACAR(アジア歴史資料センター)Ref. B02030444200(第

267画像目から)、満洲事変(支那兵ノ満鉄柳条溝爆破ニ因ル日、支軍衝突関係)/善後措置関係/国際連盟支那調査員関係　第二巻(外務省外交史料館)

## 118. 驻沈阳森岛代理总领事致芳泽外务大臣的函电
### （1932年4月2日）

昭和七年　八二七三　暗　奉天　　　　　　　　二日上午发
　　　　　　　　　　　　外务省　　　　　　　　四月三日上午收

第四九九号（极密）

自伊藤参赞

四月一日，同大桥商议"满洲国"政府应如何向国际联盟调查团说明时，提到了反对顾维钧来满的话题。本官说道："日支两国虽要为该成员提供种种方便，但去年决定该成员派遣时没有预想到'满洲国'的成立。因此，从理论上来说，除我租借地及满铁附属地以外，'满洲国'是可以反对支那方面的参与人员进入满洲的。但是，关于此事，因为顾维钧是国际联盟派遣的调查团的参与人员，需要考虑到时机这一点。如果是绝对反对的话，那就向南京政府通告说如果南京政府还将'满洲国'视为叛乱政府（レベルカバーメント，rebel government）的话，就不准许其代表入境。这也是一策。"大桥对此回答说会在和军部商议的基础上，以长春政府的名义做出决定，二人随后辞别。

已转电至支那、北平、汉口、南京、长春。

资料来源：JACAR（アジア歴史資料センター）Ref. B02030444200（第267画像目から)、満洲事変(支那兵ノ満鉄柳条溝爆破ニ因ル日、支軍衝突関係)/善後措置関係/国際連盟支那調査員関係　第二巻(外務省外交史料館)

## 119. 驻沈阳森岛代理总领事致芳泽外务大臣的函电
### （1932年4月2日）

昭和七年　八二四六　暗　奉天　　　　　　　　二日下午发
　　　　　　　　　　　　外务省　　　　　　　　四月二日下午收

第五〇〇号

本官发往吉林、哈尔滨、长春、齐齐哈尔电报

合第三一七号

七日午后二时，有关各方面代表将齐聚当地，共商应对国际联盟调查团的根本说明方针等问题，请您前来奉天。

已转电至外务大臣。

资料来源：JACAR（アジア歴史資料センター）Ref. B02030444200（第268画像目から）、満洲事変(支那兵ノ満鉄柳条溝爆破ニ因ル日、支軍衝突関係)/善後措置関係/国際連盟支那調査員関係　第二巻(外務省外交史料館)

## 120. 驻汉口坂根总领事致芳泽外务大臣的函电
（1932年4月2日）

昭和七年　八二三一　暗　　汉口　　　　　　　　二日下午发
　　　　　　　　　　　　外务省　　　　　　　　四月二日下午收

第二六一号（火速）

据本地支那方面所说，国际联盟调查团一行（共五十六人）预定于四日上午八时到达本地，五日下午九时半顺流而下前往南京。现在大体决定好的计划如下：除了视察张公堤和受灾民的情况、访问武汉大学以外，五日午后，在国际赛马俱乐部还会举行外国人的招待会。

此外，四日晚因为没有准备好酒店，应该就是让李顿住在英国总领事馆，麦考益住在美国总领事馆等，支那方面多数人应该都在船中过夜。

已转电至支那、北平、南京、天津、九江。

资料来源：JACAR（アジア歴史資料センター）Ref. B02030444200（第269画像目から）、満洲事変(支那兵ノ満鉄柳条溝爆破ニ因ル日、支軍衝突関係)/善後措置関係/国際連盟支那調査員関係　第二巻(外務省外交史料館)

## 121. 驻长春田代领事致芳泽外务大臣的函电
（1932年4月2日）

昭和七年　八二四一　暗　　长春　　　　　　　　二日下午发
　　　　　　　　　　　　外务省　　　　　　　　四月二日下午收

第一一三号（火速）

关于贵电第二四号

在"新国家",向着新兴理想不断迈进的政要乃至三千万民众,对于南京政府指其为伪国家而损伤其独立国家名誉的态度愤慨不已之际,顾维钧的来满可能会导致给予不羁之徒以可乘之机。难得现在"新政府"热切期望与中华民国之间尽快树立圆满国交,"新政府"担心会发生影响树立国交的不好事情,有拒绝顾维钧来满之意向。据闻,"满洲国"外交部已经按上述理由做好了致南京政府外交总长的电报草案,最近将提交内阁会议审议。

已转电至支那、南京、汉口、北平、奉天。

资料来源:JACAR(アジア歴史資料センター)Ref. B02030444200(第270画像目から)、満洲事変(支那兵ノ満鉄柳条溝爆破ニ因ル日、支軍衝突関係)/善後措置関係/国際連盟支那調査員関係 第二巻(外務省外交史料館)

## 122. 驻汉口坂根总领事致芳泽外务大臣的函电
### (1932年4月2日)

昭和七年　八二三二　暗　汉口　　　　　　　二日下午发
　　　　　　　　　　　　　外务省　　　　　　四月二日下午收

第二六二号(火速)

关于往电第二六一号

据闻一个叫作爱斯托的随行秘书员,先于调查团一行人来汉,昨(一)日乘坐飞机急忙前往重庆,不清楚视察目的等情况。

本电报发送目的地除往电之外还有宜昌。

资料来源:JACAR(アジア歴史資料センター)Ref. B02030444200(第271画像目から)、満洲事変(支那兵ノ満鉄柳条溝爆破ニ因ル日、支軍衝突関係)/善後措置関係/国際連盟支那調査員関係 第二巻(外務省外交史料館)

## 123. 支那驻屯军参谋长致陆军次官的函电
### (1932年4月1日)

密天电第七〇五号

昭和七年四月一日下午三时五五分发

四月一日下午七时四七分收

国际联盟视察团北上的日子日渐临近,张学良用尽各种手段做准备欢迎他们,其已将驻青岛的东北海军军乐队请到北平来欢迎视察团。

已转电至关东军、北平、上海、济南。

资料来源:JACAR(アジア歴史資料センター)Ref. B02030444200(第271画像目から)、満洲事変(支那兵ノ満鉄柳条溝爆破ニ因ル日、支軍衝突関係)/善後措置関係/国際連盟支那調査員関係　第二巻(外務省外交史料館)

## 124. 驻汉口坂根总领事致芳泽外务大臣的函电
（1932 年 4 月 4 日）

昭和七年　八三四九　略　汉口　　　　　　　　四日下午发
　　　　　　　　　　　　外务省　　　　　　　　四月四日下午收

第二六五号

盐崎致佐藤条约局第三课长

四月七日乘坐"俄罗斯女皇号"轮船到达横滨的希爱慕会直接前往北平或奉天,哈斯希望我们能为其提供方便。请多多关照。

资料来源:JACAR(アジア歴史資料センター)Ref. B02030444300(第273画像目から)、満洲事変(支那兵ノ満鉄柳条溝爆破ニ因ル日、支軍衝突関係)/善後措置関係/国際連盟支那調査員関係　第二巻(外務省外交史料館)

## 125. 驻汉口坂根总领事致芳泽外务大臣的函电
（1932 年 4 月 4 日）

昭和七年　八二四一　暗　汉口　　　　　　　　四日下午发
　　　　　　　　　　　　外务省　　　　　　　　四月四日下午收

第二六三号

自吉田第二三号

根据法国代表的随从医官四月一日的密报,南京政府要员说:"我在前天与蒋介石进行长时间的秘密谈话,蒋介石说支那的有识之士都认为将永远失去满洲,并说问题涉及宪法。"

已转电至支那、北平、奉天。

资料来源：JACAR（アジア歴史資料センター）Ref. B02030444300（第273画像目から）、満洲事変(支那兵ノ満鉄柳条溝爆破ニ因ル日、支軍衝突関係)/善後措置関係/国際連盟支那調査員関係　第二巻(外務省外交史料館)

## 126. 驻汉口坂根总领事致芳泽外务大臣的函电
（1932年4月4日）

昭和七年　　八三五七　　平　　汉口　　　　　　　　　　四日下午发
　　　　　　　　　　　　　外务省　　　　　　　　　四月四日下午收

第二六四号

吉田一行四日早晨已到达汉口。

资料来源：JACAR（アジア歴史資料センター）Ref. B02030444300（第274画像目から）、満洲事変(支那兵ノ満鉄柳条溝爆破ニ因ル日、支軍衝突関係)/善後措置関係/国際連盟支那調査員関係　第二巻(外務省外交史料館)

## 127. 驻汉口坂根总领事致芳泽外务大臣的函电
（1932年4月4日）

昭和七年　　八三五一　　暗　　汉口　　　　　　　　　　四日下午发
　　　　　　　　　　　　　外务省　　　　　　　　　四月四日下午收

第二六六号

九江发至本官的电报

第四八号

望转电至大臣

第四五号

国际联盟调查团一行在今天早上到达本地后立刻上岸，小憩片刻后在支那的市街巡视了一圈，然后莅临支那方面事先准备的欢迎茶话会会场。首先是县长做了言辞稍显过激的欢迎辞，接下来李顿爵士致谢辞，九江警备司令也致简单的问候语。散会后，调查团一行人三五成群视察街道。十一时从本地出发前往汉口。概况如下：

一、支那方面于一两日前开始将市内难看的贴纸几乎全都撕下,每天清扫大道,并且动用许多人力去清洁下水道这一类东西。这与他们平常置之不管的情况相比起来颇为滑稽。

二、昨日开始,家家户户都挂起国旗,特别是英租界外滩(バンド,Bund)挂起万国旗,张挂用英文和支那文写的欢迎幔幕。还张贴了许多写着"排日不是排外,我们生活在日本军国主义之下还不如去死"这样的排日标语。

三、支那方面今日一早就命令军乐队及军队列队于租界外滩,还有许多市民手拿国旗殷切欢迎他们。

四、在街上,警察及军队严阵警戒,每当调查团一行人通过时都会给他们敬礼,看起来像是为了给他们留下好感。

五、在本地,自从上海事件以来,几乎看不到排日海报,这次张贴的海报大多数都是县政府以及公安局的东西。因此,本官昨日午后前去访问县长,表示了抗议,对方向我道歉,并表明会赶快让人撕掉那些海报。

六、调查团一行到来,完全没有引起市面上的变化,只是外出的人多了而已。

(详细内容邮报)

望转电至支那、北平、南京。

资料来源:JACAR(アジア歴史資料センター)Ref. B02030444300(第274画像目から)、満洲事変(支那兵ノ満鉄柳条溝爆破ニ因ル日、支軍衝突関係)/善後措置関係/国際連盟支那調査員関係 第二卷(外務省外交史料館)

## 128. 驻汉口坂根总领事致芳泽外务大臣的函电
（1932年4月4日）

昭和七年　八四二一　暗　汉口　　　　　　　　　四日下午发
　　　　　　　　　　　　　外务省　　　　　　　　四月五日下午收

第二六七号

宜昌致本官的电报

第二三号

望转电至外务大臣、支那。

关于致外务大臣的贵电第二六二号,据闻爱斯托和杨格两人乘坐飞机在二日从当地前往重庆,本地支那报纸报道说是为了调查四川排日运动的状况。

资料来源:JACAR(アジア歴史資料センター)Ref. B02030444300(第276画像目から)、満洲事変(支那兵ノ満鉄柳条溝爆破ニ因ル日、支軍衝突関係)/善後措置関係/国際連盟支那調査員関係 第二卷(外務省外交史料館)

## 129. 驻天津桑岛总领事致芳泽外务大臣的函电
### (1932年4月4日)

昭和七年　八三五二　暗　天津　　　　　　　　　四日下午发
　　　　　　　　　　　　外务省　　　　　　　　 四月四日下午收

第一五二号

南京国民政府中央向市政府电报通知:国际联盟调查团决定九日上午来天津,同一天午后三时前往北平。接到通知后,省、市、党各机关联合起来,设立欢迎该团的筹备处、选定接待人员,着力准备警戒和欢迎。此外,西湖饭店、顺德饭店、裕中饭店被预订为一行人的休息场所,欢迎会也将在省政府和西湖饭店举行。

已转电至支那、北平、南京、奉天。

资料来源:JACAR(アジア歴史資料センター)Ref. B02030444300(第276画像目から)、満洲事変(支那兵ノ満鉄柳条溝爆破ニ因ル日、支軍衝突関係)/善後措置関係/国際連盟支那調査員関係 第二卷(外務省外交史料館)

## 130. 芳泽外务大臣致驻汉口坂根总领事的函电
### (1932年4月4日)

暗第五一号
昭和七年四月四日八时三十分

**关于国际联盟调查团的提问应答(训令)**

致参与委员吉田

第四号

关于对调查团一行从东京出发前提出的"对外务省的最后几个问题"的回

答办法,当时已由亚细亚局向盐崎参赞交付了该局的草案。现已将该草案按致汉口电报合第九二四号所说进行修改并裁决(陆海军也都已同意),希望你依照上述电报的内容进行适当的口头回答。另外,本大臣回答李顿时有所保留的"日本对满洲的根本要求、条件"(三月五日会谈前半部分)、"是否将支那政府作为交涉对象"(七日会谈开始时),还有"日军从附属地撤退条件"(八日会谈末尾)等诸问题,上述应答方案应该可以完全回答,望明确体会其中心思想。

资料来源:JACAR(アジア歴史資料センター)Ref. B02030444300(第277画像目から)、満洲事変(支那兵ノ満鉄柳条溝爆破ニ因ル日、支軍衝突関係)/善後措置関係/国際連盟支那調査員関係　第二卷(外務省外交史料館)

## 131. 芳泽外务大臣致驻外使领馆的函电
### (1932年4月4日)

合第九二二号
昭和七年四月四日八时三十分发
发送方:芳泽外务大臣
接收方:驻支那公使重光
　　　　驻北平参赞矢野
　　　　驻沈阳代理总领事森岛
　　　　驻广东代理总领事须磨
　　　　驻日内瓦局长泽田
　　　　驻美大使出渊

**关于国际联盟调查团的提问应答(情报)**

国际联盟调查团在我国逗留期间与本大臣等人进行了意见交换,在此基础上在离开我国时留下了如别电合第九二三号所示的提问。此次,已向吉田大使训令:如有必要,令其可按别电合第九二四号的内容口头进行适当的回答(陆海军也已都同意)。

发往日内瓦的电报附记有"望与别电一同转电至驻欧洲(除土耳其以外)的各大使"。

发往驻支那公使的电报附记有"望与别电一同转电至上海、南京"。

发往奉天的电报附记有"望与别电一同转电至哈尔滨、吉林、长春"。

资料来源：JACAR（アジア歴史資料センター）Ref. B02030444300（第278画像目から）、満洲事変（支那兵ノ満鉄柳条溝爆破ニ因ル日、支軍衝突関係）/善後措置関係/国際連盟支那調査員関係　第二卷（外務省外交史料館）

## 132. 芳泽外务大臣致驻外使领馆的函电
（1932年4月4日）

合第九二四号
昭和七年四月四日下午八时一〇分发
发送方：芳泽外务大臣
接收方：驻支那公使重光
　　　　驻北平参赞矢野
　　　　驻沈阳代理总领事森岛
　　　　驻广东代理总领事须磨
　　　　驻日内瓦局长泽田
　　　　驻美大使出渊
　　　　驻汉口坂根总领事

**国际联盟调查团的提问应答一事（别电乙）**

没有专门说明是支那关内本土的问题都可认为与满洲问题有关。

一、a. 如果没有从内部及外部使满洲的秩序安宁得到充分恢复、维持，也就是说在满的帝国臣民的生命财产以及其他帝国权益不能确保安全的话，日本军是不会撤退的。

日本认为第三方国家或是支那本土的兵力进驻满洲的话，反而会使事态恶化。

还有，考虑到反对国民政府以及其他支那本土政权对满洲的统治而成立"新政府"这一现状，恢复、维持满洲的治安这一问题需要根据实际情况，改变一直以来的想法。（注：这一点是发往日内瓦的第一四四号电报第六项末段的中心思想。）

b. 只要现在的支那政府诚实遵守现有条约，日本就与其进行交涉。

但是，就满洲相关的实际问题，考虑到前述"新政府"的出现，我们认为现在无视该"新政府"与现在的支那政府进行交涉是无意义的。

二、将"经济攻击"理解为所谓的"对日经济绝交运动"意思的话，经济绝交运动根据日支间现有条约来看也是违法的。在确认上述违法性的基础上，如有必要的话，日本有意向要求支那依据条约约定停止该运动。

不过，依照过去的实例，因为支那不实行约定而给帝国臣民的生命财产及利益造成重大和紧急危害时，日本对此不得不保留自身行动的自由。

对于有关满洲的最后一个问题，回答"是"（但要在"条约义务"之后附加说"从历史考虑来看"）。

资料来源：JACAR（アジア歴史資料センター）Ref. B02030444300（第281画像目から）、満洲事変（支那兵ノ満鉄柳条溝爆破ニ因ル日、支軍衝突関係）/善後措置関係/国際連盟支那調査員関係　第二巻（外務省外交史料館）

## 133. 驻北平矢野参赞致芳泽外务大臣的函电
（1932年4月5日）

昭和七年　暗　　北平

　　　　　　外务省　　　　　　　　　　四月五日下午收

极密第一五三号

致文书课长

三月二十九日的亚一机密合第二八二号会谈录中只有第五项是重复的（符号十七）。

资料来源：JACAR（アジア歴史資料センター）Ref. B02030444300（第284画像目から）、満洲事変（支那兵ノ満鉄柳条溝爆破ニ因ル日、支軍衝突関係）/善後措置関係/国際連盟支那調査員関係　第二巻（外務省外交史料館）

## 134. 驻沈阳森岛代理总领事致芳泽外务大臣的函电
### （1932 年 4 月 5 日）

昭和七年　暗　　奉天
　　　　　　　　外务省　　　　　　　　　　　　四月五日下午收

第五一五号

这次国际联盟调查团来满洲,我馆也与之有关,所以认为应该需要适当的机密费。但还不知道需要的额度,所以暂时先用分配给我馆的机密费来处理,日后再进行申请。望您了解。

资料来源：JACAR（アジア歴史資料センター）Ref. B02030444300（第285画像目から）、満洲事変（支那兵ノ満鉄柳条溝爆破ニ因ル日、支軍衝突関係）/善後措置関係/国際連盟支那調査員関係　第二巻（外務省外交史料館）

## 135. 驻沈阳森岛代理总领事致芳泽外务大臣的函电
### （1932 年 4 月 5 日）

昭和七年　八四五五　暗　奉天　　　　　　　　五日下午发
　　　　　　　　　　外务省　　　　　　　四月五日下午收

第五一八号

关于发往汉口的贵电第五二号

我方因为调查团来奉天的日期还未确定,另一方面又因为担心万一来自外务省的资料可能不能及时送达,所以尽可能在收集材料。但如您所知,各种重大问题相继频繁出现,十分遗憾,我们实在难顾周全。因此,除了上述贵电的资料以外,能否请您发送些资料过来？（不论是英文的还是日文的,请一并发送）如能立即得到您的回电那将十分荣幸。

已转电至支那、北平、汉口。

资料来源：JACAR（アジア歴史資料センター）Ref. B02030444300（第286画像目から）、満洲事変（支那兵ノ満鉄柳条溝爆破ニ因ル日、支軍衝突関係）/善後措置関係/国際連盟支那調査員関係　第二巻（外務省外交史料館）

## 136. 驻九江领事馆事务代理西田长康致芳泽外务大臣的函电（1932年4月5日）

机密第六〇号
昭和七年四月五日

**发送关于县长和李顿爵士在国际联盟调查团欢迎茶话会上演说的文件**

本月三日，国际联盟调查团在当地上岸，莅临支那方面准备的茶话会场。席上县长及李顿爵士进行演说的情况已先电报报告。上述二人的演说概要如下所示。

本信抄送至：
驻华特命全权公使
驻上海、汉口、南京各总领事

### 县长演说

今日，九江迎来作为和平使节的调查团一行人，我和民众都发自内心地向诸位表示欢迎及敬意。诸位知道，中华民国国民是爱好和平的人民。诸位为了世界和平而努力，所以诸位来到本地，我们爱好和平的民众是十分欢迎的。

我们今日的招待十分简单，没能好好款待各位，对此我惭愧无比。但我们想向诸位表现出我们十分真挚热心的态度，我认为我们殷切真挚的态度足够证明我们是如何爱好和平的。我们的国父孙中山先生曾经说过我国国民十分爱好和平，不到万不得已，决不会轻易与别国发生冲突。因此，我们在如今国难重重、危机迫在眼前的时候，也保持着爱好和平的态度。我们相信国际联盟调查团能够维护世界和平并且防止世界各国发生不幸的事。我们绝对会遵守国际公法，保持国家领土完整。毫无疑问，我们的东三省无论在历史上还是在版图上都是我国领土。试翻开我国的地图看看就能明白，东三省是我国的领土、东三省的民众是我们亲爱的同胞、是我国民族中的民众。现在，东三省被日本侵略，和平被破坏、被搅乱，我们的领土被日本破坏，我们亲爱的东三省同胞被日本人赶走而四散逃亡。今日，我们以赤诚的态度恳请诸位和平使者给予此事特别的注意。

在今日欢迎诸位之际，我们有一个希望，这也是我国全体国民的希望。我们恳切希望诸位能从我国民众的殷切真挚的态度中，把握正确的事实，做出公正的判断。同时还想告诉诸位，万一希望无法达成，我们爱好和平的民众只能赌上性命奋斗。换句话说就是，我们就算死在公理面前也决不会屈服于强权。如果国际联盟调查团也不能解决问题的话，我们就准备自己解决。

谨祝诸位身体健康。等等。

### 李顿爵士的谢词

今日受到九江各界人士的热情欢迎，不胜感激。谨代表调查团一行表达深挚的谢意。

今日早晨受到各位出迎，还收到了花环，又承蒙带领我们在市内游览，市内的商铺也挂上国旗表达欢迎之意等等，无微不至。对此，我将永生难忘。

我本来是不习惯在一大早发表演说的，所以也不知道是否能充分表达我的意思。但还是要简单地讲几句来答谢各位的好意。刚才主席（县长）说许多事都不周到，十分抱歉等等，这些话可谓是完全适用于我们。各位如此热烈地欢迎我们，出乎我们的意料，让我们十分过意不去。

各位对于我们来华的任务所寄予的希望，我们已经详细听闻了。虽然我们的任务十分艰巨，但我们会尽全力努力公正解决东三省和上海事件。我相信我们的任务成功与否，取决于中日两国人民与我们的合作程度。更进一步说的话，我相信中日永久和平要靠两国民众的合作才能实现。

今日各位这样热情地欢迎我们，实际上就是为我们的工作提供帮助的证据，我真的十分欣喜。各位对国际联盟调查团极其信任，这真的是很好的态度，我希望这样的信任能够越来越多，使国际联盟的伟大事业获得出色的成果。

现以茶代酒祝各位身体健康。

资料来源：JACAR（アジア歴史資料センター）Ref. B02030444300（第288画像目から）、満洲事変（支那兵ノ満鉄柳条溝爆破ニ因ル日、支軍衝突関係）/善後措置関係/国際連盟支那調査員関係　第二巻（外務省外交史料館）

## 137. 驻汉口森冈中佐致参谋次长的函电
（1932年4月5日）

密　陆同文　第一二〇号

昭和七年四月五日下午二时四五分发

四月五日下午七时四五分收

国际联盟调查团一行人在支那方面的隆重欢迎下，于昨日（四日）上午八时到达。预定今日（五日）晚上九时从当地出发，前往南京，七日从浦口出发，由津浦线北上。

已电报至关东军、北平、天津、济南、上海、上海军。

资料来源：JACAR（アジア歴史資料センター）Ref. B02030444300（第292画像目から）、満洲事変（支那兵ノ満鉄柳条溝爆破ニ因ル日、支軍衝突関係）/善後措置関係/国際連盟支那調査員関係　第二巻（外務省外交史料館）

## 138. 北平辅佐官致参谋次长的函电（1932年4月4日）

昭和七年四月四日下午一时发

四月四日下午四时一〇分收

密　陆同文　北平第三六六号（其一～二）

一、由张学良向国联调查团提交的英文宣传书中，高纪毅和北宁铁路局英国方（？）①参与制作的《北宁铁路与日本占领满洲》一书的结论之条目如下所示：

1. 北宁线及其全部财产的回收

北宁线作为英国借款，其对此事有很深的责任。

2. 恢复去年九月十八日以后与北宁线、满洲内支那政府各铁道的运输协定。

3. 就日支间北宁线及其他问题中与外国有关的事项，各国召开普通会议。

---

①　译者按：原文如此。

4. 要求对因日军的行动而给北宁铁路造成的损害进行赔偿,北宁铁路的损害额如下所示:

死者十七人、受伤者八十九人、行踪不明一人、损害金额三千七百五十八万八千四百五十五美元三十五美分。

二、据南京新闻报的报道,国联调查团秘书チルト博士①对记者说支那方面会在北平把由七项内容组成的备忘录交给李顿。因此,据我方的观察,前述的有关北宁铁路的事应该是其有力一项。

已电报至天津、济南、上海。

资料来源:JACAR(アジア歴史資料センター)Ref. B02030444300(第294画像目から)、満洲事変(支那兵ノ満鉄柳条溝爆破ニ因ル日、支軍衝突関係)/善後措置関係/国際連盟支那調査員関係 第二巻(外務省外交史料館)

### 139. 希爱慕致永井外务次官的函电(1932年4月6日)

我接受并非常感谢您的盛情邀请。

资料来源:JACAR(アジア歴史資料センター)Ref. B02030444300(第295画像目から)、満洲事変(支那兵ノ満鉄柳条溝爆破ニ因ル日、支軍衝突関係)/善後措置関係/国際連盟支那調査員関係 第二巻(外務省外交史料館)

### 140. 驻北平矢野参赞致芳泽外务大臣的函电
### (1932年4月6日)

昭和七年　八五五二　暗　北平　　　　　　　六日下午发
　　　　　　　　　　　　外务省　　　　　　　四月六日下午收

第五五四号

本官发往天津电报

第三四号

关于奉天发往南京的电报第一号(一)(商量国际联盟调查团满洲之行一

---

① 编者按:怀疑是日文原文错误,国联调查团的秘书处中没有チルト,但有派尔脱(Pelt,ペルト),判断应该是派尔脱。

事),正马上通过市政府官员与高纪毅交涉。六日,高纪毅回答说这件事应该会由北宁线方面直接同山奉线方面交涉,并想出合适的方法。

已转电至外务大臣、公使、南京、奉天。

资料来源:JACAR(アジア歴史資料センター)Ref. B02030444300(第296画像目から)、満洲事変(支那兵ノ満鉄柳条溝爆破ニ因ル日、支軍衝突関係)/善後措置関係/国際連盟支那調査員関係 第二巻(外務省外交史料館)

## 141. 驻汉口坂根总领事致芳泽外务大臣的函电
（1932年4月6日）

昭和七年　八五〇九　暗　　汉口　　　　　　　　　　六日下午发
　　　　　　　　　　　　外务省　　　　　　　　　　四月六日下午收

第二六九号

由宜昌发往本官的电报

第二四号(五日前)

望转电至外务大臣、驻支那公使

关于往电第二三号

据今日的报纸报道,调查团一行在重庆停留一夜,三日乘坐飞机返回,在归途中于万县受到王陵基的接待(据中央要员的电报),路上多花费了一些时间,抵达当地已是午后四时五十分,最终在美孚石油公司内的美国舰长的住宅(机场附近)住下。四日早上,乘同一架飞机返回汉口。此外,有记载说一行三人中,有一名是张学良的顾问塔鲁特(タオルト,译音),也有记载说是顾维钧的顾问端纳。

资料来源:JACAR(アジア歴史資料センター)Ref. B02030444400(第296画像目から)、満洲事変(支那兵ノ満鉄柳条溝爆破ニ因ル日、支軍衝突関係)/善後措置関係/国際連盟支那調査員関係 第二巻(外務省外交史料館)

## 142. 驻汉口坂根总领事致芳泽外务大臣的函电
### （1932 年 4 月 6 日）

昭和七年　八五〇六　略　　汉口　　　　　　　　　　六日上午发
　　　　　　　　　　　　　外务省　　　　　　　　　四月六日下午收

第二七〇号

　　国际联盟调查团一行按预定在五日午后九时半乘坐来时的同一艘英国船"隆和"从当地出发前往浦口。

　　已转电至支那、北平、南京、奉天、天津、青岛、济南、广东。

　　资料来源：JACAR（アジア歴史資料センター）Ref. B02030444400（第297画像目から）、満洲事変(支那兵ノ満鉄柳条溝爆破ニ因ル日、支軍衝突関係)/善後措置関係/国際連盟支那調査員関係　第二巻(外務省外交史料館)

## 143. 驻汉口坂根总领事致芳泽外务大臣的函电
### （1932 年 4 月 6 日）

昭和七年　八五五七　暗　　汉口　　　　　　　　　　六日下午发
　　　　　　　　　　　　　外务省　　　　　　　　　四月六日下午收

第二七四号

　　李顿爵士停留汉口期间，在吉田大使的斡旋下，本官得以在四日午后四时起于英国总领事的官邸中，与李顿爵士进行约三十分钟的自由会谈。本官以实例说明了在日支官员的热心合作下，本地大体形势在表面上是平稳的，但由于国民党党部的唆使，潜伏的排日行为现在并未停止。对此，李顿试着反问道，如果日支间的纷争平息，民众的排日运动不就也停止了吗？本官向他说明了在当地一直都因一些小事件而导致排日排外运动反复发生的实例；还说明了以上排日排外运动都是国民党党部或者政府中的一部分人故意煽动或强迫本来对此不甚关心的民众，不计后果地强行实施的，所以负责任的政府如果认真起来的话，至少在本地可以马上让上述排日排外运动停止。本官还一并提及了本地最大的问题就是共产党"横行"，并将最近准备的英文备忘录亲手交给了李顿爵士。李顿爵士一直兴致勃勃地倾听，并和本官约好不久后会在船

中与吉田大使就这些问题进行充分讨论，随后本官就愉快地告别了。谨供参考。（英文备忘录抄本邮送）

已转电至支那、北平、南京、天津、济南。

资料来源：JACAR（アジア歴史資料センター）Ref. B02030444400（第298画像目から）、満洲事変(支那兵ノ満鉄柳条溝爆破ニ因ル日、支軍衝突関係)/善後措置関係/国際連盟支那調査員関係　第二巻（外務省外交史料館）

## 144. 驻汉口坂根总领事致芳泽外务大臣的函电
### （1932年4月6日）

昭和七年　　八五五八　　暗　　汉口　　　　　　　　六日下午发
　　　　　　　　　　　　　　　外务省　　　　　　　　四月七日上午收

第二七七号

关于往电第二七〇号

国际联盟调查团一行搭乘的船于四日上午八时入港。支那方面由何成濬、夏斗寅（四月二日从南京返回汉口）、汉口市长及以下全体要员出来迎接他们。在码头附近，以军队军乐队为首，甚至消防队以及女学生团体都前来十分夸张地排成如围墙一般来欢迎他们。调查团一行人全部先入住特米内斯酒店（ターミナスホテル，Hotel Terminus），商议之后，于上午前去访问支那方面，正午出席汉口市长的午宴（各国领事出席）（脱），下午三时一行人在酒店接见了本地各界代表人士，五时起出席在赛马俱乐部举办的本地外国商业会议所联合会的欢迎会（日本方面和支那方面也全部出席）和何成濬举办的招待宴（各国总领事出席）。五日，调查团一行人决定尽量各自自由行动，上午在市内游览以及视察水灾灾区，下午视察武汉大学及难民收容所（武昌方面），主客一同回顾了去年的大水灾，此外没有值得注意的演讲。恰逢河风正猛，水上交通不便，差不多大部分时间都是在各自国家的领事馆度过，因为已经分别从本国领事和本国侨民处听取有关本地的事情，所以貌似对当地情况有了相当程度的了解。就这样，调查团一行人在极其平静的状态下，于下午九时三十分，在同昨日一样的许多人的目送之下从本地出发。

调查团一行人逗留期间，支那方面为吉田大使及随行人员特别配备了市立医院院长李博士等四名会日语的接待人员，让他们处处十分周到地从中斡旋。此外，支那方面在各种宴席等场合也表现出毫无隔阂、开诚布公的态度。平汉线当局出于体面，实际上准备了特别列车。总之，调查团已决定再由汉口折回浦口，还有如往电第二七四号所述的情况，我相信调查团一行人的本地访问相当有成效。

已转电至公使、北平、南京、奉天、天津、济南、九江。

资料来源：JACAR（アジア歴史資料センター）Ref. B02030444300（第299画像目から）、満洲事変（支那兵ノ満鉄柳条溝爆破ニ因ル日、支軍衝突関係）/善後措置関係/国際連盟支那調査員関係　第二巻（外務省外交史料館）

## 145. 驻广东代理总领事须磨致芳泽外务大臣的函电
（1932年4月6日）

昭和七年　八五三七　暗　广东　　　　　　　六日下午发
　　　　　　　　　　　　外务省　　　　　　　四月六日下午收

第二六〇号

本官致支那电报第十五号

关于致外务大臣往电第二五七号

此事是不易妥协之事，所以希望阁下将该报道的内容以及交涉情况的概要私下通告国际联盟调查团。虽然您一定会妥善处置，但为以防万一而僭越做了以上提议。

望转报至上海。

已转电至外务大臣、北平、奉天、天津、济南、青岛、汉口、福州、南京、厦门、汕头，并密送至香港。

资料来源：JACAR（アジア歴史資料センター）Ref. B02030444400（第300画像目から）、満洲事変（支那兵ノ満鉄柳条溝爆破ニ因ル日、支軍衝突関係）/善後措置関係/国際連盟支那調査員関係　第二巻（外務省外交史料館）

## 146. 驻沈阳森岛代理总领事致芳泽外务大臣的函电
（1932年4月6日）

昭和七年　八五四九　暗　　奉天　　　　　　　　　　六日下午发
　　　　　　　　　　　　外务省　　　　　　　　　　四月六日下午收

第五三〇号
本官致南京电报
第二号
伊藤致吉田大使

本官让森乘坐九日从大连出发的天津号前往北平，而本官因为在本地有各种需要处理的复杂问题，并且去北平也不过停留四五日，所以认为倒不如留在本地做准备为好。不过要是在北平逗留的时间延长了的话，请再给本官发电报。

资料来源：JACAR（アジア歴史資料センター）Ref. B02030444400（第301画像目から）、満洲事変（支那兵ノ満鉄柳条溝爆破ニ因ル日、支軍衝突関係）/善後措置関係/国際連盟支那調査員関係　第二巻（外務省外交史料館）

## 147. 驻长春田代领事致芳泽外务大臣的函电
（1932年4月6日）

昭和七年　八五一五　暗　　长春　　　　　　　　　　六日下午发
　　　　　　　　　　　　外务省　　　　　　　　　　四月六日下午收

第一二一号
关于往电第一一三号

据五日谢介石所说，在四日的内阁会议中，就拒绝顾维钧入满洲一事之意见达成了一致，但由外交部起草的致南京外交部长的电报何时发送仍在考虑中；如果顾维钧察觉到了"新政府"的意向，放弃进入满洲的话，就没有发报的必要，总之要根据顾维钧何时到北平再决定发报与否。但是据四日从奉天发出的联合通信社的通讯，此事已被外界周知。大桥也称既然已是众所周知的事实了，发送前述致南京的电报也应该没有什么效果。

已转电至支那、北平、南京、奉天、汉口。

资料来源：JACAR（アジア歴史資料センター）Ref. B02030444400（第301画像目から）、満洲事変（支那兵ノ満鉄柳条溝爆破ニ因ル日、支軍衝突関係）/善後措置関係/国際連盟支那調査員関係　第二巻（外務省外交史料館）

## 148. 驻汉口坂根总领事致芳泽外务大臣的函电
（1932年4月7日）

昭和七年　　八六〇六　　暗　　汉口　　　　　　　　　七日下午发
　　　　　　　　　　　　　　　外务省　　　　　　　　四月七日下午收

第二七九号

九江致本官的电报

第五二号

望转电至大臣

第四八号

自吉田

五日秘书处人员的内部谈话如下：

（一）关于预备报告，应强调一点，即"双方都约定不再让事态恶化，但支那仍继续进行排日运动，并攻击日本人的人身财产，所以日本处于即便想要撤退军队也不可能撤退的状态"。

（二）李顿在南京出示交通部天津航政局的反日命令，追问国民政府。支那方面十分惊讶，看起来很害怕是否还有其他证据，推脱说有必要确认原文件的真假。

（三）支那承认了满洲的恶政，表示将会从南京派好官来施行良政，以及"满洲国"是日本的傀儡。

（四）法国、意大利的代表（英国也是如此）无法判断南京政府所说是为了政府当局还是为了国民党，感到该政府力量十分微小。

（五）在昨日的会面上，对于李顿团长的提问，汉口商业会议所所长表示"不知道'联合抵制'是从什么时候开始的。如果要说是九月十八日之前还是之后的话，应该是在这一天之后特别激烈"。报社记者说："因为日本打算从租界来炮击支那，所以进行了警备"，过了一会又改口说是因为防范"共匪"。李顿续问其"共匪"在附近吗？其回答说在远处。问机关枪、手榴弹是为何？其回答说是因为"共匪"在附近。另外其还说，"日本船一直以来都是从满洲运来盐煤，现在日本船因被用于运送军队而不再来，导致当地十分困难"，还漫不经心地告知说两三日前开始修缮道路，给军队巡查者发放新制服。连酒店的苦力和码头的工人都来了。没有比今日的会面更愚蠢的了，也明确知道为什么不能从汉口乘坐平汉线了。调查团视察汉口是日本的成功。

六日，李顿的秘密谈话如下：

支那处在困难之中，我们必须帮它树立中央政府，帮助其组建能够信赖的军队。

望转电至支那、北平、南京。

资料来源：JACAR（アジア歴史資料センター）Ref. B02030444400（第304画像目から）、満洲事変（支那兵ノ満鉄柳条溝爆破ニ因ル日、支軍衝突関係）/善後措置関係/国際連盟支那調査員関係　第二巻（外務省外交史料館）

## 149. 驻汉口坂根总领事致芳泽外务大臣的函电
### （1932年4月7日）

昭和七年　八六五一　暗　汉口　　　　　　　　　　七日下午发
　　　　　　　　　　　　外务省　　　　　　　　　　四月七日下午收

第二八一号

有关往电第二七七号

在国际联盟调查团一行人到达本地的数日前，本地的中文报纸如之前报告的那样，要求一行人不要来汉口，直接前往满洲，查实日本侵略的痕迹，并登载了一系列社论，指出日本与"新国家"勾结，正在毁灭证据，调查团一行绕远道，耽误实地调查，就是在给日本越来越多的毁灭证据的机会等。但调查团一行人到达后，他们又突然改变了说法，刊载大献殷勤的社论，摆一串欢迎辞句，希望调查团一行人能进行周密充分的调查，将日本的侵略情况调查得比在上海视察时还要彻底，为世界和平以及人类福祉做贡献。除此之外，没有刊载特别引人注目的社论。

详细情况邮报。

已照开头往电所示转电。

资料来源：JACAR（アジア歴史資料センター）Ref. B02030444400（第306画像目から）、満洲事変（支那兵ノ満鉄柳条溝爆破ニ因ル日、支軍衝突関係）/善後措置関係/国際連盟支那調査員関係　第二巻（外務省外交史料館）

## 150. 驻南京上村代理总领事致芳泽外务大臣的函电
（1932年4月7日）

昭和七年　八六四六　暗　　南京　　　　　　　　　七日下午发
　　　　　　　　　　　　外务省　　　　　　　　　四月七日下午收

第三一二号

自吉田

第二六号

关于致本大使第五号电报

预定九日晚到达北平，停留一周左右。

另外，除《日本与满蒙》以外，关于支那方面违反条约的调查报告，本官希望也能早一点拿到手。

资料来源：JACAR（アジア歴史資料センター）Ref. B02030444400（第307画像目から）、満洲事変（支那兵ノ満鉄柳条溝爆破ニ因ル日、支軍衝突関係）/善後措置関係/国際連盟支那調査員関係　第二巻（外務省外交史料館）

## 151. 驻南京上村代理总领事致芳泽外务大臣的函电
（1932年4月7日）

昭和七年　八六六九　暗　　南京　　　　　　　　　七日下午发
　　　　　　　　　　　　外务省　　　　　　　　　四月八日上午收

第三一三号

有关本官致北平的第一五号电报

自吉田

调查团一行预定七日下午四时从浦口出发，八日下午四时到达济南，同日下午七时出发，九日上午九时到达天津，下午二时半出发，同日下午六时到达北平。

已转电至外务大臣、支那、济南、天津、奉天。

资料来源：JACAR（アジア歴史資料センター）Ref. B02030444400（第307画像目から）、満洲事変（支那兵ノ満鉄柳条溝爆破ニ因ル日、支軍衝突関係）/善後措置関係/国際連盟支那調査員関係　第二卷（外務省外交史料館）

## 152. 驻美大使出渊致芳泽外务大臣的函电
（1932年4月8日）

昭和七年　八七八一　平　　华盛顿　　　　　　　　八日下午发
　　　　　　　　　　　　外务省　　　　　　　　四月九日上午收

第二八二号

八日上午，自上海发出的美联社报道称："七日，国际联盟调查团一行前往北平，在出发前被邀请至外交部长罗文干的宅邸。期间罗文干拿出据称是1905年条约的原文件给他们看，罗文干说原文件根本没有提到支那同意建设满铁并行路线，向调查团一行说明了原文件和日本方面的条约副本存在出入。"

已转电至支那。

资料来源：JACAR（アジア歴史資料センター）Ref. B02030444500（第314画像目から）、満洲事変（支那兵ノ満鉄柳条溝爆破ニ因ル日、支軍衝突関係）/善後措置関係/国際連盟支那調査員関係　第二卷（外務省外交史料館）

## 153. 驻上海重光公使致芳泽外务大臣的函电
（1932年4月8日）

昭和七年　八六九九　暗　　上海　　　　　　　　　八日下午发
　　　　　　　　　　　　外务省　　　　　　　　四月八日下午收

第六五四号

本官致北平电报

第二六号

致吉田大使，如下：

据八日刊载于本地报纸的南京七日发布的路透社通讯称："李顿爵士七日与南京路透社通讯员会谈时回答了提问，明确表示调查团是由国际联盟任命的机构，关于与何人同行，有自己的决定权，不会服从其他任何人的命令。对于调查团是否会接受'满洲新政府'的各种官方招待的问题,李顿表示调查团知道日本和支那是得到国际联盟以及世界承认的政府,不会认可没有得到国际联盟以及其他各政府承认的政府。"鉴于南京路透社通讯员一直以来的态度都是偏向于支那一方的,故上述报道也难以完全置信。所以希望通过电报告知真相。

已转电至外务大臣、奉天、南京。

资料来源:JACAR(アジア歴史資料センター)Ref. B02030444500(第314画像目から)、満洲事変(支那兵ノ満鉄柳条溝爆破ニ因ル日、支軍衝突関係)/善後措置関係/国際連盟支那調査員関係 第二巻(外務省外交史料館)

## 154. 驻济南西田总领事致芳泽外务大臣的函电
### (1932年4月8日)

昭和七年　八七四四　略　　济南　　　　　　　　八日下午发
　　　　　　　　　　　　　　外务省　　　　　　　四月八日下午收

第九八号

本官致支那电报第八六号

自吉田

因为本官十五日一到达奉天就会同支那人方面进行交涉,应该会十分忙碌。所以希望一定要让林出乘坐十一日出港的船出发。

已转电至外务大臣。

资料来源:JACAR(アジア歴史資料センター)Ref. B02030444500(第315画像目から)、満洲事変(支那兵ノ満鉄柳条溝爆破ニ因ル日、支軍衝突関係)/善後措置関係/国際連盟支那調査員関係 第二巻(外務省外交史料館)

## 155. 驻济南西田总领事致芳泽外务大臣的函电
### (1932年4月8日)

昭和七年　八七二三　略　　济南　　　　　　　　八日下午发
　　　　　　　　　　　　　　外务省　　　　　　　四月八日下午收

第九九号

本官致北平电报第二号（火速）

国际联盟调查团一行人按预定计划于今日（八日）午后四时到达，并已于七时北上。

已转电至外务大臣、支那、天津、奉天、南京。

资料来源：JACAR（アジア歴史資料センター）Ref. B02030444500（第316画像目から）、満洲事変（支那兵ノ満鉄柳条溝爆破ニ因ル日、支軍衝突関係）/善後措置関係/国際連盟支那調査員関係　第二巻（外務省外交史料館）

## 156. 驻济南西田总领事致芳泽外务大臣的函电
### （1932年4月8日）

昭和七年　八七四五　暗　　济南　　　　　　　　　　八日下午发
　　　　　　　　　　　　外务省　　　　　　　　　　四月八日下午收

第一〇〇号

自吉田

第二七号

国联调查团在船内商议视察满洲的日程方案，并传达我方。内容如别电第二八号所示。

对于上述内容，我方应该对关于最终报告书的起草地点及其他事项提出意见，姑且先电报通知您。

已转电至支那、奉天。

资料来源：JACAR（アジア歴史資料センター）Ref. B02030444500（第316画像目から）、満洲事変（支那兵ノ満鉄柳条溝爆破ニ因ル日、支軍衝突関係）/善後措置関係/国際連盟支那調査員関係　第二巻（外務省外交史料館）

## 157. 驻济南西田总领事致芳泽外务大臣的函电
### （1932年4月8日）

昭和七年　八六四六　暗　　济南　　　　　　　　　　八日下午发
　　　　　　　　　　　　外务省　　　　　　　　　　四月八日下午收

第一〇一号

自吉田第二九号

据私下听到的消息，预备报告将分为以下两点：

（一）日本军队的状态，及其撤退情况。

（二）九月三十日及十二月十日的决议后，满洲的状态是如何恶化的，还是没有恶化（特别是"满洲国"的成立问题）。

该报告会出示给参与委员，并与其意见一同提交给日内瓦。

已转电至支那、北平、奉天、南京。

资料来源：JACAR（アジア歴史資料センター）Ref. B02030444500（第317画像目から）、満洲事変（支那兵ノ満鉄柳条溝爆破ニ因ル日、支軍衝突関係）/善後措置関係/国際連盟支那調査員関係　第二巻（外務省外交史料館）

## 158. 驻济南西田总领事致芳泽外务大臣的函电
### （1932年4月8日）

昭和七年　八七四七　暗　　济南　　　　　　　　　八日下午发
　　　　　　　　　　　　外务省　　　　　　　　四月八日下午收

第一〇二号

关于本官致北平电报第二号

国际联盟调查团及吉田大使一行与顾维钧等人于本日（八日）午后四时到达济南，支那官民、各团体代表以及本官，还有美国领事等都到车站迎接他们。一行人直接前往省政府，出席招待宴。由韩主席代理张建设厅长致欢迎辞（韩于二、三日前因咽喉问题稍微有些发烧，于千佛山静养中）。李顿爵士对此做了简单答词。之后，一行人游览了图书馆、大明湖、城墙，于午后七时北上。

据闻，济南各人民团体、各界以及新闻界各自将警示国际联盟调查团的文书交给了调查团一行人。

另外，青岛市政府、胶济铁路局，以及该局特别党部和铁路公会各代表也来到济南，参与到欢迎调查团的队伍之中。

详情见公信①。

---

① 译者按：公信与电信同为日本外务省一种官方文书及通信手段，公信较慢，按有公印。

已转电至支那、北平、青岛、奉天、天津、汉口、南京、芝罘；密送至坊子、张店、博山。

望支那转电至上海。

资料来源：JACAR（アジア歴史資料センター）Ref. B02030444500（第317画像目から）、満洲事変（支那兵ノ満鉄柳条溝爆破ニ因ル日、支軍衝突関係）/善後措置関係/国際連盟支那調査員関係　第二卷（外務省外交史料館）

## 159. 驻南京上村代理总领事致芳泽外务大臣的函电
## （1932年4月8日）

昭和七年　八七二〇　略　　南京　　　　　　　　八日下午发
　　　　　　　　　　　外务省　　　　　　　四月八日下午收

第三一六号

国际联盟调查团一行于七日下午一时到达本地，各代表和顾维钧一同前往外交部长罗文干宅邸，与其进行了约一个小时的会谈。一行人在四时过后经由津浦线北上。

另外，据八日报纸报道，李顿爵士上岸前对到访的报社记者的谈话内容如下：

一、此次去汉口是因为觉得只调查上海、南京两地还不够，还要视察汉口这一支那的中心以及扬子江的重要港口。在汉口也与何成濬、夏斗寅进行了会谈，又亲眼见识了汉口伟大的建设能力以及水灾后强大的重建能力。我对其印象颇为满意。

二、已有报道说满洲方面反对顾维钧前往该处，但还未获得上述官方消息。万一发生了这样的事，调查团都无法容忍任何一方阻止另一方代表参加这样的事情发生。

三、（记者的提问：视察了上海、南京、汉口，有没有发现解决日支问题的新办法？）此次旅行的见闻对调查团的工作有许多益处。调查团在东京和南京两地与日支两国政府当局会谈，与两国人民接触，感到十分受启发。希望两国人民今后更加信任两国的政府以及调查团，为调查的进行提供方便。现在调查的一部分已经结束，将会在与东北前任政府当局会谈后前往东北进行实地调查。"满洲"①方面会不会接待调查团另当别论,目前调查团只承认日支两国政府。

已转电至支那、北平、奉天、长春、汉口。

资料来源:JACAR(アジア歴史資料センター) Ref. B02030444500(第318画像目から)、満洲事変(支那兵ノ満鉄柳条溝爆破ニ因ル日、支軍衝突関係)/善後措置関係/国際連盟支那調査員関係 第二巻(外務省外交史料館)

## 160. 驻沈阳森岛代理总领事致芳泽外务大臣的函电
### (1932年4月8日)

昭和七年　暗　奉天
　　　　外务省　　　　　　　　　四月八日下午收
第五四〇号(对外极密)

在七日的国际联盟调查团的准备会上,本官见到了关东厅的警务局林局长。林局长私下对本官说:"拓务省给关东厅来电报,关于外务省正在编入预算的警官增员计划,要求关东厅回复同关东厅有关联的情况,以及关东厅的意见。因此,关东厅回电说,关东厅希望统一在满洲的警察,所以预算一事可暂且不论,但希望通过实施兼任制度等来寻求统一指挥系统的相关办法。"本官对此表示:"本来关东厅的警察按道理应该是只部署在铁路沿线的。如果不是领事馆警察的话,是不能驻扎在南满腹地的。所以完全不可能在南满以外的地方部署关东厅的警察。而且虽然说是要统一指挥系统,但在地区关系上,比如为防备前段时间的磐石事件等情况,只不过在吉林和海龙两馆管辖区域的接触地点等极其狭窄的范围内才需要寻求相互联络的途径,上述情况实在不用实施兼任制度,靠平时的联络就能充分达到目的。"听后,林局长希望本官对此事保密,并对本官私下说:"其实是关东厅长官认为满洲的事态照现在这样发展下去最终就只有吞并了,所以认为有必要统一警察系统,才回复了上述所说的内容。"

已转电至支那、哈尔滨、吉林、长春。

资料来源:JACAR(アジア歴史資料センター) Ref. B02030444500(第

---

① 编者按:引号为编者添加,指代伪满洲国。

320画像目から）、滿洲事变（支那兵ノ満鉄柳条溝爆破ニ因ル日、支軍衝突関係）/善後措置関係/国際連盟支那調査員関係　第二卷（外務省外交史料館）

## 161. 驻沈阳森岛代理总领事致芳泽外务大臣的函电
（1932年4月8日）

第五三七号（暗、火速、极密）

昭和七年四月八日下午发

四月九日上午收

参赞伊藤发

关于由长春致外务大臣往电第一二一号及本官致外务大臣往电第五三一号

此次调查团方面可能会通过参与员吉田来拜托我方进行斡旋。但如果我方轻易接受斡旋委托的话，鉴于当地的氛围，恐怕会滋生各种难题。所以本官认为不接受上述委托，让"新国家"直接与其交涉，应该是一计良策。

以上仅作提醒。

已转电至支那、北平、南京、天津、长春。

资料来源：JACAR（アジア歴史資料センター）Ref. B02030444500（第322画像目から）、滿洲事变（支那兵ノ満鉄柳条溝爆破ニ因ル日、支軍衝突関係）/善後措置関係/国際連盟支那調査員関係　第二卷（外務省外交史料館）

## 162. 济南中野少佐致参谋次长的函电（1932年4月8日）

密　陆同文

昭和七年

四月八日下午五时〇〇分发

四月八日下午五时三七分收

济南第一四五号（其一～三）

国际联盟调查团预计八日到达本地，停留三小时。本地政府、党部及各界人士应该会在省政府招待他们，并说明自己的希望。但韩复榘似乎因病缺席，而且新闻界准备了赠送给调查团的文件，其内容为：说明了自"二十一条"时代以来日本的侵略政策，日本大肆出兵满洲，暴露了其赤裸裸的领土侵略计划，对经济中枢上海施以凶暴行为,以其武力威胁支那,并且迫使支那军队撤退,以此从侧面牵制东三省事件。支那当然不能屈服于如此淫威之前,此次正规军、义勇军进行了自卫抵抗,民众实行对日经济绝交也是因日本而起。

日本在东三省操纵其傀儡,打算让满洲重蹈朝鲜的覆辙。但是支那人民深信,在华盛顿会议上所规定的保全支那领土的规定是明确包含了东三省的,并且列国也做出了同样的解释。希望贵团能够了解东三省事件的真相,证明日本的残暴。山东在"五三"事件时对日本的蛮横行为有亲身体验,这正是此次日本侵略东三省所产生副作用的以往事件的证明,等等。

预计同时还会提出如下问题:

一、对于最近的上海停战会议,贵团的意见如何?

二、经过调查上海各战场,贵团对支那有怎样的认识?

三、对于济南事件,贵团有什么相关感想吗?

资料来源:JACAR(アジア歴史資料センター)Ref. B02030444500(第324画像目から)、満洲事変(支那兵ノ満鉄柳条溝爆破ニ因ル日、支軍衝突関係)/善後措置関係/国際連盟支那調査員関係　第二巻(外務省外交史料館)

## 163. 支那驻屯军参谋长致陆军次官的函电
### (1932年4月8日)

密　参同文①

昭和七年　　　　　　　　　　　　四月八日下午〇时〇五分发

　　　　　　　　　　　　　　　　四月八日下午四时三〇分收

天电第七六二号

对于国际联盟调查团在视察"满洲国"后整理调查事项的场所,虽然支那方面希望在北戴河,日方希望在大连,但本地的外国人观察认为最终将选在青岛。

另外,支那方面也正在北平极力准备,努力让调查团将北戴河定为整理调

---

① 编者按:"参同文"为日文原文,应该是支那驻屯军参谋长致电陆军省次官的同时,也发给参谋本部同一电报。日本陆军省掌管军政,参谋本部负责军令,此电文在呈报陆军省同时,也呈报给参谋本部,"参同文"应为略语。下同。

查事项之地。

已转电至关东军、北平、济南。

资料来源：JACAR（アジア歴史資料センター）Ref. B02030444500（第325画像目から）、満洲事変(支那兵ノ満鉄柳条溝爆破ニ因ル日、支軍衝突関係)/善後措置関係/国際連盟支那調査員関係　第二巻(外務省外交史料館)

## 164. 天津军参谋长致参谋次长的函电（1932年4月8日）

密　陆同文
昭和七年　　　　　　　　　　　　　四月八日下午三时三五分发
　　　　　　　　　　　　　　　　　四月八日下午五时三九分收

天第七六三号

据最可靠的情报，张学良在七日对何柱国做了如下命令：

因国际联盟调查团马上要前往东北，所以望你严令义勇军中止对日本军队的攻击，以避开国际联盟调查团的视察。

已转电至关东、北平、上海。

资料来源：JACAR（アジア歴史資料センター）Ref. B02030444500（第326画像目から）、満洲事変(支那兵ノ満鉄柳条溝爆破ニ因ル日、支軍衝突関係)/善後措置関係/国際連盟支那調査員関係　第二巻(外務省外交史料館)

## 165. 驻国际联盟泽田局长致芳泽外务大臣的函电（一）（1932年4月9日）

昭和七年　八八八五　暗　　日内瓦　　　　　　九日下午发
　　　　　　　　　　　　　　外务省　　　四月十日下午收

第三四五号之一（极密）

九日杉村与埃里克·德拉蒙德爵士会谈，就政局以及日支问题进行了长时间的秘密谈话。要点如下：

德拉蒙德说今年欧洲的政局越发险恶，多瑙河沿岸各国得到救济的可能性也不大。应从十二日开始召开的临时理事会也几乎无计可施。对于史汀生来欧洲也不能有太大期望，等等。

关于四月八日佐藤理事有关满洲的通报（贵电第一四六号），德拉蒙德说道："该通报可立即向理事会及各国际联盟会员国转达。另外，在今后的十九国委员会上，可能会有人指出：'日本为何不对大会通报其要求？'日本代表对此可能会援用之前对国联盟约第 15 条适用的保留来反驳。经辩论之后，可能会出现有人提出根据大会决议第三之（四），国联向司法裁判所请求意见的议案等事态。这样的话，不仅只会徒使事态陷入纠纷状态，对解决问题也没有任何帮助。所以希望能够尽量避免这种事态。当前应该使第十五条的保留问题继续沉睡下去①，不知您的意见如何？"

杉村对此问题的回答为：

"国际联盟并不是超越国家的组织，所以国联不能违背成员国特别是常任理事国日本的自由意志，对其重大问题进行裁决。这一点是日本一直向国联的有识之士进行强调的地方。尽管如此，国际联盟还是盲从于支那方面的要求，机械地适用该条。对此，日本国论沸腾，我认为也并不是毫无道理的。"

（待续）

资料来源：JACAR（アジア歴史資料センター）Ref. B02030444500（第 328 画像目から）、満洲事変（支那兵ノ満鉄柳条溝爆破ニ因ル日、支軍衝突関係）/善後措置関係/国際連盟支那調査員関係　第二巻（外務省外交史料館）

## 166. 驻国际联盟泽田局长致芳泽外务大臣的函电（二）
### （1932 年 4 月 9 日）

昭和七年　八八八三　暗　日内瓦　　　　　　　九日下午发
　　　　　　　　　　　　　　外务省　　　　　　四月十日下午收

第三四五号之二（极密）

"在大会，尤其是十九国委员会上的小国急于拥护弱国或是未开化国家，所以无视支那的实际情况，只是坚持单纯理论。尤其是十九国委员会甚至还介入上海的撤兵条件，这些应该属于主要在当地讨论的事情。对此，日本国内舆论指责其乃不当及轻率的行为，认为不应该将决定一国命运的重要问题托付给这样的机构也是颇有理由的。"

---

① 译者按：此处为法语：laisser dormir。

秘书长对此回答说：

"我承认在十九国委员会的议论中，有许多可悲的过失。但是，支那关于日本就上海撤兵问题提出的不同方案究竟是否符合大会的决议内容而提出质疑时，十九国委员会没有理由对其随便拒绝。(脱?)[①]佐藤代表已叮嘱可以不用讨论这一点了，事实上十九国委员会对此也赞成。关于这一点希望不要对将来造成误会。"

杉村对此说道：

"对于再次提起国联盟约第十五条适用问题引起纠纷反而不好这一点，我也有同感。因此，日本方面也希望现在避免提起并讨论此事，同时还希望理事长劝说十九国委员会：当前的好办法是静观形势变化。"

资料来源：JACAR（アジア歴史資料センター）Ref. B02030444500（第329画像目から）、満洲事変(支那兵ノ満鉄柳条溝爆破ニ因ル日、支軍衝突関係)/善後措置関係/国際連盟支那調査員関係　第二卷(外務省外交史料館)

## 167. 驻国际联盟泽田局长致芳泽外务大臣的函电（三）
（1932年4月9日）

昭和七年　八八八六　暗　　　日内瓦　　　　　　　九日下午发
　　　　　　　　　　　　　外务省　　　　　　　四月十日下午收

第三四五号之三（极密）

（三）关于国际联盟内解决日支问题的手续，德拉蒙德说：

"理事会应该先对李顿调查团的报告书进行审议，大会再对理事会的审议结果进行讨论。对于上述理事会的审议，莫塔（モッタ，Giuseppe Motta）表示反对，其主张此事全部都应由大会来解决。不过，在向他说明了此法不可行的理由后，莫塔和十九国委员会都同意了上述手续，现在几乎是已经确定下来的事。所以希望日本方面对此不要有误解。

接下来，对于解决满洲问题的关键就掌握在李顿调查团手中的说法，也没有不妥之处。而且听闻该调查团有幸得到了日本方面的信任，这让我对于将来日支问题的解决充满了信心。另外，前面说到的大会讨论，事实上并不能对

---

[①] 译者按：原文如此，应该是漏字的意思。

理事会审议结果进行更改。毋庸多言,其结果的更改需要得到出席大会的十二名理事会成员的同意。所以,大会实际上也只能是对理事会的决定进行形式上的确认。"

云云(待续)

资料来源:JACAR(アジア歴史資料センター)Ref. B02030444500(第330画像目から)、満洲事変(支那兵ノ満鉄柳条溝爆破ニ因ル日、支軍衝突関係)/善後措置関係/国際連盟支那調査員関係　第二卷(外務省外交史料館)

## 168. 驻国际联盟泽田局长致芳泽外务大臣的函电(四)
### (1932年4月10日)

昭和七年　八八八〇　暗　　日内瓦　　　　　　　　　十日下午发
　　　　　　　　　　　　　　外务省　　　　　　　　　四月十日下午收

第三四五号之四(极密)

(四)关于上海问题,杉田说明了尽管兰普森公使等人进行了斡旋,但撤兵交涉依然难以进展的情况。对此,德拉蒙德说道:

"这到底还是地方性问题,只能在当地寻求解决方法。但是'联合抵制'问题在满洲问题解决前应该是无法解决的。"

本官表示:"不仅上海,将在支那各地的'联合抵制'问题综合起来考虑的话,或许能得到前面所说的结论。但事实上,在上海存在的问题是便衣队的活动以及威胁到本国人生命、财产安全的抗日运动,不可与上述纯粹属于商业上的、出于个人意志的'联合抵制'混为一谈。所以使用'联合抵制'这一名称来讨论上海本地的安全问题并不恰当。日本所要求的在于明确出兵上海的原因,即为确保本国人以及租界的安全。"

德拉蒙德对此表示同意,然后提到圆桌会议,其认为如果撤兵协定能有幸于最近成立的话,一般的事态也就能恢复平静,圆桌会议的事业也能顺利推进。

对于上述说法,杉村故意避开了,没有发表任何意见,只强调了上海问题的解决和满洲问题的解决应该区别开来处理。(待续)

资料来源:JACAR(アジア歴史資料センター)Ref. B02030444500(第331画像目から)、満洲事変(支那兵ノ満鉄柳条溝爆破ニ因ル日、支軍衝突関係)/善後措置関係/国際連盟支那調査員関係　第二卷(外務省外交史料館)

## 169. 驻国际联盟泽田局长致芳泽外务大臣的函电（五）
（1932年4月10日）

昭和七年　八八八四　暗　　日内瓦　　　　　　　　十日下午发
　　　　　　　　　　　　　外务省　　　　　　　　四月十日下午收

第三四五号之五（极密）

（五）关于满洲问题，德拉蒙德说：

"李顿调查团首先应该努力查明'满洲国'的真面目。应充分调查'新国家'是否成立在民族自决的基础之上，其是否有存在下去的理由。换言之，如果没有日本的军事、财政援助，没有日本顾问的帮助的话，其是否具有能以国家的形态长久存在下去的可能性等。期待李顿调查团在此基础上提出实际的解决方案。为使满洲成为国内外人士的安居之地从而谋求支那人与外国人共存共荣这一点上，没有任何人存有异议，但是必须摈弃露骨地为造成既成事实而急于冒进的做法。"

另外，私下听说，最近秘书处内有些人察觉到日本方面好像正在紧急稳固满洲的事态，等李顿调查团到达满洲后，日本会以既定事实来对抗李顿调查团，所以日本急于让大会不等李顿调查团的报告而采取一些措施，但从和理事长谈话的印象看来，他们应该在严格限制这种短浅的想法。

已转电至除土耳其以外的驻欧各国大使以及美国。

资料来源：JACAR（アジア歴史資料センター）Ref. B02030444500（第333画像目から）、満洲事変（支那兵ノ満鉄柳条溝爆破ニ因ル日、支軍衝突関係）/善後措置関係/国際連盟支那調査員関係　第二卷（外務省外交史料館）

## 170. 驻沈阳森岛代理总领事致芳泽外务大臣的函电
（1932年4月9日）

昭和七年　八八〇七　暗　　奉天　　　　　　　　　九日下午发
　　　　　　　　　　　　　外务省　　　　　　　　四月九日下午收

第五四八号（火速）

自参赞伊藤发

本官认为在国际联盟调查团专家希爱慕去满洲之前，先请他去视察支那本土的铁道，这样比较合时宜。所以在该氏抵达东京之时，请尽量想办法诱导该氏经上海或青岛前往北平，如果不行的话，至少要让他经由天津前往北平。

已转电至北平。

资料来源：JACAR（アジア歴史資料センター）Ref. B02030444500（第334画像目から）、満洲事変(支那兵ノ満鉄柳条溝爆破ニ因ル日、支軍衝突関係)/善後措置関係/国際連盟支那調査員関係　第二巻（外務省外交史料館）

## 171. 驻沈阳森岛代理总领事致芳泽外务大臣的函电
（1932年4月9日）

昭和七年　八八三三　暗　奉天　　　　　　　　九日下午发
　　　　　　　　　　　　外务省　　　　　　　四月九日下午收

第五五〇号

关于贵电第一三三号

如有外务省的委托，满铁可以负担国际联盟调查团在关东州奉天、长春等地的各项费用，所以请外务省向满铁传达相应的委托。另外，在满铁沿线以外各地的各项费用，如中东、奉山、吉长、四洮、洮昂等线路的火车车费，在吉林、哈尔滨、齐齐哈尔等地的汽车车费、酒店费等经费虽是由"满洲国"负担，但以该政府目前的财政状况来看是完全不可能的。所以本官认为，除调查团自己负担的以外，其余部分有必要的话可由外务省负担。关于此事，烦请您批示。

已转电至北平。

资料来源：JACAR（アジア歴史資料センター）Ref. B02030444500（第334画像目から）、満洲事変(支那兵ノ満鉄柳条溝爆破ニ因ル日、支軍衝突関係)/善後措置関係/国際連盟支那調査員関係　第二巻（外務省外交史料館）

## 172. 驻天津桑岛总领事致芳泽外务大臣的函电
（1932年4月9日）

　　昭和七年　　八八四五　　暗　　　奉天　　　　　　　　　　　　九日下午发
　　　　　　　　　　　　　　　　　　外务省　　　　　　　　　　　　四月九日下午收

第一六二号

　　国际联盟调查团在省市政府和各界代表以及领事团等的迎接下，于九日早晨来到天津。调查团在西湖饭店接见了支那方面代表，正午出席了省政府为其举办的欢迎宴（领事团陪席），下午三时二十分出发前往北平。在宴席上，王树常表示希望通过国际联盟的居中斡旋使日支间尽早恢复和平。李顿讽刺地感谢支那为了欢迎调查团代表，将街道清扫干净、禁止行人通行。双方并没有谈及日支间的具体问题，只是进行了简单的应酬。各报纸都刊登了欢迎调查团的社论。

　　已转电至支那、北平、奉天。

　　资料来源：JACAR（アジア歴史資料センター）Ref. B02030444500（第335画像目から）、満洲事変（支那兵ノ満鉄柳条溝爆破ニ因ル日、支軍衝突関係）/善後措置関係/国際連盟支那調査員関係　第二巻（外務省外交史料館）

## 173. 驻济南西田总领事致芳泽外务大臣的函电（一）
（1932年4月9日）

　　昭和七年　　八八四七　　暗　　　济南　　　　　　　　　　　　九日下午发
　　　　　　　　　　　　　　　　　　外务省　　　　　　　　　　　　四月九日下午收

第一○四号之一

　　在省政府的欢迎宴上，韩主席的代理——张建设厅长的欢迎致辞，以及李顿爵士的答词要领如下：

　　一、张建设厅长在开头说道："能够欢迎作为世界和平使者的国联调查团来到济南，感到十分欣喜、荣幸。韩主席因病无法亲自欢迎代表们，感到十分遗憾。特让我作为代表来致欢迎辞。"

　　"此次诸位在上海实地视察，应该对当地的情况十分了解了。并且在南京与中央当局进行谈话,料想已经谈到了中日纠纷的经过以及将来解决这些纠纷的希望等等。所以,我就不再重复了。山东是中国文化的发祥地,数千年来都信奉和平、公理。出于是孔子故乡的关系,山东人民都遵奉其遗教——忠、孝、仁、爱、信、义、和、平的主张。所以我们深信和平仁爱能够消灭一切不和平、不仁爱之事。世界和平需在世界各国共同维护下才能得以实现。我相信在各位和平使者的努力之下,一定能使世界实现真正的和平。而要维护世界和平,首先要合理公正地解决中日之间的纠纷。盖中日纠纷实为不仅两国之间的纠纷,而且与世界和平有着极大的关系。所以我代表山东三千万人民,以足够的热情,希望诸位主持和平、公理,解决一切不和平、违反公理的事件。特代表省主席在此祝福诸位的前途,热切希望诸位达成伟大使命。"等等。(待续)

资料来源:JACAR(アジア歴史資料センター)Ref. B02030444500(第336画像目から)、満洲事変(支那兵ノ満鉄柳条溝爆破ニ因ル日、支軍衝突関係)/善後措置関係/国際連盟支那調査員関係 第二巻(外務省外交史料館)

## 174. 驻济南西田总领事致芳泽外务大臣的函电(二)
### (1932年4月9日)

昭和七年　八八七三　暗　　济南　　　　　　　　　　九日下午发
　　　　　　　　　　　外务省　　　　　　　　四月十日上午收

第一〇四号之二

二、对此,李顿爵士说道:"今日受到各位的欢迎,不胜喜悦。只是不能见到韩主席,让我感到十分遗憾。还请向韩主席代为转达我的问候",并说:"刚才张代表在演说中说道,山东人民希望公理与和平。我们的任务是在上海及其他地方调查实际情况,基于公理来做成报告书,以谋求世界和平。我们的调查团代表们在纽约集合,翻越落基山,又经日本到达中国,视察了上海、南京、汉口等地,随处可见日支两国人民对于和平的期盼。这足见世界人民都希望和平、拥护和平。国际联盟由五十四个国家组成,是谋求世界和平的组织,不希望成员国间发生战争。在我们此次经过的各地,各国人民都对我们表示了友好的态度,这表明了和平才是真理,也可以看作将来世界一定能够实现和平的前兆。我们会依据大多数人热爱和平这一真理,制止一切不和平的事情,以此来促进世界和平。"云云。

上述张建设厅长以及李顿爵士的演说都是由盐务稽核李署长翻译成英语及汉语。李对于张的演说中说到的"实地视察上海"等内容，添加了一些字句，详细翻译为了"了解了江湾、闸北、吴淞等战场以及上海受破坏的惨状"。此外，李将李顿爵士的答谢词中的"报告在上海等地实地调查的事实"等内容翻译成汉语时，夹带翻译为"视察了上海各战区遭破坏的惨状，留下了深刻印象。所以在将来起草报告时，绝不会忘记上海给我留下的悲惨印象"等等，一定程度上存在与原话不同的地方。另外，二人的演说被刊登在本日（九日）的中国报纸上时，李顿爵士的答谢词就是按照李署长所翻译的汉语刊登的。以上望您了解。谨供参考。

望由支那转报至上海。

已转电至支那、北平、青岛、奉天、南京、天津、汉口、广东，密送至芝罘、张店、博山、坊子。

资料来源：JACAR（アジア歴史資料センター）Ref. B02030444500（第338画像目から）、満洲事変（支那兵ノ満鉄柳条溝爆破ニ因ル日、支軍衝突関係）/善後措置関係/国際連盟支那調査員関係　第二卷（外務省外交史料館）

## 175. 芳泽外务大臣致驻长春田代领事的函电

（1932年4月9日）

昭和七年四月九日下午发

暗第三二号（密、火速、极密）

**关于顾维钧入满一事**

关于吉田大使来电第二五号

顾维钧虽为支那方面代表，但既然与作为日本方面代表的吉田大使同样被任命为调查团的参与委员，那么顾维钧就是根据去年十二月十日的决议所成立的调查团的一员，若拒绝顾维钧进入满洲的话，不仅仅在对支关系上，恐怕会给国际联盟也带来不好的影响。"新国家"自然要尊重国际条约，此外还将对外采取稳健的方针作为宗旨。不管怎样，我认为"新国家"将此事闹大并不是好事。因此，虽然有奉天来电第五三七号所述的情况，若贵电第一一三号的通告还未发送的话，请停止发送；若已经发送的话，希望让大桥司长劝说"新国家",让"新国家"采取发表声明等方式进行妥善处理,诸如:"'新国家'鉴于顾维钧的个人经历以及其与张学良的特殊关系等,担心其会在满洲尝试政治策动。基于上述考虑,'新国家'当局会在顾维钧进入满洲后对其行动进行监视,静观其入满后的行动",以便让调查团一行在事实上不存在进入满洲的障碍。另外,希望查明"新国家"反对顾维钧进入满洲的真相后,即刻回电。

(我方关于此事的斡旋,在任何结果判明之前望都作为"极密"。)

望转电至奉天及其他有必要的驻满公馆。

令转电至支那、北平、天津、南京、日内瓦、美国;令北平转达给吉田大使,日内瓦转电至英国、法国、德国、意大利。

资料来源:JACAR(アジア歴史資料センター)Ref. B02030444500(第339画像目から)、満洲事変(支那兵ノ満鉄柳条溝爆破ニ因ル日、支軍衝突関係)/善後措置関係/国際連盟支那調査員関係 第二巻(外務省外交史料館)

## 176. 芳泽外务大臣致驻北平矢野参赞的函电
### (1932年4月8日)

暗第五九号

昭和七年四月八日

**关于希爱慕的旅行日程一事**

望向吉田大使转达如下内容:

希爱慕于七日到达东京,出席了外务次官、条约局长、国际联盟协会理事会等设的招待宴会。据闻希爱慕将于九日离开东京,游览关西地方之后,于十二日正午乘坐从门司出发的"哈尔滨"号,十四日到达大连,其希望和满铁干部进行会谈(特别是期望和金尼①"キネー"进行面谈,就此事拜托我方进行安排),之后将直接前往奉天(其言预计于十六日左右到达奉天)。其在本国逗留

---

① 编者按:金尼即 Henry Walsworth Kinney(1879年—1958年),美国作家。日文名为キネー。曾获得日本神宝勋章,以奖励其协助建立伪满洲国。1925—1935年担任满铁公司的顾问,此期间曾服务于李顿调查团的日本参与员吉田大使。1932年,金尼跟随日本代表团参加了有关满洲问题的国际联盟会议。

期间,曾派一名事务官作为接待人员进行陪同。上述内容望可通过哈斯转达至调查团方面。

资料来源：JACAR（アジア歴史資料センター）Ref. B02030444500（第341画像目から）、満洲事変(支那兵ノ満鉄柳条溝爆破ニ因ル日、支軍衝突関係)/善後措置関係/国際連盟支那調査員関係　第二巻(外務省外交史料館)

## 177. 芳泽外务大臣致山冈关东厅长官的函电
（1932年4月8日）

暗第八号

昭和七年四月八日

### 关于希爱慕的旅行日程的文件

国联支那调查团铁路顾问希爱慕（加拿大人）七日到达东京。预定将于九日离开东京,在游览关西地方之后于十二日正午乘坐从门司出发的"哈尔滨"号于十四日到达贵地。其希望在贵地先与满铁的金尼进行面谈,并为此提出申请希望安排会面（其貌似还希望和当地的满铁干部进行会谈）。因此,希望阁下给予妥善安排,其到达大连时,烦请提供方便。

以上内容,望转达至满铁、奉天总领事馆以及其他相关部门。

资料来源：JACAR（アジア歴史資料センター）Ref. B02030444500（第342画像目から）、満洲事変(支那兵ノ満鉄柳条溝爆破ニ因ル日、支軍衝突関係)/善後措置関係/国際連盟支那調査員関係　第二巻(外務省外交史料館)

## 178. 内匠头男爵白根松介致外务次官永井松三的函电
（1932年4月9日）

第八六号

昭和七年四月九日

四月八日附人普通第一一六号中所请求的,即国际联盟支那调查团铁路顾问希爱慕上校及贵省的接待人员一名参观京都御所及各行宫一事,已得到许可。另寄送许可证一张。望转达。

资料来源：JACAR（アジア歴史資料センター）Ref. B02030444500（第343画像目から）、満洲事変（支那兵ノ満鉄柳条溝爆破ニ因ル日、支軍衝突関係）/善後措置関係/国際連盟支那調査員関係　第二巻（外務省外交史料館）

## 179. 驻北平矢野参赞致芳泽外务大臣的函电
（1932年4月10日）

北平　　　　　　　　　　　　　　昭和七年四月十日下午发
外务省　　　　　　　　　　　　　昭和七年四月十日下午收
电信第一五八号

吉田大使同国际联盟调查团一行已于九日午后六时二十分一起到达北平。

转电至公使、天津、奉天、南京。

资料来源：JACAR（アジア歴史資料センター）Ref. B02030444500（第343画像目から）、満洲事変（支那兵ノ満鉄柳条溝爆破ニ因ル日、支軍衝突関係）/善後措置関係/国際連盟支那調査員関係　第二巻（外務省外交史料館）

## 180. 驻北平矢野参赞致芳泽外务大臣的函电
（1932年4月10日）

昭和七年　八九〇〇　略　　北京①　　　　　　十日下午发
　　　　　　　　　　　　　外务省　　　　　　四月十一日上午收

第一六一号
关于往电第一五八号

当天各机关、商店都挂起了万国国旗，表示欢迎之意。市内的各重要场所都张贴着用英支双语写的"中华民族为了生存而抗日""中国人民绝不接受丧权辱国的条件""中国人民即便为公理牺牲也绝不屈服于强权之下"等标语。

各大中文报纸都发表了表示欢迎的社论。《华北日报》评论："希望调查团发挥与对待反对顾维钧入满问题时同样的公正精神，完成其使命。日本屡次

---

① 编者按：原文如此。

以退出国际联盟来要挟国际联盟,调查团有必要纠正日本的这种迷妄。此外,中国官民都迫切希望日本军队迅速撤离,让日支关系恢复正常,所以希望调查团尽快完成工作,以资国际联盟今后采取措施。"《世界日报》表示调查团应注意:"(一)反日运动是日本侵略支那的必然结果。(二)中国社会、政治的不安定是其急速进步的证明。(三)对于缘于日本侵略支那的两国纠纷,应不拘泥于两国间的条约,而是调查事实,谋求政治解决。(四)不应局限于中国政府,应将民众也作为认识对象。(五)日本侵略支那是世界上非压迫①人民与压迫者之间的问题"等点。关于此次事变调查团应该了解的基本事实,《北平新报》翻译刊载了最近发行的《外交时报》的最近社论——《从协调外交走向自主外交》的要旨,并于十日的社论中评论道,"排斥外货,是庇护和平者,制裁使用暴力者的合理手段,不能认为其是排外或是非法","日本侵略支那的目的并不只限于东北乃至支那,因此能否公平解决日支事件关乎世界安危。希望调查团做出公正、真实的报告与判断"。

已转电至公使、奉天。

资料来源:JACAR(アジア歴史資料センター)Ref. B02030444500(第345画像目から)、満洲事変(支那兵ノ満鉄柳条溝爆破ニ因ル日、支軍衝突関係)/善後措置関係/国際連盟支那調査員関係　第二巻(外務省外交史料館)

## 181. 驻天津桑岛总领事致芳泽外务大臣的函电
（1932年4月11日）

昭和七年　八九四五　暗　天津　　　　　　　　十一日下午发
　　　　　　　　　　　　　外务省　　　　　　　四月十一日下午收

第一六四号
本官致北平电报
第二九号
致吉田大使
根据情报,因国际联盟调查团调查完满洲后应该会在北戴河停留一个半月拟定报告书,故张学良在四月九日命令高纪毅于北戴河准备三十间房间及

---

① 译者按:日语中"非"与"被"同音(hi),此处"非"或为"被"之笔误。

相应的家具等，做好相关准备工作。

已转电至外务大臣。

资料来源：JACAR（アジア歴史資料センター）Ref. B02030444600（第348画像目から）、満洲事変(支那兵ノ満鉄柳条溝爆破ニ因ル日、支軍衝突関係)/善後措置関係/国際連盟支那調査員関係　第二巻(外務省外交史料館)

## 182. 驻长春田代领事致芳泽外务大臣的函电（一）
## （1932年4月11日）

长春　　　　　　　　　　　　　昭和七年四月十一日下午发

外务省　　　　　　　　　　　　昭和七年四月十一日下午收

电信第一四一号之一（暗、火速、极密）

关于贵电第三二号

本官前往拜访了大桥，向其转达了您的指示，并与其就各种事项进行了畅谈，据其所说：

一、张学良系的顾维钧来到满洲之后，不难预见其将会对夺回满洲的运动进行各种策动。时值满洲人心未定，恐将形成反对"新政府"的形势。加之，顾维钧恐怕会干扰国联调查团的公正调查，给"新国家"招致不利的结果，所以各方拒绝顾进入满洲的气氛十分浓厚。顾维钧虽然想要强行进入满洲，但事实上很可能会发生什么不好的事，所以大桥认为应预先拒绝顾维钧进入满洲，并且采取措施从而不连累到国联调查团，反而可以防止问题的恶化。因此，大桥掌握了发送致南京通告的主动权。

二、尽管已经向南京发送了上述的通告（据其言，南京电报局通知说接收方拒绝接收上述通告），在已通过报纸成为世人所周知的事实的今日，从独立国家的体面来说，已经别无他法。（待续）

资料来源：JACAR（アジア歴史資料センター）Ref. B02030444600（第348画像目から）、満洲事変(支那兵ノ満鉄柳条溝爆破ニ因ル日、支軍衝突関係)/善後措置関係/国際連盟支那調査員関係　第二巻(外務省外交史料館)

## 183. 驻长春田代领事致芳泽外务大臣的函电（二）
（1932年4月11日）

长春　　　　　　　　　　　　　昭和七年四月十一日下午发
外务省　　　　　　　　　　　　昭和七年四月十二日上午收
电信第一四一号之二（暗、火速、极密）

并且，外界本就将"新政府"称作日本的傀儡政府，此时若给外界留下"新政府"是因日本斡旋而缓和了政策的印象并不好。无论如何，尽管您下达了指示，但十分遗憾，不能变更拒绝顾进入满洲的方针。

三、当然，顾维钧如果是和调查团一行同到大连上陆的话，对于顾维钧在属于日本行政管理下的满铁沿线所进行的旅行，"新国家"是没有理由说三道四的（事实上在满铁沿线也相当危险，日本方面需要慎重警戒）。但是，顾维钧稍微离开沿线一步而进入腹地的话，就会坚决阻止。当然，对国联调查团本身，会尽可能地提供调查上的方便。

四、同大桥的会谈如上所述。从本地的一般气氛来看，我认为"新国家"也只能按当初的方针来做，此外别无他法。另外，以军司令官为首，逗留满洲的田中大使、伊藤参赞对于上述方针也持同样意见。

望北平转达吉田大使，国际联盟转电英国、法国、德国、意大利。

已转电至支那、北平、天津、南京、国际联盟、美国、驻满洲各领事（除间岛）。

资料来源：JACAR（アジア歴史資料センター）Ref. B02030444600（第349画像目から）、満洲事変（支那兵ノ満鉄柳条溝爆破ニ因ル日、支軍衝突関係）/善後措置関係/国際連盟支那調査員関係　第二巻（外務省外交史料館）

## 184. 驻北平矢野参赞致芳泽外务大臣的函电
（1932年4月12日）

北平　　　　　　　　　　　　　昭和七年四月十二日下午发
外务省　　　　　　　　　　　　昭和七年四月十二日下午收
电信第一六四号（暗、非常火速、极密）

自吉田

第三一号

十一日，李顿团长对本使说，就南京政府①拒绝顾维钧一事已向日内瓦发送电报，收到回电后便与本使进行商议，请求在满洲的日本方面的保护。据丕平私下听闻，李顿在电报中提到两点，并向日内瓦寻求意见：（一）收到一封不知"满洲国"何人致调查团秘书处的电报，其表示欢迎调查团一行并想了解调查团一行的使命；对此，打算通过驻长春的日本领事，向其回答调查团所有代表及随行人员的名字。（二）调查团在发送电报的同时打算对拒绝顾维钧一事持无视态度。

据闻，调查团在同日上午和下午都就本事进行了商议，秘书处方面提出了"不管铁道附属地内外，满洲全土都应要求日本进行保护"的提议；但有代表说"这会成为承认日本在附属地外拥有权力"。

致南京的电报是由谢介石发给了罗文干。但有一封电报因为形式不整而被一些人认为是某人的伪电。回电时尽量避免经由日本驻长春领事馆为好。

我认为，"满洲国"在得到承认之前，至少应被当作地方政府对待。如果我们不能做出与"满洲国"立场相反的承诺，即约定在包括铁道附属地在内的整个满洲范围，为包括支那参与委员在内的全体代表们提供安全，那么难以预料调查团会对日本在满洲的地位得出何种结论。还望熟虑。

已转电至支那、国际联盟、奉天、长春、南京。

资料来源：JACAR（アジア歴史資料センター）Ref. B02030444600（第350画像目から）、満洲事変（支那兵ノ満鉄柳条溝爆破ニ因ル日、支軍衝突関係）/善後措置関係/国際連盟支那調査員関係　第二巻（外務省外交史料館）

# 185. 支那驻屯军参谋长致陆军次官的函电
## （1932年4月9日）

密　参同文

天电第七六五号

---

① 编者按：原文为"南京政府"，但联系上下文，此处应该是指伪满洲国政府拒绝顾维钧进入满洲，而不是南京政府。

昭和七年四月九日上午一〇时〇〇分发

昭和七年四月九日下午〇时二五分收

国际联盟调查团于本日上午九时到达天津中央停车场,铁路沿线除了铁甲车以外,还有众多军队护卫。在车站前,除有支那军队和保安队各一连外,还有军乐队、各界代表前来迎接他们。支那方面将到昨日为止还贴着的排日排外的宣传海报全部清理得干干净净,并分发了欢迎国际联盟调查团的传单。

调查团一行人预定直接经由支那街、日本租界、英国租界进入休息场所(西湖饭店),正午出席省政府的招待宴会(日本方面也出席),然后调查团于下午三时从东站出发前往北平。

已与渡上校联络。

已转电至关东军、北平、济南、上海、第二十师团。

资料来源:JACAR(アジア歴史資料センター)Ref. B02030444600(第352画像目から)、満洲事変(支那兵ノ満鉄柳条溝爆破ニ因ル日、支軍衝突関係)/善後措置関係/国際連盟支那調査員関係 第二卷(外務省外交史料館)

## 186. 支那驻屯军参谋长致陆军次官的函电
（1932年4月10日）

密　参同文

天电第七七三号

昭和七年四月一〇日上午一〇时四五分发

昭和七年四月一〇日下午七时三五分收

昨(九)日,河北省政府主席王树常在省政府举办的调查团欢迎会上,对调查团不辞劳苦远道而来致谢,并表示希望调查团对于日支纠纷能够尽力寻求公正的解决方法。李顿爵士代表调查团说道:"会努力调停解决日支纠纷。调查团在天津的时间很短,无法进行详细调查,十分遗憾。不过因为重要问题在于东三省,所以会努力对其进行调查。"此外,据闻河北省政府向调查团提交了有关天津事变的真实情况,及其损害程度、便衣队的自白、兵器弹药的证据照片、所有有关事变照片的《天津事变史》。

已转电至关东军、天津、上海。

资料来源:JACAR(アジア歴史資料センター)Ref. B02030444600(第

353画像目から）、満洲事変(支那兵ノ満鉄柳条溝爆破ニ因ル日、支軍衝突関係)/善後措置関係/国際連盟支那調査員関係　第二巻(外務省外交史料館)

## 187. 北平辅佐官致陆军次官的函电（1932年4月10日）

密　参同文
北电第三八七号

昭和七年四月一〇日下午三时〇五分发
昭和七年四月一〇日下午八时一二分收

李顿说："所有事情都已经大体了解了，所以不想再听无意义的宣传。关于天津事变倒乐意倾听。"
已转电至关东军、天津。

资料来源：JACAR（アジア歴史資料センター）Ref. B02030444600（第354画像目から）、満洲事変(支那兵ノ満鉄柳条溝爆破ニ因ル日、支軍衝突関係)/善後措置関係/国際連盟支那調査員関係　第二巻(外務省外交史料館)

## 188. 北平辅佐官致陆军次官的函电（1932年4月10日）

密　参同文
北电第三八九号

昭和七年四月一〇日下午七时一〇分发
昭和七年四月一一日上午三时〇〇分收

目前，国联调查团预定将于十五日乘坐从北平出发的火车前往奉天。
也许会有变动。
已转电至关东军、天津、济南。

资料来源：JACAR（アジア歴史資料センター）Ref. B02030444600（第354画像目から）、満洲事変(支那兵ノ満鉄柳条溝爆破ニ因ル日、支軍衝突関係)/善後措置関係/国際連盟支那調査員関係　第二巻(外務省外交史料館)

## 189. 中野少校致参谋次长的函电（1932年4月11日）

密　陆同文

济第一四七号

昭和七年四月十一日

国际联盟调查团于昨（八）日下午四时到达本地，于同日下午七时出发北上。因韩复榘生病，所以由兼任厅长的沈鸿烈主办欢迎会。支那方面在省政府招待调查团一行人，由张厅长向全场致问候辞。其简要内容为：支那国民是爱好和平的民众，在此希望一行人为和平而努力等。内容十分温和。李顿也泛泛作答，表示世界的和平应由各国合作维持。此外，对于报刊新闻记者的询问，李顿只表示，上海和议虽然很慢，但出于对和平的希望，终会成立的。另外，对于顾维钧将进入满洲的传闻，顾维钧对支那报社记者说一定会去。

已转电至关东军、北平、天津、上海、派遣军。

资料来源：JACAR（アジア歴史資料センター）Ref. B02030444600（第355画像目から）、满洲事变（支那兵ノ满鉄柳条沟爆破ニ因ル日、支军衝突関係）/善後措置関係/国際連盟支那調査員関係　第二卷（外務省外交史料館）

## 190. 天津军参谋长致参谋次长的函电（1932年4月11日）

密　陆同文

天第七八一号

昭和七年四月一一日下午〇时二〇分发

昭和七年四月一一日下午二时一五分收

据国际联盟调查团的接待人员黄宗法对《新天津》报社社长所说，该团在满洲的主要调查项目如下：

一、九月十八日事件的原因、经过、日本军队的行动。

二、日支一切新旧条约。

三、九月十八日事件以后，支那方面所受的损害。

四、在满洲的日本军总数及军备的充实情况。

五、"满洲国"的情况，特别是与日本的关系。

已转电至关东军、北平、上海。

资料来源：JACAR（アジア歴史資料センター）Ref. B02030444600（第356画像目から）、満洲事変（支那兵ノ満鉄柳条溝爆破ニ因ル日、支軍衝突関係）/善後措置関係/国際連盟支那調査員関係 第二巻（外務省外交史料館）

## 191. 芳泽外务大臣致驻沈阳森岛代理总领事的函电
（1932年4月11日）

暗第一七九号

### 关于劝诱国际联盟调查团顾问希爱慕视察北京一事

关于贵电第五四八号

致伊藤参赞

希爱慕已于九日傍晚离开东京，加之又有本大臣致关东厅长官的电报第八号所述情况，故推迟劝诱其视察北平一事。

望转电至北平。

资料来源：JACAR（アジア歴史資料センター）Ref. B02030444600（第357画像目から）、満洲事変（支那兵ノ満鉄柳条溝爆破ニ因ル日、支軍衝突関係）/善後措置関係/国際連盟支那調査員関係 第二巻（外務省外交史料館）

## 192. 驻美出渊大使致芳泽外务大臣的函电
（1932年4月11日）

普通公第一七八号

昭和七年四月十一日

关于报告《纽约时报》上海特派员阿本德（アーベンド，Hallett Abend）特别通讯之件

刊登在四月十日《纽约时报》上的驻上海该社三月十七日的特别通讯，报道了李顿爵士在三月十六日由支那大学联合会主办的国际联盟调查团欢迎午宴席上的演讲概要（参照驻上海总领事村井所发合第三一三号电报）；同时还报道了调查团到达上海当天所发布的上海总商会（Shanghai General

Chamber of Commerce)①年报的内容(与驻支那公使重光所发合第四七九号电报所报的会长麦克米金"Mcmeekin,译音"于上海总商会第八十四年大会席上的演讲内容类似)。

谨供参考,上述报道原文另作发送。

资料来源:JACAR(アジア歴史資料センター)Ref. B02030444600(第358画像目から)、満洲事変(支那兵ノ満鉄柳条溝爆破ニ因ル日、支軍衝突関係)/善後措置関係/国際連盟支那調査員関係　第二卷(外務省外交史料館)

(以上内容,张圣东　译;张一闻、陈海懿　校)

## 193. 驻北平矢野参赞致芳泽外务大臣的函电(一)
### (1932年4月12日)

昭和七年　九〇五三　平　北平　　　　　　　　十二日下午发
　　　　　　　　外务省　　　　　　　　四月十二日下午收

第一六六号之一

十一日在张学良举办的国际联盟调查团招待宴会上,除了吉田大使和随员本官及馆员、英美法德意的各公使馆主要馆员之外,顾维钧、张作相等很多要人也出席宴会。席上张学良的演说如下所示:

中国国民面对这一困难,我坚信国际联盟及各国能极力通过和平、公正之方法解决中日纠纷,使得两国关系步入常轨。各位的成功即是远东和世界的成功。中国本为爱好和平之邦,在日本毫无理由发动侵略战争以来,一直绝对遵守着国际联盟规约。然而,日本却无视一切盟约、公约,夺取东北、扰乱上海。其经过状况已被诸君所熟知,有关外交上的事项,国民政府已经对诸君全部传达,就不需要我在这里赘言了。但由于本人长期待在东北,在此不由得强调重要的几点:

一、东北三省作为中国原本的一部分,有着悠久的历史。人种上、政治上、经济上和内地有着不可分割的关系。四亿中国国民也从来都承认东三省是中

---

① 译者按:《纽约时报》称该组织为:"an organization of foreign business men here, distinct from the Chinese Chamber of Commerce",故此为一外国人商会组织,有别于中国的上海总商会。

国的一部分,与河北、山东无异。日方诈称东三省并非中国一部分,或是乘机唆使设立非法政府与中国其他部分相分离,这完全是隐藏着领土野心,公然违反了九国公约中的保全中国领土的原则。(待续)

资料来源:JACAR(アジア歴史資料センター) Ref. B02030444700(第361画像目から)、満洲事変(支那兵ノ満鉄柳条溝爆破ニ因ル日、支軍衝突関係)/善後措置関係/国際連盟支那調査員関係　第二巻(外務省外交史料館)

## 194. 驻北平矢野参赞致芳泽外务大臣的函电(二)
### (1932年4月12日)

昭和七年　　九〇六二　　平　　　北平　　　　　　　　　十二日下午发
　　　　　　　　　　　　　　　外务省　　　　　　　　　四月十三日上午收

第一六六号之二

二、中国现在正处于改革期,由此发生的政治、经济、社会等种种变化,与十九世纪德、法以及日本的革新并无差异。改革期间必会产生各种纷乱现象,各国都是如此,中国也不例外。并且,中国国土面积比欧洲和日本加在一起还要大,人口数量和整个欧洲一样。在改革过程中产生政治、经济与社会等方面的困难,在所难免。日本人诽谤中国不是统一国家,这不仅无视事实,还混淆世界视听。

三、中日纷争的真正原因是日本妒忌中国社会经济的进步和政治的逐步统一。日本一直抱有谋取东北三省的念头,其主要政策是铁道政策,而事实上日支纷争的根源就在于铁道问题。李顿爵士曾在南京说过:"支那领土广阔,面临的困难在于铁道以及其他交通机关的不足。"东北人民为了开发领土,自行修筑铁道,并在产业、交通、教育各方面取得了很大进步。这些经济上与社会上的进步是大部分支那人努力的结果。(待续)

资料来源:JACAR(アジア歴史資料センター) Ref. B02030444700(第362画像目から)、満洲事変(支那兵ノ満鉄柳条溝爆破ニ因ル日、支軍衝突関係)/善後措置関係/国際連盟支那調査員関係　第二巻(外務省外交史料館)

## 195. 驻北平矢野参赞致芳泽外务大臣的函电(三)
### （1932年4月12日）

昭和七年　九〇六〇　平　　北平　　　　　　　　　　十二日下午发
　　　　　　　　　　　　　外务省　　　　　　　　　　四月十三日上午收

第一六六号之三

上述的事实，再加上本人经常配合中央统一支那，引起了日本的反感，导致东北受到其侵略。

四、在座各位不远万里来到尚处于混乱状态的现场，这让中国人以及世界上热爱和平的人们更加确信：面对暴力，正义与和平终究会实现最后的胜利。为了国际联盟的未来以及世界的和平，我希望在座各位能够秉持公正精神，以高明的手段全力解决日支问题。本人也相信，支那方面将会积极回应调查团出于公平精神所提出的解决方案。各位进行的相关调查，本人将在情报收集方面提供帮助，也希望我们可以毫无隔阂地交换意见。调查团中的恩利克·希尼博士在所著《德意殖民的过去及将来》卷末曾写道："虚伪可以赢得一时的成功，但终将不敌真理与正义的不断抗争，并且无法抑制伟大、有教养、勤勉以及热爱和平的人们对于发展及生存的欲求"，此乃至理名言。等等。

已转电至支那、奉天、天津、哈尔滨、长春、吉林。

资料来源：JACAR（アジア歴史資料センター）Ref. B02030444700（第363画像目から）、満洲事変（支那兵ノ満鉄柳条溝爆破ニ因ル日、支軍衝突関係）/善後措置関係/国際連盟支那調査員関係　第二卷（外務省外交史料館）

## 196. 驻北平矢野参赞致芳泽外务大臣的函电
### （1932年4月12日）

昭和七年　九〇五〇　暗　　北平　　　　　　　　　　十二日下午发
　　　　　　　　　　　　　外务省　　　　　　　　　　四月十三日上午收

第一六七号
自吉田
第三二号

关于奉天致外务大臣的电报第五五〇号

上海出发后到目前为止,调查团一行的车船费、住宿费、餐饮费等差旅费用,均由支那方面来负担。希望在满洲范围内的差旅费用也按照上述方式处理,原则上在日本范围内则由日本方面负责,其他地方由"满洲国"方面负责。此外,"满洲国"方面若尚无力支出,则由我方作为实际的负担者。以上还请予以审议。

资料来源：JACAR（アジア歴史資料センター）Ref. B02030444700（第364画像目から）、満洲事変（支那兵ノ満鉄柳条溝爆破ニ因ル日、支軍衝突関係）/善後措置関係/国際連盟支那調査員関係　第二巻（外務省外交史料館）

## 197. 驻北平矢野参赞致芳泽外务大臣的函电
### （1932年4月12日）

昭和七年　九〇六一　略　北平　　　　　　　　　十二日下午发
　　　　　　　　　　　　　外务省　　　　　　　　四月十三日上午收

第一六八号

国际联盟调查团让派尔脱出席每日一次的外国记者团见面会（包含日本记者）。这期间发布的信息已通过"新闻联合社"或者"电报通信社"发往各方。因此,除了需要特别说明的事项之外,将不再专门发电报。还请谅解。

已向公使、奉天、天津、南京转电。

资料来源：JACAR（アジア歴史資料センター）Ref. B02030444700（第364画像目から）、満洲事変（支那兵ノ満鉄柳条溝爆破ニ因ル日、支軍衝突関係）/善後措置関係/国際連盟支那調査員関係　第二巻（外務省外交史料館）

## 198. 驻沈阳森岛代理总领事致芳泽外务大臣的函电
### （1932年4月12日）

昭和七年　九〇四二　暗　奉天　　　　　　　　　十二日下午发
　　　　　　　　　　　　　外务省　　　　　　　　四月十二日下午收

第五六九号

有关长春致阁下电报第一四一号之三

在当前形势下，支那浪人大量集聚（脱？）①，认为国际联盟妨碍了日本方针的实施，声讨国际联盟的情绪非常高涨。因此，我方对调查团一行的警卫也是绞尽了脑汁，七日召开协议会时组成了以关东厅、宪兵队等相关机关为首的小委员会。具体的方针正在继续商议中。为保万无一失，特此通报。

已转电至支那、北平、长春。

资料来源：JACAR（アジア歴史資料センター）Ref. B02030444700（第365画像目から）、満洲事変（支那兵ノ満鉄柳条溝爆破ニ因ル日、支軍衝突関係）/善後措置関係/国際連盟支那調査員関係　第二巻（外務省外交史料館）

## 199. 驻沈阳森岛代理总领事致芳泽外务大臣的函电
（1932年4月12日）

昭和七年　九〇二九　暗　奉天　　　　　　　　十二日下午发
　　　　　　　　　　　　　外务省　　　　　　四月十二日下午收

第五七一号（紧急）

本官之北平电报

第八一号

致吉田

有关济南致外务大臣第一〇三号电报中关于国际联盟调查团旅程一事

（一）日程表上虽计划二十三日从奉天出发，但由于当天是"圣乔治日"，该晚兼任该协会会长的英国总领事将会举办舞会，他热切期望调查代表们能出席。因此，调查代表们希望此次奉天停留的天数延长一天，把第二次来奉天的停留天数缩减一天。

（二）吉林之行应该要经由沈海线前往，对此的准备一直在进行。但如果这样的话，在抵达哈尔滨到起草预备报告之前，将无法对满铁线进行一次视察。如果先去长春的话，将便于在途中视察公主岭农事试验场。不管怎么样，吉林之行乘坐满铁吉长线难道不是更合适吗？不过，这一点对我方来说也不是非得纠结不放之事。如果吉林只有肮脏的支那旅馆，我认为除了在列车内夜宿之外没有其他方法。

---

① 编者按：原文如此，指代漏字。

（三）关于将北宁线特别列车引至奉天一事,虽然北平来电中有高纪毅的谈话,但北宁线方面至今对奉山线的申请没有任何答复。由于如有必要还须从当地调送特别列车,所以奉山线方面希望在十三号之内有必要得到北宁方面的明确回复。希望能向北宁线方面进行传达。不过,奉山线方面一直认为,有必要在山海关进行列车乘务员的轮换。

（四）调查团停留本地期间的招待预计有：总领事、军司令官以及省长市长联合举办的晚餐会各一回,"扶轮社"（ロータリー）俱乐部午餐会以及各国领事招待自己国家有关人员的晚餐会等活动。

（五）已经将锦州作为途中的视察地,并做了相应的准备。如果十五日傍晚从北平出发,十七日傍晚到达奉天的话,应该有充分的视察时间。

已转电致外务大臣、天津。

资料来源：JACAR（アジア歴史資料センター）Ref. B02030444700（第365画像目から）、满洲事变（支那兵ノ满铁柳条沟爆破ニ因ル日、支军衝突関係）/善後措置関係/国際連盟支那調査員関係 第二卷（外務省外交史料館）

## 200. 驻沈阳森岛代理总领事致芳泽外务大臣的函电
（1932 年 4 月 12 日）

昭和七年　九〇三〇　暗　奉天　　　　　　　　十二日下午发
　　　　　　　　　　　　　　外务省　　　　　　四月十二日下午收

第五七三号（火速、极密）

有关北平致外务大臣的电报第一六四号

该封电报的末尾附有吉田大使所持意见的缘由。但正如往电第五六九号所述,本官等考虑到现场的实际情况,也充分注意到附属地内的警戒。另一方面,对长春致阁下电报第一四一号中大桥司长担心的事情,本官也有所打听、调查。如果我方对附属地以外的安保也给予保证,万一发生事故,可能反而对我方不利。如果调查团提出希望附属地以外也提供保护的要求,我认为以由我方负责不合道理为借口加以回绝是贤明之策。

已转电致支那、北平、长春。

资料来源：JACAR（アジア歴史資料センター）Ref. B02030444700（第367画像目から）、满洲事变（支那兵ノ满铁柳条沟爆破ニ因ル日、支军衝突関

係)/善後措置関係/国際連盟支那調査員関係　第二巻(外務省外交史料館)

## 201. 驻哈尔滨长冈代理总领事致芳泽外务大臣的函电
（1932年4月12日）

昭和七年　九〇四四　略　哈尔滨　　　　　　　十二日下午发
　　　　　　　　　　　　　外务省　　　　　　　四月十二日下午收

第四〇二号

有关本官致天津、北平电报合第二四二号一事

本地沈瑞麟、鲍观澄接受"新国家"方面命令，负责国际联盟调查团的接待任务，将与长春的沈秘书长一同前往山海关进行迎接。因为不提前一整天出发的话，就无法迎接调查团，所以沈瑞麟请求我代为询问调查团通过当地的时间。请在弄清之后立即回电。

本电发送地：天津、北平。

已转电致外务大臣、长春。

资料来源：JACAR（アジア歴史資料センター）Ref. B02030444700（第368画像目から）、満洲事変（支那兵ノ満鉄柳条溝爆破ニ因ル日、支軍衝突関係)/善後措置関係/国際連盟支那調査員関係　第二巻(外務省外交史料館)

## 202. 驻哈尔滨长冈代理总领事致芳泽外务大臣的函电
（1932年4月12日）

昭和七年　九〇四五　暗　哈尔滨　　　　　　　十二日下午发
　　　　　　　　　　　　　外务省　　　　　　　四月十三日上午收

第四〇三号

本官致奉天第三三四号

有关大臣来电合第九六一号一事

由于与张景惠也有关系，希望在贵地向国际联盟调查团出示行政院密令，原件将在暂借后邮寄到贵地。

已转电至外务大臣、长春。

资料来源：JACAR（アジア歴史資料センター）Ref. B02030444700（第

368画像目から)、満洲事変(支那兵ノ満鉄柳条溝爆破ニ因ル日、支軍衝突関係)/善後措置関係/国際連盟支那調査員関係　第二巻(外務省外交史料館)

## 203. 天津军参谋长致参谋次长的函电(1932年4月11日)

密　陆同文

昭和七年四月十一日下午〇时五〇分发

四月十一日下午二时三八分收

天第七八〇号

根据北宁铁路局的情报,四月九日张学良对北宁铁路局长高纪毅发出了以下命令:"派人前往北戴河,为国联调查团准备房屋及一切家具;调查团预计在满洲调查一个月半,之后在北戴河拟定调查报告。"

已转电至关东军、北平、上海。

资料来源:JACAR(アジア歴史資料センター)Ref. B02030444700(第369画像目から)、満洲事変(支那兵ノ満鉄柳条溝爆破ニ因ル日、支軍衝突関係)/善後措置関係/国際連盟支那調査員関係　第二巻(外務省外交史料館)

## 204. 天津军致参谋次长的函电(1932年4月12日)

密　陆同文

昭和七年四月十二日下午三时三〇分发

四月十二日下午九时〇〇分收

天第七八二号

根据北宁铁路局联络人员的消息,四月十日北宁铁路局局长与属下干部举行了会议。其内容为:因为调查团决定乘坐列车赴满,届时将使用北宁铁路局准备的专用列车;由于担心该列车抵达关外在调查团使用完毕后会被日方扣留,讨论了应该如何处置,最终决定让调查团进行担保。

已转电至关东军、北平。

资料来源:JACAR(アジア歴史資料センター)Ref. B02030444700(第369画像目から)、満洲事変(支那兵ノ満鉄柳条溝爆破ニ因ル日、支軍衝突関係)/善後措置関係/国際連盟支那調査員関係　第二巻(外務省外交史料館)

## 205. 芳泽外务大臣致驻长春田代领事的函电
（1932年4月12日）

电信第三六号（暗、极密）

昭和七年四月十二日下午发

**关于顾维钧入满一事**

关于贵电第一四一号

从"满洲国"的立场考虑，拒绝支那方面的参与委员入满，虽然合乎道理，但从大局上看，此举对"新国家"的前途是否反而不利？不仅如此，对我方来说，为使调查团的调查结果免招世间猜疑，倒不如让支那方面参与委员一起同行进入满洲。并且帝国政府遵照去年十二月十日的理事会决议，落实了我方对调查团（支那参与委员亦为该调查团的成员，参照本大臣致长春第三二号）的任务，约定给予各方面的便利。另一方面，我方对国际联盟一直主张：在目前的过渡局势下，我方不仅仅保护帝国臣民的生命财产，也肩负着维持满洲地方一般性治安的责任。因此，对我方来说，即使调查团一行踏出租借地及附属地外，也有义务倾尽全力给予保护（并且在调查团从日内瓦出发之前，德拉蒙德曾向我方提出请求："据闻在满洲，铁路线路附近匪贼等大肆猖獗，希望在铁道线路及其附近驻扎有军队的日本能够保证调查团一行的安全。"鉴于上述主张，我方对其回复：在我方实力所及的范围内将会力所能及地提供安全保障）。所以，对我方来说，不管"满洲国"态度如何，我们将不得不提供上述的安全保护。顺便趁这个机会，促使"满洲国"考虑上述我方的立场。虽然依然不违反长春致本大臣第一三八号电报中所述的精神，但"满洲国"方不能阻碍顾维钧等作为调查团的一员在我方保护下经由奉山铁路入满一事，"满洲国"应该仅采取监视的态度静观其变。希望以此配合调查团顺利完成任务。关于此事，陆军中央部也持同样意见，在和我方的协商之后，按照别电第三七号所述，致电关东军。因此，请在理解上述精神的前提下，与大桥司长等"新国家"方面进行深入的意见交换，并将其结果立即回电报告。另外，若田中大使正在贵地的话，望将上述与"新国家"的协商事项委托给他。

已转电至支那、北平、天津、南京、国际联盟、美国，并让北平转电吉田大使,让国际联盟转电至英、法、德、意。

望转电至除间岛外的驻满各领事。

资料来源：JACAR（アジア歴史資料センター）Ref. B02030444700（第370画像目から）、満洲事変（支那兵ノ満鉄柳条溝爆破ニ因ル日、支軍衝突関係）/善後措置関係/国際連盟支那調査員関係　第二巻（外務省外交史料館）

## 206. 芳泽外务大臣致驻长春田代领事的函电
（1932年4月12日）

昭和七年四月十二日下午发

电信第三七号（暗、火速、极密）

### 有关顾维钧入满一事

别电

虽然我们认为,从"满洲国"政府的立场上来说拒绝顾维钧入满是理所当然的事情,不过,依据去年十二月国联理事会的决议,帝国已承诺为调查团完成任务提供便利。不仅如此,为了使调查团能够公正地判断满洲的情况,我们也应希望支那方面参与委员进入满洲。因此,此次我方会采取积极措施,依靠外务省方面的努力,在"满洲国"政府和支那政府之间进行撮合,使支那方面参与委员可以进入满洲,同时也会把这件事向调查团方面通报。望了解。

已同外务省商议完毕。

资料来源：JACAR（アジア歴史資料センター）Ref. B02030444700（第372画像目から）、満洲事変（支那兵ノ満鉄柳条溝爆破ニ因ル日、支軍衝突関係）/善後措置関係/国際連盟支那調査員関係　第二巻（外務省外交史料館）

## 207. 芳泽外务大臣致驻北平矢野参赞的函电
（1932年4月12日）

电信第六七号（暗、极密、紧急）

昭和七年四月十二日下午发

**有关顾维钧入满一事**

关于致长春往电第三六号

致吉田大使

眼下,希望先转告李顿爵士以下内容:"我方尊重理事会决议,并且希望调查团和支那方面参与委员同行入满。基于以上认识,为了找出权宜之计,我们正在努力调和之中。"

已转电至支那、奉天、长春、南京、美国、日内瓦。

已令奉天转电至除以外的驻满各领事、令日内瓦转电至英、法、意、德。

望转电天津。

资料来源:JACAR(アジア歴史資料センター)Ref. B02030444700(第375画像目から)、満洲事変(支那兵ノ満鉄柳条溝爆破ニ因ル日、支軍衝突関係)/善後措置関係/国際連盟支那調査員関係 第二卷(外務省外交史料館)

## 208. 芳泽外务大臣致驻沈阳森岛代理总领事的函电 (1932 年 4 月 12 日)

暗第一八二号

昭和七年四月十二日

**有关调查团费用一事**

关于贵电第五五〇号

参照、斟酌支那本部的接待方式是很有必要的,不过本人希望在大体按照以下路线,和吉田大使进行商量后采取适当的措施。

(一)在关东州与满铁沿线住宿费、餐饮费之外的一切费用,已按照往电第一三三号,劝说满铁来负担。同一内容的电报应该将会由东京分社发来。不过,即使是在满铁沿线,由"新国家"方面招待游览等活动的费用,也应避免由日本方面来承担。

(二)关于满铁沿线以外的地方如下所示:

(1)按照往电第一三三号,原则上由"新国家"负担费用。不过,按您的意见,如果新国家难以负担,或者调查团一行不同意由"新国家"负担时,由调查团一行自行负担。

（2）但是，如果满铁提供专列的话，其费用由满铁进行承担（这一点也已说好）。此外，在我方设有领事馆的地方的车费以及货物搬运费用则以领事馆接待名义由外务省负担。

希望和贵电一起，作为训令转电至长春等其他相关领事馆。

已转电至北平。

资料来源：JACAR（アジア歴史資料センター）Ref. B02030444700（第375画像目から）、満洲事変（支那兵ノ満鉄柳条溝爆破ニ因ル日、支軍衝突関係）/善後措置関係/国際連盟支那調査員関係　第二卷（外務省外交史料館）

## 209. 芳泽外务大臣致驻沈阳森岛代理总领事的函电
### （日期不详）[①]

有关往电第一八二号之文件

根据吉田大使致本大臣的电报第三二号，在关东州及满铁附属地，旅费及膳食费由满铁负担，这个情况已经详细告知了。满铁沿线以外，原则上由"新国家"进行负担。文件开头所提到的那封电报，如果"满洲国"作为年轻的"新国家"负担上有其困难之处，同时调查团一行也不肯同意由"新国家"负担的话，希望车船费用、旅费及食宿费用等由我方负担。不过，在满铁提供专列的情况下，则按文件开头所提到的那封电报所述，由满铁方面进行负担。

资料来源：JACAR（アジア歴史資料センター）Ref. B02030444700（第377画像目から）、満洲事変（支那兵ノ満鉄柳条溝爆破ニ因ル日、支軍衝突関係）/善後措置関係/国際連盟支那調査員関係　第二卷（外務省外交史料館）

## 210. 驻沈阳森岛代理总领事致芳泽外务大臣的函电
### （1932年4月12日）

亚细亚局机密第二三九号

昭和七年四月十二日发

---

① 译者按：此条函电属于废弃未发。

昭和七年四月十八日收

**关于"满洲国"对于国际联盟调查团入满的警戒准备一事**

关于此事,本馆警察的情报如下所记,谨供参考。

下记

"满洲国"方面对国际联盟调查团一行接待方面采取最高礼仪,同时在安保方面采取严密的戒备,以极力防止意外事件的发生。据闻,在奉天省方面,臧省长对警察局、安保局、商团、警备司令部、靖安游击队、第一旅长王殿忠、蒙边督办张海鹏等各军长官下达了如下命令,大致内容如下:

国际联盟调查团来满期间,在各自的警备区域,须一律慎重小心以确保安全。万一发生了不测事件,其责任由各长官承担。以下各项须特别留意:

一、张学良计划派遣便衣队,伺机对调查团进行暗杀,并将其嫁祸给"满洲国"之类事项。

二、各地义勇军对调查团施加危害等事项。

以上

本信抄送地址:公使、北平、天津、通化、新民、海龙、长春、哈尔滨、吉林、牛庄。

资料来源:JACAR(アジア歴史資料センター)Ref. B02030444700(第378画像目から)、満洲事変(支那兵ノ満鉄柳条溝爆破ニ因ル日、支軍衝突関係)/善後措置関係/国際連盟支那調査員関係　第二巻(外務省外交史料館)

## 211. 驻沈阳森岛代理总领事致芳泽外务大臣的函电
### (1932年4月13日)

昭和七年四月十三日下午发
四月十三日下午收

电信第五七九号(暗、火速、部外极密)

综合"满洲国"方面的情报,可以推测,若顾维钧坚持和调查团一起从山海关进入"满洲国"的话,"满洲国"方面很可能会在山海关的下一站附近将他从列车上截下来。在这种情况下,日本方面宪兵警官等对此当然是完全不会进行干预的。不过终归不是什么理想的情况,因此本官认为应该尽量劝导调查团经由大连前往。

已转电至支那、北平。

资料来源：JACAR（アジア歴史資料センター）Ref. B02030444700（第379画像目から）、満洲事変(支那兵ノ満鉄柳条溝爆破ニ因ル日、支軍衝突関係)/善後措置関係/国際連盟支那調査員関係　第二巻（外務省外交史料館）

## 212. 驻国际联盟泽田局长致芳泽外务大臣的函电
（1932年4月13日）

昭和七年　九〇七九　平　　　日内瓦　　　　　　　十三日上午发
　　　　　　　　　　　　　　外务省　　　　　　　四月十三日上午收

第三五三号

在去年十一月二十一日的理事会上，意大利理事说过："将在当地对国际联盟调查团提供所有的便利，并且当地的意大利人也会为调查提供援助。"因此调查团坚信，在当地驻有代表的其他理事国也会提供同样的便利，并认为必要之时各国将会依照上述精神训令驻北平的各自公使及驻满洲的各领事。

资料来源：JACAR（アジア歴史資料センター）Ref. B02030444700（第379画像目から）、満洲事変(支那兵ノ満鉄柳条溝爆破ニ因ル日、支軍衝突関係)/善後措置関係/国際連盟支那調査員関係　第二巻（外務省外交史料館）

## 213. 驻国际联盟泽田局长致芳泽外务大臣的函电
（1932年4月13日）

电信第三五二号（平）

日内瓦　　　　　　　　　　　昭和七年四月十三日上午发
外务省　　　　　　　　　　　昭和七年四月十三日下午收

十二日下午，在塔尔迪厄（André Tardieu）主席主持下，国际联盟理事会举行了临时会议。先由主席公布了别电第三五三号所述李顿爵士致秘书长的电报。各理事都对此没有异议，均表示认可，会议决定对驻当地的各国官员采取必要的措施。然后，议题转到了有关救济奥地利、匈牙利、希腊、保加利亚四国财政委员会报告的审议上，决议让不久前伦敦会议的参加国代表在与财政委员会、秘书处有关机构进行联络、研究的基础上，在五月向理事会做出报告。随后散会。

已转电美、支，并邮报驻欧各大使。

资料来源：JACAR（アジア歴史資料センター）Ref. B02030444700（第380画像目から）、満洲事変（支那兵ノ満鉄柳条溝爆破ニ因ル日、支軍衝突関係）/善後措置関係/国際連盟支那調査員関係　第二卷（外務省外交史料館）

## 214. 驻北平矢野参赞致芳泽外务大臣的函电
（1932年4月13日）

昭和七年　九一三四　暗　　北平　　　　　　　　十三日下午发
　　　　　　　　　　　　　外务省　　　　　　四月十三日下午收

第一五九号
本官发奉天收电报
第二三号
自吉田
第三三号

关于支那方面对列车自北平出发不换乘直达奉天问题的意见，十日哈斯传来了以下内容的通知。

一、支那方面的想法是，到奉天为止，调查团一直使用现在的调查团专用列车。因此，北宁铁路局希望仅让奉山铁路方面的一名引航员上车，不更换机车而直达奉天。

二、但是，奉山铁路方则希望在山海关更换机车。这种情况下，就需要让奉山铁路方面的乘务员从山海关上车。彼时北宁铁路的乘务员将留在列车内，做些技术性的辅助工作（以上乘务员由向导一名，信号旗手一名，轫手三名与加油工两名组成），除此之外，厨师、服务生及其他雇员在奉山铁路上也应继续服务。

三、希望日本政府在山海关以东，确保列车及乘客的安全。

四、如果调查团提出要求，支那方面同意让该列车在奉天、长春之间（经过满铁以外的铁道的场合下）及满铁线上运行。

五、关于北平到山海关之间的行程，支那方面希望选在白天。山海关到奉天之间也选在白天的话,列车将会在山海关停车一晚。

针对以上哈斯的来函,我方仅回复道:"据闻奉山、北宁两铁道局正在就列车直通问题进行协商。因此,估计此事,连同支那方面铁道局的意向,也正由该局同奉山方进行协商",未再多做回应。有关文件的复印件将邮寄送至。

已转电至外务大臣、天津、长春。

资料来源:JACAR(アジア歴史資料センター)Ref. B02030444700(第381画像目から)、満州事変(支那兵ノ満鉄柳条溝爆破ニ因ル日、支軍衝突関係)/善後措置関係/国際連盟支那調査員関係　第二卷(外務省外交史料館)

## 215. 驻北平矢野参赞致芳泽外务大臣的函电
（1932年4月13日）

昭和七年　九一五四　平　　北平　　　　　　　　　十三日下午发
　　　　　　　　　　　　　外务省　　　　　　　　四月十四日上午收

第一七〇号

关于往电第一六六号

对张学良的演说,李顿爵士的回应大致如下:

非常感谢阁下的款待和饶有兴致且重要的演说。虽然不清楚希尼博士在其著书中,是在怎样的语境下说了那句话,不过阁下的引用甚是巧妙。各国国民都理应拥有生存的意愿和发展的权利,和平条约在一定的条件下保障国际联盟各国应有的生存意愿和发展权力。我在天津说过,国际联盟是世界上一种新的力量,即有组织的法的力量。同时,国际联盟又是对各国的一种保障。保护弱者不受强者的侵略;保障强者的名誉和正当所有权不会因克制使用暴力而受到侵害。为了保证上述保障有效,国际联盟必须引导各国信赖这一保障机制,使他们能够利用国际联盟,信服国际联盟对于一切纷争的判决。这次得到了日支双方对上述信赖的保障,我们感到非常满意。阁下与纷争有着直接关系而且位高权重。今晚从阁下口中听到了对鄙人信赖的话语,这点特别重要。阁下提到中国目前正与巨大的困难做斗争,中国的成功将是远东和平的保障。我认为这是至理名言。我衷心祈愿你们成功,同时保证国际联盟会在本次事件上对阁下提供援助和协力。

已按前封电报一样转电各处。

资料来源：JACAR（アジア歴史資料センター）Ref. B02030444700（第382画像目から）、満洲事変（支那兵ノ満鉄柳条溝爆破ニ因ル日、支軍衝突関係）/善後措置関係/国際連盟支那調査員関係　第二巻（外務省外交史料館）

## 216. 驻北平矢野参赞致芳泽外务大臣的函电
（1932年4月13日）

北平　　　　　　　　　　　　　　昭和七年四月十三日下午发
外务省　　　　　　　　　　　　　昭和七年四月十三日下午收
电信第一七二号（暗、火速、极密）
自吉田大使第三三号
自伊藤

十三日，就顾维钧入满问题，对李顿爵士说明了满洲的情况。李顿爵士主张："基于理事会决议，调查团不与日支以外的政府进行交涉，在满洲的安全保障应由日本政府负责"，其不把"满洲国"政府的存在及该政府反对支那代表入满的通告等放在眼里。因此，小官反复进行说明："我方在租借地附属地和军队占领地范围内提供保护是理所当然的，但其外的地域应该由'满洲国'政府承担责任。像爵士这般全然否认'满洲国'政府存在的事实，丝毫不顾顾维钧入满所遭到的反对态度，这从理事会决议的纯粹理论解释来看或许有一定理由，但无视事实绝非贤明之策"。但是，李顿爵士依旧固执认为：（一）没有支那参与员的话，就不入满；（二）日本有保护调查团的责任。李顿似乎觉得，日本军队占领了满洲全境，在四处进行治安维持，只要我方有意愿，就能够保护支那参与员的安全，不存在危险。虽然我反复进行了说明，但李顿并不想了解满洲的实际形势，他表示如果支那参与员发生什么不测事件，将是帝国政府的责任。

尽管"满洲国"政府明确地表示了自己的意志，但首席代表的想法依然故我。因此，望帝国政府明确指出我方提供保护责任的地区，以防日后节外生枝。

已转电至支那、南京、奉天、长春、国际联盟事务局长。

资料来源：JACAR（アジア歴史資料センター）Ref. B02030444700（第383画像目から）、満洲事変（支那兵ノ満鉄柳条溝爆破ニ因ル日、支軍衝突関係）/善後措置関係/国際連盟支那調査員関係　第二巻（外務省外交史料館）

## 217. 驻北平矢野参赞致芳泽外务大臣的函电
（1932 年 4 月 13 日）

昭和七年　九一三一　暗　　北平　　　　　　　十三日下午发
　　　　　　　　　　　　　外务省　　　　　　　四月十四日上午收

第一七三号（火速、极密）

自吉田第三四号

关于本官致外务大臣的电报第三三号

和伊藤谈话后，李顿对本使这样说道："不管日本方面如何说明，也不能改变我的想法，即日本'控制'或者'建议'了'满洲国'的意见。我自己并不担心在'满洲国'的支那人（这样说是在暗示问题在于在满日本人）。只要日本政府有保护的意愿，不管身在满洲任何地方，都能够给调查团一行提供保护。如果不能从山海关通过的话，我们希望提供其他线路。"

已转电至支那、南京、奉天、长春、国际联盟事务局长。

资料来源：JACAR（アジア歴史資料センター）Ref. B02030444700（第385画像目から）、満洲事変(支那兵ノ満鉄柳条溝爆破ニ因ル日、支軍衝突関係)/善後措置関係/国際連盟支那調査員関係　第二巻（外務省外交史料館）

## 218. 满洲海军特设机关首席职员致海军省次官、军令部次长的函电（1932 年 4 月 13 日）

昭和七年四月十三日一五时三〇分发
四月十三日一七时二五分收

发送方：满洲海军特设机关首席职员

接收方：海军省次官，军令部次长（三舰队・佐镇参谋长、一遣・二遣司令官）

机密第五八号电

对国际联盟调查团来满采取的应对措施，主要由关东军负责。外务省、满铁关东厅之间正在进行协商，日本方面并没有任何回避调查的情况，有必要的话，应澄清我方见解，堂堂正正进行辩驳。况且，调查团一行调查的重点并不在过去,而应该是对"满洲国"实体和将来的预想,以及日本参与其统治的内情探查。

跟海军有关的情况,只涉及江防舰队。该机关同关东军协商后,似尚未制定方针。

资料来源:JACAR(アジア歴史資料センター)Ref. B02030444700(第386画像目から)、満洲事変(支那兵ノ満鉄柳条溝爆破ニ因ル日、支軍衝突関係)/善後措置関係/国際連盟支那調査員関係　第二巻(外務省外交史料館)

## 219. 支那驻屯军参谋长致陆军次官的函电
（1932年4月12日）

昭和七年四月十二日下午三时三〇分发

四月十二日下午八时四〇分收

天电七八三

四月十一日顾维钧致外交部的电报

调查团于四月九日到达北平,受到北平各界颇为盛大的欢迎,同张学良一起拍了纪念照片。进入北京饭店,调查团出席北平各界的欢迎宴,除了张学良及张学良、顾维钧、周戴文等人的夫人的招待宴外,谢绝了其他宴会。调查团对北宁铁路局准备的专用列车表示满意。

调查团决定乘坐列车前往东北,在途中沿线进行视察。我在离宁后,国民政府没有发来任何电报,我决定随调查团一行赴东北。

已向关东厅、天津、上海转电。

资料来源:JACAR(アジア歴史資料センター)Ref. B02030444700(第387画像目から)、満洲事変(支那兵ノ満鉄柳条溝爆破ニ因ル日、支軍衝突関係)/善後措置関係/国際連盟支那調査員関係　第二巻(外務省外交史料館)

## 220. 支那驻屯军参谋长致陆军次官的函电
（1932年4月12日）

密　参同文

昭和七年四月十二日下午四时一〇分发

昭和七年四月十二日下午十时三〇分收

天电七八六

### 四月十一日罗文干致张学良的密电

外交部接到长春谢介石的电报，其内容为反对顾维钧随同调查团进入"满洲国"。蒋介石过目后，直接将原电送还。基于去年十二月十日的决议案，调查团发出指令，对日本政府进行通告抗议。

已向关东厅、天津、上海转电。

资料来源：JACAR（アジア歴史資料センター）Ref. B02030444800（第388画像目から）、満洲事変（支那兵ノ満鉄柳条溝爆破ニ因ル日、支軍衝突関係）/善後措置関係/国際連盟支那調査員関係　第二巻（外務省外交史料館）

## 221. 支那驻屯军参谋长致陆军次官的函电
　　（1932年4月12日）

密　参同文

昭和七年四月十二日下午四时〇〇分发
昭和七年四月十二日下午十时二六分收

天电七八九

### 四月十一日张学良致南京蒋介石的密电

调查团有意在汤岗子及青岛撰写报告书。我表示北戴河是最适宜的地方之一。目前正在选定场所中。

已向关东厅、天津、上海转电。

资料来源：JACAR（アジア歴史資料センター）Ref. B02030444800（第388画像目から）、満洲事変（支那兵ノ満鉄柳条溝爆破ニ因ル日、支軍衝突関係）/善後措置関係/国際連盟支那調査員関係　第二巻（外務省外交史料館）

## 222. 驻沈阳森岛代理总领事致芳泽谦吉外务大臣的函电(1932年4月13日)

机密第二四四号
昭和七年四月十三日

**有关警护国际联盟调查团一事**

关于此事,本地的有关部门代表进行了集会、协商。所定内容如附页副本所示。特此报告,谨做参考。

**有关警护国际联盟调查团的协定事项**

一、警护及警戒的分担

(1) 关东州内由关东厅及宪兵队分担

(2) 州外附属地

① 车站及附属地市街由关东厅及宪兵队分担。

② 铁道线路用地由守备队分担。

但是桥梁、道口、小村落,以及其他警护上应该特别注意的部分场所,只要条件允许,也需配备警察、宪兵。

③ 列车内由关东厅宪兵队分担。

(3) 附属地以外由军方承担

二、配置方针

(1) 行列

① 行列不配备前导和殿后,代之以向导。但是,如有必要可配置报告员,报告员由警察担任。

② 每辆代表用车的副驾驶席上配备便衣警察官一名。

(2) 沿道

沿道适当配置制服警察官及宪兵,其人员依照当地的状况,由警察署长和宪兵队商量之后决定。

(3) 旅馆

① 馆内：便衣警部补①一人，便衣巡查四人，便衣宪兵若干。

② 外围：依照宾馆外的情况，由警察署长决定人员。

③ 夜宿列车内的情况

由长春署长和宪兵队商量，配置适当的人数。

④ 外出的场合

不配置警护员。但是如有必要，让若干便衣人员尾随其后。

（4）列车乘车警备

警部②或者警部补一人（制服）、巡查四人（其中便衣二人）、宪兵下士一人、上等兵二人（乘车警备区间另行决定）

（5）车站

为了避免混乱，对普通上下车乘客进行疏理，适当配置便衣警察官。

（6）新闻杂志的监管

操纵内外新闻记者虽为军部负责，但为其之监管，配置人员如下：

① 为了对新闻记者、新闻社照片班、活动照片班进行监管，由发送地与接受地的警察署，针对每班各配置一名专任人员。

② 为了监管上的方便，佩戴腕章或者徽章。

③ 允许搭列车的便车的情况下，需要有一名警察官同乘作为监管联络员。

（7）汽车整理

汽车的派遣由满铁方进行负责，各署均各配置两名整理员和负责人员进行联络。

（8）交通封锁

① 州外铁道附属地

A. 届时封锁车马交通

B. 人行道照旧

② 关东州内

交通整顿的程度

（9）联络

必要时从警务局派出警务高等负责人员。

---

① 编者按：警部补，日本警察阶级之一，位于警部之下、巡查部长之上。

② 编者按：警部，日本警察阶级之一，位于警视之下，警部补之上。

资料来源：JACAR（アジア歴史資料センター）Ref. B02030444800（第389画像目から）、満洲事変（支那兵ノ満鉄柳条溝爆破ニ因ル日、支軍衝突関係）/善後措置関係/国際連盟支那調査員関係　第二巻（外務省外交史料館）

## 223. 关东厅警务局长致拓务次官等处的函电
（1932年4月13日）

关机高外第一三八九号之二
昭和七年四月十八日收
发送方：关东厅警务局长
接收方：拓务次官、内阁书记官长、外务次官

**驻沈阳苏联总领事馆对于国际联盟调查团一行来奉天的对策**

关于此事，据驻沈阳的苏联东铁商业支部长克罗索夫（コロソフ，译音）透露，对此次国际联盟调查团一行来奉，驻沈阳苏联总领事馆避免直接在公开场合进行露骨的活动，而是主要让驻沈阳的苏联塔斯社通信员斯勒巴库（スレバック，译音）进行活动。为了让调查团对苏联抱有好感，苏联领事馆正在计划将收集的各种资料提供给斯勒巴库，让其提交给调查团。此外，斯勒巴库从本国政府领取了大笔活动经费，用于缓和在满外国人记者的对苏感情并让其做出对苏联有利的意见的观测①，相关活动正在进行中。

以上谨供参考。

以上

资料来源：JACAR（アジア歴史資料センター）Ref. B02030444800（第392画像目から）、満洲事変（支那兵ノ満鉄柳条溝爆破ニ因ル日、支軍衝突関係）/善後措置関係/国際連盟支那調査員関係　第二巻（外務省外交史料館）

---

① 译者按：本处原文为"ソ連邦ニ有利ナル意見ノ観測ヲ無サシム"，其中的"無サシム"应为"為サシム"的笔误。

## 224. 驻北平矢野参赞致芳泽外务大臣的函电
### （1932 年 4 月 14 日）

昭和七年　九一九九　暗　北平　　　　　　　十四日下午发
　　　　　　　　　　　　　外务省　　　　　四月十四日下午收

第一七五号

自吉田第三六号

**关于致南京的贵电合第八八九号**

已于八日向调查团各代表们详细说明了阁下致国际联盟电报第一二五号的主旨。

资料来源：JACAR（アジア歴史資料センター）Ref. B02030444800（第393画像目から）、満洲事変（支那兵ノ満鉄柳条溝爆破ニ因ル日、支軍衝突関係）/善後措置関係/国際連盟支那調査員関係　第二巻（外務省外交史料館）

## 225. 驻北平矢野参赞致芳泽外务大臣的函电
### （1932 年 4 月 14 日）

昭和七年　九二三九　暗　北平　　　　　　　十四日下午发
　　　　　　　　　　　　　外务省　　　　　四月十五日上午收

第一七七号

自吉田

第三八号

十四日上午十一时开始，矢野参赞、桑岛总领事及天津驻屯军竹内参谋分别就北平的排日情况（一般情况、海军武官事务所投掷炸弹事件、《申报》及教学读本的不敬文章事件）和天津事件，对国际联盟调查团进行了约 2 个小时的说明。李顿就天津事件，依据支那方面提出的文件提出了种种疑问。针对这些提问，我方充分说明了立场。

已转电至支那、奉天、天津。

资料来源：JACAR（アジア歴史資料センター）Ref. B02030444800（第

393 画像目から）、満洲事変（支那兵ノ満鉄柳条溝爆破ニ因ル日、支軍衝突関係）/善後措置関係/国際連盟支那調査員関係　第二巻（外務省外交史料館）

## 226. 驻北平矢野参赞致芳泽外务大臣的函电
（1932年4月14日）

昭和七年　九二三八　暗　北平　　　　　　　　十四日下午发
　　　　　　　　　　　　外务省　　　　　　　四月十五日上午收

第一七八号
自吉田
第三九号
　　十三日午后，关于最终报告书撰写场所的选定，调查团为征求本使的意见而召开了会议。本使详细说明了北戴河一带为张学良扰乱满洲的策源地（参照三月二十三日去信第八号），而且缺乏各种设施，反复表达反对选址北戴河之意，并同时推荐了青岛及星之浦。
　　已转电至支、奉天、青岛。

资料来源：JACAR（アジア歴史資料センター）Ref. B02030444800（第394画像目から）、満洲事変（支那兵ノ満鉄柳条溝爆破ニ因ル日、支軍衝突関係）/善後措置関係/国際連盟支那調査員関係　第二巻（外務省外交史料館）

## 227. 驻沈阳森岛代理总领事致芳泽外务大臣的函电
（1932年4月14日）

昭和七年　九一八二　暗　奉天　　　　　　　　十四日上午发
　　　　　　　　　　　　外务省　　　　　　　四月十四日下午收

第五八二号
本官致北平电报
第八四号（火速）
　　据闻，"满洲国"方面决定：绝对禁止支那方面的北宁列车开进奉山线，国际联盟调查团一行经由该线路进入满洲时，使其在山海关换乘奉山方面的列车。

已转电至外务大臣、支、天津、长春。

资料来源：JACAR（アジア歴史資料センター）Ref. B02030444800（第395画像目から）、満洲事変（支那兵ノ満鉄柳条溝爆破ニ因ル日、支軍衝突関係）/善後措置関係/国際連盟支那調査員関係　第二巻（外務省外交史料館）

## 228. 驻沈阳森岛代理总领事致芳泽外务大臣的函电（一）（1932年4月14日）

电信第五八三号之一（暗、非常火速、极密）

奉天　　　　　　　　　　　　　昭和七年四月十四日下午发

　　　　　　　　　　　　　　　昭和七年四月十四日下午收

### 关于本官致长春电报第三九号

一、虽然您累次发来电报下达指示，但"满洲国"方面的态度强硬，参照长春致阁下电报第一四八号以及其他种种情势，可以肯定的是，若顾维钧乘坐奉山线入满，将会在国境附近被"满洲国"政府拉下火车。此外，关于关东军的态度，虽有阁下致长春电报第四〇号，关东军的内部训示是，拒绝顾维钧入满完全是"满洲国外交部"的提议，和关东军方面没有任何关系。关东军所持的一贯立场是，作为"外交部"第一次的外交交涉虽然给予默认，但顾维钧进入满洲后只要涉及军方的话，就应该对其予以保护（关第三四六一号）。而且，关东军认为顾维钧入满问题跟一般的治安维持完全是不同的问题。基于这一看法，对阁下致长春电报第三七号中所述自陆军中央的电报也做了如下内容的回电：军方大体上采取旁观主义，只是对"满洲国"方面大致要求了以下几点。

（一）当然要阻止支那兵进入。

（二）阻止顾维钧一事在于"满洲国"的自由意志。不过虽然可以通过警察等要求其下车，但此事应在锦州以西实行。（待续）

资料来源：JACAR（アジア歴史資料センター）Ref. B02030444800（第395画像目から）、満洲事変（支那兵ノ満鉄柳条溝爆破ニ因ル日、支軍衝突関係）/善後措置関係/国際連盟支那調査員関係　第二巻（外務省外交史料館）

## 229. 驻沈阳森岛代理总领事致芳泽外务大臣的函电（二）
（1932年4月14日）

电信第五八三号之二（暗、非常火速）
奉天　　　　　　　　　　　　　　　昭和七年四月十四日下午发
　　　　　　　　　　　　　　　　　昭和七年四月十四日下午收

（三）不妨向锦州方面增派一部分"满洲国军"。

（四）警戒等方面，鉴于一直以来的关系，根据"满洲国"的请求提供方便。

二、如前所述，拒绝顾维钧入满本系"满洲国外交部"的提议，我方在当地的官员对此至今都采取了默认态度。此举可以认为我方对"满洲国"间接认可了此事。事到如今，"满洲国外交部"已向南京发送了电报，若重新强迫"满洲国"变更方针，会极大地丧失我方在"新国家"的威信，鉴于近来"新国家"的反抗气势似有抬头之兆，我认为在大局上这样更不太好。而且，要顾及军方一直以来采取旁观主义的体面，还鉴于长春致阁下的电报第一四一号的情况，当地的官员几乎都不认同按开头贵电训令实行的可行性。

三、根据上述情况，正如长春致阁下电报第一四八号所述，依靠我方实力保护其入境这样的方案，只要关系到由奉山线入境，其可行性为零是一目了然的。我认为此时只能采取如往电第五七九号所述的措施，即由大连登陆，并把视察区域限定在满铁附属地内。恳请迅速采取以上处理方法。

望自日内瓦转电驻欧洲各大使。

已转电至支那、北平、天津、日内瓦、美国及除间岛之外的驻满各领事。

资料来源：JACAR（アジア歴史資料センター）Ref. B02030444800（第396画像目から）、満洲事変（支那兵ノ満鉄柳条溝爆破ニ因ル日、支軍衝突関係）/善後措置関係/国際連盟支那調査員関係　第二巻（外務省外交史料館）

## 230. 驻沈阳森岛代理总领事致芳泽外务大臣的函电
（1932年4月14日）

昭和七年　九二〇四　暗　奉天　　　　　　　　　十四日下午发
　　　　　　　　　　　　外务省　　　　　　　　　四月十四日下午收

第五八六号（火速）

关于往电第五八三号

一、已与军方进行协商，但军方时至今日难以改变态度并已决定大致上采取以下方针：

（一）在国境线附近，如果"满洲国"军警与中华民国军警在护卫上不能圆满妥协、完成交替而发生战斗的话，为了维持治安，做好断然解除两者武装的准备。

（二）发生以上情况时，要对国际联盟调查团采取充分的保护手段。

（三）不干涉"满洲国"警察权利的正当行使。

正如屡次电报所述，本官相信在大连登陆是为上策。但若由奉山线入满时，万一在我军或宪兵眼前发生事端，日本自然会有被牵扯进去之虞。现在正与军方协商：调查团入满之时，不仅我军及宪兵，日本方面出迎者也不前赴现场而在锦州等候调查团一行。

望自国际联盟按前封电报那样转电各处。

已按前封电报那样进行转电。

资料来源：JACAR（アジア歴史資料センター）Ref. B02030444800（第398画像目から）、満洲事変（支那兵ノ満鉄柳条溝爆破ニ因ル日、支軍衝突関係）/善後措置関係/国際連盟支那調査員関係　第二巻（外務省外交史料館）

## 231. 驻哈尔滨长冈代理总领事致芳泽外务大臣的函电
（1932年4月14日）

昭和七年　九二三五　暗　哈尔滨　　　　　　　十四日下午发
　　　　　　　　　　　　　外务省　　　　　　　四月十四日下午收

第四〇八号

关于本官致北平、天津的电报合第二四二号

十三日沈瑞麟对本官说："自我等前往山海关迎接是谢介石的意见。而且看样子支那方面也不打算派高级官吏前往接送，所以经商议后定为派两三名精通外语的事务官级别的官员前往。"

已转电至北平、天津、奉天、长春。

资料来源：JACAR（アジア歴史資料センター）Ref. B02030444800（第

399画像目から)、満洲事変(支那兵ノ満鉄柳条溝爆破ニ因ル日、支軍衝突関係)/善後措置関係/国際連盟支那調査員関係　第二巻(外務省外交史料館)

## 232. 芳泽外务大臣致驻北平矢野参赞的函电
（1932年4月14日）

昭和七年四月十四日下午发

电信第六九号（暗）（火速）

**有关顾维钧入满一事**

有关往电第六七号

致吉田大使

通过致长春往电第三六号等，相信您已有所知。帝国政府对国际联盟以及中外各方一直声明以下主张：我方不仅保护帝国臣民的生命财产，还担负着整个满洲的治安维持责任，因此鉴于目前"满洲国"警备力量不足的现实，撤离附属地外的驻军是不可能的。并且，上述主张是我方维持帝国军队驻兵满洲内地之现状的重要理论依据，同时也是将来万一支那本土军队来侵我军对其采取阻止手段的重要理论依据。因此，希望此次即便忍受万般困难，也要在我军的保护下尽量保障调查团完成任务。虽在极其努力地说服"新国家"方面，但毕竟刚给南京发去通牒不久，也要考虑到其面子问题，不能强迫"新国家"。另一方面，考虑到调查团一行这时候直接从山海关入满会有相当的危险，所以，希望在理解上述情况的基础上，按别电第七〇号所述向李顿爵士提出请求，尽力使调查团一行经由大连前往。

已同陆军进行过协商。

已同别电一起转电至奉天、长春、支那、南京、天津、国际联盟、美国，并令奉天向长春以外的相关驻满领事转电，令国际联盟向英、法、意、德转电。

资料来源：JACAR（アジア歴史資料センター）Ref. B02030444800（第399画像目から)、満洲事変(支那兵ノ満鉄柳条溝爆破ニ因ル日、支軍衝突関係)/善後措置関係/国際連盟支那調査員関係　第二巻(外務省外交史料館)

## 233. 芳泽外务大臣致驻北平矢野参赞的函电
（1932年4月14日）

电信第七〇号（暗）（火速）

昭和七年四月十四日下午发

**关于顾维钧入满一事**

关于顾维钧入满问题，目前我方正在努力劝说"满洲国"方面，尽力取得"满洲国"方面的谅解，让调查团一行按照预定计划从奉山线入满。虽然最终可以取得"满洲国"方面的谅解，但考虑到为此可能要颇费时日，所以，如果调查团方面希望不过于延误入满日期的话，倒不如让其经由大连先进入满铁附属地，然后参酌治安等状况，在相关军队的保护下，尽可能地按照预定计划前往满洲各地出差考察。本官认为，这样既避免眼前的麻烦，又防止意外事件的发生，可达到实际目的。

资料来源：JACAR（アジア歴史資料センター）Ref. B02030444800（第401画像目から）、満洲事変（支那兵ノ満鉄柳条溝爆破ニ因ル日、支軍衝突関係）/善後措置関係/国際連盟支那調査員関係　第二巻（外務省外交史料館）

## 234. 满铁总务部长致满铁东京支社长的函电
（1932年4月14日）

昭和七年四月十四日下午三时一二分发

昭和七年四月十四日下午五时三〇分收

（东联一六）关于负担经费一事，已经知晓。但是关于第二项满铁以外的铁路的输送经费，可能存在误解，即专列要在满铁以外的铁路运行时，公司仅借给必要的车辆，满铁以外的铁路按自己的规划进行运行。因此，四月七日在奉天召开协议会决定：关于上述经费，由总领事馆向"满洲国交通部"交涉，让"满洲国交通部"负担；如果"交通部"不同意，则由外务省进行负担。

资料来源：JACAR（アジア歴史資料センター）Ref. B02030444800（第402画像目から）、満洲事変（支那兵ノ満鉄柳条溝爆破ニ因ル日、支軍衝突関

係)/善後措置関係/国際連盟支那調査員関係 第二卷(外務省外交史料館)

## 235. 驻北平矢野参赞致芳泽外务大臣的函电
（1932年4月15日）

昭和七年　暗　　北平

　　　　　　外务省　　　　　　　　　　　　四月十五日下午收

第一七九号
自吉田
第四〇号
　　十四日，调查团阅览了一九〇五年满洲铁道条约及批准书（及全权委任状）的支那方面原件。顾维钧向调查团说：以上条约虽有正式的签字署名，但会议记录上不过是全权委员的姓名首字母。对此，本使说明道：会议记录上不是姓名首字母，而是同签字署名具有同等效力的画押。
　　已转电至支那、奉天。
　　资料来源：JACAR（アジア歴史資料センター）Ref. B02030444800（第403画像目から）、満洲事変(支那兵ノ満鉄柳条溝爆破ニ因ル日、支軍衝突関係)/善後措置関係/国際連盟支那調査員関係 第二卷(外務省外交史料館)

## 236. 驻长春田代领事致芳泽外务大臣的函电
（1932年4月15日）

电信第一五一号（暗、火速）

长春　　　　　　　　　　　　　　昭和七年四月十五日上午发

外务省　　　　　　　　　　　　　昭和七年四月十五日下午收

　　我们对贵调查团表示衷心欢迎，我们知道，不久您将会拜访满洲，同时，我们不仅要对您以礼相待，还要为您实现伟大的任务提供设施服务方面的帮助。不过，请允许我们请求您承认以下事实，即我们拒绝中国参与员——顾维钧加入您的调查团，不允许他的工作人员进入我国境内。正如最近我们致南京政府罗文干外交部长的电报中所说，这仅仅是基于主权权利以守护在我国境内的和平与秩序。众所周知，顾先生与满洲旧军事政权有着特殊的关系。我们被告知，顾先生正在图谋利用贵调查团进入满洲的机会，勾结残余旧政权势力实施其阴险计划。在我们国家至今仍发现大量旧政权势力的存在。

鉴于上述事实，您将会感激我们采取的这些措施，并理解我们在此事上的坚定态度。

我认为，应该代之以其他我们可接受的合适的参与员，这样我们就不用再次不情愿地讨论此事。

田代

资料来源：JACAR（アジア歴史資料センター）Ref. B02030444800（第404画像目から）、満洲事変（支那兵ノ満鉄柳条溝爆破ニ因ル日、支軍衝突関係）/善後措置関係/国際連盟支那調査員関係　第二巻（外務省外交史料館）

## 237. 驻国际联盟泽田局长致芳泽外务大臣的函电
### （1932年4月15日）

昭和七年　九三四七　平　　日内瓦　　　　　　十五日下午发
　　　　　　　　　　　　　外务省　　　　　　四月十六日上午收

第三六一号

有关往电第三五二号前段

十四日，自秘书长发来通告：秘书长将往电第三五三号中所述的李顿调查团的要求作为情报通告美国政府后，驻本地的美国领事口头表示，美国国务卿已训令驻支那及日本的美国官吏，为该调查团提供便利。

已按开头往电一样转报各处。

资料来源：JACAR（アジア歴史資料センター）Ref. B02030444800（第405画像目から）、満洲事変（支那兵ノ満鉄柳条溝爆破ニ因ル日、支軍衝突関係）/善後措置関係/国際連盟支那調査員関係　第二巻（外務省外交史料館）

## 238. 驻上海重光公使致芳泽外务大臣的函电
### （1932年4月15日）

昭和七年　九二九〇　暗　　上海　　　　　　　十五日下午发
　　　　　　　　　　　　　外务省　　　　　　四月十五日下午收

第六九〇号
本使致北平电报第九九号
关于贵电第一二四号
致吉田大使

十二日林出从当地出发,直接前往奉天(预计十五日到达)。鉴于致外务大臣贵电第二八号的计划,考虑到去北平已来不及,故直接前往奉天。

已转电外务大臣、奉天。

资料来源:JACAR(アジア歴史資料センター)Ref. B02030444800(第405画像目から)、満洲事変(支那兵ノ満鉄柳条溝爆破ニ因ル日、支軍衝突関係)/善後措置関係/国際連盟支那調査員関係　第二巻(外務省外交史料館)

## 239. 驻北平矢野参赞致芳泽外务大臣的函电
### (1932年4月15日)

昭和七年　九三一〇　暗　北平　　　　　　十五日下午发
　　　　　　　　　　　　外务省　　　　　　四月十六日上午收

第一八四号(非常火速、极密)
自吉田
第四二号

十五日上午十点,调查团要求本使出席,就出发日期及入满经由路线进行了商议。本使表示:关于顾维钧问题,日本政府绞尽脑汁想办法,目前正在斡旋中,等待结果应该需要相当时日,因此,调查团(包含顾维钧)不如通过海路从天津前往大连更为恰当。在人员容纳方面,乘坐十九日或者二十日由天津出航的"奉天丸"(该船本是上海航线船舶,已和大连轮船协商派其前往天津)较为便利。但李顿团长以海路费工夫为由拒绝了提议。然而,据长春、奉天所发电报,不难想象通过铁道时会出现问题。因此,本使说明:虽然我军尽力保护调查团人员一行,但在山海关至锦州之间没有我方军队驻屯,难保不会发生什么事故,故再次建议走海路。但是调查团一行很顽固,没有同意。暂时决定为搭乘北宁列车前往山海关,到山海关后换乘奉山铁路局列车,从山海关出发的日期向奉天进行确认。十点半结束会见后离开。上述会见后不久,接到了贵电第六九号,由于李顿团长正在会议中,没能得到会见,直接向哈斯陈述了贵电第七〇号训电的主旨,并托他向李顿团长传达。碰巧这时,哈斯接到了"满洲国外交部长"谢介石致李顿团长的反对顾维钧的电报(与长春致贵大臣第一五一号同样内容)。哈斯认为无法无视此情况而做出决定。"满洲国"欢迎国际联盟调查团入满,可以采用陆路入满,而参与员们则乘船赴大连。不管怎样,本使已请求哈斯将我方提议传达给李顿团长,并说明主旨。此外,本使也向他表示:如果调查团同意走海路的话,我方正考虑委托军方将目前在青岛的驱逐舰派遣至天津附近。

望自奉天转电至除长春外的相关驻满领事,自国际联盟转电至英、法、意、德。

已转电至奉天、长春、支那、南京、天津、国际联盟、美国。

资料来源:JACAR(アジア歴史資料センター)Ref. B02030444800(第406画像目から)、満洲事変(支那兵ノ満鉄柳条溝爆破ニ因ル日、支軍衝突関係)/善後措置関係/国際連盟支那調査員関係　第二巻(外務省外交史料館)

## 240. 驻北平矢野参赞致芳泽外务大臣的函电
（1932年4月15日）

昭和七年　九三一一　暗　北平　　　　　　　　　十五日下午发
　　　　　　　　　　　外务省　　　　　　　　　四月十六日上午收

第一八六号(非常火速、极密)

自吉田第四三号

十五日下午六点半开始,下官和调查团就往电第四二号的内容进行了协商。根据李顿团长的请求,在我传达了致北平贵电第六七号及第七〇号批示的主旨后,双方交换了意见。李顿团长虽然仍倾向于采取陆路方式,最终还是决定等待收到今早佐藤向海军省请示使用驱逐舰的回电后,再开会商议。

望自奉天转电除长春外相关驻满领事;自国际联盟转电英、法、意、德。

已转电至奉天、长春、支那、南京、天津、国际联盟、美国。

资料来源:JACAR(アジア歴史資料センター)Ref. B02030444800(第407画像目から)、満洲事変(支那兵ノ満鉄柳条溝爆破ニ因ル日、支軍衝突関係)/善後措置関係/国際連盟支那調査員関係　第二巻(外務省外交史料館)

## 241. 驻北平矢野参赞致芳泽外务大臣的函电
（1932 年 4 月 15 日）

昭和七年　九二五四　暗　北平　　　　　　　　十五日上午发
　　　　　　　　　　　　外务省　　　　　　　　四月十五日上午收

第（脱）号
自吉田
第四一号
致松冈洋右氏
关于接收您与国际联盟调查团间会谈的备忘录，李顿爵士表示需要征得您的同意。因此希望您通过电报或邮报通知李顿爵士，让其将备忘录交给本使。

资料来源：JACAR（アジア歴史資料センター）Ref. B02030444800（第408画像目から）、満洲事変（支那兵ノ満鉄柳条溝爆破ニ因ル日、支軍衝突関係）/善後措置関係/国際連盟支那調査員関係　第二卷（外務省外交史料館）

## 242. 驻北平矢野参赞致芳泽外务大臣的函电
（1932 年 4 月 15 日）

昭和七年　九三三〇　暗　北平　　　　　　　　十五日下午发
　　　　　　　　　　　　外务省　　　　　　　　四月十五日下午收

第二七号
本官致奉天电报第一八五号
自伊藤

一、在十四日早晨的会见中，李顿对天津事变进行了详细的提问（貌似是基于支那民间方面的材料）。对于满洲事变，可能也会同样提问很多细节，因此，有必要进行准备，以便能够充分应答。

二、调查团已经和张学良进行了三次会面，其会谈内容目前正在打探中。不过，据闻可以确定的是，张学良在会面中甚至提到了万宝山、朝鲜境内支那人被杀、中村事件等九月十八日之前的各个事件。张学良虽屡次表明直接交涉的意愿,但均被日本拒绝,张学良此后仍为了能直接交涉而向日本派送了密使。

已转电至外务大臣、公使、长春、吉林、哈尔滨、齐齐哈尔。

资料来源:JACAR(アジア歴史資料センター)Ref. B02030444800(第409画像目から)、満洲事変(支那兵ノ満鉄柳条溝爆破ニ因ル日、支軍衝突関係)/善後措置関係/国際連盟支那調査員関係 第二巻(外務省外交史料館)

## 243. 驻天津桑岛总领事致芳泽外务大臣的函电
（1932年4月15日）

昭和七年　九二九五　暗　　天津　　　　　　　　十五日下午发
　　　　　　　　　　　　　外务省　　　　　　　　四月十五日下午收

第一六七号

本官致北平电报

第三二号

望转电吉田大使

据大连轮船总公司发至本地分公司的电报,十八日大连出发的奉天丸将会返航至塘沽作为调查团用船,预定二十日出发。经调查,该船入港塘沽没有障碍。

奉天丸的乘客容量为一等座六十三个(不使用沙发的情况下为四十二)及二等座二十七个。详细情况希望向贵地国际观光局进行确认。此外,另一方案为分乘从塘沽二十日出发的天津丸和二十一日出发的长春丸(两船的乘客容量合计五十人)。不过,据说天津丸大部分已被预定,实施该方案希望不大。

已转电至外务大臣、奉天。

资料来源:JACAR(アジア歴史資料センター)Ref. B02030444800(第410画像目から)、満洲事変(支那兵ノ満鉄柳条溝爆破ニ因ル日、支軍衝突関係)/善後措置関係/国際連盟支那調査員関係 第二巻(外務省外交史料館)

## 244. 驻沈阳森岛代理总领事致芳泽外务大臣的函电
（1932年4月15日）

昭和七年　九三〇七　暗　奉天　　　　　　　　十五日下午发
　　　　　　　　　　　　外务省　　　　　　　　四月十五日下午收

第五八七号

致吉泽书记官

竹佐十五日抵达。从大连发出的船只出发日为十八日，所以应该来不及。因此，应交给参与员的文件先放于我处，待参与员到达本地后再由本官交给参与员。寄往北平的部分将转送。

已转电至北平。

资料来源：JACAR（アジア歴史資料センター）Ref. B02030444800（第411画像目から）、満州事変（支那兵ノ満鉄柳条溝爆破ニ因ル日、支軍衝突関係）/善後措置関係/国際連盟支那調査員関係　第二巻（外務省外交史料館）

## 245. 驻广东代理总领事须磨致芳泽外务大臣的函电
（1932年4月15日）

昭和七年　九三〇〇　暗　广东　　　　　　　　十五日下午发
　　　　　　　　　　　　外务省　　　　　　　　四月十五日下午收

第二八四号

关于去年往电第六〇八号

据后来调查的结果，弗朗西斯（Victor France，译音）为奥地利人（五十岁左右），二十年前作为心理学教师来到支那，之后成为广东政府顾问，作为秘密的国际宣传者，从事政治活动。目前已清楚，此人纳支那人为妾，是极端偏袒支那之人。据我方的侦查，此人于本月九日突然从本地出发，经由上海、南京、汉口，前往洛阳，之后还会前往北平、天津等地。虽然还未清楚其此行的使命，不过鉴于目前形势，恐怕此行是兼负蒋介石、陈济棠协作要务的，同时替支那向正值来华的国际联盟调查团等进行大肆宣传。

暂且仅供参考。

望自支那转报上海、南京。

已转电至支那、北平、奉天、天津、汉口、青岛。

资料来源：JACAR（アジア歴史資料センター）Ref. B02030444800（第411画像目から）、満洲事変（支那兵ノ満鉄柳条溝爆破ニ因ル日、支軍衝突関係）/善後措置関係/国際連盟支那調査員関係　第二巻（外務省外交史料館）

## 246. 驻长春田代领事致芳泽外务大臣的函电
### （1932年4月15日）

昭和七年　九三〇八　暗　　长春　　　　　　　　十五日下午发
　　　　　　　　　　　　外务省　　　　　　　　四月十五日下午收

第一五六号

自田中大使

根据本使视察北满的结果，不能不对国际联盟调查团一行在哈尔滨的保护警卫抱有很大的担心。正如最近频发的炸弹事件与铁道破坏事件所示，很明显这一两个月来，非常不稳定的地下运动正在持续发酵。哈尔滨市的警察机关一直以来腐败盛行，最近虽已派入我方顾问，但时日尚浅，还未能发挥效用。其次，中东铁路当局自不待言，"满洲国"当局也承认，最近中东铁路沿线的警备让人颇为不安。事态的改善仍需要相当的时日，而在哈尔滨的我方驻军仅担任保护大局之职，难以期待其行使警察的职能，而且也没有参与中东铁路沿线警备的权利。因此，国际联盟调查团一行如果认为北满地方有日本军队驻扎就可以保证安全的话，将会产生误解。实际上，难保这些想让帝国对外关系陷入困难的分子不会有所策动。而且，因上述种种情况，假如他们决意实施行动的话，我方也不一定能够防止事情的发生。我认为，不管怎样有必要使国际联盟调查团逐渐了解以上情况。

已转电至支那、北平、奉天、哈尔滨、国际联盟。

资料来源：JACAR（アジア歴史資料センター）Ref. B02030444800（第412画像目から）、満洲事変（支那兵ノ満鉄柳条溝爆破ニ因ル日、支軍衝突関係）/善後措置関係/国際連盟支那調査員関係　第二巻（外務省外交史料館）

## 247. 芳泽外务大臣致驻沈阳森岛代理总领事的函电
（1932 年 4 月 15 日）

第一九二号（火速）

昭和七年四月十五日三时发

**接待调查团一事**

关于往电第一八二号

鉴于吉田大使致本大臣的电报第三二号的情况，已劝说满铁方面，只要调查团方面不坚决推辞的话，在关东州及满铁附属地内的旅馆费、膳食费等也由满铁方面负担。至于满铁沿线以外的诸费用（开头往电"（二）"之"（1）"之外，也包含旅馆膳食费）及在满铁沿线等地"新国家"招待游览等的费用，在原则上由日本方面负担并不合适（开头往电中"（二）"之"（2）"是另一问题）。因此，该费用决定由"新国家"负担。如果"新国家"负担上有困难，或者调查团一行不同意由"新国家"负担的话，希望由调查团一行自行负担。

望作为训令转电长春及其他相关领事馆。

已转电北平。

资料来源：JACAR（アジア歴史資料センター）Ref. B02030444800（第 414 画像目から）、満洲事変（支那兵ノ満鉄柳条溝爆破ニ因ル日、支軍衝突関係）/善後措置関係/国際連盟支那調査員関係 第二巻（外務省外交史料館）

## 248. 北平辅佐官致陆军次官的函电（1932 年 4 月 14 日）

北电六〇三

昭和七年四月十四日下午十一时三〇分发
昭和七年四月十五日上午九时五二分收

绥靖公署报（来源密）

调查团经十二、十三两日协商，已就以下三点向国际联盟请示：
一、是否应该包含日支参与员在内的全部调查团成员去满洲？
二、上述调查团成员留在北平吗？

三、除去日支参与员,仅由其他代表前往吗?

李顿主张第一项,一边等待国际联盟的回电,一边打算大概十六日从北平出发。此外,即使"满洲国"想要招待,因其是未被承认的国家,因此调查团持拒绝的方针。

因五月一日要召开国际联盟特别会议,调查团希望在该日之前进行现场调查后提出中期报告。

由于日本不遵守国际联盟的决议,期待在五月一日的会议上对日本采取更强硬的态度。

已转电至关东军、天津、济南、上海、汉口。

资料来源:JACAR(アジア歴史資料センター)Ref. B02030444800(第417画像目から)、満洲事変(支那兵ノ満鉄柳条溝爆破ニ因ル日、支軍衝突関係)/善後措置関係/国際連盟支那調査員関係　第二巻(外務省外交史料館)

## 249. 北平辅佐官致陆军次官的函电(1932年4月14日)

北电六〇四

昭和七年四月十四日下午二时四〇分发
昭和七年四月十四日下午八时四〇分收

十四日,在除去支那人员的国际联盟调查团的会谈中,由矢野参赞说明北平周边的排日情况,由桑岛总领事及武内中佐说明天津的排日情况及天津事件。李顿对天津事件进行了特别热心的提问。

已转电至关东军、北平、上海、汉口。

资料来源:JACAR(アジア歴史資料センター)Ref. B02030444800(第418画像目から)、満洲事変(支那兵ノ満鉄柳条溝爆破ニ因ル日、支軍衝突関係)/善後措置関係/国際連盟支那調査員関係　第二巻(外務省外交史料館)

## 250. 北平辅佐官致参谋次长的函电(1932年4月14日)

北平第六一七号

昭和七年四月十四日下午五时一〇分发
昭和七年四月十五日上午十时一〇分收

据确切谍报：

到今天为止，张学良已经和调查团进行了三次正式会面，其提出的报告详细记录了军事、战史、经济、交通等四项情况。

注：在十四日的会面中，李顿好像在支那方面提出的天津事件的详细记录上预先做出各处标记，并就此向日本提出了询问。鉴于此，估计李顿也会按照上述报告的项目，对满洲进行调查。

已转电至关东军、天津。

资料来源：JACAR（アジア歴史資料センター）Ref. B02030444800（第418画像目から）、満洲事変(支那兵ノ満鉄柳条溝爆破ニ因ル日、支軍衝突関係)/善後措置関係/国際連盟支那調査員関係　第二巻（外務省外交史料館）

## 251. 驻北平矢野参赞致芳泽外务大臣的函电
（1932年4月16日）

昭和七年　九四一〇　暗　　北平　　　　　　　　十六日下午发
　　　　　　　　　　　　　外务省　　　　　　　四月十六日下午收

第一八九号（非常火速）

本官致奉天电报第二八号

自吉田

本日接到调查团如下请求：

一、调查团已与支那约定，向支那租下来往浦口、北平间乘坐的列车，以便前往奉天及在奉天停留期间使用。

二、关于北平、奉天间的行程，希望调查团的一部分与日支两国的参与员及随员通过海路经由大连，调查团其余部分成员及秘书处通过列车经由山海关前往。

三、关于山海关以东的行程及列车使用的细则，和北宁铁路局协商之后，提出了以下方案：

（1）在山海关与奉山铁路局更换机车。

（2）在山海关让奉山铁路局的乘务员上车（参照往电第二三号），但是北宁铁路局的乘务员留在列车上，在运行时提供必要的建议。

（3）厨师及其他雇员依然留在列车上。

(4)停留奉天期间将列车停在满铁站内。

四、调查团期待相关官员采取一切必要的措施,以照料列车及铁路职员,并确保其安全。

五、调查团希望立即得知"满洲国"的相关官员是否同意以上请求。

由于调查团方面急于出发,希望紧急回电告知有关方面的意向,以及如果有关方面同意以上提议的话,该让调查团何日从本地出发?

望由大臣转报陆海军大臣。

已转电至外务大臣、支那、长春、国际联盟、关东厅长官。

资料来源:JACAR(アジア歴史資料センター)Ref. B02030444800(第419画像目から)、満洲事変(支那兵ノ満鉄柳条溝爆破ニ因ル日、支軍衝突関係)/善後措置関係/国際連盟支那調査員関係　第二卷(外務省外交史料館)

## 252. 驻北平矢野参赞致芳泽外务大臣的函电
### (1932年4月16日)

昭和七年　九四二〇　暗　北平　　　　　　　　　十六日下午发
　　　　　　　　　　　　外务省　　　　　　　　　四月十七日上午收

第一九〇号

本官致奉天的电报

第二九号

伊藤致斋藤博士

往电第二八号的旅程是经过小官屡次电报询问国际联盟调查团的意向,并同参与员方面进行数次交涉,经过了诸多曲折后由调查团最终提议的。再继续争论下去,调查团将会向国联理事会提出照会,开始涉及满洲问题一般性讨论。鉴于此种形势,我方在此处进行妥协应该比较合适。望尽力将上述情况向军方及"新国家"进行说明,取得谅解和同意。

鉴于调查团成员间的气氛(此点应在口头上加以说明),烦请奔走敦促紧急回电。

已转电至外务大臣、支那、长春、国际联盟。

资料来源:JACAR(アジア歴史資料センター)Ref. B02030444800(第421画像目から)、満洲事変(支那兵ノ満鉄柳条溝爆破ニ因ル日、支軍衝突関

係)/善後措置関係/国際連盟支那調査員関係　第二巻(外務省外交史料館)

## 253. 驻北平矢野参赞致芳泽外务大臣的函电
### （1932年4月16日）

昭和七年　九四二一　暗　　北平　　　　　　　　十六日下午发
　　　　　　　　　　　　　　外务省　　　　　　　四月十七日上午收

第一九一号（非常紧急）

自吉田

第四四号

关于北平致奉天往电第二八号

如决定采用上述方案的话，我认为日本政府方面应该没有异议。但若万一存在异议的话，还望紧急致电奉天。

已转电至奉天、长春、支那、国际联盟。

资料来源：JACAR（アジア歴史資料センター）Ref. B02030444800（第422画像目から）、満洲事変(支那兵ノ満鉄柳条溝爆破ニ因ル日、支軍衝突関係)/善後措置関係/国際連盟支那調査員関係　第二巻(外務省外交史料館)

## 254. 驻北平矢野参赞致芳泽外务大臣的函电
### （1932年4月16日）

昭和七年　九四一一　暗　　北平　　　　　　　　十六日下午发
　　　　　　　　　　　　　　外务省　　　　　　　四月十六日下午收

第一九二号（火速、极密）

自吉田

第四五号

关于铁道附属地外的视察，日支双方参与员都不与国际联盟调查团同行也是一个方案。如果上述方案被提出来的话，是否应该同意。望紧急回电。

另外，在满洲，调查团似乎希望不通过参与员，而是利用精通支那语的外国人与要人们进行会见。

已转电至奉天、长春、支那、国际联盟局长。

资料来源：JACAR（アジア歴史資料センター）Ref. B02030444800（第422画像目から）、満洲事変（支那兵ノ満鉄柳条溝爆破ニ因ル日、支軍衝突関係）/善後措置関係/国際連盟支那調査員関係　第二巻（外務省外交史料館）

## 255. 驻北平矢野参赞致芳泽外务大臣的函电
### （1932年4月16日）

昭和七年　九四四三　暗　北平　　　　　　　　十六日下午发
　　　　　　　　　　　外务省　　　　　四月十七日上午收

第一九三号

自吉田

第四六号

在十六日正午十二时和调查团进行的会面中，由驻北平的永津武官说明了旧奉天政权扰乱满洲治安的情况。

已转电至奉天、支那。

资料来源：JACAR（アジア歴史資料センター）Ref. B02030444800（第423画像目から）、満洲事変（支那兵ノ満鉄柳条溝爆破ニ因ル日、支軍衝突関係）/善後措置関係/国際連盟支那調査員関係　第二巻（外務省外交史料館）

## 256. 驻上海村井总领事致芳泽外务大臣的函电
### （1932年4月16日）

昭和七年　九四〇〇　平　上海　　　　　　　　十六日下午发
　　　　　　　　　　　外务省　　　　　四月十六日下午收

第五九六号

关于顾维钧问题，十六日的《每日新闻》（『デーリーニュース』）发表社论如下：

如果在顾维钧被任命为参与员的当时，日本与满洲"新政权"就表示反对的话，鉴于顾维钧以前的经历，可以认为这是符合道理的。然而，当时默认此事的日本，现在面对"满洲国"拒绝顾维钧入满，陷入了两难的境地。日本同意李顿调查团的调查。很明显，日本能够不分国籍地保护调查团的全部成员。

总而言之，日本军部只要有那个意愿，是能够保障顾维钧的安全的。我们刚开始以为本问题是"满洲国"新当局因为外部原因而提出的要求。但是一方面，路透社报道了支那参与员受到了人身胁迫，另一方面，又有在日内瓦的日本代表发言。事态好像变得困难起来。满洲事变以来一直声誉良好的内田满铁总裁不顾陆军省的反对而辞职的报道也令人费解，显示出满洲的事态并不平稳。值此之时，我们希望日本官方认识到妨碍调查团事业所形成的不利，尽快扫除危及调查团一行安全的不安因素。

已转报公使，并转电至奉天、长春、南京。

资料来源：JACAR（アジア歴史資料センター）Ref. B02030444800（第423画像目から）、満洲事変（支那兵ノ満鉄柳条溝爆破ニ因ル日、支軍衝突関係）/善後措置関係/国際連盟支那調査員関係　第二巻（外務省外交史料館）

## 257. 芳泽外务大臣致驻北平矢野参赞的函电
（1932年4月16日）

第七四号（非常火速）

昭和七年四月十六日下午四时发
致吉田大使收

第七号
关于贵电第四三号

### 关于国际联盟调查团入满一事

本月十六日上午，海军省命令第二遣外舰队司令官在和驻北平海军武官联络后，派遣驱逐舰以运送调查团。

已转电至支那、奉天、长春、南京、天津、日内瓦、美国；并令奉天转电相关驻满领事，令日内瓦转电英、法、意、德。

资料来源：JACAR（アジア歴史資料センター）Ref. B02030444800（第426画像目から）、満洲事変（支那兵ノ満鉄柳条溝爆破ニ因ル日、支軍衝突関係）/善後措置関係/国際連盟支那調査員関係　第二巻（外務省外交史料館）

## 258. 天津军参谋长致参谋次长的函电（1932 年 4 月 15 日）

昭和七年四月十五日下午三时〇〇分发

四月十五日下午十一时四〇分收

天电第八〇六号

关于天电第七九六号提到的张学良派遣之调查团成员，根据其后调查得知，调查团中的李寿峰及孙筱山、王仲康、李达三等一行十二人于四月十七日从北平出发，通过海陆两路，两人或三人一组进入满洲，到四月十七日前后，各调查人员全部在大连市文化台"帝国瑞光馆"集合，汇总调查事项，报告给顾维钧；一行人应该会停留在满洲，继续调查，直到国联调查团归国。

已转电至北平、关东军。

资料来源：JACAR（アジア歴史資料センター）Ref. B02030444900（第 431 画像目から）、満洲事変（支那兵ノ満鉄柳条溝爆破ニ因ル日、支軍衝突関係）/善後措置関係/国際連盟支那調査員関係　第二巻（外務省外交史料館）

## 259. 支那驻屯军参谋长致陆军次官的函电（1932 年 4 月 15 日）

昭和七年四月十五日下午五时三〇分发

四月十五日下午十一时三七分收

天电第八〇八

昨天（十四日）于北京饭店，在正午开始时长约五十分钟的国际联盟调查团（美国代表缺席）的会议中，按事先商量的责任分担，由我军武内中佐及桑岛总领事分别就天津的排日情况及天津事件做了说明。首先，由武内中佐说明了满洲事变发生以来驻屯军所采取的态度及支那对此采取的不法行动。李顿等人热心地听取了说明。其后，由桑岛总领事就事件相关的一些旧有事项，特别是北支那方面的排日情况及天津事件发生的原因、支那便衣队的性质（详细情况通过书面交给了调查团）进行了说明。李顿总结了支那提出的天津事变报告书，就日支两者说明中产生矛盾的内容，向总领事提出了疑问。主要要点如下：

一、李顿要搞清天津事件中的便衣队的性质。李顿误解为天津事件的便衣队是日本人指使的。总领事强调了上述便衣队跟日本完全没有关系，是支那人的政治团体，其成员为支那人。

二、总领事刚讲完支那便衣队集合于八里台及支那街的重要地点，开始了对支那街的攻击。李顿便问道便衣队是以何种目的而占领支那街，以及根据支那方面的通报，便衣队是由日本租界出发的，这其中的真假如何？对此，总领事说明了以上便衣队的政治目的，以及并非由日本租界出发，并使李顿接受了上述说明。

三、调查团朗读了支那报告书中的一段，并向总领事寻求意见。报告书中说，便衣队使用的四万挺枪中有日本制兵器及奉天兵工厂制造的新兵器，由此可见是由日本供给的。

武内中佐代替总领事对此加以说明：日本制兵器向来大量卖给支那军，因此，便衣队即使持有日本制兵器，也不能成为说明是由日本军供给的证据，并且反驳说关于奉天炮兵工厂制的步枪一无所知。在上述的说明过程中，李顿在支那的报告书中记上与日本说明相异的地方等等，十分热心地进行研究。调查团代表们，特别是亨利·克劳德中将等在便衣队的性质上，貌似对日本的说明持理解态度。

我们认为上述说明对反驳支那的宣传，矫正调查团的认识颇有效果。此外，缺少预备知识的调查团，特别是非军事专家的调查团成员们对事件以外的要点存在误解，感觉对其说明需要花费相当的工夫。还有，调查团会根据支那方面通报的事项进行调查和提问，因此感到有必要预先研究支那方面的主张。

另外，我军在进行以上说明之外，还交付了有关天津事变及北支那排日情况等的说明书。

已转电至关东军。

资料来源：JACAR(アジア歴史資料センター) Ref. B02030444900(第432画像目から)、満洲事変(支那兵ノ満鉄柳条溝爆破ニ因ル日、支軍衝突関係)/善後措置関係/国際連盟支那調査員関係　第二巻(外務省外交史料館)

## 260. 北平辅佐官致陆军次官的函电（1932年4月15日）

昭和七年四月十五日下午二时四〇分发

四月十五日下午九时三七分收

北电六一三号

十五日调查团收到"满洲国"表示欢迎调查团及坚决拒绝顾维钧的公开电文。吉田大使一行基于东京政府电报，认为应该走海路，目前正在交涉中。调查团首次回应并谅解"满洲国"拥有主权一事，交涉正在进行中，目前倾向于决定在十九日左右从北平出发走海路。

已转电至关东军、天津、济南、上海。

资料来源：JACAR（アジア歴史資料センター）Ref. B02030444900（第434画像目から）、満洲事変（支那兵ノ満鉄柳条溝爆破ニ因ル日、支軍衝突関係）/善後措置関係/国際連盟支那調査員関係　第二巻（外務省外交史料館）

## 261. 北平辅佐官致陆军次官的函电（1932年4月15日）

昭和七年四月十五日下午八时三〇分发

四月十五日下午九时五〇分收

北电六一八

自渡大佐

在本月十五日下午的会议上，经过我方委员的说明，国际联盟调查团倾向于通过海路经由大连进入满洲。不过，搭乘普通轮船会延误时日，因此日本方面正在向海军询问是否可以通过我方军舰提供运送的便利。估计一旦得到了海军的同意，就会决定采用此方案。如果采用该方案，最早可在十八日下午到达大连。

已转电至关东军。

资料来源：JACAR（アジア歴史資料センター）Ref. B02030444900（第435画像目から）、満洲事変（支那兵ノ満鉄柳条溝爆破ニ因ル日、支軍衝突関係）/善後措置関係/国際連盟支那調査員関係　第二巻（外務省外交史料館）

## 262. 福冈县知事致内务大臣等处的函电
（1932年4月16日）

特外鲜密第五八八号

昭和七年四月十六日发

四月二十二日收

发送方：福冈县知事　中山佐之助

接收方：内务大臣铃木喜三郎

　　　　外务大臣芳泽谦吉

　　　　警视厅、神奈川、爱知、大阪、兵库、京都、山口、长崎各厅府县长官

**关于天津支那人欢迎国际联盟支那调查团一行的情况**

本县搜查员逗留天津期间，正逢本月九日国际联盟支那调查团一行来津，目击了支那方面迎接一行人的情形，如下所记，仅供参考。

记

一、市内装饰

天津东西两车站各建设了高达二十尺的门楼状欢迎圆拱，装饰着红黄色的纸，中央上部写着金色的"欢迎"字样。车站内挂着万国旗，沿街各户也挂着国旗。道路打扫得十分干净，并不时洒水。平时聚集的苦力车夫等人也被驱散。

二、警备

铁路沿线由正规军进行警备，线路两侧一英里以内被禁止通行。市内道路旁边由正规兵及巡警身着正装进行戒备，调查团通过前两小时就开始禁止电车及其他车辆的通行。警备非常严格。

三、迎接

调查团一行到达两个小时前，直到上午七点半，北宁工人界、言论界、自治区界、童子军、总商界、教育界、妇女界、律师界等千百余人列队集合在站台，以最高规格进行欢迎。

报（通）告如上。

资料来源：JACAR（アジア歴史資料センター）Ref. B02030445000（第

436画像目から)、満洲事変(支那兵ノ満鉄柳条溝爆破ニ因ル日、支軍衝突関係)/善後措置関係/国際連盟支那調査員関係　第二巻(外務省外交史料館)

## 263. 关东厅警务局长致拓务次官、内阁书记官长等处的函电(1932年4月16日)

关机高支第五七五〇号之二

昭和七年四月十六日发

四月二十日收

发送方：关东厅警务局长

接收方：拓务次官、内阁书记官长、外务次官、内务省警保局长、指定厅府县长

### 国际联盟调查团收到的险恶文件

四月十一日，开原县城绿野洋行方干江及寄宿于大盛号的万国敬两人，通过北平抗日会干事卢乃更与王华日，向国际联盟调查团邮寄以下译文所述的险恶文件。该文件被检查"满洲国"邮寄物的开原宪兵分遣队发现并扣下，目前正在暗中侦查寄件人。

### 呈国际联盟调查团诸氏

我站在中华民国的立场，以身处日本铁蹄践踏下即将沦为亡国奴的身份，向支持人类公道，肩负解决人类痛苦的重大使命的国际联盟调查团发出最后的声音。

1. 日本毫无理由向中国出兵，国际联盟为何不速速惩戒日本？

2. 惨无人道的日本军用尽一切暴虐手段，不断扰乱世界和平。国际联盟为何不说一句公正话？

3. 重道德、论仁义、守信义的古老中华民国人民受到了国际联盟规约的欺骗，与其甘心做亡国奴，宁愿战死。

4. 我最为紧要的声明是："满洲国"的成立完全是日本一手制造的，东北三千万民众没有一人为之赞美。而且以执政为代表的政府要人皆是被武器威胁着命令将各县土地进行商租。

5. 在日本人的保障下，各县(村)的土地被以三十年间的期限租给朝鲜人。这些亡国之民任意横行各地，胁迫我国民，占据农耕地。

6. 废除党化教育，抹杀史实，将日本语作为必须科目实施教育，逐步使我们忘却祖国，同化为日本民族。

7. 东北的六家大报纸的编辑权在日本人手中，将我国民麻痹在梦幻状态中。

8. 虽倡导门户开放、机会均等自取灭亡的政策，但三岁孩子也能看破其真意。

9. 日本人煽动匪贼，使各地陷入骚乱，并以此为借口不肯撤兵，这已经是清楚不过的事实。

10. 日本除了在东北各地计划投资和移民外，也让三井、三菱、住友等三大财阀进行投资。

## 对国际联盟的希望

1. 国际联盟应该发挥其职权惩戒违约国。
2. 应支持公道、维持世界和平。
3. 应牵制日本，使其从中国的领土立即撤兵。
4. 希望使日本负责中国方面的一切赔偿。
5. 希望使日本保证不再发生类似的恶性事件。

## 东北民众最后的声音

1. 中日的一切问题委托给国际联盟，迫切期望能以最短时间解决。
2. 国际联盟以公平无私的态度马上解决中日问题，若中国方面得到满意结果，自然没有异议。否则，东北三千万民众将与日本决战到底。
3. 我们就算死在了刀下，也誓不做日本的亡国奴。

资料来源：JACAR(アジア歴史資料センター) Ref. B02030445000(第438画像目から)、満洲事変(支那兵ノ満鉄柳条溝爆破ニ因ル日、支軍衝突関係)/善後措置関係/国際連盟支那調査員関係　第二卷(外務省外交史料館)

## 264. 关东厅警务局长致拓务次官等处的函电
### （1932年4月16日）

关机高第四三八三号之二

昭和七年四月十六日发

四月二十日收

发送方：关东厅警务局长
接收方：拓务次官、内阁书记官长、外务次官

**满铁社员会致国际联盟调查团的公开声明**

满铁社员会在这次国际联盟支那调查团来满之际，为代表在满洲日本人的总体意见而发表关于满蒙问题的公开声明，数次举行董事会议进行商议。虽还在商议之中，但已初见草案如下。通过本市《满洲日报》（『マンチュリヤデリーニュース』）向调查团公布，并委托该报社进行了翻译。本公开声明虽多少有些言辞过激，实为帝国向国际联盟调查团的迫切期望，会议一致认为本会立场自由，发表自由言论，没有丝毫可顾忌之处，故起草了本声明。谨供参考。

记

满铁社员会作为南满洲铁道株式会社两万名日本职员所组成的在满日本人的最大团体，对于国际联盟调查团诸位此行来满，表示热诚欢迎，并非常荣幸有机会通过本报表达我们的希望。

我们希望在经济上、文化上开发满洲，为增进人类的发展和福祉做出贡献。我们立足于这一崇高使命，过去二十五年间，我们于治安紊乱、军阀匪贼跋扈的此地，拮据经营，一心一意努力完成任务。于是，荒芜未开的边土满蒙，随着工商业的振兴与人口的显著增加，正在成为民族共荣的乐土。然而，令我们感到十分遗憾的是，旧东北军阀在过去数年来日益狂暴，对人民苛敛诛求，无视道德人伦，扰乱此地和平，导致居民的生存受到威胁。万幸的是，如今满蒙三千万民众对东洋永远和平的热烈希望实现了，出现了以追求居民福祉和国际和平为基调的独立国家。我们十分欣喜，以莫大的期待加以支持。本来，

自国际联盟成立之始,我们便对其追求世界和平的崇高使命满怀深厚的敬意和感谢。然而,对于此次事变,国际联盟的态度上存在对远东实情认识不充分之处,不禁令我们屡屡感到愤慨。虽说如此,我们期待诸位经过这次实地调查,了解远东的实际情况,国际联盟由此可以对今后远东问题做出妥当的判定和采取恰当的行动。因此,我们衷心欢迎诸卿的远道而来。满洲和平的永久性解决不在于当前事态的暂时性解决,而应根据对大局的彻底洞察,即对满洲的正确认识不仅仅止于对时局的探讨,更有待于彻底究明其历史、地理、民族、社会、思想、经济等一切方面。如果诸位的调查研究含有上述考量的话,我们确信诸位一定会认可日本对满蒙的主张。

资料来源:JACAR(アジア歴史資料センター)Ref. B02030445000(第440画像目から)、満洲事変(支那兵ノ満鉄柳条溝爆破ニ因ル日、支軍衝突関係)/善後措置関係/国際連盟支那調査員関係　第二卷(外務省外交史料館)

## 265. 驻沈阳森岛代理总领事致芳泽外务大臣的函电(一)（1932年4月17日）

第五九六号之一

　　　　　　　　　　　　　　　　昭和七年四月十七日下午发
　　　　　　　　　　　　　　　　四月十七日下午收

第八八号之一
致吉田大使
关于北平致本官的电报第二八号

当地驻军和本馆通过电话与"满洲国"进行了协商,但其意见让人感觉甚是强硬。目前在长春和有关各部门还在协商,姑且先将同本地的奉山、满铁等方面协商的结果报告如下:

（一）关于使用津浦线特别列车视察满洲各地一事,因本地满铁等方面已准备好了特别列车,难以同意。

（二）对调查团的部分人员及秘书处通过陆路来满没有丝毫异议(至少,我们理解为支那方面参与员及其随员经由大连前往）。

（三）关于支那列车开入山海关以东的问题,本来使用其他线路车辆之时,在技术上如果不事先就细则进行充分的协商,就不能保障运行的安全。可

是，此前奉山铁路局向北宁铁路局就此提出协商时，北宁铁路局不仅完全不响应协商，（待续）

资料来源：JACAR（アジア歴史資料センター）Ref. B02030445000（第444画像目から）、満洲事変（支那兵ノ満鉄柳条溝爆破ニ因ル日、支軍衝突関係）/善後措置関係/国際連盟支那調査員関係　第二巻（外務省外交史料館）

## 266. 驻沈阳森岛代理总领事致芳泽外务大臣的函电（二）
### （1932年4月17日）

第五九六号之二

昭和七年四月十七日下午发

四月十七日下午收

本官致北平电报

第八八号之二

也不回复有没有收到协商的提议（参照致北平往电第八五号）。奉山铁路局不得已只能做好提供特别列车的一切准备，并使其十五日早上从本地出发。其后接到了北平来电第二四号，因此让特别列车在锦州待命（只有餐车出于购买食品的原因回到奉天）。基于上述原因，两方铁道技术人员若不事前协商，就让津浦线列车开到关外来是不可能的。

此外，本地奉山铁路局要调派特别列车到山海关的话，如果从北平出发四十八小时以前不收到通知，便难以做好诸般准备。所以，如果调查团二十日从北平出发（最迟第一〇一列车），十八日下午六点前我方能得知的话，便能安排二十日傍晚前将列车调派至山海关，并在二十一日早上从山海关出发（如往电所述，需要早上八点前后从山海关出发）。

已转电至外务大臣、支那、长春。

资料来源：JACAR（アジア歴史資料センター）Ref. B02030445000（第445画像目から）、満洲事変（支那兵ノ満鉄柳条溝爆破ニ因ル日、支軍衝突関係）/善後措置関係/国際連盟支那調査員関係　第二巻（外務省外交史料館）

## 267. 驻沈阳森岛代理总领事致芳泽外务大臣的函电
（1932年4月17日）

第五九七号（火速、极密）

昭和七年四月十七日下午发

四月十七日下午收

本官致北平电报第八九号

关于往电第八八号

致吉田大使

北平致本官的电报第二八号之（一），如果是调查团方面想在满铁沿线旅行时也使用该列车的话，开头往电（一）所述满铁方面的意向十分合情合理。这不仅仅是事关满铁权威的问题，再考虑到满铁方面既然已经准备好了特别列车，本官认为此事不能调解。军部也持和本官同样的意见，所以为慎重起见，希望向调查团确认上述要点。此外，"满洲国"方面出于担心国内治安紊乱，反对顾维钧入满的意志甚是强烈。据闻"满洲国"方面也向日本政府表达了希望日本阻止顾维钧进入租借地及附属地内的意愿。不管如何，进行北平致外务大臣的电报第一九二号所述的附属地外的视察时，我认为中止日支双方参与员及随员同行的方法是比较贤明的。

已转电至外务大臣、公使、长春、国际联盟。

资料来源：JACAR（アジア歴史資料センター）Ref. B02030445000（第446画像目から）、満洲事変（支那兵ノ満鉄柳条溝爆破ニ因ル日、支軍衝突関係）/善後措置関係/国際連盟支那調査員関係　第二巻（外務省外交史料館）

## 268. 北平辅佐官致陆军次长的函电（1932年4月16日）

北平第六二四号

昭和七年四月十六日下午九时〇〇分发

四月十六日下午十一时五分收

绥靖公署情报（来源密）

调查团全部利用满铁线的话，运送将全按日本的想法进行，支那一定会以欠缺公平而反对之。此外，十五日下午，师范大学生三百余人进行示威运动，谴责调查团的软弱，打出标语称应将其予以驱逐等。公安局命令学生解散。（一般认为是张学良方面策动的）

已转电至关东军、天津、济南、上海。

资料来源：JACAR（アジア歴史資料センター）Ref. B02030445000（第447画像目から）、満洲事変（支那兵ノ満鉄柳条溝爆破ニ因ル日、支軍衝突関係）/善後措置関係/国際連盟支那調査員関係　第二巻（外務省外交史料館）

## 269. 支那驻屯军参谋长致参谋次长的函电
（1932年4月16日）

天第八一六号

　　　　　　　　　　　昭和七年四月十六日下午二时〇五分发
　　　　　　　　　　　四月十六日下午五时四〇分收

据支那宪兵队①的消息，天津市政府向调查团提供了以下资料：

一、日本和东北官员勾结，组织"伪政府"的证据。

二、"伪国家"和日本之间的借款问题及盐税、关税的扣留情况。

三、日本破坏九国公约，侵害中国领土的真相。

四、驻北平、天津日军在平日里的示威、蛮横情况。

五、东北事变前后的经过。

六、满洲"伪国家"与背后日本策动的事实。

七、体现东北民意的义勇军的奋斗情况。

八、天津事变后在北平、天津地方策动反对张学良的情况。

已转电至关东、北平、上海转电。

资料来源：JACAR（アジア歴史資料センター）Ref. B02030445000（第448画像目から）、満洲事変（支那兵ノ満鉄柳条溝爆破ニ因ル日、支軍衝突関係）/善後措置関係/国際連盟支那調査員関係　第二巻（外務省外交史料館）

---

　①　译者按：此处原文为"支那憲兵隊"，根据上下文推测此应为支那驻屯军的宪兵队，而非中国宪兵队。

## 270. 北平辅佐官致参谋次长的函电（1932年4月16日）

北平第六二〇号

昭和七年四月十六日下午五时二五分发
四月十六日下午七时五五分收

张学良方面利用所谓的马占山使者提出的文件或是收买的蒙古王侯的说明等，集中宣传东北"新国家"是由日本和反叛的支那人建立的，且是不合民意的，并在满洲地区尽力向调查团传达这种印象。与此相关，对于最近调查团的想法及其持续有利于支那方面的倾向，吉田大使感到十分担忧。

已向奉天、天津、济南、上海转电。

资料来源：JACAR（アジア歴史資料センター）Ref. B02030445000（第449画像目から）、満洲事変（支那兵ノ満鉄柳条溝爆破ニ因ル日、支軍衝突関係）/善後措置関係/国際連盟支那調査員関係　第二巻（外務省外交史料館）

## 271. 北平辅佐官致参谋次长的函电（1932年4月16日）

北平第六一九号（其一、其二）

昭和七年四月十六日下午五时二五分发
四月十六日下午七时五〇分收

十六日，在吉田参赞、渡大佐的列席下，以公使馆代理武官永津、酒井两位中佐的名义，下官就如下内容进行了说明：张学良一派策划操纵名为义勇军的兵匪，威胁驻满日本军，破坏社会秩序，以及针对北满地区的俄共秘密活动的一般性调查等情况。下官意在提醒李顿及其他代表们注意。此外，由奉天日本军方面说明了更细节的内容，希望能够得到调查团的注意。

调查团未对该说明做任何提问。下官前几天会见了美国代表麦考益将军，他将天津驻军的竹内参谋错认为小官。麦考益针对天津事件，特别是便衣队的行动，提出了问题。吉田参赞、渡大佐以应当注意当局并不是由小官掌权这一理由，中止了提问。关于这点，希望留意美国方面的调查。

克劳德将军对我等日本一行表现出特别亲密的态度，这是令人愉快的。

资料来源：JACAR（アジア歴史資料センター）Ref. B02030445000（第

450画像目から)、満洲事変(支那兵ノ満鉄柳条溝爆破ニ因ル日、支軍衝突関係)/善後措置関係/国際連盟支那調査員関係　第二巻(外務省外交史料館)

## 272. 驻北平矢野参赞致芳泽外务大臣的函电
（1932年4月18日）

昭和七年　九五一六　暗　　北平　　　　　　　　　十八日上午发
　　　　　　　　　　　　　外务省　　　　　　　　四月十八日下午收

第一九四号

本官发奉天收电报

第三一号（非常火速、极密）

伊藤发

根据非常可靠的情报，支那方面认为：

（一）溥仪执政一事，其原因一定是溥仪由于日军方面才就任其位。若不堪于军方的压迫，溥仪有直接舍去其地位的想法。

（二）有一种说法，日军购买了六百件支那平民服装，并将会由日本士兵穿着这些服装，在锦州附近攻击火车，届时再声称日军将其击退。同时打算在其他线路行程中采取同样的手段，并做同样陈述。

另外，在满洲的支那人应该不会无所顾忌地吐露其意见。为了保证做陈述的满洲人的人身和财产安全，支那方面向调查团提出，要求日本方面对陈述人做出保障。

以上希望向斋藤博士传达。

已向外务大臣、支那转电。

希望向长春转电。

资料来源：JACAR（アジア歴史資料センター）Ref. B02030445000（第452画像目から)、満洲事変(支那兵ノ満鉄柳条溝爆破ニ因ル日、支軍衝突関係)/善後措置関係/国際連盟支那調査員関係　第二巻(外務省外交史料館)

## 273. 驻北平矢野参赞致芳泽外务大臣的函电（一）
（1932年4月18日）

昭和七年　九五〇四　暗　北平　　　　　　　　　十八日上午发
　　　　　　　　　　　　外务省　　　　　　　　四月十八日上午收

第一九五号之一（火速、极密）

吉田发

第四七号

伊藤发

综合上海来的情报，国际联盟调查团中法国代表持有的态度常常对我方有利（根据原田的情报，支那方面也承认了这点），意大利代表不时亦表示出亲日态度。与此相对的是，美国代表在多数场合下批评我方的政策，英国代表则努力采取公平的态度。根据丕平在旅行中得到的情报，在汉口的英国侨民向李顿表示，支那方面有不当之处，而对于日本的态度则并无不满。李顿似乎颇受此言论打动。因此，到北平之前，除美国外的代表大体上持对我方有利的立场。但是在顾维钧问题发生以来，各位代表对我方也甚感不满，这是事实。如往电第一七二号所述，下官说明了"满洲国"的情况后，李顿表示十分不满意，这也被秘书处注意到。（待续）

资料来源：JACAR（アジア歴史資料センター）Ref. B02030445000（第453画像目から）、満洲事変（支那兵ノ満鉄柳条溝爆破ニ因ル日、支軍衝突関係）/善後措置関係/国際連盟支那調査員関係　第二巻（外務省外交史料館）

## 274. 驻北平矢野参赞致芳泽外务大臣的函电（二）
（1932年4月18日）

昭和七年　九五〇五　暗　北平　　　　　　　　　十八日上午发
　　　　　　　　　　　　外务省　　　　　　　　四月十八日下午收

第一九五号之二（火速、极密）

据哈斯的秘密谈话，代表们根据通过满洲方面得到的当地情报，认为"满洲国"乃日本军一手炮制，日本军从满洲撤退的话，"满洲国"也应被消灭。对我方有好感的一位代表反驳了以上说法，但难以使人信服。

对于上述内容，"满洲国"官僚并不认可，认为不应仅仅是听从个人的陈述就采取措施。另外，关于顾维钧在长春的行程，调查团向日本政府寻求军队的保护。如果日本军队不给予保护的话，便立即证明日本军并不服从日本政府的命令。另外，根据一位对日方抱有好感的代表的密报，多名代表想要在报告中明确地说明"满洲国"的军事实力。

在调查团入满后，这类问题便会成为棘手的问题，在此请求尽快通过电报做出指示。

请向奉天转电，向长春转电。

让国际联盟向英、美、德、意、法、俄转电。

已向公使、南京、国际联盟转电。

资料来源：JACAR（アジア歴史資料センター）Ref. B02030445000（第454画像目から）、満洲事変（支那兵ノ満鉄柳条溝爆破ニ因ル日、支軍衝突関係）/善後措置関係/国際連盟支那調査員関係　第二巻（外務省外交史料館）

## 275. 驻北平矢野参赞致芳泽外务大臣的函电
### （1932年4月18日）

昭和七年　九五三一　暗　北平　　　　　　　十八日上午发

　　　　　　　　　　　　外务省　　　　　　　四月十八日下午收

第一九六号

自支那随员处得到的有关顾维钧满洲之行等的情报。

顾维钧决意随同调查团一起从满洲前往日本，眼下正在挑选随员，从南方带来的随员中除刘崇杰、金问泗外，大半都留在北平了。取而代之的是，决定选取张学良派的人。选定的人员中，有与海军有关的沈鸿烈的代表，以及《晨报》记者戈公振、新闻报记者顾执中等，这两人均以北宁铁路局成员的名义与顾维钧同行。

已向支那、南京、奉天、天津、长春转电。

资料来源：JACAR（アジア歴史資料センター）Ref. B02030445000（第455画像目から）、満洲事変（支那兵ノ満鉄柳条溝爆破ニ因ル日、支軍衝突関係）/善後措置関係/国際連盟支那調査員関係　第二巻（外務省外交史料館）

## 276. 驻沈阳森岛代理总领事致芳泽外务大臣的函电
（1932 年 4 月 17 日）

昭和七年　九四六七　暗　　奉天　　　　　　　　　十七日下午发
　　　　　　　　　　　　　　外务省　　　　　　　　四月十七日下午收

第五九八号（火速、极密）
本官发北平收的电报
第九〇号
致吉田大使
有关北平致本官的电报第二八号

　　有关国际联盟调查团入满的情况，正如屡次往电所述，军部不仅采取旁观主义，还提出原先顾维钧入满被拒是"满洲国外交部"所主导的，此事今后如何展开主要还是受"外交部"方面的意向所左右。本官当然是和军部一同协力，目前正在竭力斡旋中。本件电报和今后电报直接发给长春领事馆更为妥当。如果同意的话，请发电报与大桥司长联络，则此问题应会得到更为圆满的处理。

　　其次，本馆在十六日晚上已经收到开头提及的贵电，不过直到十七日下午六点还没送达长春。本馆主张通过便利的电话进行传达，如此经由本馆而发往长春的电报可以得到迅速确认。虽然越权，但有着内在的微妙关系。鄙见仅供参考。

　　已向外务大臣转电。

　　资料来源：JACAR（アジア歴史資料センター）Ref. B02030445000（第455 画像目から）、満洲事変（支那兵ノ満鉄柳条溝爆破ニ因ル日、支軍衝突関係）/善後措置関係/国際連盟支那調査員関係　第二巻（外務省外交史料館）

## 277. 驻北平矢野参赞致芳泽外务大臣的函电
（1932 年 4 月 18 日）

昭和七年　九五五四　暗　　北平　　　　　　　　　十八日下午发
　　　　　　　　　　　　　　外务省　　　　　　　　四月十九日上午收

第一九八号（非常火速、极密）
本官发奉天收的电报
第三三号
吉田发
有关北平收贵电第八八号

将您所述的事项立即传达给了调查团方面后，十八日上午，应李顿团长的要求，本使和顾维钧进行了会谈。李顿团长表示："关于让特别列车开进奉天，并在轨距相同的情况下也利用该列车赴各地视察一事，鉴于日本政府已约定要尽可能地提供便利，亦鉴于上述特别列车为调查团所租，并非支那的列车，实在难以理解奉山铁路等方面为何要反对。无论如何，希望明天（十九日）晚上从本地向奉天出发。"对此，虽然本使说明了奉山铁路等方面的各种反对理由，但李顿团长请求上述内容立即传达给奉山铁路方面，询问此事的可否。

奉山铁路局的意见虽然合情合理，但若我方始终纠结于此点的话，只会使问题更加陷入纠纷。因此，希望敦促奉山铁路等能再善意地考量一下，并将结果火速回电。

已转电至外务大臣、公使、长春。

资料来源：JACAR（アジア歴史資料センター）Ref. B02030445000（第456画像目から）、満洲事変（支那兵ノ満鉄柳条溝爆破ニ因ル日、支軍衝突関係）/善後措置関係/国際連盟支那調査員関係　第二卷（外務省外交史料館）

## 278. 驻北平矢野参赞致芳泽外务大臣的函电
（1932年4月18日）

昭和七年　九五二六　暗　　北平　　　　　　　　十八日下午发
　　　　　　　　　　　　　　外务省　　　　　　四月十八日下午收

第一九九号
吉田发
第四八号
有关本使发大臣收电报第二九号

对预备报告的意见，应由本使提出，请将英文形式的内容发往奉天处。
已向支那、奉天转电。

资料来源：JACAR(アジア歴史資料センター) Ref. B02030445000(第457画像目から)、満洲事変(支那兵ノ満鉄柳条溝爆破ニ因ル日、支軍衝突関係)/善後措置関係/国際連盟支那調査員関係　第二巻(外務省外交史料館)

## 279. 驻北平矢野参赞致芳泽外务大臣的函电
### (1932年4月18日)

昭和七年　九五四三　暗　北平　　　　　　　　十八日下午发
　　　　　　　　　　　外务省　　　　　　　　四月十八日下午收

第二〇〇号(极密)
本官发奉天收的电报
第三五号
吉田发

十八日上午和李顿会谈后,盐崎对哈斯提议如下:支那方面随行人员过多,我方感到非常为难,考虑到住宿及警卫方面,请务必尽量削减到最小限度。哈斯也认为这是个麻烦,李顿团长正在和顾维钧进行商谈,并表示自己也会尽最大的努力。其次,将特别列车引入奉天,奉山铁路局对此表示反对,导致事情很棘手,希望尽可能获取奉山铁路局的同意。因此,李顿团长的请求今天已经通过电报发送给奉天。调查团进行再次考察时,列车进入奉天后将一直停在当地,比如前往大连等满铁路线时便不考虑使用该列车。下官向他说,满铁方面终究也不会同意这个情况。关于奉山等满铁线上的行程问题,今天没有必要立即决定。再次,对于顾维钧选取陆路这件事,实际上并没有刊登在其他公报上。根据我间接打听到的信息,如果顾维钧走陆路的话,内部传闻他将会有相当多的危险。哈斯表示对上述内容有了充分的了解。

已向外务大臣、支那、天津、长春、国际联盟转电。

资料来源：JACAR(アジア歴史資料センター) Ref. B02030445000(第458画像目から)、満洲事変(支那兵ノ満鉄柳条溝爆破ニ因ル日、支軍衝突関係)/善後措置関係/国際連盟支那調査員関係　第二巻(外務省外交史料館)

## 280. 驻北平矢野参赞致芳泽外务大臣的函电
（1932年4月18日）

昭和七年　九五六二　暗　　北平　　　　　　　　　　十八日下午发
　　　　　　　　　　　　外务省　　　　　　　　　　四月十九日上午收

第二〇一号
吉田发
第四九号
有关北平致奉天的电报第三三号
十八日上午，李顿和顾维钧会见时的情况如下：

一、顾维钧陈述道，收到从南京发来的训令，应该乘铁路赴奉天。对此，李顿大为吃惊，询问其理由。顾维钧回答，基于去年十二月十日的决定，期待日本政府提供便利。李顿反驳道，此为日支两国的约定，"满洲国"不受此决议约束，希望再次考虑。顾维钧回答，已经就此进行了请示。

二、支那方面向调查团报告其随员有三十五名，我方极力要求减员。李顿对顾维钧表示，调查团在满洲只是收集证据，而非商议，不需要太多人员。顾维钧辩解，在满洲的日本方面除参与员随员外还有各种机关，因此必会有很多专家，但支那方面并没有此等的有利条件，因此有必要让相当数量的随员随行。对此，本使极力主张削减人数。

希望由奉天向长春转电。
已向公使、奉天、国际联盟转电。

资料来源：JACAR（アジア歴史資料センター）Ref. B02030445000（第459画像目から）、満洲事変（支那兵ノ満鉄柳条溝爆破ニ因ル日、支軍衝突関係）/善後措置関係/国際連盟支那調査員関係　第二巻（外務省外交史料館）

## 281. 驻沈阳森岛代理总领事致芳泽外务大臣的函电
（1932年4月18日）

昭和七年　九五四四　暗　　奉天　　　　　　　　　　十八日下午发
　　　　　　　　　　　　外务省　　　　　　　　　　四月十八日下午收

第六〇〇号

本官发北平收电报

第九一号

有关往电第八八号

金井致伊藤参赞

在使用其他线路车辆的情况下,如果事先不和有关当局进行技术上的充分商量与检查的话,就不能确保列车运行期间的安全。关于这点,停留在本地的希爱慕已充分了解。仅供参考。

已向外务大臣转电。

资料来源:JACAR(アジア歴史資料センター)Ref. B02030445000(第460画像目から)、満洲事変(支那兵ノ満鉄柳条溝爆破ニ因ル日、支軍衝突関係)/善後措置関係/国際連盟支那調査員関係 第二巻(外務省外交史料館)

## 282. 驻长春田代领事致芳泽外务大臣的函电
（1932年4月18日）

昭和七年　九四八七　平　　长春　　　　　　　　十八日下午发
　　　　　　　　　　　外务省　　　　　　　　四月十八日下午收

第一六〇号

国际联盟调查团一行近期经由大连来满洲的事情已经流传开来。仅对调查团的到来,"满洲国"毫无异议,但是不管顾维钧从何种渠道入"国",均不能表示认可。若他们进入日方所控制的满铁附属地内,只要没有做出有害"我国"①治安的行为,作为"满洲国"方面,我方确实不应该提出异议。但现在旧军阀的余孽在其所到之处频繁扰乱"我国"治安,加之张学良为了离间国际联盟和日方的关系,扰乱"满洲国"治安,威胁调查团的安全,各地频繁传来张学良派遣大量便衣队的警报。显而易见的是,在目前的情势下,这样一位人物滞留在附属地内的事实,会给"满洲国"治安维持带来重大的恶劣影响。因此,"满洲国"现在希望日方务必考虑防止顾维钧进入附属地一事。如果顾维钧不顾以上情况而进入满洲的话,一旦踏出满铁附属地外,我方决意以强硬手段进

---

① 编者按:此处的"我国"指代伪满洲国。下同。

行阻止。希望您理解上述情况，不干扰我方的行动。

不过，关于日方在"我国"的驻兵，也是"我国"所希望的。因此，若不顾内地治安不稳，协助其进入我方治安混乱的内地，这违背了日方驻兵的精神。因此，日方只能保持如上所述的态度，并坚持对"我国"的信任。

资料来源：JACAR（アジア歴史資料センター）Ref. B02030445100（第461画像目から）、満洲事変（支那兵ノ満鉄柳条溝爆破ニ因ル日、支軍衝突関係）/善後措置関係/国際連盟支那調査員関係　第二卷（外務省外交史料館）

## 283. 驻长春田代领事致芳泽外务大臣的函电
### （1932年4月18日）

昭和七年　九五三二　暗　　长春　　　　　　　　十八日下午发
　　　　　　　　　　　　外务省　　　　　　　四月十八日下午收

第一六一号

本官致北平的电报

第一号（火速）

致吉田大使

您发往奉天的电报第二八号的主旨，已被传达给"新国家"方面，关于国际联盟调查团一行入满，其领导层至今仍没有接到直接的通知或者问候。实际上，对调查团一行的累次询问电报，不仅没有收到答复，也未得到任何向"满洲国"提出的间接要求。这种行为无视了作为"新国家"的"满洲国"具有事实上的权力，我方对此无法表示信服。因此，如果国际联盟调查团一行不向"新国家"方面提出任何形式的入满照会，"新国家"方面也绝不会考虑同意调查团入满。仅供参考。

已向外务大臣、支那、奉天转电。

资料来源：JACAR（アジア歴史資料センター）Ref. B02030445100（第462画像目から）、満洲事変（支那兵ノ満鉄柳条溝爆破ニ因ル日、支軍衝突関係）/善後措置関係/国際連盟支那調査員関係　第二卷（外務省外交史料館）

## 284. 警视总监致内务大臣、外务大臣等处的函电
（1932年4月18日）

外密第一○三八号

昭和七年四月十八日发

四月二十一日收

发送方：警视总监　大野绿一郎

接收方：内务大臣铃木喜三郎

外务大臣芳泽谦吉

大阪、京都、神奈川、兵库、山口、广岛、长崎、福冈各府县知事

朝鲜总督府警务局长

关东厅警务局长

**应向国际联盟支那调查团递交的支那事情印刷品相关文件**

东京府下落合町下落合町会议员

陆军关系支那浪人　山崎光明

在满洲事变发生后，上记人员以本地天主公教人员的身份，向欧美诸国发送了数次电报以表明日本的立场。最近渡满时，向在该地视察的国际联盟支那调查团递交了英、法两语的印刷品。其译文大意见附录。①

资料来源：JACAR（アジア歴史資料センター）Ref. B02030445100（第464画像目から）、満洲事変（支那兵ノ満鉄柳条溝爆破ニ因ル日、支軍衝突関係）/善後措置関係/国際連盟支那調査員関係　第二卷（外務省外交史料館）

## 285. 驻北平矢野参赞致芳泽外务大臣的函电
（1932年4月19日）

昭和七年　九五六○　暗　北平　　　　　　　　十九日上午发

外务省　　　　　　　四月十九日上午收

---

① 编者按：附录为英、法文，从略。

第二〇三号（火速）

吉田发

第五一号

有关贵电第七号

　　正如往电第四九号所述,李顿团长希望调查团一行的部分人员乘我方驱逐舰。因需要协调舰队的行动,本使将其作为分内的责任,将接受这一工作。请在向海军方面说明此情况的基础上,向其表示谢意。

　　资料来源:JACAR(アジア歴史資料センター)Ref. B02030445100(第479画像目から)、満洲事変(支那兵ノ満鉄柳条溝爆破ニ因ル日、支軍衝突関係)/善後措置関係/国際連盟支那調査員関係　第二卷(外務省外交史料館)

## 286. 驻北平矢野参赞致芳泽外务大臣的函电
　　　　　　（1932年4月19日）

昭和七年　九六一五　暗　　北平　　　　　　　十九日上午发
　　　　　　　　　　　　外务省　　　　　　　四月十九日上午收

第二〇四号

吉田发

第五二号

　　十八日下午,本使与李顿的非正式谈话如下:

　　一、因为顾维钧感到生命受到威胁,所以我才考虑准备特别列车,使用支那人服务员、厨师。这是为了在奉天的时候可以让其上车保护其安全。如果是为了我自己的话,服务员是日支哪国人都无所谓,还请不要有误解。

　　二、调查不会在支那人徘徊的列车内进行,将会在中立国领事馆内进行。

　　三、顾维钧若一直顽固坚持陆路的话,我则可能要乘船前往大连。或者先让两名参与员及随员留在北平,仅由代表赶赴满洲,在取得对方同意后再招呼他们过来也是一种方案。(本使表示:若顾维钧经由山海关的话,本使不承担任何责任。)李顿回应:那是当然。

　　四、(本使表示:"调查团要是认为'新国家'是完全按照日本政府的意志而行动的话,就大错特错了。他们坚决主张独立,因而难以交涉。帝国政府虽未承认'该国',但至少将'该国'与地方政府同等视之。调查团方面如果采取无视'该国'的态度,将会产生许多麻烦。")李顿回应:谨记于心,谨慎行动。

五、和伊藤之间的事,是我错了。但因为他当时恐吓我,所以我没忍住。

六、在满洲的调查十分繁忙,不论何地,都会谢绝全部宴会。

七、(本使表示:"您最近对我是否持有一些偏见?马上就要开始最重要的满洲问题的调查了,如果是这样的话,实在是太遗憾了。")李顿回应:以上完全是您的误解,我的想法和在日本时没有变化。希望今后能够推心置腹地交流,若有失礼之处,还请见谅。

令奉天转电长春。

*资料来源*:JACAR(アジア歴史資料センター)Ref. B02030445100(第479画像目から)、満洲事変(支那兵ノ満鉄柳条溝爆破ニ因ル日、支軍衝突関係)/善後措置関係/国際連盟支那調査員関係 第二巻(外務省外交史料館)

## 287. 驻北平矢野参赞致芳泽外务大臣的函电
(1932年4月19日)

昭和七年　九五八七　暗　　北平　　　　　　　十九日上午发
　　　　　　　　　　　　　外务省　　　　　　四月十九日上午收

第二〇五号(火速)
本官发奉天收的电报
第三七号
吉田发

十八日晚上,李顿的提议如下:

一、没有得到该列车继续驶入其他线路的允许,所以现在调查团方面与顾维钧及其随员一同住宿在滞留于奉天的列车中,希望能允许使用支那仆人、厨师。

二、如不能使用该列车进入其他线路,将会在十九日傍晚从秦皇岛乘坐日本驱逐舰出发,同时支那一行预计搭乘支那巡洋舰,前往大连。关于这个情况,希望就上述第一点迅速回电。

已向外务大臣、支那、长春、国际联盟转电。

*资料来源*:JACAR(アジア歴史資料センター)Ref. B02030445100(第481画像目から)、満洲事変(支那兵ノ満鉄柳条溝爆破ニ因ル日、支軍衝突関係)/善後措置関係/国際連盟支那調査員関係 第二巻(外務省外交史料館)

## 288. 驻北平矢野参赞致芳泽外务大臣的函电
（1932年4月19日）

昭和七年　九六一三　暗　　北平　　　　　　　　　　十九日下午发
　　　　　　　　　　　　　　外务省　　　　　　　　四月十九日下午收

第二〇六号
本官发长春收的电报
第三号
吉田发
有关北平收贵电第一号
李顿陈述：

一、在第一回协商中，本代表向外交部书记官询问了日程和人名。该日程将在长春发表，现已通过各种手段掌握到了。另外，人名应会在今日内确定。

二、对于从外交总长发来有关顾维钧的电报，希望自己和该总长或者相关官员会面并进行协商，但并没有得到回答。

就上述内容，希望相关方面进行准备。

已向外务大臣、支那、奉天转电。

资料来源：JACAR（アジア歴史資料センター）Ref. B02030445100（第482画像目から）、満洲事変（支那兵ノ満鉄柳条溝爆破ニ因ル日、支軍衝突関係）/善後措置関係/国際連盟支那調査員関係　第二巻（外務省外交史料館）

## 289. 驻北平矢野参赞致芳泽外务大臣的函电
（1932年4月19日）

昭和七年　九六四二　平　　北平　　　　　　　　　　十九日下午发
　　　　　　　　　　　　　　外务省　　　　　　　　四月二十日上午收

第二〇七号
吉田发

一、渡大佐为了商量接洽，早于调查团一行，于十九日早上从本地出发通过陆路前往奉天，预计二十日傍晚到达奉天。

二、伊藤参赞和陈于十九日从本地出发，在天津住宿一晚后，二十日乘坐从塘沽出发的天津丸，预计二十一日到达大连。

三、本使及丕平、盐崎、森、好富、贵布根、木村、角田、佐藤江间于十九日晚上从本地出发，二十日经秦皇岛通过海路前往大连。

已向奉天转电。

希望由奉天向关东厅满铁转电。

资料来源：JACAR（アジア歴史資料センター）Ref. B02030445100（第483画像目から）、満洲事変（支那兵ノ満鉄柳条溝爆破ニ因ル日、支軍衝突関係）/善後措置関係/国際連盟支那調査員関係　第二巻（外務省外交史料館）

## 290. 驻北平矢野参赞致芳泽外务大臣的函电
（1932年4月19日）

昭和七年　九六三六　暗　北平　　　　　　　　　十九日下午发
　　　　　　　　　　　　外务省　　　　　　　　　四月十九日下午收

第二〇八号

吉田发

第五三号

有关往电第四九号

顾维钧接到南京政府的批示，按其指示，将通过海路赴大连。

已向支那、奉天、国际联盟转电，让奉天向长春转电。

资料来源：JACAR（アジア歴史資料センター）Ref. B02030445100（第484画像目から）、満洲事変（支那兵ノ満鉄柳条溝爆破ニ因ル日、支軍衝突関係）/善後措置関係/国際連盟支那調査員関係　第二巻（外務省外交史料館）

## 291. 驻北平矢野参赞致芳泽外务大臣的函电
（1932年4月19日）

昭和七年　九六四四　暗　北平　　　　　　　　　十九日下午发
　　　　　　　　　　　　外务省　　　　　　　　　四月二十日上午收

第二〇九号

本官发奉天收的电报

第三九号

吉田发

一、国际联盟调查团一行按照以下所示，分组入满：

（1）搭乘火车

马柯迪伯爵、麦考益少将、哈斯、开脱盐葛林诺、渥尔脱杨格、万考芝、卡尔利、勃来克斯雷、皮特尔、诺克斯（ノックス，译音）（女）、拉贝鲁维斯（ラベルビス，译音）（女）、美纳多（メーナード，译音）等十二名。

（2）搭乘帝国驱逐舰

亨利·克劳德中将、恩利克·希尼博士、派斯塔柯夫、助佛兰等四名外，加上日本方面参与员、相关随员及我方新闻记者共计十五名。

（3）搭乘支那军舰

李顿、派尔脱、爱斯托、利吉奥斯、罗伯茨、吴秀峰等六名外，加上支那方面参与员、相关随员约二十名。

二、以上各组人员都在十九日下午搭乘特别列车从本地出发，(2)组及(3)组二十日上午从秦皇岛搭乘各自军舰前往大连。二组预计当天下午到达大连，一组由于北宁列车直接行驶存在困难，预计会在山海关换乘奉山铁路局的列车前往奉天。如果奉山铁路局特别列车已经被派遣出去，不能按照以上安排进行的话，在申请搭乘普通列车问题上（大概二十一日上午四点出发），希望和有关方面进行商量后，可以妥善地提供必要的保护和便利。

希望向长春、关东厅、满铁转电。

已向外务大臣转电。

资料来源：JACAR（アジア歴史資料センター）Ref. B02030445100（第484画像目から）、満洲事変（支那兵ノ満鉄柳条溝爆破ニ因ル日、支軍衝突関係）/善後措置関係/国際連盟支那調査員関係　第二巻（外務省外交史料館）

## 292. 驻北平矢野参赞致芳泽外务大臣的函电
### （1932年4月19日）

昭和七年　　九六三〇　　暗　　北平　　　　　　　　十九日下午发
　　　　　　　　　　　　　　　　外务省　　　　　　四月十九日下午收

第二一〇号
有关贵电第七九号
吉田发
指出往电第四九号为第四三号的错误。
资料来源：JACAR（アジア歴史資料センター）Ref. B02030445100（第486画像目から）、満洲事変（支那兵ノ満鉄柳条溝爆破ニ因ル日、支軍衝突関係）/善後措置関係/国際連盟支那調査員関係　第二巻（外務省外交史料館）

## 293. 驻北平矢野参赞致芳泽外务大臣的函电
（1932年4月19日）

昭和七年　九六四五　暗　北平　　　　　　　十九日下午发
　　　　　　　　　　　　外务省　　　　　　四月二十日上午收

第二一一号
本官致青岛的电报
第三号
吉田发
预定贵地作为七月到八月调查团最终报告书的撰写地点。
资料来源：JACAR（アジア歴史資料センター）Ref. B02030445100（第486画像目から）、満洲事変（支那兵ノ満鉄柳条溝爆破ニ因ル日、支軍衝突関係）/善後措置関係/国際連盟支那調査員関係　第二巻（外務省外交史料館）

## 294. 驻沈阳森岛代理总领事致芳泽外务大臣的函电
（1932年4月19日）

昭和七年　九六〇九　暗　奉天　　　　　　　十九日下午发
　　　　　　　　　　　　外务省　　　　　　四月十九日下午收

第六〇四号（非常火速）
致吉田大使
有关北平致本官的电报第三七号
（一）本官和"满洲国"方面正处于艰难的斡旋中，正如北平致外务大臣的电报第二〇一号之一所述,顾维钧通过铁路来奉天这件事情形势逆转,恢复至当初的事态,因此我方的努力斡旋化为徒劳。同时,在满洲的行程中,关于满铁线路使用的特别列车,正如往电第八九号所述的那样,本官对此缺乏斡旋的途径。归根结底,我方竭力斡旋的最大限度,不应该局限于特别列车进入奉山铁路这一点。如长春致北平的电报第一号所示,"满洲国"对国际联盟调查团无视"满洲国"事实上之存在的态度极度愤慨。既然国际联盟调查团方面并没有通过何种形式向"满洲国"提议,那么正如列车问题那样,决定不考虑以上这些细枝末节的问题。如北平致外务大臣的电报第一六四号前半段所示,由李顿团长等人通过长春领事通报了调查团姓名等情况。如果不采取适当的方法直接向"满洲国"方面致意的话,将特别列车引入奉山线这一问题就不会得到解决,这点是毫无疑问的。因此,如果调查团方面反对上述措施,入满的途径除了走海路经由大连外别无他法。

(二)开头贵电之一中有关列车内住宿的情况,奉天站非常复杂,与北平站等构造不同。而且附属地与边缘空地相连接,这不仅给调查团一行的出入带来极大不便,同时也很难期待在警戒上做到万全准备,因此希望拒绝之。

已向外务大臣、支那、国际联盟、长春、天津转电。

资料来源:JACAR(アジア歴史資料センター)Ref. B02030445100(第488画像目から)、満洲事変(支那兵ノ満鉄柳条溝爆破ニ因ル日、支軍衝突関係)/善後措置関係/国際連盟支那調査員関係 第二卷(外務省外交史料館)

## 295. 驻沈阳森岛代理总领事致芳泽外务大臣的函电
### (1932年4月19日)

昭和七年　九六一〇　暗　　奉天　　　　　　　　十九日下午发
　　　　　　　　　　　　　　外务省　　　　　　四月十九日下午收

第六〇六号(非常火速)
本官致北平的电报第九四号
致吉田大使
有关本官致北平的电报第九二号
据联合通讯,虽然调查团一行已决定通过海路来满洲,调查团中尚有人希望通过奉山线经由锦州进行视察。果真如此的话,请尽快回电让其告知具体的人员和人数等,并希望我方尽最大可能向其提供便利。如果十九日下午七点前对此事做出回复的话,将会按照二十一日从山海关出发的计划来准备奉山线特别列车。

已向外务大臣、支那、天津、长春转电。

资料来源:JACAR(アジア歴史資料センター) Ref. B02030445100(第489画像目から)、満洲事変(支那兵ノ満鉄柳条溝爆破ニ因ル日、支軍衝突関係)/善後措置関係/国際連盟支那調査員関係　第二巻(外務省外交史料館)

## 296. 驻沈阳森岛代理总领事致芳泽外务大臣的函电
### (1932年4月19日)

昭和七年　九六三七　暗　　奉天　　　　　　　　十九日下午发
　　　　　　　　　　　　　　外务省　　　　　　　四月十九日下午收

第六一〇号

本官致北平的电报

第九五号

致吉田大使

支那方面随员人数甚多。因此,警卫上接待不便之处并不少。针对这点,即使不能将人数控制在和前往支那内地的日方随员的数量一致,也希望尽可能地减少其人数。

已向外务大臣、支那、长春转电。

资料来源:JACAR(アジア歴史資料センター) Ref. B02030445100(第490画像目から)、満洲事変(支那兵ノ満鉄柳条溝爆破ニ因ル日、支軍衝突関係)/善後措置関係/国際連盟支那調査員関係　第二巻(外務省外交史料館)

## 297. 山冈关东厅长官致芳泽外务大臣的函电
### (1932年4月19日)

昭和七年　九六三二　暗　　关东厅　　　　　　　十九日下午发
　　　　　　　　　　　　　　外务省　　　　　　　四月十九日下午收

第二二号(紧急)

十九日沈鸿烈通过驻青岛的帝国海军武官提出要求,即希望允许一部分国际联盟调查团搭乘军舰海圻号,于二十日从大连入港,希望得到帝国政府的许可。由于没有请示的时间,本官便宜行事,先行表示许可。

希望得到批准。

已向青岛转电。

资料来源:JACAR(アジア歴史資料センター)Ref. B02030445100(第491画像目から)、満洲事変(支那兵ノ満鉄柳条溝爆破ニ因ル日、支軍衝突関係)/善後措置関係/国際連盟支那調査員関係　第二巻(外務省外交史料館)

## 298. 驻沈阳森岛代理总领事致芳泽外务大臣谦吉的函电（1932年4月19日）

机密第二六七号

昭和七年四月十九日发

四月二十五日收

**有关奉天省方面对国际联盟调查团警戒的文件**

有关本月十二日附机密第二三九号往信

根据后来奉天省方面和相关人士协商的结果,本地城内由省会警察局警员负责,城门各关由保安局及商团负责警戒。边门外及奉山铁路的马三家与皇姑屯间,决定配置沈阳县警务局、公安队、自卫乡团维持警戒。关于奉山沿线的警戒,沈阳县警务局局长决定实施严格的警戒,在奉山沿线配置了公安队员四百五十名及自卫乡团员一千六百名。

以上为报告内容。

本文件发送至:公使、北平、天津、长春、哈尔滨、吉林、牛莊。

资料来源:JACAR(アジア歴史資料センター)Ref. B02030445100(第492画像目から)、満州事変(支那兵ノ満鉄柳条溝爆破ニ因ル日、支軍衝突関係)/善後措置関係/国際連盟支那調査員関係　第二巻(外務省外交史料館)

## 299. 驻青岛藤原武官致海军次官、军令部次长等处的函电（1932年4月19日）

昭和七年四月十九日十四时五五分发
四月十九日十九时一二分收

发送方：驻青岛藤原武官
接收方：海军次官、军令部次长（二遣司令官、二遣各舰、小林少将、北冈武官、久保田武官、酒井辅佐官）

第七四号电

久保田武官收

根据北平沈司令发给本地司令部的电报，一部分国际联盟调查团于明（二十）日早上搭乘军舰海圻号及日本驱逐舰从秦皇岛出发，傍晚进入大连。有关海圻号的大连入港问题，东北海军希望日方提前知悉海圻号进入大连港一事。

希望有所注意。

十九日

资料来源：JACAR（アジア歴史資料センター）Ref. B02030445100（第493画像目から）、満洲事変（支那兵ノ満鉄柳条溝爆破ニ因ル日、支軍衝突関係）/善後措置関係/国際連盟支那調査員関係　第二巻（外務省外交史料館）

## 300. 北平辅佐官致陆军次官的函电（1932年4月18日）

北电六三一

昭和七年四月十八日下午七时四一分发
四月十八日下午八时三五分收

据陆军随员所言，国际联盟调查团为了使每位成员可以就满洲问题，随时随地直接调查日支双方民众，故需要雇佣精通日本语、支那语的外国人，现在正在寻找中。仅供参考。

已向关东、天津、苏转电。

资料来源：JACAR（アジア歴史資料センター）Ref. B02030445100（第494画像目から）、満洲事変（支那兵ノ満鉄柳条溝爆破ニ因ル日、支軍衝突関

係)/善後措置関係/国際連盟支那調査員関係　第二巻(外務省外交史料館)

## 301. 驻北平酒井辅佐官致海军次官、军令部次长等处的函电(1932年4月19日)

昭和七年四月十九日十六时五八分发

四月二十日一时一八分收

发送方：驻北平酒井辅佐官

接收方：海军次官、军令部次长(三舰队长官、佐镇参谋长、二遣各舰、马要、二遣司令官、驻支各武官)

第一四三号电

第二遣外舰队司令官收

国际联盟调查团一行的活动安排如下所示：

一、搭乘驱逐舰：日本方面十五人、法德方面四人，共计十九人。

二、以上人员于本月十九日下午十点从北平出发，二十日上午八点到达秦皇岛。

三、美、意方面经由北宁铁路前往。

四、以顾维钧为首的支那方面全员及李顿团长，则搭乘支那军舰海圻号从塘沽出发(在北平的沈鸿烈也计划同行)。

五、此外，支那方面一开始便对搭乘我方驱逐舰抱有不安，所以并不希望乘坐。新闻报纸所记诸如只有支那方面乘坐我方驱逐舰之类的报道，纯属一派胡言。

慎重起见，报告以上内容。

十九日下午三点

资料来源：JACAR(アジア歴史資料センター) Ref. B02030445100(第495画像目から)、満洲事変(支那兵ノ満鉄柳条溝爆破ニ因ル日、支軍衝突関係)/善後措置関係/国際連盟支那調査員関係　第二巻(外務省外交史料館)

(以上内容，张圣东　译；张一闻、陈海懿　校)

# 三、附录:《帝国政府对国际联盟支那调查团报告书之意见书》

昭和七年十一月二十一日

帝国政府对国际联盟支那调查团报告书之意见书①
外务省

(1931年12月10日国际联盟理事会决议任命调查团,对该团报告书之意见书)

## 目 录②

绪　论 …………………………………………………… 1
第一章　支　那 ………………………………………… 5
第二章　满　洲 ………………………………………… 17
第三章　9月18日事件及其后的军事行动 …………… 31
第四章　"新国家" ……………………………………… 39
第五章　结　论 ………………………………………… 57

---

① 编者按:《帝国政府对国际联盟支那调查团报告书之意见书》的资料来源是:「国際連盟支那調査委員会報告書ニ対スル帝国政府意見書」、外務省編『日本外交文書　満州事変　別巻』,外務省,1981年,第291—360頁。

② 编者按:该目录与页码均按文件原文予以标出。

## 绪　论

**日本政府切望帮助调查团**

日本政府鉴于被国联任命的调查团提出的报告书之重要性,持极其慎重之态度予以研究。

日本政府始终倾注全力,为调查团提供各种情报,以方便其调查。同时由衷地感受到调查团代表们在面对许多新近发生而且微妙复杂的事态时,为获知详情而倾注的努力。

**访问时日过短**

由于调查团的任务极其困难,而且给予的时间过短,报告书中随处可见遗漏、矛盾以及被误解之处。虽说调查团花费长达一年的时间来获得对事态充分而理智的认知,但是,调查团一行在满洲不过六周,又在北平和南京逗留了数周,势必要依赖通晓支那语或支那实况的人们提供情报,乃至他们倾向性的见解。因此,报告书不免给人以受到他们影响的印象。代表们如果再利用一些较长的时间,访问支那其他地区,尤其是支那南部,对于支那的事态会有显著的乐观转变。

**对显著问题点陈述意见**

日本政府不能不指出报告书中的不当之处,并非是挑剔细枝末节。报告书的整体,尤其是在叙述部分对事件提要的书写可以认为有其价值。在此一问题之上,日本政府并非是放弃以后提出修改意见的权利,而是以究明事实真相为目的,对有关更重要的事项提出若干意见。

**证据取舍不充分**

日本政府提出此等意见之际,当然并非是对调查团为做成报告书而尽心尽力持有疑念。但是,日本政府沉痛地感到,日本政府提供的相关资料,而且出处确凿的各种情报被忽略或者无视,相反,出处不明的带有疑问的情报却给予不当的信用。

调查团除接受两个当事国正式交换的文书资料外,将新闻报道、偶尔获得的私人信件,以及代表或专门代表以特别身份资格而进行的私人谈话等作为判断的基础,这种事实在报告书中可以明显体现。日本政府对此不能漠视。更值得注意的是,这些出处不明而且不确实的资料被用来抵消日本的主张,支持支那的主张。由于日本政府无法确认或反驳这些在各种场合获得的资料的出处，因此，为确认这些资料具有何等程度的信任度，日本政府要保留再调查的权力。

**特别是关于九月十八日事件与"新国家"**

日本政府对这些证据持有异议，而且有些是毫无价值的，尤其是关于九月十八日事件及"满洲国"成立部分的证据更为如此。对九月十八日事件，完全误解日本军的行动动机。对"满洲国"的成立，关于满洲将来的统治问题，报告书的提案与其他部分的宗旨一致，但与现实事态是不一致的。

**必须考虑事态的全貌**

值此探讨确保远东和平方法之际，国际联盟理应综合并全面地考虑支那及满洲的实况，以及提出报告书后会引发的事件。日本政府提出本意见书，则是为国际联盟致力于确保远东之和平，尽可能地提供帮助，同时也有助于国联各参与国明晰并理解现实事态及一切关系。

**日本对支那国民没有敌意**

本意见书首先对支那人的行为予以批驳，但报告书中隐约显露的日本对支那国民持有反感或敌意的观点必须否定。日本政府因支那国民极其错误的误导以及恐怖政治付出了牺牲，而且在外部引起极大的误解。自然，相信支那国民希望的是在和平静谧的环境下享受劳动的成果。日本多年来一直维持友谊之态度，致力于日支两国国民间的协力，期待结出繁荣和善邻之果的时日到来。

## 第一章 支 那

### 一、一般性考察

报告书在考察满洲事态之前，在第一章里记述了支那的一般情况，其中对支那国内现状的描写甚是符合事实。但遗憾的是，调查团的报告书不仅调查得不够充分，而且暴露出的仅仅是表面问题。事实上，报告书主要是基于实际的见闻，因而难以得出正确的判断。而且，这些好不容易获得的见闻及判断又被乐观的雾霭包裹，因此扭曲和迷惑了真相。

**支那并非是有组织的国家**

如同调查团在报告书中第17页陈述的那样[①]，"中国并非有组织之国家"

---

① 译者按：这里的页数应该是《国联调查团报告书》（日文版）的页数。下同。

"中国完全纷乱,陷于无政府状态"①。调查团认为,华府会议②之际,支那存立着北京和广东两个完全分离的政府,盗匪横行,屡屡妨害内地交通,而且数月后颠覆中央政府,出现在满洲树立第三个独立政府的内乱迹象。而在支那,"若干省或者其中的一部分地域事实上处在自治状态,至少,有三个主张独立的政府存在"(第17页)。③

华府会议时的事态决不是令人满意的,可以看到当时有三个主要的势力在对抗。但到了今天,支那已经完全处于支离破碎的状态。外蒙古与西藏几乎完全脱离,南京国民政府也未能赢得各地方实力派的服从,特别是广东的南方实力派不服从国民政府的节制,而且其还受到以湖北、福建以及江西诸省为中心的"共匪"④集团的威胁。这些众多的实力派各自为政。可想而知,支那的统一只能是梦想,而报告书则把支那视为一个统一体。

其后的态势违背了华府会议的假设

华府会议认为,支那迅速恢复和平与统一并非不可能,但其后的态势却违背了期待,而且不统一及无政府状态越来越恶化。诸军事将领之间的争斗交织在政治机构之中,共产主义运动已深入国土中枢,内斗的习惯蔓延全体,形成风气并病态化。与华府会议之际对比,现在的事态并未改善,所以不计事实闭目塞听持乐观主义,归根结底乃因未能认识当地状况。

实例

日本政府认为,报告书第一章中,关于支那现状的陈诉和判断是正当和有力度的,即报告书中的第13页指出,"政治紊乱、内乱,社会及经济不安定,其结果使中央政府萎缩,乃是1911年革命以来支那的特征。由于这种状态,给予与支那接触的一切国家以不利的影响,在未解决之前,对世界和平造成威

---

① 译者按:为避免二次翻译造成的误差,此日本意见书引用国联报告书的内容参考上海明社出版部:《国际联盟调查团报告书》,1932年10月,第20页,下同。另,日本意见书引用的这段话并非是国联报告书的观点,而是转述某些人的态度,全文是:"屡有人提议,谓中国'并非有组织之国家',或谓中国内部'完全纷乱,陷于无政府状态'"。可见,日本意见书在这里是断章取义。

② 译者按:华府会议系指华盛顿会议。

③ 译者按:国联报告书原文:"当时中国境内,不啻有三个政府存在,其他事实上独立之省分,更无论矣"。

④ 译者按:原文为日语"共匪"二字,指代当时的中国共产党苏维埃政权。

胁,而且又是促成世界经济不振的一个原因"①。

在第 14 页,论述日支两国接受外国文明,正在进行的国内改革诸问题,指出"中国领土广阔,人民乏团结之观念,且财政制度积弊甚深,各省所收税款,几全不汇解国库"②,强调支那的特殊状态。"厌恶接受在支那的外国人,因此,对在支那的外国人的态度产生重大的问题","当政者的注意力集中在对外国人势力的反抗以及限制上","其结果,支那几乎没有针对新的各种状态进行必要的建设性改革"。③

在第 16 页,1914 年至 1928 年,"支那各地军阀之间的战争造成荒废,当时存在的匪贼,使流落的农民,各地陷入饥馑绝望的民众,不发军饷的士兵纷纷加入其中。即使在南方继续战斗的立宪主义人士,也暴露出他们自身发生军阀之间争执的危险性"④。

第 16 页至第 17 页中,1927 年在南京建立政府的国民党,"如今,虽然准备制定和实行政治及经济的再建计划,但是内部不和,掌管自家军队的诸将军定期叛乱,以及共产主义的威胁,计划不得实施,实际上中央政府几度必须为自身的存在而战"。

最后第 17 页中指出,"表面上的统一只是暂时性存在,倘若实力派军阀联合起来进军南京,表面性的统一也不可能保持,即使这些军阀未达到目的,战败后也不能轻视他们潜在的势力,尤其是他们并不认为对中央政府的战争是反叛行为,在他们的眼中,这种战争不过是自身党派与依靠外国承认,偶尔占居国都的中央政府之间的争霸战而已","从以上概括所述可见,支那崩溃的各

---

① 译者按:与上海明社出版部的《国际联盟调查团报告书》第 13、14 页的文字略有出入。

② 译者按:参考上海明社出版部:《国际联盟调查团报告书》,第 15 页。

③ 译者按:上海明社版《国际联盟调查团报告书》:"中国领土广阔,人民乏团结之观念,且财政制度积弊甚深,各省所收税款,几全不汇解国库"。强调支那的特殊状态。"奈中国对于外国人士,不愿接纳,其已在华之外侨,亦加歧视,其不免造成不良之结果者势也","其政策徒知使全国当轴专心抵抗及防范外国思潮","其结果致足以令中国应付新环境所必须之种种建设上之改革",第 15 页。

④ 译者按:上海明社版《国际联盟调查团报告书》第 17 页:"中国屡遭军阀蹂躏,且土匪蔓延颇广,致失业农夫,荒区灾民,欠饷兵卒,均被引诱入伙,遂成大帮股匪。甚至以拥护宪法自任在南省从事革命之人士,亦屡有自相挞伐之虞"。

种势力依然占有一定的优势"。①

**否认中央政府的权力,却主张调和**

以上的叙述都是合理的,但在同一章里却表示出乐观的见解,比如第17页,"现今,尽管中央政府的权威在若干省份影响薄弱,但至少,他们没有公然否认中央的权力",②这样的断定是一种调和。

**最近的事态**

报告书提出后,最近的事实表明,将领之间的战火并不可能轻易地熄灭。在北方,九月中旬以来,韩复榘与刘珍年不理睬国民政府的命令继续展开敌对行为。在南方,例如围绕福建省政府主席的争夺,军阀与党派之间爆发战争。在西面,西藏的军队占领了西康及青海。另外在四川,刘湘、刘文辉之间也展开了军事行动。蒋介石向这些将领发出急电,唤起各方注意,称这些会给外人带来缺乏统一印象的行为,但各方并不理睬,敌对行为依然持续。

报告书明确地记述,支那的共产主义并非是苏联以外的多数国家里,由政党党员支持的政治上的主义,也并非是与其他政党争夺权力的特别的党组织,"支那的共产主义是国民政府现实的争霸者,支那共产主义有自身的法律、军队、政府以及如同领土般的活动地域,这样的事态在其他任何国家都不见其类"。(第23页)③

**1922年华府会议以来事态恶化**

以上所谓的"破坏力"正在不断地支配着支那,报告书中明确地承认了这一点。但报告书中第17页又提出支那自华府会议以来"事实上已有相当的进步"这样的意见。事实恰恰相反,公平讨论的结果表明支那的状态更进一步恶化,日本政府对此深信不疑。

---

① 译者按:上海明社版《国际联盟调查团报告书》第19页:"中国政府,在表面上业已统一,但一旦强有力之军阀私自结合,率兵进攻南京,则统一之形式,立刻不保。……惟彼辈败退之后,尚拥有重兵,未可轻视。况向中央政府宣战之事,自彼辈观之,未尝认为叛逆行为。盖在彼辈目光之与中央政府交战,亦不过两军争衡,其一为本人之党羽,其他则适居国都,为外国所承认,而名为中央政府耳","纵观上述情形,可见中国内部之分裂势力,尚属强盛"。

② 译者按:上海明社版《国际联盟调查团报告书》第20页:"若以现在中国之中央政府相比较……现虽在数省内政府威力未免稍弱,惟并未有敢于公然否认重要政权者"。

③ 译者按:上海明社版《国际联盟调查团报告书》第28页:共产主义"其在中国现已成为国民政府之强敌,有自制的法律,及政府,以及自身行动之土地范围,此种情况为他国所无"。

**二、支那的排外运动**

上述无政府及混乱状态对诱发此次日支间不幸冲突发挥了重要作用,支那也表现出强烈的排外思想。报告书做出了如下断定:

排外宣传与抵制外货的相关性

华府会议上,为了解决困难,支那走上国际合作之路,如果沿着这条道路走下去,而后十年应该取得显著的进步。然而,支那推行恶毒的排外宣传来干扰合作的进行。而且,这种宣传尤其在两个方面顽固地推行,即利用经济上的抵制以及学校里的排外宣传(第18页),其结果就是导致发生了此次冲突。

促成事态恶化的张力包括排外宣传(尤其在学校里)以及抵制外货,遗憾的是,报告书中却把这两个问题区分看待。为了了解最近支那的实情,特别是为了了解日支间关系紧张以致发生1931年9月18日事件的特殊原因,必须特别考察上述两个问题的关联性。

学校宣传

国民政府充斥着强烈的排外感情,致力于向青少年的脑海里灌输憎恨外国人的理念,5 000万支那青年就是在这种激烈思想的影响下成长起来,这样的事实在不远的将来将是令人寒心的问题,但南京政府却煞费苦心地坚持这条必须警戒的道路。

报告书称:"孙逸仙博士的思想如同历来古代典籍一样颇具权威,在当今的学校里教授之,孙总理的遗训如同革命前接受孔子的教训一样受到尊重。然而不幸的是,在青少年的教育中,对民族主义建设方面的教育,注意力更倾注到否定的方面。翻阅各学校的教科书,教科书的作者以爱国心激发憎恨的火焰,具有在被害意识之上致力培养男性精神的印象。这样的结果植根于学校,并且贯穿到社会生活的方方面面。这种恶劣的排外宣传驱动学生参加政治运动,甚至袭击国务大臣及其他官员的身体、住宅、官衙,乃至出现策划颠覆政府的事态"(第19页)。①

---

① 译者按:上海明社版《国际联盟调查团报告书》第22页,"孙先生之言论其受人尊崇,无异于革命前之孔子,然不幸在教育青年上,民族主义之建设方面,似不如其破坏方面,能得较多之注意。试一翻阅各校课本,即使读者感觉著书之人图以嫉恨之火焰燃烧爱国观念,又欲于仇害心理之上,建树人格。此种猛烈排外之宣传,初起于学校,继用之于社会生活之各方面,其结果引诱学生参加政治活动,有时甚而发为攻击各部长及其他官吏之身体、家宅,或衙署之行动,与推翻政府之企图"。

抵制问题

报告书指出，支那对日本表现出明显的敌意，同时侵害了日本的经济利益，认为抵制问题在心理上以及物质上伤害了日支间的友好关系，此种见解也是日本政府始终一贯的主张。

以下，准备就抵制的特点及抵制的责任问题予以几点阐述。

近年来，支那的抵制问题带有特殊的性质，不单是对外国保护在支居民生命及财产的合法措施采取抗议手段，甚至将抵制作为推行国策的手段，以废除外国通过条约享有的权益。

抵制的责任

关于政府对抵制问题的责任问题，报告书在谈及关于国民党的责任问题时称"没有任何疑点"，而上面提及的正中其要害。不能忽略，国民党并非是西洋词汇中单纯的政党，根据支那约法，国民党属于正规的国家机关。因而，国民党的行为必须由国民政府负责，这是必须明确的。

革命外交

报告书只是分别阐述排外教育与抵制运动的实施，无论如何精细也不足以充分了解支那的现状，理应阐述关乎全局的问题。必须明确的重要一点是排外运动的根本在于国民党及国民政府的排外政策，然而报告书中并没有明确此种关系。引人注目的是，华府会议后的数年里，事实上国民党及国民政府在支那一直扮演着重要角色。他们自执掌权力以来执拗地推行所谓的"革命外交"，逐渐在支那形成无法律状态，警戒外国，一步步筹划归还各种权利。然而在当下，这些权利反而成为在支外国人生命财产的唯一保障。

关于这一点，报告书称"国民党势力对一切外来势力越发抱有反感，把这种异常的色彩注入支那的民族主义，民族主义要求归还各种权利，包括租界地、铁道地域内外国人行使的行政权，以及其他纯粹性的商业上的各种权利，租界的行政权利，意味着外国人不服从支那法律、法庭及课税的治外法权等"（第18页），以及"支那感到例外的权力和特权是侵犯了国民的荣誉及主权，因此要求立即归还这些特权"(第23页)。①

调查团未能进一步研究的不仅仅是上述的"要求",而且必须明确支那官方通过片面的宣言以及暴力决意实现之。

当局的胁迫声明

国民党屡次声明,决意在必要场合无视当事国的态度,单方面地废除"不平等"条约,废除外国持有的权利,以此作为其基本外交政策。1926年,在国民革命即将成功之时,蒋介石就宣布单方面地废除在支那的一切"不平等"条约。1927年1月,国民党强力将英国在汉口及九江的租界夺回。同年4月,南京国民政府成立后,国民党的行动或许稍有缓和,但其政策一直没有变化,反复宣传废除"不平等"条约以及排除外国权益的意图,而且再三向普通民众誓约推行此政策。基于该誓约,国民政府于1929年12月28日颁布法律,规定从1930年1月1日起废除治外法权。到1931年1月及至2月末,国民政府并未圆满解决治外法权问题,遂宣布利用外交手段之外的方法推行废除治外法权的既定政策。同时,国民政府又颁布了《在华外国人管理条例》,公然表明单方面废除条约的意图,并将以上通报相关各国。

日本成为最大的受害者

从以上可以看到,9月18日事件之前,外国人的生命及权利面临着重大危险。恰如报告书中记述的那样,"日本是支那最接近的邻国,且是最大的顾客,本章记述的无法律状态导致日本遭受的损害超过其他各国"(第23页)。②

### 三、在支外国人的非正规地位

外国持有的非正规自卫方法

支那问题的根本是国内不统一,其结果暴露出外国人的生命财产一直处于不安状态。在学校灌输排外思想,对青年进行排外宣传,对外国人实行彻底抵制,单方面废除条约等手段,均来自革命外交的原理。这一切均发生在没有

---

① 译者按:上海明社版《国际联盟调查团报告书》第21页,"国民党复欲以排除外国势力特殊色彩,引入于中国民族主义之中,并将其运动之目标扩大……故要求收回租界,及铁路区域内外国所享有之行政权及非纯粹商业性质之权……尤欲取消有约国之领事裁判权,按照此项领事裁判权,中国法律不能适用于外侨,此种权利,若继续有效,当为中国一般舆论所极端反对,而视为国家之羞"。

② 译者按:上海明社版《国际联盟调查团报告书》第28页,"日本既为中国之比邻,又为最大之顾客,故因本章所述之扰乱情形而受之损失自较任何其他国家为大"。

统一及稳固政府的支那。因此,各种问题全部附有特殊的性质,不可能适用通例的处理方法。

而且,类似这样的排外特征在全世界各地没有他例,其结果,各国除依靠自身力量以保护其权益和维持其制度外,别无他策。即,列国在支那享有治外法权,维持租借地以及天津、汉口、上海等其他城市的租界,由自方的警察行使行政权。这是为了防止支那无法律状态造成恶劣影响而采取的必要措施。另一方面,列国依靠武力保护自身权利也是不得已的实情。如今,除日本在满洲驻扎铁道守备队外,1901年以来,日、英、美、法、意等各国军队驻扎平津地区,9月18日之前,日本军队约900人,其他驻军约4 700人,这些军队的驻扎均是依据条约之规定。这些国家基于条约之规定,出于自卫之需要在上海也驻扎有军队,这是1922年华府会议后发生的事态,说明华府会议后事态更加恶化。尤其是列国不仅在上海、青岛等海港驻扎军队,在长江、白河等内河还配置多艘军舰。

以上这些并非是为了摆摆样子,这些军队及军舰多次在现实的自卫中投入使用。

**实例**

除了作为显著事例的1925年驻沙面的外国军队开炮事件、1926年万县炮击事件以及1927年南京炮击事件之外,还多次发生过外国军舰在长江航行时,沿岸支那军擅自开炮,军舰不得不反击的事例。特别是近年国民党掌握权力以来,支那军攻击事件迅速增加。

**报告书暗示支那履行近代政府的机能**

以上可知,列国在支那的地位完全是例外的,在世界几乎没有同例。因此,在支那行使国际惯例及自卫权,这在其他文明国家是见不到的,这就是支那的特质。报告书第23页称"实现支那国民的希望,牵扯到如何在内政领域发挥近代政府的机能。因此,只要不剔除这两者之龃龉,就有发生国际纠纷事件的危险性,抵制与武力干涉事件则会继续"[1]。

---

[1] 译者按:上海明社版《国际联盟调查团报告书》第29页,"中国在外交上之国家的愿望能否实现,全视中国在内政范围内有无履行现代政府职务之能力以为断。非俟外交与内政两者间之悬隔业经消除,则国际冲突,意外事件,排货,及武力干涉之种种危险,势将继续矣"。

以上结果,在支那不适用通常的和平机关

无论如何,在支那诉诸国际裁判或仲裁裁判等和平机关,都有极大的困难。尤其是涉及生死攸关的利益问题的纷争,利用这种机关是行不通的,以往的经验已证明这一点。鉴于支那非正规的事态以及列国上述事态的存在,以及不可能变更支那非正规和具有非正规特质的制度的事实,一般的"和平机关"组织不可能适用于跟支那有关的纷争,事实已经证明了这一点。

## 第二章 满 洲

### 一、一般性考察

*满洲自然且必然不是支那完整的一部分*

调查团推定,满洲自然且必然属于支那支配的一部分。报告书第29页把满洲看作"支那完整的一部",实际上,满洲与支那的结合完全是一时性的偶然。报告书对清朝退位后的事态只是蜻蜓点水般地略过。满洲官吏并不知晓"服从袁世凯的统率",而且也没有去考虑有关国家组织法上的自身地位问题。实际的事实是,作为满洲朝廷①被支那消灭的结果,通过皇室使满洲与支那结合,即"同君联合"的联系基础也随之消灭。南京政府顾问埃斯卡拉(エスカラ,译音)在《支那与国际法》第240页中称"伴随着一种新型的联系样式",无可非议要采用之。他认为"满洲从来未从属于支那,但支那国却被满洲族征服,即支那成为满洲的属领……,这实际是'同君联合'的一个案例"。他又说"本来支那对满洲的权利几乎没有问题,仅凭满洲人居于帝位这一点便毫无疑义。但在帝室消灭后,必须寻求和探索一种新的法律样式以实现满洲与支那的结合"。概言之,满洲与支那的联系是薄弱且暧昧的,张作霖在种种场合就曾否认这种联系。

*帝政废止以后*

且不论以上暧昧的事态,退一百步说,如果推定满洲与支那正式合体,1916年袁世凯死后,统一的共和国没落,显示出支那总体政治统一的崩溃,广阔的地域产生了多个政府,并各自对其他政府持有某种程度的霸权。结局是在南京设立的政府获得列国承认,认为是正当政府。依据以上之事实,南京国民政府并未将满洲置于其实权的统治之下,权力未能行使到满洲地方。

---

① 译者按:即清王朝。

张作霖

事实上,张作霖对把持北京政权的各派,出于自己好恶及利益之意图去迎合他们,并未接受他们的命令。报告书也称"张作霖的态度经常变换,依据同中央支配者军阀的个人关系如何而变化,他把个人同政府的关系视同个人之间的同盟关系"(第28页)。① 报告书还多处列举张作霖独立的事例。一方面,张作霖意图独立于支那政府之外,或者结成任意的同盟关系从支那独立出来(第28—29页)。另一方面也意味着张作霖企望包括满洲在内的整个支那能够统一。无论如何,满洲的地位不受中央政府的任何影响。所以,必须基于事实才能明确推定满洲的地位究竟如何。1922年5月,张作霖在宣言中明确地陈述东北各省"不属于支那共和国的领土":

> 驻北京外国公使、驻天津外国领事及驻唐山外国文武在留者:
> 予接受徐世昌大总统放弃东三省、热河、察哈尔特别区及内外蒙古的通知之旨,不承认这些地域属于支那共和国之领土。鉴于特殊之地位,予负起这些地域的一切之责,且竭力保护友好国国民之生命财产,以图增进同他们之友好关系,完全承认并尊重清朝及支那共和国时代缔结的一切重要条约,特在滦洲设立政厅,交涉办理外国公使、外国领事及在留外国人等问题及事项。予为增进人民的福祉及繁荣,今后将比以往更亲密友好国国民的通商关系。本月1日以后,若徐世昌缔结任何涉及东三省、内外蒙古、热河及察哈尔的条约,非经直接允许,决不承认,且视为徐世昌之恶意。
>
> 奉天军总司令张作霖

张学良

张作霖的继任者张学良实际上也持有跟张作霖一样的态度。他抱有包括满洲在内的支那能够统一的理想,所以承认作为理想象征的南京政府,实际上全然拒绝服从。报告书称"在军事、政务、财政、外交等一切问题上,同中央政

---

① 译者按:上海明社版《国际联盟调查团报告书》第36页,"张氏之态度,则时视其与操纵中央政局之军人个人关系之性质而转移。张氏之视彼与政府之关系,似与私人间之结合意义相同"。

府的关系,必须由满洲方面自发的协作,不容忍无条件服从的命令或者训令,违反满洲官员意愿的任免也是不可想象的"(第30页)。① 如同报告书所述,处于张家天下的满洲对支那政府并非全然服从其干预,明显显示出完全独立的状态。

报告书的自相矛盾

报告书第29页称,满洲是"支那完整的一部分",在其他部分也断定,一直到今天亦是同样。这与报告书引证满洲完全独立的记述自相矛盾。报告书的见解援引了不利于日本的国际法,但报告书的记述却同"国家应该具有一个至高无上并且持续的政府"这一国际法最基本的原则背道而驰。事实上自1916年以来,不存在对全部支那的领土行使权力的政府。

居住民的种族性与支那之间的问题

报告书把满洲看作支那一部分的另一证据,是满洲现住民的多数,乃至大部分是支那移民,这是不容置疑的事实。对此,如同报告书讲述的那样,支那人没有深刻的国家意识。顺便提及的是,报告书的这种说法适用于世界其他地方时,将带来多数国家对领土地位及世界和平颇为困惑的结果。

**二、张家弊政**

东北三省以及后来的东北四省保持独立状态,1928年12月以后,各省才在行政上保持统一,但这并不意味着满洲实施了善政。调查团对张家弊政不失有几分宽容之嫌,见如下叙述(第31页):

> 满洲当局历来认识到权力来源于军队,必须远远超过南京方面的军队,因此一直维持有约25万人庞大的常备军,并传闻耗资2亿多银元来维持大兵工厂,推测军费开支占全部费用支出的80%,其余额不足以维持行政、警察、司法、教育等费用,国库也不能适当地支付官吏的薪俸。而且,所有权力掌控在少数军人之手,通过他们之手才能获得官职,这样的事态难以避免的结果就是亲族结党营私、腐败、恶政不绝。本委员会对这些弊政甚是不平,并认识到广泛存在于各地。尤其是这些事态并非满洲

---

① 译者按:上海明社版《国际联盟调查团报告书》第40页,"凡军事,民事,财政,外交,其与中央政府之关系,纯系乎一种自愿之合作。至必须严格服从之各项命令训令,不堪忍受于满洲。官吏之任免,苟违背满洲当局意愿者,亦不能见于实行"。

特有,支那其他地方也同样存在,甚至更为恶化。

　　为了军队的给养而课以重税,一般性收入往往不足。当局通过将省政府不能兑换的纸币实施贬值的形式而课税于人民。到1930年,这一政策关联到几乎垄断的"豆类公买",尤其是最近更甚。由于拥有满洲重要物产管理权,当局强制外国豆类经营者,尤其是日本经营者高价购买,期待增大其收入。这样的交易可以看出当局是如何管理银行及其商业的。官吏亦可自由地经营所有私人企业,利用其权力以饱自己及其同伙之私囊。①

　　以上阴暗面的记述,是根据日本参与员提交的《支那的现状》第8章中的资料删减而编写的。《支那的现状》里描写得更为深刻,更充分地反映了实情(特别是关于司法、行政及警察部分)。尽管报告书引用的部分措辞缓和,但可以看出满洲人是如何在官府和军阀压制的桎梏下呻吟。因此,当驱逐官府和军阀的机会到来,才有了挣脱桎梏的举动,也因此才有了必须要有日本方面人为刺激的推论。

### 三、日本的特殊地位

日本在满洲的特殊地位

日本获得的"特殊地位"实际上就在此地域。

日本在满洲的"特殊地位"经常附带有许多神秘的观念,实际上颇为简单。该地是日本通过条约获得的诸多特殊权利的总和,也是比邻状态、地理位置及

---

①　译者按:上海明社版《国际联盟调查团报告书》第42页,"东省当局亦深知其权力得之于其军队者,较之得于南京政府者为多,此项情形,固与已往无疑异也","东省方面有25万之巨额常备军,及据称消费2万万元之巨大兵工厂。军事上之费用,在总支出项下,依估计达百分之八十之谱。则剩余数目,以之供给行政,警察,司法,教育等费,自感不足。省库方面,对于官员不能支付相当薪俸。一切权力,集于少数军人之手;而各种位置须经彼等之手,方能获得。故滥用私人,官吏腐化,行政窳败,乃为此种情形不可避免之结果。对于此种普遍的不良政治,调查团获得重要的申述。但此种情形,不为东省所独有;在中国其他各部,亦有同样状况,或且过之"。"为维持其巨额军队计,不得不苛征重税。普通税收,即不敷应用,东省当局乃复使不能兑现之省钞,逐渐跌价,致人民负担,益形加重……其尤为著者,则为'大豆官营'之举。自1931年以来,已成为垄断状态。东省当局既得支配东省主要产品,希望强迫外国大豆主顾,支付较高价格,以增加其利得,其目标尤注重于日本顾客。此种处置,起以表现东省当局控制银行及商业之程度。东省官吏,同时又自由从事种种私人企业,并运用其权力,为其自己或为其私人从中谋利"。

历史交涉产生的自然结果，日本获取的自卫手段也是相应于权益的程度，这些权益特殊、紧密而且重大。行使自卫权的标准案例是"卡罗林号事件"（Case of Caroline，カロライン）。当时，为了排除英国侵入美国领土的威胁，美国采取了行动，但美国最终选择了容忍英国，这是因为美国与加拿大的接壤关系，加拿大又对英国具有极度的重要性，加之该地的混乱状态所致。

举凡自卫行动的正当与否，依据所必须维护的权益的重要性，危害的紧迫性，以及自卫行为的必要性等来决定。日本在满洲拥有绝对性权益，领土又与之接壤，只能依靠驻当地的日本军队。日本的"特殊地位"一见自明。日本的自卫行动并非是赋予日本滥加干涉满洲行政的权力，也并非是为了这一主张。而是当受到军事攻击之时，以异常之力防御自己获得的地位，是赋予日本的正当权力。

*日本的特殊权利*

依据1905年及1915年条约，列举日本在满洲获得的诸权利，日本政府对此表示完全同意调查团。调查团认为，这些条约迄今完全有效，不得以单方面行为予以撤废，对这样的记述日本政府表示满意。

调查团报告书第38页记载：

> 以上概述日本在满洲拥有的诸多权利，满洲对于日支两国在政治、经济以及法律关系等方面的特殊性是明了的。这样的状况恐怕在世界任何地方也没有同例，而且，在邻邦的领土内拥有广泛的经济以及行政特权的国度，也没有其他国度可以类比。①

第39页记述：

> 日本在满洲的利益，其性质及程度与其他各国有异。1904年至1905年，日本同俄罗斯在奉天、辽阳、南满洲铁路沿线、鸭绿江以及辽东半岛等满洲辽阔的原野上展开大战，这种记忆深深刻在日本人的脑海里。作为

---

① 译者按：上海明社版《国际联盟调查团报告书》第54页，"上述日本在满洲之种种权利，足证满洲境内中日间政治经济法律关系具有非常性质，如斯状况，举世殆无可比拟。一国在邻国之领土内，享有范围如此广大之经济及行政权利，殊为罕见"。

日本人,永远记着日俄战争是一场面对俄罗斯的威胁为了自卫而一赌生死的战争。这场战争使10万官兵失去生命,耗费20亿元国币的事实,作为日本人绝不会让这些牺牲付诸东流。①

### 在满洲的主权及抵触

日本在满洲的"特殊地位",并非像报告书中主张的那样,是日本侵犯了支那的主权。众所周知,南满洲铁道附属地不过是极其狭小的地域,是支那许予俄国,日本又从俄国手中继承的权力,同支那的主权没有丝毫抵触。支那将这块地域割让或者长期租借给俄国,然后又通过俄国对日本采取了同样的措施,这与支那主权也没有任何抵触。以上主权的行使与支那主权没有任何抵触。支那同俄国签订协定之际,允许支那的主权在名义上存续。事实上,支那给予俄国的权利,并未抵触支那的主权,毋宁说这些权利正是来自支那的主权。

日本与满洲属近邻关系,且在经济上以及战略上具有重要性,日本侵犯该地的主权是不可想象的。假设满洲远隔他地,日本在满洲发生事情之际,日本不行使自卫行为的可能性也极大,所以不存在限制该地主权之问题。行使所谓的自卫权是极为罕见发生的,任何国家,即使是最强大的国家也无法避免,美国主权因"卡罗林号"遭受侵害事件即是一例。②

### 日本的文化功绩

日本的"特殊地位"遭受顽固的攻击,但不惧任何困难的日本在满洲成就了文化领域的大事业,主要是通过南满洲铁道的多方面活动而促进文化的发展。报告书第2章以及第8章中并没有承认这些实绩,也几乎没有言及铁道方面重视支那移民活动。报告书称,满洲今日的繁荣是勤劳质朴的支那人流入所致,并将其归结为支那政府的移民政策。支那移民流入的现象,实际上不

---

① 译者按:上海明社版《国际联盟调查团报告书》第55、56页,"日本对于满洲之关系其性质与程度与其他各国不同。1904至1905年之日俄战争以满洲平原为战场,奉天、辽阳、沿南满铁道一带、鸭绿江头、辽东半岛等处,曾经血战,日本人民心目中留有甚深之印象。缅怀往事,记忆犹新,日本人民盖永久不忘日俄之战为反抗俄人侵略之自卫战争。生死存亡,关系匪浅。日俄之役日本军人战死者10万人,战费至20万万日元之巨。日本人民心目中以为如此巨大牺牲,不应无相当代价"。

② 译者按:1837年,因美国与加拿大领土纠纷问题,屡次发生英国军队阻拦或扣押美国船只事件,"卡罗林号"事件则是突出一例,后经美国国务卿韦伯斯特多次与英方斡旋,终于解决了美国与加拿大边界问题,避免了一场武装冲突。

外乎满洲对他们的魅力。满洲之所以有其魅力,并非是该地方实施善政,而是由于日本的存在,将满洲从战争的苦痛中解救出来。如同报告书指出的那样,支那人对环境有适应性,且缺乏强烈的国家感情。支那移民与支那的联系,只是社会及家族感情的牵扯问题,并非意味着某种政治上的关联。如同报告书第125页记述的那样,"满洲与支那其他地区的联系,主要是民族性及社会性的"。即,这种联系并非政治性的,"与其说是经济方面毋宁说是民族性及社会性的"(第123页)。从这一点可见,报告书强调的是非政治性、非经济性联系的政治效果。

### 四、对日本特殊地位的侵害

对日本特殊地位的侵害

报告书对日本在满洲的企业及设施涉及甚少,实际上,支那直接侵害的目标是这些企业及设施。报告书第3章讨论了具体的侵害问题,包括:

1. 对南满铁路的包围政策。
2. 对土地商租及行使其他条约权利的妨碍。
3. 对日本臣民中朝鲜人的压迫。
4. 杀害中村大尉。

报告书中轻视的问题

然而,报告书第3章及其他章节,并未指责支那方面公然侵犯并要求废弃条约及其他约定的政策,相反,借口国民党的解放运动而倾向于予以宽容。另外,因支那的敌对态度未能圆满解决的悬案问题,报告书也没有涉及。报告书只是部分、片段地涉及了这些问题,遗憾的是未能展开相关的全面考察。如果进行相关的全面考察,可以发现这些问题的根源在于存在一个基础原因,可以暂时搁置评议各个场合这些问题的正误,但重要的是,没有看到报告书中明确而且肯定地体现出日本在满洲的权益遭到破坏。

这些侵害同9月18日事件的关系

报告书概述了张学良归顺南京国民政府之后的满洲事态发展(第30、31页)。满洲同国民政府合体导致相当重要的结果之一是在外交政策的范围内,地方官员依然拥有极大的行动自由。张作霖元帅顽固地攻击中东铁路在满洲的地位,对日本要求的某些权利也持无视态度。满洲与国民党合体之前采取"进取政策",同国民党合体后,满洲系统有组织地开放国民党的宣传,该党正规的印刷品以及与国民党关系颇深的许多机关报的一个极其重要的工作,就是不断地强调帝国主义的邪恶,鼓吹恢复丧失的主权,废除不平等条约等。在满洲进行这样的宣传必然给予在支那领土上的外国利益、裁判所、警察、警备兵及军队实体留下深刻的印象。国民党的宣传以及该党的教科书渗透进学校,出现如辽宁人民外交协会这样的协会强调鼓吹民族主义感情,同时煽动实行抗日,强令支那户主及地主提高日本人或朝鲜人在租赁时的租金,或者拒绝更新、续签租约契约。日本人曾多次向调查团叙述过此类事件。朝鲜移民也蒙受着有组织的迫害。颁发各式各样的抗日命令及训令,酿成了积案累累的冲突事件,使危险性愈发紧迫。1931年3月,各省省会均设立了国民党省党部,并逐渐在地方城镇设立起支部。国民党的宣传员从支那内地北上,人数不断增加。日本方面申诉抗日运动日趋激烈。1931年4月,奉天人民外交协会连续召开5天会议,满洲各地代表300多人出席,讨论清除日本在满洲地位的可能性,其决议中包括收回南满铁路等项。当时,苏联及其侨民也被上述排外倾向困扰,另外,尽管白俄民众并无需要返还给支那的主权及例外特权,仍遭受了屈辱和虐待。

以上9月18日之前存在的事态,只是在报告书的第2章里有一定程度的描述,遗憾的是,在第4章记述9月18日事件一章里,本来与之相关的内容却没有提及。

脱离事件的背景

报告书第4章恰恰应该处理这些重大问题,明确在支那接连出现的这些问题对日本权益产生了何种侵害。激烈地排斥日货,否认日华诸条约的效力,对日本铁路破坏性的竞争,对朝鲜移民的妨碍,以及万宝山事件等均没有言及。只是些许提及中村大尉事件。重要的是,完全脱离了9月18日事件的背景。

完全无视有关支那方面侵略性决心的证据,取而代之的却是日本国民"进一步采取积极政策",罗列许多如同想象般的杂七杂八的理由。

带有侵略性的邻邦依靠正规军,武力攻击对一国构成安全的致命中枢,该国予以反击是理所当然的,但说明这些为何却要援引如日本贸易不景气等理由。日本方面迅速全面地反击,与支那方面历来证据确凿的侵略性意图相割裂的结果是,日军终于采取了攻击铁路的当然措施。困惑的是,说明支那的侵略事实,却要列举日本在内政方面不安宁云云。调查团侧重调查的问题,应该在支那一方,以及为何在满洲推行"积极政策"。

### 日本对缓和紧张的努力

1931年6月15日,日本政府指出,支那官员和巡警在满洲的行动有引发重大事态之虞。日本政府丝毫没有因为贸易的不景气,或者军事、政治方面的不满,而采取"积极政策",反而是宁可通过各种办法致力于紧张局势的缓和。但是,尽管日本付出了努力,支那方面的侵略性意图依然没有改变。日军进入北大营时,真实地看到营房墙壁上贴着煽动官兵传单,上面写着"看哪!营垣西面的铁道"。所以不足为怪,9月18日的爆破就是该营房士兵的勾当。

满洲存在的紧张状态十分明显,这实际出于支那方面的侵害性态度,并非是报告书中暗示的日本方面重燃的"积极政策"。在奉天张学良军队里,弥漫着骄横暴戾的许多实例,收录在关东军执笔的《满洲日支冲突之瞥见》小册子里,日本已于4月24日呈交给调查团,报告书却没有言及。当时的气氛是点火即燃的状态,倘若对有爆发之虞的行为,能够见微知著,则绝对可以避免。报告书关注以上所述事态的发展,了解支那方面愈发激烈的攻击性态度,一切也就自明了。

## 第三章 9月18日事件及其后的军事行动

### 官吏的说明

日本军事当局向调查团提供了书面材料,关东军司令部人员在同调查团进行会议时也出具了全部详细的资料。日本政府相信这些资料是正确的,没有任何伪证,希望予以完全的信任和支持。报告书以《日本的说明》为题摘要采用了6节(第67—69页)。此摘要脱漏了许多重要的细节,理事国如果希望获得更多的情报,请参照事件主要关系者及日本政府提供的资料。

### 调查团令人吃惊的论断

报告书也通过摘要形式采用了《支那的说明》,这是为了后面的一些论断。根据日支双方的说明产生的结论当然相距甚远。显然,左右调查团的是他们自身认为的、大多带有公共性质的外部情报,日本政府不免为之吃惊。

调查团承认铁道爆破的事实(第71页),但认为损害轻微,日本的军事行动不够充分正当。但是,关于这一点,调查团承认存在两个事实,并予以充分的考虑。第一,相对抗的两国兵力之间存在紧迫状态是事实;第二,一国军队在他国领土或邻处驻兵,而且事件频发,作为有组织的军队,必须随时考虑采取迅速行动之时,不能缺失紧急作战计划。极其明了的是,日本军队预先准备了这样的作战计划也是事实。

### 报告书重视紧张状态

报告书对于上述的第一点，即紧迫的紧急状态，一直充分明确地认为，日支之间存在着逐渐抬头的一般紧张状态，以及相互接触的两军之间在局部地方是处于紧张状态。

### 日本军的计划

关于第二点，报告书称"日军预想同支那军之间将发生敌对行为，慎重准备了计划"（第 71 页），关于这一问题仅仅是从事实现象观之。其他任何国家的任何军队恐怕都会采取这样的方针，这是不言自明的。

9 月 18 日以前，在满洲的日军以遥遥劣势的兵力面对着备有飞机及其他丰富的军需品和存储弹药，又有一个大兵工厂的极具优势的军队。因此，在与对方军队发生某些事件之时，或者受到支那军攻击的场合，日军为了避免被优势的对方军队压倒，做好采取迅速行动的准备是理所当然的。日军为防备这样的事态制订计划是再自然不过的。不然，一旦发生事态则是重大的职务懈怠。为此，日军对所有可能发生事态的情况进行了周密研究，频繁地演习。结果，上述的计划几乎得以自动地实施。尤其是在特定的场合，对当地官兵给予临机裁量的余地，使其能够预见或知晓受到攻击之时应该如何应对。因此，支那军破坏铁路并首先开枪后，计划"迅速并正确地实施"（第 71 页）是理所当然的。

### 所谓的和平电报

报告书认为，日军作为合法且必要的防卫手段，是实施了以上所述的紧急计划，即倘若支那方面"攻击日军，尤其是我方届时如何确保在现场的日本人的生命财产安全不受到威胁"（第 71 页）之计划，但报告书引用了张学良 9 月 6 日的电报，训令支那军队隐忍不可诉诸兵力。日本方面未曾获得有关此电报的任何情报，即便该电报的确适当地发出送达，但其后张学良自身取消或变更也未必可知。鉴于支那军队的不规范是世界周知的，以一封保证支那军不攻击日本军队的电报，并不能作为 9 月 18 日支那军未进行攻击的证据。况且，9 月 18 日当夜，支那军进行攻击并继续实施武力抵抗是事实。关于这一点，调查团称"支那军协同一致接受命令，不得对日军进行攻击"，虽然未否定支那军的攻击，但强调的是"协同一致接受命令"，竭力忽略攻击同本事件的关系。依据该报告书，至少将攻击视为并非基于长官命令，而是支那兵的私自行为。

计划的自动实施

总之,支那兵爆破铁路并展开攻击是俨然存在的事实,与损失程度等问题无关。以至于日本方面的紧急计划自动实施。

调查团表示的意见

关于9月18日事件,调查团认为"当夜,日本军的军事行动……①不能视作正当的自卫手段"(第71页)。对于这样的判断全然难以接受。对放弃战争的《白里安·凯洛格公约》的签字国来说也应该感到意外。

1928年6月23日凯洛格国务卿在通牒中关于自卫权是如下讲述的:

允许自卫权

(一)②美国关于自卫权及非战公约的草案,并非是限制或撤销自卫的权利,该权利在各主权国家的一切条约中都是默认并且涵盖其中的。各国家的国民在任何时候,无论条约的规定如何,面对攻击或入侵之时,具备防卫领土的自由,而且国民根据情势,具备是否决定自卫战争的权能。

另外,该条约批准之际,美国参议院通过的决议如下:

自卫权的行使可以延伸到一国领土权的范围之外,或者屡次涉及并被充分认可之所。

1928年5月19日及7月18日,奥斯丁·张伯伦(Sir Austen Chamberlain,サー・オーステン・チェーンバレン)致美国驻英国外交代表的信函摘引如下:

四、英国政府考量合众国方案第一条的用语,认为排斥自卫方一国是不得已之行为。凯洛格氏在前述演说中明确认为不能抛弃自卫权,英国政府就此问题追加条文如下:

十、本人提醒阁下注意,关于作为国家政策手段抛弃战争的第一条款,即在世界的特定地域,其安康及保全对我国和平及安全构成特殊且紧密利害关系之事,英国政府从来明确,不容忍对此等地域进行干涉。对于攻击行为,为防护该地域,英帝国对于新条约中自卫手段这一点,明确在不妨碍英国政府行动自由的前提下,表示谅解接受贵政府的解释,认为有必要列入。

---

① 译者按:原文带有省略号。
② 译者按:(一)为引用通牒原文的顺序号,下文的四、十相同。

合众国政府亦存在同样的利害关系,宣布若他国无视这一点当视为非友谊行为,相信英国政府理解此立场,即表明了合众国的意向及见解。

其后又说:

4月28日,凯洛格氏在演说中表示,本条约并未限制或损毁任何自卫权利,该见解与各个国家为自身的自卫具有决定情势和诉诸战争的权能,本人对此意见完全赞同。

1928年7月14日,法国政府在回复美国驻法大使的函件中也称,新条约在任何方面并不包含限制或撤销自卫权,关于这一点,各国的国民在遭受攻击或侵略时,具有防御领土的自由,由各国的国民来判定为了自卫是否投入战争。

1928年4月27日,德国政府在致美国驻德大使的书函中宣布,"不能触犯各个国家的自卫主权"。

了解上述往返书函的日本政府也于1928年5月26日,致函美国驻日本大使,强调"任何独立国家都不能拒绝合众国关于自卫权利的提案"。

以上明确地保留了自卫权。决断自卫行动的权利被认定关系到当事国的主权。调查团对于本事件认为"本调查团不能排除,在现场的官兵系为了自卫而采取的行动"。关于9月18日事件,除了在现场的日军将校外,其他包括日本军在内的任何人都没有资格判断是否采取了自卫手段。

*自卫程度与关联利益的重大性相辅相成*

关于自卫权的性质,在这里有必要予以详述。美国国务卿韦伯斯特(Webster,ウエブスター)的定义是最为恰当的,该国务卿认为,行使正当的自卫权,必须是在"没有选择手段和深思熟虑的时间,紧急而且迫切"的场合。9月18日事件正是符合这一条件。当时的事态必须对抗重大而且急迫的危险,即,十分清楚即将受到优势兵力的攻击,如不及早予以排除,日本军将被驱逐出满洲。没有选择的余地,只有反击别无他策。而且也不允许有深思熟虑的时间,攻击已经公然开始了。问题极其简单,暴露在危险之中的利益程度决定是否需要采取强力措施。日本在远东的利益仅此地位而已。

伴随着支那军的抵抗才发生其后的事件,没有理由追问日本的任何责任。在一般的场合,自卫措施受到抵抗,通过当事国友谊地协商可以很快解决。然而,一旦遭遇到武力抵抗后,自卫手段扩大到何等程度无从预测。

关于这一点,有必要联想"纳瓦利诺"(Navarin,ナヴァリノ)事件①。对于该事件,当事国之一认为是一起"意外的事件",该事件并非是希望或者预期发生冲突的事件。当时,为镇压希腊的叛乱,埃及舰队奔赴土耳其援助,途中遭遇阻碍其通行的英法俄舰队,事态紧张之际遽然开炮成为导火索,终于引发冲突。结果,土耳其的希望同埃及的舰队一样同时被歼灭,希腊树起独立的旗帜。以上自卫行为,仅仅是对炮击的还击,但自卫措施带来的结果,无论如何限制都是不可能的。

同时的军事行动

调查团指出,9 月 18 日,满铁附属地全域展开了军事行动,调查团并不领会当时为什么有必要同时展开行动。当时,日军驻屯在一千数百公里铁路线上,只有 10 400 人的部队,而张学良麾下除关内的 11 万大军外,还有 22 万支那军队,日军司令官没有其他手段。特别是在奉天,日军只有不足定员的一个联队及若干个铁道守备队,总人数 1 500 人,在长春也是一样,对抗着 15 000 人,并拥有大约 40 门大炮的支那军。日军司令官负有保护超过百万的在满日本臣民的责任②,既然一个地点遭到攻击,很明显,其他地点也有遭到攻击之危险。确保日本侨民的唯一手段是利用铁路运输之便,对支那军采取先发制人行动。

结论

总之,9 月 18 日夜开始的军事行动,不过是为了防备支那军队的攻击,实施准备的计划而已。鉴于当地支那军队兵力的明显优势,日军司令官考虑到,为了履行保护本国人民的责任,不可缺失的是迅速而正确地实施计划。这一行动除自卫之外无其他手段,日本政府不能允许外界对该行动存在是否必要或是否妥当的议论。

其后的军事行动

报告书对 9 月 18 日后日军为保障日本臣民生命财产安全而进行的军事行动予以相当详细的记述,日本政府认为在细节问题上虽有陈述的必要,但过于烦琐,在此不再一一评议。只是确信,日本在任何场合都没有超越自卫权的范围。

---

① 译者注:即 19 世纪初希腊独立战争中的皮洛斯(Pylos,土耳其语为 Navarin)海战。

② 译者按:这里的"超过百万"应包括在东北的朝鲜移民。

## 第四章 "新国家"

*问题之重要性*

报告书揭示的第 6 章是最重要的满洲诸问题。但调查团在第 9 章"对满洲现政权的存在及承认均不满意"的判定,应该是以第 6 章的论断即民众对"满洲国"的成立及新政府的态度为基础的。

*证据之不完整*

以上的论断几乎是参照了未经实证的事实。当然,在短短的时间里,对刚刚成立仅数周的"新国家",把握真相是困难的。这样的"新国家"在建国初期,不乏有反动分子及不平分子的策动,必然会有一个伴随着许许多多困难的过渡期,尤其是对商业及农业的打击,特别是"满洲国"难免遭受到激烈恶毒的反对宣传以及各种阻碍等等。

然而,报告书拒绝倾听日本政府严肃的声明,而且对日本政府提供的详细资料的价值几乎均不予承认。另一方面,却倾听来自满洲及张学良根据地北平的身份不明人物的意见,以及受理和相信出处暧昧不明的书信,甚为遗憾。

为此,日本政府对报告书第 6 章揭示的"满洲国"的成立、民众的意向以及"新国家"的组织及未来等内容,认为有特别的责任和义务让国际联盟理事会获取更正确的观念认知。

### 一、"满洲国"的成立

*满洲独立并非是新事物*

第 1,报告书论断,满洲的独立是 1931 年 9 月以前未曾听闻的事情(第 79 页)。

然而,满洲在地理及历史上始终是与支那本土分离的一个特别地域,关于这一点已经明确地阐述。满洲系清朝帝室辖领,支那共和国或者官员并不具备将满洲合并为支那本部的实力。而且,满洲的独立至少有两次。报告书里也承认张作霖的宣言。张作霖及其子张学良的暴政是众所周知的事实,报告书里也承认这一点。他们受野心和贪婪驱动,企图牺牲满洲的利益,以高昂惨淡的代价侵入支那,其结果搞起所谓的"保境安民"运动,主张"为了满洲人的满洲",这也是俨然的事实。这一运动名副其实是迈出完全独立的第一步。该运动并非是空喊口号,他的指导者是众所周知的奉天省长王永清及张作霖的参议于冲汉①。二人力谏张作霖停止暴举,因不为张所接受以至辞职。9月18日事件后,自治指导部的组织者就是于冲汉。于冲汉组织自治指导部并非是屈从日本的诱使,不过是继续以前被迫中断的事实。这是满洲独立运动代表性的事例。

以上所强调的是张家时代,其他独立运动不再一一列举。然而,颇感意外的是,报告书竟称满洲独立的思想并不存在。

针对张氏父子的弊政和奢求,奉天律师公会会长赵欣伯早就考虑,有必要联络有教养的支那人及满洲人进行改革,并向张作霖提出建议,也不被其采纳。② 奉天冯庸大学有一批教授为对抗张学良的军阀政治,开始进行必须的政治改革研究,赵欣伯与这些教授保持有密切联系。

如上,1931年9月以前,在满洲以独立为目的的运动就存在。关于这一点,"满洲新政府"首脑人物在与调查团会谈时,就已向调查团提供了资料,但调查团完全无视,不予接受。

此次独立运动的详情

以上可见,报告书中关于满洲独立从未听闻的论断是不恰当的。以下,就"满洲国"的成立以及日本的态度陈述如下。关于这一点,与报告书所述的事实并不一致。

报告书认为,满洲独立宣言是9月18日事件发生的结果,为了收拾局面依靠日本人组织和进行的。为此,日本人借助若干支那要人的名字,利用了他们积极的协助。而且,在9月18日事件后,日军司令部的行动带有显著的政治动机,东京的参谋本部也指导其组织者,对独立运动予以支持。

但这样的想象并没有任何的根据,有必要稍加追溯才能明了。9月18日以后,张学良麾下维持满洲秩序的官员大部分逃亡。毋庸置疑,为了维持日常生活,必须有一些组织机构。于是就有了由地方首脑组织起来的地方自治委

---

① 译者按:于冲汉曾任张作霖时代的外交交涉员,借职务之便与日方勾结,出卖东北矿藏资源,因此得到满铁的特别关照。九一八后主动投靠日本,向本庄繁献计献策,鼓吹东北"独立"。伪满成立后任参议长,不久死去。

② 译者按:赵欣伯在张作霖时代就与日本军政要员勾结在一起,在这些人支持下留学日本,获博士学位,回国后又受日本人举荐,任张作霖法律顾问。九一八后主动投靠侵略者,组织维持会,后任伪满立法院院长,但任职不久即赴日本"考察"宪法,结果一去不归,直至死在日本。

员会,日本军队欢迎来自地方自治委员会的协助,并援助他们。维持文明生活的手段是日本军首要留意之所在,这一点可以通过依靠自治委员会的协助得以实现。政府的胚胎就是这些自治委员会结合的结果,以至建立起"新国家",这没有什么大惊小怪。想象此期间受到日本方面的指使是无稽之谈。满洲只需要一个统治者,不能像支那那样由多头权力者执政,祸乱频繁,统治极其紊乱。因此,新为政者脱离张氏政权不足为怪。了解到1931年9月18日之前和之后的满洲实情,普遍充满了排除张氏政权的决意。这样的结果才使独立运动得以顺利进展,必须明了这一状况。

其实,在支那共和国创立的同时,满洲掀起了清朝复辟运动,这和其乃清朝发祥之地、清帝室曾经辖领的地域有相当大的关联,这是应该记忆犹新的事情。了解到这些事情,对于展开的"独立运动"也就不值得吃惊了。因此,报告书想象该运动的全部(第97页第25行)或者一部分(97页第33行)是由姓名不详的日本人或日本参谋本部操纵之说,理所当然的必须否定。

明明白白是支那人与满洲人的事业

从报告书的陈述可以看出,一些地区、省以及国家独立运动是许多支那人、满洲人以及蒙古人中的实力人士所从事的事业。在奉天,有律师公会会长赵欣伯、张学良时代东北政务委员会副委员长袁金铠、治安维持委员会副委员长于冲汉、奉天省主席臧式毅;在吉林,有吉林省代省主席熙洽;在哈尔滨有东省特别区行政长官张景惠。负责准备"新国家"设立计划的是于冲汉与臧式毅。奉天、吉林、黑龙江、热河及东省特别区的要员,以及蒙古旗人在奉天汇聚,组成东北行政委员会。是这些支那人、满洲人以及蒙古人起草了国家组织细节及独立宣言。

时日

关于独立运动的时日考虑,与调查团的论断恰好一致。在奉天,9月24日成立了治安维持委员会,9月26日,发表了表明奉天及东三省独立意图的宣言。同一天,熙洽在吉林宣布独立。9月27日,哈尔滨成立了治安维持委员会。10月1日,张海鹏在洮南宣布独立。10月17日,东边道镇守使于芷山也宣布独立,并倡议创建前皇帝为元首的"满蒙国"。从9月18日到发生独立运动的短短期间里,可以想象,如果日本官员开始与支那人、满洲人及蒙古人协商独立的设想,他们的独立计划可以即时得以实施。反之,在满的支那人和满洲首脑人物很久以来就在心里酝酿,一直盼望能否有机会,消灭缺点颇多的政府,机会到来自然而然地寻求活路。如果是这样的想象该是更简明及更合乎情理的。

独立宣言的思想完全是在支那人、满洲人及蒙古人中间发生的,该思想与清朝复辟的思想有关联,联系到这些就越发明白了。比如,"满洲国"实业部总长张燕卿(清朝著名政治家、有名的学问家张之洞之子),以及"满洲国"外交部总长谢介石,均是独立运动,特别是清朝复辟运动的骨干分子。满洲人、知名的复辟主义者、"满洲国"财政部总长熙洽也是骨干成员之一。日本官员的确知晓这些活跃的思想,但对此只是表示个人的同情,日本政府及关东军司令部并没有对他们予以任何奖励。

日本方面的不干预

9月26日,币原外交大臣及南次郎陆军大臣对在满的日本官员发出训令,严禁日本人干预建立满洲新政权的各种企图,这是适时及恰当的。

日本文武官员遵循这一训令,避免干预独立运动,具体化到关东军司令部也不能无视。而为了指示独立运动指导者完成其计划,作为维持秩序的善后责任者,关东军当局当然需要重视发现和排除一切危害独立运动及"新政权"的不稳分子。

报告书里把"自治指导部"放到重要位置。该部于11月10日开始创设,完全在支那人的管理之下。但报告书称,自治指导部系关东军司令部第四课的一个机关,"经日本人组织起来,而且大部分职员由日本人充任"(第92页)。报告书单方面采纳支那备忘录中的诬言,报告书强调有所谓"有凭信"的证人(多少人不明),但事实恰好相反。关东军内研究满洲政况的是第一课,1931年9月18日以后到独立运动抬头,第一课的职责所在是要收集有关独立运动的一切情报。10月初以来,奉天省组建治安维持会以维持治安,为了统制各种策划独立委员会的活动,于冲汉组建起"自治指导部",而第一课与其没有任何关系。赵欣伯的调查委员会也是由他自身主宰的委员会。9月18日后,为确认组建独立委员会和树立新政权的各要员的意向,以及由各省选派代表一事在下面陈述。

日本军队的存在为其基础的论调

报告书最后,指出以变革政府为目的的各种运动,没有日本军队的存在是不可能的。日本军队是依据正当权利而驻在满洲,是基于条约上的权利驻屯铁道附属地,且行使自卫权,并不越过附属地之外。独立运动的发生只是利用了事件的结果，事实上，并不妨碍独立运动的自发性。在其他地区也有外国军队的存在，既有实现独立的事例，也有未实现独立的事例，而且与军队存在没有任何关系的事例很多。

以九国公约为基础的议论

1922年的九国公约禁止缔约国侵害支那主权。可是，就满洲场合来说，独立运动与此公约没有任何关系。一个缔约国在支那领土偶尔正当地行使合法的权利，不应追究该国行使权利所造成结果的责任。不论该结果是保全或者是侵害了支那的主权，该国并不负责。即使张学良统治下的满洲真正成为全部支那的一部分，日本对正当而且必要行动的结果也不负其责。假如将来支那成为在满洲组织统一行政的国家亦是同样。

重要的是，要认识到现在的政权是自然自发运动的成果。报告书无视"满洲国"提交的一切证据。"满洲国"政府提出的《满洲"建国"小史》在满洲各地散发，其中记述了独立运动，以及有关人员的姓名、宣言文及决议文等，直接正确地载录其中。据该"建国"小史载，在独立运动中，商、工、农业以及教育各团体（会员达数千人）推选代表。按照历来的惯例，各地区由四个代表性团体一致通过来任命代表，由这些代表参加"建国会议"。1932年2月29日，在奉天召开全满联合大会，宣布建立"新国家"，充分代表了各方面的利益。报告书陈述了为确认对满洲政府施政的民意，通过商会、职业组织及其他民间团体，采取一些实际方法，这与上述的传统代表制度没有什么不同（第134页）。

结论

总之，调查团在第6章中的议论，不符合构成"新政权"根基的历史要素，不符合唤起潜在感情的心理及物资方面的原因。而且，在满洲人民中间，汇聚并存有"新国家"得以建立的条件，证明独立运动是自发的性质，报告书与这一切事实不相符。

日本政府确信，满洲独立宣言运动是纯正自发的，既符合民意，又是自然的结果。在旧帝室的领土上，推举以往统治者的后裔为元首，脱离横暴的旧军阀的压制及支那的无政府状态，这明显是合理而且顺其自然的，为何想象成是日本的策动。实现独立的推动者是关东军的一个机关的主张（第92页）、一部分日本官员策划、组织并推进了独立运动的主张（第97页）、日本官吏的活动是"满洲国"创立的"最有力要因"的主张（第97页）都是没有任何根据的。帝国政府认为，与帝国政府的明确声明相反，报告书中的这些主张所依据的证据,均是全部采纳支那参与人员的诬说。

## 二、民众对"满洲国"的态度

构成调查团意见的基础材料如下:

调查团掌握的资料

一、支那人、满洲人、蒙古人、日本人、朝鲜人、俄国人等商会以及政治、农业、教育各界代表组成的,具有相当权威的团体的请愿书及宣言书等。

二、通过邮寄或其他办法送达的书信,大多数来自支那人,估计有1 550件。

三、与实业家、银行家、教师、医生、警察及官吏的私人会谈。

对证据信任过度或不充分

本节显著的特征是对不了解品性的支那人的书信过分信任(报告书称,这些书信中除两封书信外,均是对"满洲国"及日本人不利的书信),而轻视官方备忘录列举的人民对原政权之不满,表明其愿望的内容,以及负有各种职责的团体的请愿书及宣言书。

调查团称,接受了1 548封反对"新国家"建立的书信,鉴于支那方面历来猛烈的宣传攻势,上千封的书信并不意外。但是,满洲拥有3 000万人民,而向调查团表达意向的不过两万分之一,这一事实毋宁说对"满洲国"是有利的。另外,拥护和欢迎"满洲国"的数千民众的各种集会,有责任的代表以及有力市民支持的证言,这些确凿明白的证据一概驳斥了日本方面策动之说。被有组织压迫和因欺瞒政治而牺牲的人民,无人受日本的胁迫或收买,至少他们承认保护其劳动成果的政府,这是极为浅显的道理。反之,"外国人及有教育的支那人"(第109页)当然是不能够了解或知晓工人与农民的态度。

各种阶级及民族的意见

报告书——记录了官吏、警察、军人、实业家、银行家等阶层对"满洲国"的敌意,对支持"满洲国"之人却予以排斥,这些人因利害关系或恐怖心理没有什么动作,也没有什么爱国理想。报告书最后强调支那人对"满洲国"的反感,而朝鲜人、俄国人及蒙古人对"新国家"表示由衷赞成,却是极简单地提了一笔。坦率地承认朝鲜人欢迎新政权的事实,却又反问这种欢迎能够延续到什么时候。另外,承认蒙古持同情的态度,却强调在张学良势力下的北京,蒙古王公代表发表了一个反"满洲国"宣言。

所幸的是,事实有望超越报告书中不利的描写。《满洲"建国"小史》中详细叙述了"新国家"成立前许多民众参与的示威运动,列举了不管"满洲国"反对者如何努力,人民连续不断对新政表示欢迎的显著事例。概言之,"新政权"是清朝覆灭以来满洲地方民众第一次受惠的文治政府,与当今统治支那的军阀独裁政权形成鲜明的对照。

### 三、"满洲国"的组织与将来

报告书对"满洲国"前途的评论

报告书第 6 章里,叙述了"满洲国"的组织、政纲及该"国"为确保独立实行的各种手段等,内容见下:

该"政府"之政纲包含许多自由主义的改革方案,这些改革方案的实施,不仅在满洲,也希望在支那其他地区实施。事实上,这些改革多数在支那政府的政纲里也有体现。该"政府"代表者与本调查团会面之际,主张依靠日本人的援助,依靠他们在相当长的期间里确立和平秩序,而且能够永远地维持下去。代表者称,通过对人民实施公正有效的行政,保障不受匪贼的抢掠,削减军费,减轻租税,改革通货,改善交通工具,给予民众政治参与权,相信能够获得民众的支持(第 105、106 页)。

然而,报告书一方面列举以上乐观的材料,另一方面又论断"充分考虑到'满洲国政府'推行政策的时日尚短,而且对其实施的手段也有待考量。尤其该'政府'表示实施的多项改革并没有什么前途。只举一例,他们在预算制度以及货币改革方面,得以实现的前途尚存有许多重大的障碍"(第 106 页)。①

报告书对支那本部改革方案的评议

以上引用的调查团评论,对比如同第 1 章里的评论,形成奇异的对照。报告书称,现今政府努力在岁出岁入上保持均衡,健全并遵守财政原则,统一并简化各种赋税。历来没有预算制度的财政部每年度发表岁出岁入说明书,设立了中央银行,国家财政委员会任命的委员包括银行、商业界的有力者。但财政部对征税的方法尚不甚满意,为此致力于监督地方财政。总之,这些新的措施归功于政府……②,政府在许多事项无疑是失败的,当然也获得许多业绩

---

① 译者按:上海明社版《国际联盟调查团报告书》第 154 页,"'满洲国'在此短期间虽得自由实施其计划,并对于其已施步骤,虽已予以相当注意,然仍无象征足以证明该'政府'在事实上能实施甚多改革。试举一例言之,(一)彼业经颁布之预算及钱币改革计划,其实施之前途似有严重之阻碍"。

② 译者按:原文为省略号。

(第17、18页)。

为什么悲观与乐观有别

调查团列举的支那各种改革方案,实际上尽管几乎没有列举什么实绩,但是因这些改革方案的存在,赞赏支那做了许多事情。与此相反,值得注目的是,对"满洲国"却持有不当观点以及不公平的判定。

特别的两点,即治安与财政

对于调查团悲观意见的根据,日本政府并非刻意加以详细议论,因为事实胜于雄辩。只是重要之处有两点,即日本军与"满洲国"政府携手,恢复治安的措施以及"满洲国"政府的财政状态,值得唤起理事会的注意。

治安的恢复

在新生的国家,由于反动分子及不满分子的策动,致使治安紊乱是世界通有的现象。特别是在"满洲国",必须考虑到旧政权时代拥有的众多的正规军在政权崩溃后溃散,形成匪团的特殊状况。在"满洲国"政府恢复治安的计划中,这些大匪团崩溃或者分散,此为第一阶段。现今,正在进行的是利用警察组织或其他行政手段,肃清重要残党以及身着便装的小匪团,此为第二阶段。另一方面,改良"满洲国"现存的交通工具以便治安恢复事业。第一阶段的工作,从调查团来"满洲国"之日起,直至今日,已取得显著的进步。即"新国家"最棘手的叛徒马占山指挥下的军队已经被消灭。另外,李海青指挥的部队也已经败退。丁超、李杜的部队被驱逐到中东铁路东部线的北方腹地。在南满,扰乱治安的祸根是活动在奉海线至鸭绿江岸的有力匪团,其已经被日满联军扫荡,其他大股匪团也被压缩到奉天、热河两省境的腹地。总之,治安恢复已进入第二阶段,即"满洲国"政府可以利用警察组织恢复治安的阶段。

支那方面对匪贼的援助

特别不能忽略的事实是,满洲匪团一直接受支那方面的支持。这些支持多是在暗中进行,日本方面已经列举许多实例。为了援助满洲的匪团,支那本部的各城市甚至公开进行募捐活动。

唆使犯罪旨在策动并损害"满洲国"的信用

另外值得注意的是,最近由大集团活动带来的治安威胁逐渐减少,很多小集团的活动愈发带有政治色彩。比如,最近满洲的匪贼及绑架者的活动多以外国人为目标,妄图以此损害"新国家"的信用。这种使满洲状况更为恶化的行为,我方确信乃因支那方反"满洲国"分子有计划地策动导致。

匪贼的威胁将在一段时期后根除

最后,日本政府预测,完全恢复满洲的治安尚需要相当的时日,类似的状况在其他地域也是常见之事。如同报告书引用的那样,日本政府确信,由于日本军的存在,两年至三年内,满洲的主要匪贼部队将被荡尽,即便其中会有些反复。日本方面的态度,正如报告书指出的那样,"日本官方寄望'满洲国'警察、各部队以及自卫团组织有效地消灭匪贼。现今匪贼的多数人原本是良民,因破产而投入现在的职业,相信如果有投入经营农业的机会,这些匪贼会重新回到和平的生活"(第83页)①。

财政

关于"满洲国"的财政状况,碍难理解的是,理事会根据"满洲国"政府提出的资料,报告书却为何毫无根据地得出悲观意见。

岁入与岁出

1932年3月1日建"国"以来,截止同年6月30日,"中央"收支状况是,收入(各种税收及盐税收入)930万元,支出910万元,调查团来满时期与建"国"当初对比,成绩更为良好。

"中央"财政预算(1932年—1933年度)

1932年6月,"满洲国"接收海关结束,7月废止各省财政厅,财政实行"中央"集权。随之,致力于财政基础建设,结果是1932年度预算(1932年7月1日至1933年6月30日)岁入100 000 100元,岁出100 001 300元,"满洲国"的财政地位颇为牢固(上记预算中军费3 300万元,仅为1930年度张家军费开支1亿元的1/3。另外,该预算显示有1 200万元的岁入不足,考虑从预备金中增补1 500万元)。

"中央"银行

关于"满洲国"的币制,满洲"中央银行"创立的资本金为3 000万元,开业当初接受旧省银行流通纸币100 004 200元,本位货币8 200万元,保证准备金6 000万元,"中央银行"已于7月1日开始营业。

---

① 译者按:上海明社版《国际联盟调查团报告书》第122页,"日方希望'满洲国'警察及各市自卫团之组织,能使土匪逐渐绝迹。彼等相信,土匪中定有不少良民,因其家财荡然,始而加入匪类。此项由良民出身之土匪倘若得有机会重事耕耘,当必乐于恢复其固有之安静生活也"。

1882年,日本银行以1 000万元的资本金创立,在全国国立银行发行统一纸币,获得成功。日本银行的事实说明,考虑"满洲国"的经济贸易人口状况,可以认定满洲银行的资本金完全充分。

通货

"满洲国"政府尊重满洲"中央银行"的独立性,在不妨碍发行货币的前提下,对银行的机能方面予以万全的注意。因此,报告书称满洲"中央银行"乃至"满洲国"币制基础不安是不恰当的。如今,该银行开业三个月,纸币完全维持着本位价值,货币完全安定,其流通也十分顺畅。对比张家时代形成明显的对照。

"满洲国"作为贸易出超的国家,每年流入大批银币,因此将来维持货币价值也没有任何不安。

日本政府对"满洲国"将来的意见

日本政府对于"满洲国"的未来,基于慎重的考虑将意见记述如下:

"满洲国"一定会有辉煌的未来。"满洲国"拥有广阔的领土、众多的人口,又处在天然国境环抱的有利位置。凡各国与支那缔结的国际约定中,限于适用满洲的场合,"满洲国"政府自发地声明予以尊重,并忠实履行门户开放、机会均等的原则。"满洲国"政府无排外之感情,又没有支那本土的共产主义灾祸。当然,"满洲国"尚处在幼年时代,调查团不应局限于本属于支那的一切悲观材料,应对"满洲国"予以相当的同情,对于刚刚创建6个月的"国家",应该有足够的忍耐,表示出公正的态度。

日本支配"满洲国"的说辞

报告书关于日本政府的记述中,推测"满洲国"一切政治以及行政权力握在日本官员及顾问的手中,是全然没有理由的。这些官员与东京政府之间意见并不一致。另一方面,以军事占领的事实,以及依靠日本军队维持主权与独立的理由,认为日本人官吏对"满洲国"政府施加不可抗拒的压力,日本政府对于这些说辞敢于予以反驳,以清者自清。

这些判断容易引起误解

相信这些诽谤能够引起国际联盟的注意。无论是现在,还是过去,作为被承认为独立国的国家,一般而言,多数都聘请外国人官吏,或者在其领土内驻扎有外国军队。最近,国际联盟对领土内存在外国军队的国家加入国际联盟,也予以承认,没有设置任何障碍。

1932年9月15日议定书

最后,报告书强调,当今之际,欲明了日本同"满洲国"的关系,仅依靠调查团的经验是有困难的(第106页)。如今,随着1932年9月15日议定书的签字,这种困难应该消失了。本议定书的内容如下:

兹因日本国已确认"满洲国"系根据其住民之意愿而自由成立的独立国之事实,并因"满洲国"已宣言,中华民国现有之国际条约,以可适用于"满洲国"者为限,概将尊重之,故日本国政府及"满洲国"政府,为永久巩固日"满"两国之善邻关系,互相尊重其领土权,确保东洋之和平,签订协定如下:

一、"满洲国"在将来日"满"两国尚未另行签订约款之前,应确认和尊重日本国或日本臣民在"满洲国"领域内,根据以往中日两国间之条约、协定、其他条款及公私契约所享有之一切权益。

二、日本国和"满洲国"确认,对于缔约国一方领土及治安之一切威胁,同时亦为对缔约国另一方之安宁与存立之威胁,相约两国共同担负防卫国家之责任,为此目的所需之日本部队,应驻扎于"满洲国"内。①

不违反国际义务

必须指出的是,本议定书规定了对新政府如何进行协力行为,丝毫不违背日本的国际义务。依据日本参加的华府九国公约,约定尊重支那的主权及领土行政的保全。但是,该公约并非是以避免支那国家生存过程中通常发生的事故为目的,也没有剥夺支那国民为满足自决权利而树立政府的权利。因此归根结底,该公约并不妨碍各缔约国基于国际交往需要而承认既成事实。将来也是如此,国际联盟规约第十条"对外来的侵略",有尊重并拥护会员国的领土完整一款。因国内的发展,会员国领土完整出现危机时,国际联盟规约并没有阻止其他国际联盟会员国予以承认的权利及义务的任何规定。如反之解释,等于否定欧洲多数国家以及美洲大陆大多数国家存立的基础。

---

① 译者按:该议定书引自日本外务省编《日本外交年表及主要文书》,下册,原书房,1965年,第215页。

## 第五章 结 论

日本的主张

综上,日本政府所要表述的有以下几个要点。

支那不正常的国情

第一,支那自1911年革命以来直到今天,陷入无政府的混乱状态之中,而且,只要这样的事态持续不断,必将呈现国家崩溃的状态。至少,在当今的事态下,直到支那巩固永续的中央政府产生之前,何时跌入低谷都未必可知,也不可预测。

外国人无生命财产安全

第二,支那上述状态的结果,对外国人生命财产不可能予以充分的保护,特别是近几年来,内乱深化,国民党对外国实施"革命外交",上述的状况将越来越显著。

结果是列国将持续性地行使自卫权

第三,因此,各国在支那的治外法权、租界、维系驻军、军舰长驻内河等,即继续行使在当今世界其他地区不多见的例外的权力及特权。

日本特别受其害

第四,在支那享有利益的各国,由于支那的排外政策及无政府状态均受其害,尤其日本是最大的受害者。

日本与满洲具有密切的关系

第五,日本与满洲在历史及地理等方面具有最密切的关系,加之在该地拥有巨大的经济利益关系,拥有重要的条约权利,并有众多日本侨民。从国家安全的角度,日本在政治及战略方面对满洲抱有重大的关心。总之,日本在满洲的地位,是世界其他地区不可比拟的例外的特殊关系。

对日本权益的侵害

第六,近年来,旧满洲官员意图颠覆日本在满洲的特殊地位,进行了各种策动,特别是张学良与国民政府接近后,对日本的权益进行愈发频繁而且激烈地侵害。日本为缓和局势不得不竭尽努力,也招致必须警戒的紧张状态。

日本的军事行动正当

第七,9月18日事件,正是在上述紧张的气氛中爆发的。该事件当时以及其后,日本军所采取的措施没有脱离自卫权的范畴。公平而言,如果有同日本处在同一状况的其他任何国家,都会采取同样的行动。

满洲与支那本部有别,排除张家暴政的主张乃民众自发行动;承认不违反任何国际条约

第八,满洲在地理与历史方面与支那本部有别,当地民众憎恨张家暴政,反对将满洲卷入支那政争的政策旋涡之中。由于地理历史的有别以及民众对张家的反对,因此才产生了所谓的"保境安民"运动。"满洲国"的创设以"保境安民"运动及清朝复辟运动为主动力,是基于民众的自发行为。"满洲国"在稳健的政策下取得了进步,将来也极有希望。最后,日本对"满洲国"建设采取的态度,以至正式承认"满洲国",均不违反任何国际条约。

扼要说明

重要的是,为了正当了解,需要树立两个观念。一是支那的事态极其不正常,碍难承认其具备近代国家组织的资格。因此,各国为维护自身的权益,不仅需要限制支那的主权以保护例外的权力和特权,而且要随时行使之;二是支那对外关系的特征,从日"满"关系看,特别显著的是日本的特殊地位以及满洲与支那本部的特殊关系。所以,特别需要强调的是,支那问题,特别是满洲问题的复杂性以及不正常的特点,这在其他地域是没有类比的。为此,采取对待普通国际问题的一般方式来处理该事件是困难的。对于这种不正常的问题,采取何种手续以及解决方法,在通常国际纷争中没有先例。关于这一点,报告书第九章开头指出:

包括本纷争的诸问题,往往并非人们认为的那么简单,即问题极为复杂。关于一切事实及历史背景需要彻底的知识,对于事态才可谓具有表示确定意见的资格。本纷争并非是一国不利用国际联盟规约提供的调停机会,而向另一国宣战之事件,也非邻国军队侵入国境的简单事件。总之,满洲存在的事态是世界其他地区见不到的特殊事态(第126页)。①

以上日本的主张演绎

以上,是日本政府关于支那问题,特别是满洲问题的基本见解,该见解基

---

① 译者按:上海明社版《国际联盟调查团报告书》第189页,"此项问题实属异常复杂,而惟深悉一切事实及其历史背景者,始足以表示一正确意见。良以此案既非此国对于彼国不先利用国家联合会盟约所定和解之机会而遽行宣战之事件,亦非此一邻国以武力侵犯彼一邻国边界之简单事件,实因满洲具有许多特点,非世界其他各地所可确切比拟也"。

于报告书第九章、第十章的记述而提出。

**排斥报告书单纯恢复原状**

报告书第九章的一节中指出"吾人已经指明,单纯恢复原状,问题不能得以解决,回顾此次冲突原系发生于去年9月前所存在之各种情形之下,故今日如将各该情形恢复原状,亦能使纠纷重见,且有仅仅顾及全案之理论方面,而忽略其局势之真相之弊"(第127页)。①

**"满洲国"的维持不可或缺**

日本政府对以上记述表示无条件同意,也同意该章维持和承认满洲现政权一点。如果报告书记载的事实全部是真实的,当然要归结到上述论断。正像日本政府已经表述的那样,以承认和维持"满洲国"为基础来解决问题,并不违反任何国际义务的根本原则,这样解决也能满足满洲民众的希望。归根结底必须认识到,日本政府确信支那国民②自身通过这种解决③,得以安定日支关系,确保东洋之和平。至少,"满洲国"已经成立,而且正在健康地发展,无论如何不能同意以适应"现实的事态"之理由将"满洲国"解体。调查团对问题的处理需要适应"现实的事态",而无视"满洲国"存在的严肃事实,将该国置于国际交往的圈外,绝非良策,日本政府坚信无疑。

**日本对满洲的安定赋予特别关心**

日本在满洲占有重大而特殊之地位,不能放任该地事态及日"满"关系不安定的状态。综上各理由,日本政府希望各国立即承认"满洲国",协助其健康发展,这是最为适应现状,也是安定满洲事态,维护远东和平的唯一的解决办法。假如,其他国家处在与日本同样的立场上,相信必然会得出同样的结论,也必然走向同一条道路。正因为日本政府立足于以上的根本考虑,才明确地在9月15日的日"满"议定书上签字。缔结日"满"议定书的结果是维护日本在满洲的权益,保全"满洲国"的领土,确保在内外威胁下能够维系安全。在谈笑间所确立的这一协定,对维护远东和平给予了新的有力保障。

**注视事态的每一步进展**

关于这一点,引用报告书第十章开头一节比较适当:

---

① 译者按:参见上海明社版《国际联盟调查团报告书》第191页。
② 译者按:日本在这里指的是支持"满洲国"的民众。
③ 译者按:即建立"满洲国"。

"吾人一方面以国际联盟诸原则,以及关于支那诸条约之精神及文字,以及和平之一般利益,存诸胸中。而在另一方面,并未忽视现存之事实。即对于正在演化中之东三省行政机关,亦曾加以注意。为世界和平之最高利益计,行政院之职责,应不问结局如何,毅然决定如何始能使本报告书中之建议推行并适用于当下仍在发展之事件;以期利用现正在满洲酝酿之一切正当势力,无论为理想或人力,无论为思想或行动,借谋获得中日间持久之谅解"(第132页)。①

参酌上述调查团意见而讨论报告书的时候,国联理事会唯恐其后事态发展,希望能获得充分理解及满足的情报。随着事态的推移,支那本部依然持续混乱,另一方面,"满洲国"已经显示发达。日本政府在这方面向理事会提供必要的情报,各会员国可以从本意见书准备的序言部分所记述的内容中充分把握复杂事态的全貌。

### 对报告书提议之批判

报告书第十章提出若干提议,该章以"为解决现在的纠纷,对支那、日本及'满洲国'直接提出劝告,并非本调查团之职能"(第132页)为开头开始记述。而这应当属于调查团的所定任务。报告书明示这些提议,乃是第九章揭示的实现诸原则的各种方法的一例。调查团自身也认为这些提议不过是试案,附记如下:

"即使日本在日内瓦讨论本报告以前,即已承认'满洲国'——此为不容忽视之可能的事实——吾等工作亦不致因此而丧失其价值。吾等深信行政院如欲为满足中日两方在满洲之重大利益,而有所决定或向两国有所提议,则对于本报告书所载建议,终将认为不无裨助"(第132页)。②

换言之,调查团使用暧昧的语句,认为日本如果承认"满洲国",该提议仍存有几分价值,但也对日本倘若承认"满洲国",该提议的价值究竟多少存有几分疑虑。因此,对此问题有详细议论之必要,事情的真相才会更加明了,以下归纳几点简单的意见。

1. 第九章的原则以及第十章支那本部③国际管理问题。第十章的诸提

---

① 译者按:参照上海明社版《国际联盟调查团报告书》第199页。
② 译者按:参照上海明社版《国际联盟调查团报告书》第199页。
③ 译者按:据考证,应该是东北,但原文为"支那本部"。

议比日本承认"满洲国"更重要吗？该提议如果实施,等同于满洲由国际临时管理,"满洲国"不能容忍,当然,日本的立场也是断然不能接受。

2. 反感这些提议过于烦琐精细,在欧美各国不能适用,也不符合远东的现状。调查团提出的议案,最低限度的前提条件,必须有巩固而且可以信赖的中央政府,满洲问题是没有前例的复杂问题,而当事国一方不具备巩固而且可以信赖的中央政府,在这种情况下这些提案不适用,不过是徒使事态增加纠纷而已。

3. 日本政府撤废在满洲的军备,仅仅依靠特别国际宪兵队维持该地的和平和秩序,这样的提案全然不适合现实的事态,也不能承认。即使在欧洲可以依靠特别国际宪兵,但国际宪兵能否在更广阔的满洲地域得以充分维持和平和秩序,这是值得怀疑的。而且,这样的提案并不符合满洲民众的希望,也有酿成日本极力防止在该地发生的不安与混乱之虞,日本政府不能承担如此重大之危惧。重要的是,比起调查团自身排斥的恢复原状,事态将更加恶化,无论如何都不能满意。

十原则的批判

以上是对具体提议的批判。以下是稍为抽象的事项,即以上提案的基础——解决纠纷的诸原则。调查团在第九章中明确指出,"如何圆满地解决方法,应该有准则性的一般原则"。第十章的解决方案应该就是依照这些原则而提出的。日本政府对这些原则没有特别的反对,这从日"满"议定书中的第二与第三中也可以看到。无论如何认识支那问题,只要该国无政府状态继续存在,很明显,第一乃至第九原则,尤其是按照第四乃至第九原则,圆满地解决问题是不可能的。如同第九原则和第十原则指出的那样,"在支那没有巩固的中央政府"①,所以这些原则实际上并不适用。为在支那树立巩固的中央政府,当然需要对该国内部实行改造,而且寄希望国际的协力。基于此目的,国际协作应在支那植入国际管理的形式(与技术援助有别),但实现巩固的中央政府几乎是无望的,极其困难的。退一百步言,即便国际协力成为可能,立刻实现巩固的中央政府也毫无把握。日本为了满洲问题之解决,已经白白度过了诸多翘首企盼出现这种状况的时日。

---

① 译者按:上海明社版《国际联盟调查团报告书》第195页为"而上述条件,又非待中国具有强有力之中央政府时,不能满足"。

对"满洲国"没有同情态度,扰乱满洲安定的危险持续

综上,如果推行以上提案,有破坏目前正在恢复的和平与秩序之虞,这些提案必将招致新的纷争和困难,而且势必阻断安定满洲事态的努力,并非真正的良策。过去的20年间,世界对支那的复兴寄予极大的同情及忍耐,如今对于满洲"新国家"更应予以一些理解和期盼。满洲问题一旦解决,明显可以简化支那自身问题的解决。满洲善政与和平的出现,对支那是个极好启示,对该国的态度也会有积极的影响,促进其内外政策的稳健化。毋庸置疑,其结果将给支那国民带来幸福,对列国也是福音。

(以上内容,王希亮　译,陈海懿、马海天　校)

# 索　引

## A

阿本德（Hallett Abend）　280
爱斯托（Astor）　44,54,58,65,194,197,199,201,205,217,232,235,352
奥斯丁·张伯伦（Austen Chamberlain）　379

## B

白里安（Aristide Briand）　6,12,24,25,27
《白里安·凯洛格条约》（《非战公约》）　49,180,379
保加利亚　4,18,294
鲍观澄　287
北大营　377
北戴河　137,260,273,288,300,305
北宁铁路　169,185,243,244,288,295,299,321,334,340,358
币原喜重郎（币原）　60,61,83,87,88,205,385

## C

参谋本部　148,198,260,383,384
察哈尔　370
长冈半六（长冈）　84,203,287,308
陈济棠　317
重光葵（重光、重光公使）　52,53,64,72,73,76,89,90,92,117-120,123-130,133,136-147,149,155,159-161,165-167,170,171,178,182,237,238,253,281,312

## D

大阪　1,2,59,62,65,72,75,80,83,88,94,98,100,102,109,110,112,128,149,188,189,206-208,329,347
大连　80,83,129,130,155,161,163,229,249,260,270,271,275,294,307-310,313,314,316,317,321,326,328,333,343,345,348,349,351,352,354,356,357

《大陆报》 136,226

大桥忠一（大桥） 174,205,222,230,249,269,274,275,286,289,341

德国 3,5-7,10,14,15,20,21,23,25-27,31,40,41,44,54,78,84,85,121,270,275,380

德拉蒙德 8-10,17,26,82,83,261-265,289

丁超 389

东京 2,3,10,33,47,51,52,63-67,72,73,75,77,80,81,83,89,90,92,96,110,113,116,119,123,125,176,182,188,204,217,218,237,257,266,270,271,280,291,310,328,347,383,391

东三省 107,162,218,241,242,260,277,281,282,370,384,396

渡久雄（渡大佐） 328,337,350

端纳（William Henry Donald） 48,117,245

## F

法国 3,6,9-12,17,20-24,30,32,43,44,46,47,54,62,65,78,84,143,152,156,176,198,233,250,270,275,339,380

范汉生 157,165

冯庸大学 383

傅克林（Lynn W. Franklin） 50

## G

高纪毅 214,243,245,273,286,288

戈公振 340

格兰特总统号 53

公主岭 285

顾维钧 67,76,77,90,117,119,123,136,137,163,212,220,230,232,245,249,256,257,269,270,272,274-276,279,281,289-291,293,297,299,300,306,307,309-311,313,314,324-326,328,335,339-345,348-351,354,358

顾执中 340

关东军 89,214,233,243,261,277-280,288,289,298,299,306,320,321,326-328,336,377,385,386

关东厅 98,137,161,165,213,221,229,258,271,280,285,298-301,303,322,330,332,347,351,352,355

关东州 179,266,291,292,301,302,319

郭泰祺 119,126,162

国联盟约 262,263

国务卿（史汀生，Henry Stimson） 22,28,29,31,51,261,312

## H

哈尔滨 41,80,130,146,230,238,
258,266,270,271,283,285,
287,293,308,316,318,356,384

哈斯(Robert Haas) 10,26,44,52,
53,57,58,63,64,70,72,81,85,
112,113,137,193,194,196,
197,199,201,205,215-217,
233,271,295,296,313,314,
339,343,352

海军省 59,298,314,325

海圻号 356-358

海因斯(Hines) 3,9,22,26-28

韩复榘 259,279,364

何柱国 261

赫斯特(Hearst) 175-178

华盛顿会议(华府会议) 3,10,85,
103,113,260,362,364-
366,368

火奴鲁鲁 51-54,63-66,68

## J

吉长线 285

吉拉马特(Guillaumat) 3,12

吉田伊三郎(吉田) 5,17,22,30,
31,38,56,57,59,60,67,86,97,
117,119,120,123,126,127,
136,137,147,157,159-161,
164,166,172,173,176,178,
179,187,193,194,196,198,
199,204,212,213,215,216,
220,221,229,233,234,236,
237,246,247,249,250,252-
256,259,269,270,272,273,
275,276,281,283,285,286,
289,291,292,295,297,298,
304,305,309,311,313-316,
319,321,323-325,328,333,
335,337,339,341-344,346,
348-355

间岛 275,290,307

蒋介石 103,139,150,168,187,
212,214,219,220,233,300,
317,364,367

金井章次(金井) 72,73,89-91,
155,345

金尼(Henry Walsworth Kinney)
270,271

金问泗 340

津浦线 186,213,214,221,243,
257,333,334

锦州 28,130,131,163,186,286,
306-308,313,334,338,354

九国公约 49,103,140,141,151,
152,209,282,336,386,392

酒井隆(酒井) 337,357,358

## K

卡尔利(M. Charrère) 10,44,
206,352

卡罗林号事件 373

卡斯托（William Castle） 9,22
凯默勒委员会 171
柯立芝总统号 51,53,54,65,69-71,73,187
克劳德（Henri Claudel） 24,28,43,44,49,57,78,81,84,113,125,193,194,196,197,199,201,205,327,337,352

## L

莱热（Alexis Léger） 9,11
李杜 389
李顿（Lytton） 38,43,44,51,52,54,57,58,64-68,78,81,83,84,93,94,100-102,109,110,112,113,119,120,122-127,133,136-138,141-143,145-154,166,170,176,178,181,183,185,187,189,193-195,197,199,201,205-207,213,215,219,220,223,225,227,228,231,234,237,241,242,244,246,250,251,253,254,256,257,263,265,267-270,276-280,282,291,294,296-298,304,309,312-315,320,321,324,326,327,337,339,342-344,348-350,352,354,358
李海青 389
刘崇杰 340

陆军省 59,148,179,198,222,260,325
罗文干 174,184,187,212,220,253,257,276,300,311

## M

马柯迪（Count Aldrovandi） 5,31,44,78,81,84,101,113,193-195,197,199,201,205,352
马西格利（René Massigli） 27-30,32
马占山 337,389
麦考益（Frank Ross McCoy） 27-30,36,37,42-44,49-51,54,57,65,67,78,81,113,114,138,149,193,194,196,197,199,201,205,231,337,352
满铁 33,59,83,86,90,95,96,129,140,141,145,151,153,154,191,193,221,222,253,266,270,271,275,285,291,292,295,298,302,310,319,322,325,332,333,335,343,351,352,354,374,383
满铁附属地 129,230,292,307,310,319,345,381
满洲事变 1,2,6,18,47,92,95,116,146,154,180,181,191,214,315,325,326,347
《每日新闻》 2,62,88,98,122,324
美国 3,6,9,10,15-18,23,27-

30,32,36,37,42-47,49-51,
54,62,63,78,80,81,111-113,
117,133,140,141,143,146,
151,152,171,182,198,226,
231,245,256,265,270,275,
289,291,307,309,312,314,
325,326,337,339,373,374,
379,380

## N

纳瓦利诺事件　381
南满铁路（南满洲铁道）　332,
　374-376
内田康哉（内田伯爵、内田总裁）
　59,61,88

## P

派尔脱（Pelt）　10,44,51,54,81,
　84,85,194,196,197,199,201,
　206,244,284,352
派斯塔柯夫（Pastuhov）　10,45,81,
　85,194,196,197,199,201,
　206,352
丕平（Eugène Pépin）　62,88,162,
　175,195,204,206,276,339,351
皮特尔（Biddle）　44,65,194,196,
　197,199,201,206,352
浦口　186,214,221,243,246,248,
　252,321
溥仪　142-145,152,153,211,338

## Q

秦皇岛　349,351,352,357,358
青岛　80,103,130,132,134,137,
　146,157,158,160,161,165,
　169,173,175-177,179,186,
　187,212,213,215,219,220,
　227,233,246,248,256,257,
　260,266,269,300,305,314,
　318,353,356,357,368

## R

热河　370,384,389
日光　63,72,74,75,83
日"满"议定书　395,397
日内瓦　4,8,9,17,32,36,39,41,
　45,46,50,54,80,89,92,122,
　124,126,132,159,214,215,
　226,237,238,256,261-265,
　270,276,289,291,294,307,
　312,325,396

## S

山海关　137,155,163,185,186,
　286,287,293,295,296,298,
　305,308,309,313,321,333,
　334,348,352,355
杉村阳太郎（杉村）　9,10,25,26,
　32,62,81,88,261-264
沈鸿烈　279,340,356,358
沈瑞麟　287,308

施恩泽(Schanzer) 3,5,17

十九国委员会 124,133,180,262,263

松冈洋右(松冈) 60,87,90,125,127,138,149,315

宋子文 120,133,162,220

苏联(苏俄) 102,150,170,303,364,376

孙中山(孙逸仙、孙总理) 209,223,241,365

## T

泰勒(John J. Taylor) 72,81,194,196,197,199,201,217

塘沽 316,351,358

洮南 384

天津事件(天津事变) 128,169,277,278,304,315,320,321,326,327,336,337

田代重德(田代) 21,115,174,223,231,249,269,274,275,289,290,311,312,318,345,346

土耳其 4,18,22,30,38,117,122,123,172,237,265,381

## W

万宝山事件 101,376

万考芝(von Kotze) 10,44,79,81,85,194,196,197,199,201,206,352

汪精卫 182,187,212,220,225

王殿忠 293

王树常 267,277

沃尔特斯(Walters) 1,2

吴秀峰 352

## X

西蒙(John A. Simon) 8,116,180

希爱慕(T. A. Hiam) 33,45,58,85,111,205,222,224,225,233,244,266,270,271,280,345

希尼(Heinrich Schnee) 3,7,20,21,25-27,40,41,44,78,79,81,85,113,125,193,194,196,197,199,201,206,283,296,352

熙洽 144,153,384,385

小幡酉吉(小幡大使) 20,26,27,40,203

谢介石 249,276,300,308,314,385

星之浦(星ヶ浦、星浦) 129,163,305

## Y

亚当斯总统号 65,97,112,113,189

亚维诺(Joseph Avenol) 2-4,8,9,12,13,15,16,25,32,34,46

盐崎观三(盐崎) 56,57,123,129,130,162,163,167,185,195,198,200,204,216,233,237,343,351

颜惠庆 82,126,162

杨格(Walter Young) 33,45,48,

索　引

58,206,235,352
伊藤述史（伊藤）　9,11,39,45,47,
　57,58,128,175,195,196,200,
　204,215,229,230,249,259,
　265,275,280,297,298,315,
　322,338,339,345,349,351
义勇军　107,211,228,260,261,
　293,336,337
意大利　3,5,10,16,17,20,23,31,
　44,54,78,84,101,112,250,
　270,275,294,339
英国　2,6,8,18,20,23,31,43,54,
　78,84,101,109,115-117,119,
　125,198,208,210,221,226,
　227,231,243,246,250,270,
　275,277,285,339,367,373,
　374,379,380
于冲汉　383-385
袁金铠　384
袁世凯　369
远东评论　146,154

## Z

《在华外国人管理条例》　367
臧式毅　144,153,384
斋藤良卫（斋藤博士）　55,56,60,
　87,195,322,338

张海鹏　293,384
张景惠　287,384
张学良　48,93,116,131,141,142,
　148,151,152,176,211,214,
　233,243,245,261,270,273,
　274,281,288,293,296,299,
　300,305,315,316,321,326,
　336,337,340,345,370,375,
　377,378,381-384,386,
　387,393
张燕卿　385
张作霖　141,142,151,152,369,
　370,375,382,383
张作相　281
《朝日新闻》　2,62,88,98
赵欣伯　383-385
秩父宫　58,59
中村事件（中村震太郎、中村大尉）
　131,315,375,376
中东铁路　46,318,375,389
助佛兰（P. Jouvelet）　44,65,194,
　196,197,199,201,206,352
自治指导部　211,383,385
佐尔夫（Wilhelm Solf）　3,7,14,
　15,21,25-27,41
驻屯军　24,134,232,260,276,277,
　299,300,304,326,336

## 图书在版编目(CIP)数据

日本外务省藏档. 一 / 陈海懿，马海天编. — 南京：南京大学出版社，2019.12
(李顿调查团档案文献集 / 张生主编)
ISBN 978-7-305-08620-5

Ⅰ.①日… Ⅱ.①陈… ②马… Ⅲ.①中日关系－国际关系史－档案资料－1931－1932 Ⅳ.①D829.313

中国版本图书馆 CIP 数据核字(2019)第 228254 号

**项目统筹** 杨金荣
**装帧设计** 清　早
**印制监督** 郭　欣

| | |
|---|---|
| 出版发行 | 南京大学出版社 |
| 社　　址 | 南京市汉口路 22 号　　邮　编　210093 |
| 出 版 人 | 金鑫荣 |
| 丛 书 名 | 李顿调查团档案文献集 |
| 丛书主编 | 张　生 |
| 书　　名 | **日本外务省藏档(一)** |
| 编　者 | 陈海懿　马海天 |
| 责任编辑 | 陆蕊含 |
| 照　　排 | 南京南琳图文制作有限公司 |
| 印　　刷 | 南京爱德印刷有限公司 |
| 开　　本 | 718×1000　1/16　印张 28.25　字数 462 千 |
| 版　　次 | 2019 年 12 月第 1 版　2019 年 12 月第 1 次印刷 |
| ISBN | 978-7-305-08620-5 |
| 定　　价 | 150.00 元 |

网址：http://www.njupco.com
官方微博：http://weibo.com/njupco
官方微信号：njupress
销售咨询热线：(025) 83594756

\* 版权所有，侵权必究
\* 凡购买南大版图书，如有印装质量问题，请与所购图书销售部门联系调换

ISBN 978-7-305-08620-5

定价:150.00元